朱子學文獻大系·歷代朱子學著述叢刊

嚴佐之　戴揚本　劉永翔　主編

歷代「朱陸異同」典籍萃編

上海古籍出版社

本書爲
二〇一一年度國家社科基金重大項目
二〇一六年度國家古籍整理出版資助項目

朱子學文獻大系編輯委員會

校點者名單

第一册

道一編　黄　珅
朱子晚年定論　方笑一
學蔀通辨　張　文

第二册

閑闢録　丁小明
求是編　顧宏義　劉向培
紫陽大指　劉國宣　嚴佐之

第三册

考正晚年定論　唐　玲
閑道録　丁紅旗
下學堂劄記　丁紅旗

正學隅見述　張　文　嚴佐之
學術辨　任莉莉
辯陸書　朱陸異同書　唐　玲
王學質疑　羅争鳴

第四、五册

朱子聖學考略　戴揚本
陽明輯朱子晚年定論辨　戴揚本
朱子爲學次第考　朱幼文　嚴佐之

第六册

三子定論　羅争鳴
朱子晚年全論　李慧玲
朱子晚年定論評述　任莉莉

朱子學文獻大系總序

從一九九三年起，至二零零七年止，我們先後策畫，並相繼完成了朱子全書、朱子全書外編的編纂和出版，把朱子本人的撰述編著與注釋之作，及其指導或授意門人弟子的撰著纂述，作了一次元元本本的文獻清理和集成。而除此之外，這整整十五年來的收穫，還有我們對朱子學説及其歷史意義認識的不斷更新和逐步深刻。

朱子是繼孔子之後，儒家思想文化史上成就最卓越的學者和思想家。近半個世紀前，錢穆先生在朱子學提綱中提出：「在中國歷史上，前古有孔子，近古有朱子。此兩人，皆在中國學術思想史及中國文化史上發出莫大聲光，留下莫大影響。曠觀全史，恐無第三人堪與倫比。」朱子建構的理學思想體系，博大精深，不僅在儒學發展史上具有劃時代意義，而且對其身後長達七百餘年的中國，乃至日本、朝鮮等東亞諸國的思想、學術、社會、政治，都產生了深刻、巨大、恒久的影響。而此影響在思想學術史上留下的顯著印跡，就是後世學者鮮能繞開朱子説事，要麽尊朱、宗朱，要麽反朱、批朱，「與時俱進」的朱子思想研究，成爲貫串數百年學術史無時不在的主題和主軸。於是，有學者甚至認爲，「在朱熹以後，理學就成了『朱子學』」，朱子就是「理學傳統中的孔子」。這樣的評價，雖然未必「真是」，卻亦庶幾「真事」。推而論之，則所謂「朱子學」，固然是指朱子本人的思想學術，卻又不止是其本人的思想學術。按照陳來先生的説法，朱子留下的豐厚著述與精緻學説，以及七百餘年來，他的同道學友、門人弟子與後世尊朱、宗朱學者，對朱子著述、學説的闡發與研究，即「整體地構成了現如今我們所研究的『朱子學』」。作爲整體、通貫的朱子學，其學術範疇不僅涵蓋易、詩、禮、四書等傳統經學領域，更涉及哲學、史學、文學、政治學、教育學、社會學、文獻學等諸多學科，既是一座内容廣闊、内涵精深的傳統思想寶庫，一份極富開掘意義和傳承價值的文化遺産，也是一門具有多學科交叉特色的名副其實的綜合性專學。

自二十世紀八十年代以來，海内外學術界對朱子學研究表現出前所未有的興趣和關切，發展迄今三十餘載，已獲長足進步。但綜觀現狀，反思自省，我們的研究及取得的學術成果，與朱子學本身所應該享有的研究規模和研究程度，還很不相稱，若衡之以「整體、通貫」的要求，則該研究領域中的很大一部分，甚至還未曾涉及過。近年來，關於推進整體、通貫的朱子學研究的想法，逐漸成爲學界的一個共識。如以朱子學爲主題的國際學術研討會在我國大陸、臺灣及美國、韓國等地數度舉辦，如朱子學通論等朱子學研究專著相繼問世。而「中華朱子學會」、「朱子學學會」等全國性學術團體的成立，則意味着一個「學術共同圈」的初步形成，以及作爲一門獨立學科的朱子學研究已進入一個新的歷史階段。學者們指出，新時期朱子學研究的任務，就是要規劃對宋、元、明、清各個朝代的朱子學，以及每位朱子學家重要的見解進行分析，把他們流傳下來的書籍、文獻進行整理、研究。而後者，即對歷代朱子學文獻的整理與研究，無疑是前者的先行和基奠。

認識漸趨深刻，遂生自覺擔當。在完成朱子本人撰述的文獻集成之後，我們有意再接再厲，把歷代朱子學文獻整理研究工作繼續下去。先是在朱子全書外編書稿殺青之際，我們就曾醖釀用傳統的「學案體」來編纂歷代朱子學者的相關學術文獻。後來朱傑人教授主編影印朱子著作宋本集成，又提出編纂出版「朱子學文獻大系」的構想。不過那幾年忙於編纂整理顧炎武全集，既分身無術，也分心不得，只能把研究計劃暫擱心頭。故而，當顧炎武全集一旦脱稿，此事也就順理成章地提上了議事日程。二〇一〇年末，我們開始循着「朱子學文獻大系」的思路策劃課題；翌年初春，確定以華東師範大學古籍研究所爲主體，組建科研團隊，以「朱子學文獻整理與研究」爲課題，擬訂科研規劃。是年初夏，課題被納入當年國家社科基金重大項目第二批招標目録；秋十月，經過競標面試，以嚴佐之教授爲首席專家的「朱子學文獻整理與研究」課題正式獲批立項；冬十二月，課題論證會在華東師大召開，經專家組評議審定，規劃通過論證，項目正式啓動。按照課題規劃，「朱子學文獻整理與研究」課題，凸顯文獻整理與研究並重的特色，旨在從理論和實踐兩個方面，構建一個符合整體、通貫的「朱子學」學科内涵和特點的「朱子學文獻」分類體系，並從浩若煙海的歷代典籍文獻中，梳理出屬於「朱子學」學科範疇的基本文獻資料，打造一個集「朱子學文獻」大成的信息大平臺。爲此，課題設計了「歷代朱子學研究著述集萃校點」、「歷代朱子學研究文類輯録校點」、「歷代朱子著述珍本集成影印」、「朱子學專科目録編撰」和「朱子學文獻專題研究撰著」等項子課題。各項研究的最終成果形式，則將結集爲一部開放性的大型叢書朱子學文獻大系。

朱子學文獻大系下轄歷代朱子學著述叢刊、歷代朱子學文類叢編、歷代朱子著述刊本集成、朱子學文獻研究叢書四部不同類型的叢書，故稱之「大系」。其中歷代朱子學著述叢刊，擬按學科、著述或學術議題分編專輯，如「朱子經學專輯」、「朱子四書學專輯」、「朱子近思録專輯」、「『朱陸異同』專輯」等，以集中提供經過精選精校的歷代朱子學重要研究著述的閲讀文本。歷代朱子學文類叢編，擬按專題分類輯集散見於各種典籍的朱子學研究篇章，如序跋、劄記、語録、書信等，以集中提供經過遴選類編的歷代朱子學研究文獻散篇的閲讀文本。歷代朱子著述刊本集成，擬按時代分編朱子著述宋刻集成、元明刻本朱子著述集成等，以集中提供高仿真影印的朱子著述歷代各色珍稀版本。朱子學文獻研究叢書，擬收入具有文獻學研究屬性的各種編著撰述，如朱子學古籍總目、朱子學史籍考、朱子與弟子友朋往來書信編年等。朱子學文獻大系下轄各叢書均已製訂基本收書目録，但不預設收書總數上限，倘日後發現宜收之書，則可隨時補編增入，故謂之「開放性」大型叢書。各叢書均自有編例，我們但在其下屬專輯或所收撰著前撰寫序言，以交代編纂宗旨與體例，如歷代朱子學著述叢刊之近思録專輯序、歷代朱子著述珍本叢刊之朱子著述宋刻集成序言、朱子學文獻研究叢書之朱子與弟子友朋往來書信編年序等，各叢書前則不再撰寫總序。至於歷代朱子學著述叢刊各書的校點體例，如底本、校本的遴選標準，專名號、書名號的使用規範，異體字、版別字的處理方法，舛誤衍闕的校字原則，以及校勘記的書寫格式等，皆一併沿循朱子全書編纂陳例，在此不再贅述，若遇特例需作變通，則在各書校點説明中予以交代。

朱子學文獻大系是我們按自己對整體、通貫的朱子學的認識，而爲之「量身定制」的一個朱子學文獻庫，囿於識見，必欠周詳而不能盡如人意。好在大系是「開放」的，可以隨時吸納同道高明之見，不斷補充，漸臻完善。朱子學文獻大系的規模、體量和難度，都超出朱子全書與外編許多，這樣的設計或許有些「自不量力」。編纂朱子全書、外編用了整整十五年，況且那時我們纔年過「不惑」，而今則已年屆「耳順」、「從心」之間，十年再磨一劍，能否一如既往，勝任始終，尚難卜知。好在整理與研究朱子學文獻並非心血來潮之念，更非趨時應景之計，而是建設與發展整體、通貫的朱子學的真切需要，是必須要做的學術事業。也好在我們有一個同心同德的學術團隊相依託，所以朱子學文獻大系成果的不斷推出和最終成功，還是應該可以期待的。

二〇一四年五月

二〇一八年四月修訂

嚴佐之

歷代「朱陸異同」典籍萃編序

古信州今上饒下轄鉛山縣北十五里有山名「鵝湖」，鵝湖山峰頂有佛寺亦名「鵝湖」。鵝湖寺歷史上曾因是唐代高僧大義禪師的道場而盛極一時；又因地處浙、皖、贛、閩四省交通孔道，旅人往來止宿，林下幽勝，留下不少題名鵝湖的詩篇，如陸游詩：「夜宿鵝湖寺，槁葉投客牀。」「我亦思報國，夢繞古戰場。」然而，真正使鵝湖之名昭著青史的，還當數南宋孝宗淳熙二年朱子與陸象山兄弟的那次會講與辯論，史稱「鵝湖之會」、「朱陸異同之辨」。朱子與會講召集人吕祖謙，原本是想通過會晤面談，促成雙方彌合分歧，會歸於一，可惜鵝湖論道不僅未能如其初衷，反令異同之迹日益彰顯，裂痕暴露無遺，論戰逐步升級，雖二賢萎謝亦不得落幕。嗣後朱、陸弟子門生，與後世宗朱闢朱、諍朱攻朱之人，猶孜孜於「支離」「簡易」、「正統」「異端」之爭，緣朱陸而朱王，聚訟紛紜，愈演愈烈，雖改朝易代而不能止歇。發生于公元一一七五年的鵝湖之會，無疑是驚動當時、影響後世的一大學術事件；發端于鵝湖之會的「朱陸異同之辨」，絕對是理學史上最富爭議的一大學術公案。綿歷七八百年的「朱陸異同之辨」，實與朱子學史糾纏始終，至如明正、嘉間陽明學之勃興，清乾、嘉時考據學之大盛，此等近世學術史上的重大轉型，也都與「朱陸異同之辨」脱不開干係。或許也正因爲有象山、陽明這樣强大理論對手的存在，朱子學發展歷史才呈現出如後來那般的曲折與精彩。由此看來，「朱陸異同之辨」或許是考察理學史、朱子學史的一條最具「原生態」的發展脈絡。

「朱陸異同之辨」在理學史、朱子學史研究中的特殊意義，當然不是現在的新認識，自民初以來，學界即對其多有關注與研究。舉其犖犖大者，如早先的錢穆中國近三百年學術史、朱子新學案與牟宗三從陸象山到劉蕺山，近頃之湯一介中國儒學史、龔書鐸清代理學史、岡田武彦王陽明與明末儒學等。既如此，又何必重提這個老生常談的話題呢？坦率地説，這是因爲在執行朱子學文獻整理與研究計劃的文獻調研過程中，發現了大大超出經驗之外的「朱陸異同」歷史文獻，遂而發覺對於「朱陸異同之辨」歷史衍變之既有研究，原來還大大存在繼續拓展、進而更新的可能。歷代「朱陸異同之辨」留下大量「朱陸異同」歷史文獻，是「朱陸異同之辨」歷史存在的證據，也是「朱陸異同之辨」歷史研究的基礎。惟其數量宏富，彌布四部，漫無統紀，搜檢尤難。文獻若不能足徵，研究勢必受影響。既鑒於此，故特將搜檢獲知的「朱陸異同」歷史文獻，試作整理與研究，但爲同道追蹤利用，提供些許便易。

一 「朱陸異同」歷史文獻釋義

既爲討論「朱陸異同」歷史文獻，則必先予釋義。與廣義的朱子學定義相應，此所謂「朱陸異同歷史文獻」，顧名思義，乃指包括朱、陸生前身後、一切與「朱陸異同之辨」相關的歷史文獻，時限上自鵝湖之會，下止清代終結。這是一個界義限定在「朱陸異同」範疇之内的概念，凡若僅涉朱子、象山、陽明學説而無關朱陸、朱王異同之辨的文獻，則一般不在討論之列。例如清陳澧東塾讀書記有「朱子書」一卷，但只是申述朱子學術思想，如云「朱子自讀注疏，教人讀注疏，而深譏不讀注疏者」，「朱子從學於李延平乃早年事，其時已好章句訓詁之學矣」，「朱子注大學、中庸名曰章句，用漢儒名目，以曉當時之以爲陋者」等，基本不直接涉及「朱陸異同」議題，故不以「朱陸異同」歷史文獻視之。但如此定義，雖已劃出概念邊際，仍感覺難以捉摸，故試就其文獻内涵之大概，析分四類：是非優劣的評述、思想觀點的申述、歷史衍變的論述、世態輿情的記述。茲分述如下。

其一，所謂「是非優劣的評述」，大多是對朱陸或朱王異同是非優劣比較的總體性評判。例如清初關中大儒李顒靖江語要、東林書院會語答人問朱陸異同曰：

陸之教人，一洗支離錮蔽之陋，在儒中最爲儆切，令人於言下爽暢醒豁，有以自得；朱之教人，循循有序，恪守洙泗家法，中正平實，極便初學。要之，二先生均大有功於世教人心，不可以輕低昂者也。若中先入之言，抑彼取此，亦未可謂善學也。

紫陽之言，言言平實，大中至正，粹乎無瑕，宛然洙泗家法。陸、王矯枉救弊，其言猶藥中大黄、巴豆，疏人胸中積滯，實未可概施之虚怯之人也。

這是被標籤爲「王學大師」的李顒，對朱子與陸王之學的總體評價。再如宋末元初的劉壎，主張會同朱陸，但總體上仍以陸高於朱，所撰陸文安公祠堂記曰：

聖賢自堯舜累傳而達乎孔孟，自孟氏失傳而竢夫宋儒。故有周、張、二程濬其原，而周則成始者也；有朱、張、吕、陸承其流，而陸則成終者也。

他是把陸象山視爲南宋理學的「成終」者。又明代駱問禮，雖身處王學崛起的萬曆時代，卻仍「守紫陽之垣塹，仰攻金谿，力而且堅」，所撰朱陸同異論，品評朱、陸學術高下自成一説：

故學一也，朱譬則大成之樂，金聲玉振，條理具備，而陸則雲和之鼓，謂樂弗得弗和則可，謂鼓可以盡樂不可也。朱譬則由基之射，巧力俱全，發無不中，而陸則孟賁之力，謂力爲射者之所不廢則可，謂力足以盡射不可也。朱譬則四時元氣，周流寒暑，而夏蟲不可以語冰，陸近之矣。

駱氏之意，是朱之學能「盡」陸，而陸之學不能「盡」朱。值得注意的是，駱問禮並非明代理學名家，理學史的書寫還從未給過他一點位置，但他對朱、陸學術的這一總體定位，卻頗具參考意義。後來李光地嘗比喻説：「佛家有經師，有法師，有禪師。經師是深通佛經，與人講解。法師是戒律精嚴，身體力行。禪師是不立文字，參悟正覺。儒門亦似有此三派：鄭、賈諸公，經師也；東漢諸賢壁立萬仞，法師也；陸子静、王陽明，禪師也。程、朱便是三乘全修，所以成無上正果。」與駱問禮的比喻也是差不多的意思。

其二，所謂「思想觀點的論述」，大多是針對朱陸或朱王異同核心議題的專題論述，如「尊德性道問學」、「無極太極」、「格物致知」、「知行合一」等。清初王弘撰正學隅見述就是十分典型的一個例子。王弘撰字無異，號山史，陝西華陰人，「年近五十，始歸正學」，正學隅見述是其「皈依」理學後的第一部著作。此書專就「格物致知」、「無極太極」二大朱陸異同核心問題發表己見，嘗自序書旨曰：

弘撰愚不知學，唯讀古人之書，以平心静氣自矢，罔敢逞其私臆，而久之有是非判然於吾前者。蓋嘗有見於格物致知之訓，朱子爲正，無極太極之辨，陸子爲長，賢者之異，無害其爲同也。今掇其旨要，著之於篇。

書中對何以朱子「格物致知」之訓爲正，陸子「無極太極」之辨爲長，均有長篇大論，兹不贅引。又如大學「改本」、「古本」問題，此一因錯簡而生的文本之爭，曾導致北宋以來理學内部的義理之爭，後又成爲朱王異同之辨的一大關節。朱子采用二程改本，又爲「格物」補傳，以爲其「格物窮理」説的經典依據。陽明不滿朱子章句，主張恢復禮記古本，實爲其「致良知」説張本。明隆慶元年馮柯撰求是編，其中大學古本篇，即專論此核心議題。馮持論自成一説，認爲「朱子之改正則是，朱子之補緝則非」：

致知格物之傳，本未嘗缺，但簡錯爾。朱子以己意補之，則因其錯而謂其缺，固非也。陽明見其補之非也，遂削之而復古本，則因其不缺而謂其不錯，亦非也。至如董槐、葉夢鼎諸公，欲移經文「知止」以下二條之説，與夫近日蔡介夫欲移「物有本末」條於「知止」之上之説，則世之學者類喜言之。然經文一章，吴草廬所謂「玉盤無缺」者也。以傳簡之錯，遂割不錯之經文以補之，則欲以補其瘡，而先剜肉以爲瘡矣，尤非也。以愚考之，朱子之改正則是，朱子之補緝則非。今但據其所改正，以「聽訟」之釋本末者，爲釋格物致知，則節次分明，意義周密，不必補，不必復，不必移，而傳自完矣。

諸如此類者，在「朱陸異同」歷史文獻中占居相當比例。

其三，所謂「歷史衍變的追述」，主要是指那些追溯或評議「朱陸異同之辨」歷史衍變的文獻。兹舉晚明曾異撰送長樂諭劉漢中先生教授廣信序爲例。序曰：

信州鵝湖，古朱、陸辨論同異處也。自孔子之世，教學大明，而及門不免有本末之訟，是以或支或簡，雖大儒亦互諍其所是。朱、陸固訟於道中，所謂不失和氣而相爭如虎者，其於聖門，則亦師、商之互爲嚌啜，而游與夏之相商也。其角立起於門士篤信其師説，深溝高壘，而不肯相下，而流至於尋聲之徒，目不辨朱、陸何人，鬨然而佐鬥，而腐儒里師，狥傳注而反之者，執而問之，亦不知作何語，無自衛之力，而適足以招侮。蓋自弘、正以前則朱勝，隆、萬以後則陸勝，嘉、隆之間，朱、陸爭而勝負半，然其下流莫甚於萬曆之季。至於今日之後生小子，發蒙於傳注，齎之糧而倒戈，實則非有所深然於陸，並未能有所疑於朱者也，第以爲世既群然而排朱氏，吾亦從衆而擠之擊之，不如是則無以悦衆從俗焉耳。蓋昔之爭者，起於過信其師學，而今之附和而詬先儒者，求一能疑之士且不可得，所爲愈爭而愈下者也。

曾異撰字弗人，福建晉江人。此序因送友人劉漢中赴任廣信教授而撰作，故由信之鵝湖而鍥入「朱陸異同之辨」。曾氏雖享名文苑，但就學術而言，不過是閩中理學圈中普通一員，然序文對明弘、正以來「朱陸異同之辨」的衍變態勢，與明末士人盲目從衆心理的分析，卻相當明白精到。再如曾國藩的覆潁州府夏教授書，則主要是對清初以來「朱陸異同」諸家學説的評議臧否，信中説道：

姚江宗陸，當湖宗朱，而當湖排擊姚江不遺餘力，凡涇陽、景逸、梨洲、蘇門諸先生近姚江者，皆徧摭其疵痏無完肌，獨心折於湯睢州。……睢州致書稼書，亦微規攻擊姚江之過，而於上孫徵君鍾元先生書及墓志銘，則中心悦服於姚江者至矣。蓋蘇門學姚江，睢州又學蘇門者也。當湖學派極正，而象山、姚江亦江河不廢之流。蘇門則慎獨爲功，睢州接其傳，二曲則反身爲學，鄠縣存其録，皆有合於尼山贊易損益之指。……乾、嘉間經學昌熾，千載一時，阮儀徵、王高郵、錢嘉定、朱大興諸公倡於上，戴東原、程瑶田、段玉裁、焦理堂十餘公和於下，羣賢輻輳，經明行修。……天下相尚以僞久矣，陳建之學蔀通辨阿私執政，張烈之王學質疑附和大儒，反不如東原、玉裁輩卓然自立，不失爲儒林傳中人物。惟東原孟子字義疏證一書，排斥先賢，獨伸己説，誠不可以不辨。姚惜抱嘗論毛大可、李剛主、戴東原、程棉莊率皆詆毀程朱，身滅嗣絶，持論似又太過。無程朱之文章道德，騰其口舌，欲與爭名，誠學者大病。若博核考辨，大儒或不暇及，苟有糾正，足以羽翼傳注，當亦程朱所心許。若西河駁斥漫駡，則真説經中之洪水猛獸矣。

此類文獻雖爲數不多，卻證明自來對「朱陸異同之辨」歷史衍變的關注早已存在。

其四，所謂「世態輿情的記述」，主要是指那些反映「朱陸異同之辨」的世態輿情或政治背景的歷史文獻。清初計東撰耆舊偶記，記述康熙十一年間理學諸老爭辨「朱陸異同」軼事，堪稱典型。記曰：

當今海内耆舊尤重長安者，蘇門孫徵君鍾元先生、京師孫侍郎退谷先生、王尚書敬哉先生、沛縣閻孝廉古古先生、崑山顧隱君寧人先生。今康熙十一年，徵君年九十一，侍郎年八十，尚書年七十一，孝廉年七十，隱君年六十。徵君之學從象山、陽明入，而踐履篤實，生平於大節無所苟。侍郎之學以朱子爲宗，於五經俱有纂述注疏，自行其意。尚書湛深經術，尤工文章及古近詩體。孝廉喜任俠，與徵君少壯時意氣相類，晚游九邊，好談兵及經世方略。隱君專精經傳訓詁及五音四聲之學，考訂詳慎，爲侍郎密友。……十一年秋，飲酒侍郎家，獨隱君亦在坐，語及徵君之學宗陸背朱非是，作數百言。次日，吾友宋學士招予偕孝廉飲。別六年矣，孝廉兩目益爛爛有光射人，神氣益壯健，相見甚歡。因語及兩孫先生論學同異，孝廉張目叱咤曰：「孫給事耶，是何得與蘇門山中人同語，因讕語亦作數百言。」罷酒次日，復聞隱君向客稱閻孝廉過當。又次日，學士問予曰：「兩日何所聞？」予笑曰：「兩日但見諸老人論學，八十歲老人詆九十歲老人，七十歲老人詆八十歲老人，六十歲老人又詆七十歲老人也。」

計東字甫草，號改亭，江蘇吴江人。生於明天啓五年，清康熙十五年卒。順治十四年舉順天鄉試，後以江南奏銷案被黜。康熙十一年，計東年四十有七，記中孫徵君奇逢、孫侍郎承澤、閻孝廉爾梅、顧隱君炎武諸老，與王尚書崇簡、宋學士德宜等，皆其師長一輩的名碩大儒，而所記諸公論辨「朱陸異同」事狀，皆其現場親聞目睹，聲形兼備，活靈活現，相當真實地還原了清初「朱陸異同之辨」的學術生態。

以上是對所謂「朱陸異同」歷史文獻内涵的大致劃分，然非絶對。以下更作進一步文獻揭示：按文獻體制，分「朱陸異同」歷史文獻爲「專書文獻」與「單篇文獻」二大類；按文章體裁，分單篇文獻爲「專論」、「書信」、「語録」、「論説」、「劄記」、「記」、「序」、「傳志」、「案語」、「試策」、「奏疏」、「詩」等十二小類，並分述於下。

二 「朱陸異同」歷史文獻類説

「朱陸異同」歷史文獻，一以著述形式存世，是謂專書文獻；一以文章形式存世，是謂單篇文獻。茲首揭專書文獻，次説單篇文獻。

朱陸異同專書文獻，概指專門或主要討論朱陸或朱王異同問題的撰著。惟稍涉其事者不入其列，如陸隴其讀朱隨筆、夏炘述朱質疑等書，雖有關金谿、姚江條目若干，但整書並非專論朱陸或朱王異同，故不以「朱陸異同」專書視之，但擇取其相關之單篇而已。「朱陸異同」專書必因「朱陸異同之辨」升温至一定熱度纔應勢而生，故雖相比於「朱陸異同」單篇文獻出現時間晚，傳世數量少，但所傳達的文獻意義卻十分重要。以下按成書年代先後分述之。

先是明弘治二年，自稱「獨喜誦朱子之書，至行坐與俱，寢食幾廢」的程敏政，著道一編六卷，倡朱陸始異終同之説，是爲現存最早的「朱陸異同」專書。繼而正德四年，餘干張吉因「惡近世儒臣」「始殊終同」之説，「取象山語録反覆玩味有可疑者，韻而訂之」，成陸學訂疑二卷。正德十年，又有朱子鄉人程曈撰閑闢録十卷，專闢程氏「始異終同」之説。正德十五年，乃有陽明夫子「專取朱子議論與象山合者」，編訂朱子晚年定論一卷，爲其「朱、陸同歸論」正式定説。嘉靖十二年，東莞陳建著學蔀通辨十二卷，斥程、王之説「援陸入朱」。隆慶元年，慈溪馮柯撰求是編四卷，辯駁「傳習録之可疑者」，並及「朱陸是非」、「朱王同異」諸題。至崇禎間，又有安福王尹撰道學迴瀾八卷，「於王守仁朱子晚年定論則反覆掊擊」。明清易代，專書之作更是層出不窮。清順治十八年，錢塘秦雲爽撰紫陽大指八卷，於朱陸異同持調停兼采之立場。康熙初，大興孫承澤輯考正朱子晚年定論二卷，斥陽明朱子晚年定論「不足爲據」。康熙六年，孝感熊賜履撰閑道録三卷，「力闢良知之學，以申朱子之説」；復於康熙二十三年著下學堂劄記三卷，亦專爲朱陸異同而發。康熙十五年，華陰王弘撰撰正學隅見述一卷，謂「格物致知」説當以朱子所注爲是，「無極太極」説當以陸九淵所辨爲是。康熙十七年，平湖陸隴其撰學術辨一卷，「凡上中下三篇，皆辨姚江之學」。康熙二十年，大興張烈撰王學質疑一卷，「攻擊姚江之學」，末附朱陸異同論。康熙三十八年，絳州鄗成撰朱陸異同書一卷、辯陸書一卷，辨朱陸異同，斥陸氏之妄。康熙五十二年，江都朱澤澐撰朱子晚年定論一卷，復於雍正十年撰朱子聖學考略十卷，「詳敘朱子爲學始末，以攻金谿、姚江之説」。又康熙間，錢塘王復禮撰三子定論五卷，稱朱、陸、王三子「不諱學禪」，「虚懷可證」，「出處相合」，「原無可議」，「不妨同異」。雍正九年，臨川李紱撰朱子晚年全論八卷，謂「朱子與陸子之學，早年異同參半，中年異者少同者多，至晚年則符節之相合」。又雍正間，連城童能靈撰朱子爲學次第考三卷，所考「與朱澤澐書大致皆互相出入」。至道光十一年，歸安費熙撰朱子晚年定論評述一卷，謂「定論一書誠非後學所可妄議」，復爲姚江伸張。需要説明的是，上述鄗成二種專書，原是答友人問朱陸異同的書信，辯陸書係答翼城師清寰，朱陸異同書二劄未詳答何人。書劄始經弟子抄録傳揚，嘗傳入京師，爲魏象樞激賞，乃千里寄書，贊其「接文清之淵源，考亭之正派」。後弟子編纂刊印先師遺著鄗冰壑先生全書十三種，書劄易名辯陸書、朱陸異同書二種，循例作叢書另種處理，故歸入專書一類。

以上所述僅爲傳世可睹之朱陸異同專書，亡佚未傳者尚未計入。據宋趙希弁郡齋讀書附志著録，宋時尚有「無極太極辨一卷」，雖未詳編者，但知是「朱文公、陸梭山、象山往復論難之書也」。另據元劉壎朱陸合轍序、袁桷龔氏四書朱陸會同序等文獻記載，宋末元初，有吴汝一「考朱子書，凡言論旨趣與陸子同者爲一編」，名曰箎天；有劉壎「取象翁文集手鈔焉，且復取晦翁語録，摘其推尊文安者著於篇端」，名曰朱陸合轍；有龔霆松「於四書集陸子及其學者所講授」，名曰四書朱陸會同舉要。又黃虞稷千頃堂書目著録明人著述，有郝敬閑邪記二卷、張恒學辨撤蔀一卷、何棟如道一編五卷、連城璧朱陸參同辨疑等。察其書名，頗疑似「朱陸異同」專書，惜皆亡佚無傳，難考其詳。又明駱問禮新學忠臣序云：「今欲明聖學於斯世，而不先辨程朱與陽明先生之是非，未有不波塵於異説者，顧世方重異陽明，不知與其爲陽明之佞婦，不若爲之忠臣。偶訪郭學博，得林次崖四書存疑，爲録數條足以訂證傳習録而發揮聖學者，名之曰新學忠臣，以授諸生。」清陳梓傳習録辨跋云：「錢塘王嗣槐著，康熙丁丑鏤板，共四卷。尊朱子，闢陽明，以通俗語解釋辨駁，使人易曉良知家陽儒陰釋之詭幻，無可逃遁，誠紫陽之功臣也。」清費熙朱子晚年定論序云：「定論一書，坊間舊有評本，係震川某氏所訂，惜其評語與前後所附見者，徒沿王學流弊，於朱子所以立説與王子所以表章之故，俱未有見及。」據此可知，亡佚失傳的朱陸異同專書，宋、元以降，尚多有之。

傳世的朱陸異同專書雖爲數不多，但對明、清二代的朱陸異同之辨影響極大。如道一編、朱子晚年定論、學蔀通辨、朱子晚年全論等，後世論戰激辯大都由此挑起，故亦爲學者所熟知，研究所常用。然其他專書則未必有此「知名度」，但其中不乏頗具價值、值得關注者，如朱澤澐之朱子聖學考略。朱澤澐字湘陶，號止泉，江蘇寶應人。其學宗朱子，認爲朱陸異同之辨，聚訟至今不得定論，實由未能真知朱子學術思想之「真精神、真門徑」所致，無論宗朱一脈，抑或王門弟子，皆不能免此之弊：

王學突興，特宗象山，以無善無惡、直透心體，立爲宗傳，至指朱子之學有洪水猛獸之災。自是以後二百餘年，天下學者多惑其説。間有宗朱子者，又不得朱子聖學次序之精微，但以習見習聞之説駁之，不獨無以服彼之心，折彼之氣，反使執吾之説，以相訾謷，幾成聚訟，無有底止。是以遷延至今，學脈不歸於一，良可歎已。……宗朱子者，於朱子聖學之極致本原既未究悉，至於朱子早年、中年、晚年所以屢造益深，疑而悟、悟而精進之故，又未嘗留意，徒襲文字語言之粗迹，以闢彼虚無誕妄之邪説，使朱子數學一片真精神、真門徑，不顯於後世。是以學彼之學者，其徒轉盛，而朱子之學反晦盲否塞，湮鬱不彰。此其罪，豈僅主張異説者獨任其咎哉！

朱子聖學考略一書，即按此理路編撰：通過對朱子著述全面、系統的文獻考察，釐清朱子學術思想的發展脈絡，從而廓清朱陸異同聚訟紛紜的迷霧。相比於明代以來「朱陸異同」專書的情緒化對峙，朱子聖學考略更具實事求是的理性色彩。而與此研究理念、方法相近的，還有同樣編撰於雍正年間的童能靈朱子爲學次第考等。此等「朱陸異同」專書的出現，或不失爲「朱陸異同之辨」在清代深入發展，於學理上更上一層臺階的標誌。錢賓四先生論辨「朱陸異同」，特别强調打破門户樊籬，在全面考訂朱子學文獻的基礎上，對朱子學術思想作系統研究。讀其朱子新學案，尤覺印象深刻，他説：「考論朱陸異同，有一絶大難端首當祛除，即傳統門户之私見是也。就理學内部言，則有程朱與陸王之門户對立。就理學之對外言，則有經學與理學之門户對立。從來學者立論往往爲此兩重門户之見所束縛，而未能放眼以觀，縱心以求。而朱子之學術思想，遂未能有人焉攬其全而得其真，此誠中國學術史上一大可惋惜之事。」「今若於朱子學術思想大體系，及其歷年進展軌迹，有所認識，則對於後來明清諸儒有關朱陸異同之討論，其所取於朱子文集與語類者，宜有一較新鮮較適當之解釋與闡明。而對明清兩代所紛爭競辨之朱陸異同一問題，各執一辭，懸而不決者，庶可獲得一更近情實之結論。」考諸「朱陸異同」歷史文獻，乃知錢賓四先生與清人朱止泉先生的見識相當契合，研究結論亦庶幾一致。舉此一例，是想證明「朱陸異同」專書的文獻研究價值，尚大有待開掘利用的空間。

「朱陸異同」單篇文獻，概指專門或部分討論朱陸或朱王異同議題的單篇文章。若純論朱子或象山、陽明學説者，則不在其内。單篇文獻分散在經史子集各部，但以子部儒家類與集部别集類著述爲主。若按文章體裁區别，擬可分成專論、書信、語録、論説、劄記、記、序、傳志、案語、試策、奏疏、詩等十二小類。

一曰專論。此所謂專論，是指那些徑以「朱陸」題名的單篇文獻，如李光地朱陸折疑、章學誠朱陸、書朱陸篇後等，並不拘文章體式，論説、序跋、書信、劄記、語録均有，惟因此類單篇文章的出現，亦必是「朱陸異同之辨」深化之反映，故特爲拈出而與專書相應。就目下查考所知，「朱陸異同」專論最早見於宋末元初劉壎著述，如隱居通議之朱陸、水心論朱陸、朱張吕陸，水雲村稿之朱陸合轍序。明代則有亢思謙慎修堂集之朱陸同異辨，唐順之諸儒語要之朱辨陸象山、陸辨朱晦庵，海瑞備忘集之朱陸，駱問禮萬一樓集之朱陸同異論，姚舜牧來恩堂草之吴澄論朱陸，劉城嶧桐文集之答巡江御史王雪園論朱子晚年定論等。清人文章，若顧炎武日知録之朱子晚年定論、張能鱗西山集之朱陸異同説、施閏章學餘堂文集之朱陸異同略、李光地榕村全集之朱陸折疑、胡煦周易函書別集之朱陸陰陽形器之辨、儲大文存硯樓集之朱陸異同辨、阮葵生茶餘客話之朱王之學、章學誠文史通義内篇之朱陸、書朱陸篇後、姚椿晚學齋文集之陽明朱子晚年定論辨序、夏炘景紫堂文集之與詹小澗澧茂才論朱子晚年全論書、李祖望鍥不舍齋文集之朱陸異同論、劉光蕡煙霞草堂文集之與門人王伯明論朱陸同異書、朱一新無邪堂答問之答問朱陸入道、唐文治紫陽學術發微之讀朱子晚年定論等。

專論文章是針對朱陸異同議題的專門考論，其學術性較一般單篇文獻更强。如前舉明駱問禮朱陸同異論的論辯就頗與衆不同，他以孟子「惡於執一」爲理論依據，推出朱子之

執中「會其全」、象山之執一「非中正」的結論：

朱陸之辨非一日矣，言其異者則曰「朱子道問學，陸子尊德性」，言其同者則曰「道問學者未始不尊德性，而尊德性者未始不道問學」。嗚呼，何其易也。聖賢之學與異端初非二道，而所以卒異，則聖賢會其全，而異端執其一焉爾。孟子曰：「所惡於執一者，爲其害道也，舉一而廢百也。」使其舉一而不至於廢百，聖賢亦何惡於執哉？惟其有所執必有所廢，此所以爲異端，而異端顧不自知，方自以爲得斯道之大原，而思以易天下，爲聖賢者不得不哀而號之，以幸其一悟，彼竟不悟，則固有任其咎者矣。朱子之學，會其全者也。德性則尊，問學則道，唐虞之精一，洙泗之博約，一也。而陸子則恃其資稟之穎出，謂天下事物皆其細，故吾惟正其本而木自舉。……以陸子穎出之才，雖執其一，不爲甚害，然要非中正之轍也。使東施效顰而鼯鼠學浮，則末將有不可救者。故朱子不得不以「道問學」語之，非謂德性之不足尊，補偏之劑也。不知者遂謂其道問學之功居多，而欲調停之者又爲著道一之編。道一編固晚年定論之始也。竊嘗考中庸「尊德性道問學」之章句，而得朱子用心之密矣。其言曰：「尊德性所以存心，道問學所以致知，非存心不能致知，而存心者又不可不致知。」嗚呼，斯言也，豈其偏于問學者哉？

此說似屬前未曾有，值得關注，而值得注意的還有此人。駱問禮字子本，號纘亭，嘉靖四十四年進士，萬曆初任湖廣副使，復引退歸里，「韜光林壑者又二十餘年」。他生於王學熾盛的年代，長在姚江毗近之諸暨，卻未被潮流裹挾，堅信「學陸象山斷不若學朱晦庵之全」，且「與諸縉紳博士家辨難，百折不回」。朱陸同異論是他萬曆三年所撰蕉聲石論一組五篇論文之一，其他四篇分别爲王文成公論上、中、下及陳檢討論。此外，他還編著朱陸異同專書新學忠臣，並有留别斗野李寅丈序、與許敬庵、復何知州、上趙司寇、簡徐覺齋等諸多朱陸異同單篇文獻傳世。就此而言，駱問禮堪爲萬曆間宗朱左陸、尊朱抑王的典型人物，不該缺席理學史的書寫。然而明史雖列其傳，卻無一字涉及其學，明儒學案不知何故竟無其名，後世研究更鮮有提及。是知專論文獻宜有重新審視、認真檢討、深入開發之必要。

二曰書信。傳世的朱陸異同單篇文獻，絶對以書信、語録二種文章體裁出現最早、存數最多。蓋朱陸異同之辨初始，爭議論辯幾乎皆由師友間書信或師弟子答問來交流傳達，及至宋末元初，其他體式的單篇文獻漸始增多，但書信、語録仍是普遍常用的溝通表達方式，很多書信、語録被輯入文集或單獨成編，仍占朱陸異同單篇文獻很大比重，其價值似亦毋須贅述。如朱子與象山辨「無極太極」，程敏政與汪舜民辨「朱陸早異晚同」，王陽明與羅欽順辨「朱子晚年定論」，陸隴其與湯斌辨「尊朱黜王」等理學史上的緊要之事，他們之間的往返書信，都是研究必引的重要文獻。然而尚未充分揭知和利用的書信文獻仍不在少數，如清初應撝謙的與秦開地論紫陽大指書、再與秦開地書、與秦開地第三書。紫陽大指撰者秦雲爽，字開地，號定叟，浙江錢塘人。書既成，託友轉請應撝謙爲序。撝謙字嗣寅，號潛齋，浙江仁和人，明諸生，潛心理學，躬行實踐，謹守朱子家法，不喜陸、王家言。應雖允爲書序，但並不滿意秦調和朱王的學術立場，只是礙於情面，不能於序中盡意表達，遂繼以書函通郵，再行質疑商榷。書曰：

前紫陽大指吾兄命作一序，撝謙不揣，欲稍述吾兄發明先賢之意，而辭不别白，仍有未盡，及觀凡例，又微有同異，業已刻成，不便往復。今既擬共爲切磋，須悉所欲言，方無負同學。明知瀆聽，然始雖睽，而辨之明，則終必合，始有未立相持之門户。……近又有兩是騎牆之見，謂格物作窮理亦可，解作爲善去惡亦可，只要力行。夫言而不行，是謂「不誠無物」，只能自害，安能害人？妄言妄行，「果敢而窒」，此其疑誤後學，爲害也大矣。……且主敬之説，亦自有辨。主敬則凡言不敢輕發，凡事不敢輕爲，默而成之，亹亹孜孜，仍如無有，此所謂敬也。若如陸氏之空腹高心，妄自尊大，厲色忿辭，如對讎敵，其去敬也遠矣。……陸氏乃言「六經皆我注脚」，此其視聖人之氣象何如哉？陽明又從而祖述之，謂「舉世之儒，皆知而不行，由於格物之誤」。吾未見格物變解以後之士，皆勝於未改以前之人也。蓋道之不行，不繫於格致之改與未改，而道之不明，學術分裂則已百年於兹矣。

秦開地獲信後並有回覆辯説，反諷應撝謙「不遵朱子之重居敬」，故應又致書再三。限於篇幅，兹不贅引。然則私密之書信往往比公開的序跋更能見撰者内心之真，由此可窺一斑。陸亦因因紫陽大指而引發的朱陸異同之辨，除應氏三書外，尚有陸隴其答秦定叟書二封。陸亦因「書中尚不能無纖毫之疑」，一再覆書質疑問難，且有「再承手教，兼示以答中孚、潛齋、擴菴諸書刻本」云云，是知秦氏猶與李中孚顒、董擴菴裕等時賢書信辨覆，且將答書刊印寄示多士，潛齋僅其一耳。

三曰語録。師弟子問答是理學表達與傳遞思想觀點的習常方式，當初朱子與象山論辨，不在書信，即在語録。「朱陸異同」語録文獻有單刻行世如朱子語類者，一般統歸子部儒家類，今可見者尚有明吕柟涇野子内篇、崔銑士翼、黄佐庸言、柯維騏柯子答問、唐樞一庵雜問録、清孫奇逢孫子答問、李光地榕村語録、朱一新無邪堂答問等。有語録收入別集者，如前舉李顒靖江語要，即先刊單行，後由門人王心敬輯入二曲集。再若陸九淵象山語類又見象山集，孫奇逢孫子答問又見夏峰先生集等，故别集中朱陸異同語録文獻尤多①。另子部儒家類書中亦常有存見，如清張沐溯流史學鈔，書名「史學」，實非史論，乃其講學之語，問雜書柬、問答語録等。其中敦臨堂録、嵩談録、燕邸録、天中録、游梁講語等，均有涉及朱陸異同之辨的語録。兹舉燕邸録語録一則爲例：

劉寺評介人問：「朱子與陽明異同？」曰：「功夫則同，言語則異。」問：「宜宗何家言語？」曰：「朱子能兼陽明，陽明不能兼朱子，自以朱子爲宗。但朱子言語亦須擇。」問所擇，曰：「先居敬而後窮理，如此類語是正宗，有悖此者，必係未深造時語。『敬』之一字，千聖嫡傳，吾輩今日居心處事，纔有一毫怠心，便有無限可悔處。」

張沐字仲誠，號起庵，河南上蔡人，是清初與湯斌聲名齊肩的中原大儒，或稱其學「與夏峰同出陽明，亦兼取程朱」，至有「起庵衍陽明之緒」之説。然觀此條語録，竟謂「朱子能兼陽明，陽明不能兼朱子，自以朱子爲宗」，則過往之論，不亦當另作考量乎？或者以爲語録是

① 如元陳櫟定宇集之答問、許謙白雲集之答或人問、吴澄吴文正集之答海南海北道廉訪副使田君澤問，明夏尚樸東巖集之語録、湛若水湛甘泉先生文集之問疑録、薛侃薛侃集之雲門録、研幾録、吴道南吴文恪公文集之語録、馮從吾少墟集之語録，清雷鋐經笥堂文鈔之答諸生問毛西河語、朱一新佩弦齋雜存之答陳生鍾璋問王陽明學術、李棠階李文清公遺書之語録等

「門人弟子所記録，其中多不可信」。此説固無可厚非。但語録亦「有書函文章所不能詳，而面談之頃，自然流露，暢竭無遺者」，此錢賓四先生所見，特引之以供參考。

四曰論説。朱陸異同論説文獻大多是對理學基本議題的考辨，如吴澄無極太極説、王漸逵性論、來知德心學晦明解、沈懋孝格物窮理辨等；或縱論理學源流、儒釋之辨，如汪俊學説、薛侃儒釋辨、沈懋孝道脈論、程晉芳正學論、章學誠浙東學術等。論説文章，常見載別集類、子部儒學類及經部易類、四書類著述①。論説文獻討論的大都是有關朱陸異同的重要問題，説理性更勝於一般文章，故屬「朱陸異同」歷史文獻中學術價值較高的部分。不少論説文章旨意新穎，别具隻眼，頗具參考價值。如夏炘朱子深戒及門不得無禮於金谿説就「氣象」衡論朱陸異同，即是一例：

宋乾、淳之間，陸文安公以聰明先覺之資崛起金谿，聚徒講學，與建安壇坫相望，

① 如宋有史繩祖無極而太極即易有太極，元有王申子先賢論无極太極，劉玉尊德性道問學説，明有劉宗周向外馳求説，高攀龍陽明説辨，駱問禮王文成公論，姚舜牧論陸子静，清有王弘撰論格物，朱子晚年之悔論，陸隴其太極論，熊賜履太極圖論，李光地知行篇，勞史辯王門宗旨之非，朱軾太極圖説解，朱澤澐朱子格物説辨，李紱致良知説，雷鋐論太極圖説通書，論格致傳義，翁方綱姚江學致良知論，焦循辯論良知論，方東樹辨道論，潘德輿格物説，黄中堅講學論，閻循觀文士詆程朱論，夏炘陸文達公學術與文安公不同考，朱子深戒及門不得無禮於金谿説等。

一時英俊後學之士，鮮有及者。是以朱、陸之門，互相切磋。劉純叟者，學於陸氏，而登朱子之堂者也。來相見時，極口以子静之學爲大謬。朱子詰之曰：「子静學術，自當付之公論，公不得遽如此説。」又朱子過江西，與文安之兄文達對語，而純叟不顧而去，獨自默坐。朱子曰：「便是某與陸丈言不足聽，亦有數年之長，何得如是？」諸葛誠之者，亦遊於兩先生之門者也。朱子詒之書曰：「示喻競辨之端，三復惘然。愚意欲深勸同志者，兼取兩家之長，不得輕相詆議。」「向來講論之際，見諸賢往往有立我自是之意，無復少長之節、禮遜之容，至今常不滿也。」嗟乎！觀朱子之所以戒及門者，然後知朱子之於金谿，其心平，其氣下，其禮恭，其詞遜，既以禮自律，復以禮約束及門之士。其所以救金谿之失者，不徒在論説之異同也。

按朱子詰斥劉純叟無禮，事見語類，朱子與諸葛誠之書，見載文集。夏文考論與衆不同，其著眼處不在朱陸論説之異同，而在論辯者氣象之異同，以此比較二人高下。讀錢穆朱子新學案，見其於此一問題亦有發明：「朱子之告其及門及婺學諸人，則勸其兼取陸學之長。而其告陸之門徒，則不得不直斥其短。此亦正欲其亦能兼取他長耳。」「朱子生平於象山，言其過必稱其善，直至象山卒後，朱子此一態度始終不變。而象山於朱子，則惟有彈擊，絶無轉語。兩家文字俱在，其語録流傳者亦皆可證。此亦兩人異同之一端也。」若此足以啓發研究之思的例子，於朱陸異同論説文獻中尚見多多。

五曰劄記，包括讀書劄記、隨筆日記、雜録雜記等。朱陸異同劄記文獻大多分佈於子部儒家、雜家類及集部別集類書籍中。儒家類如真德秀西山讀書記、黄震黄氏日抄、胡居仁居業録、羅欽順困知録、徐問讀書劄記、薛瑄讀書録、胡纘宗願學編、顧憲成小心齋劄記、黄道周榕壇問業、刁包潛室劄記、陸隴其讀朱隨筆、雷鋐讀書偶記等。雜家類如宋羅大經鶴林玉露、史繩祖學齋佔畢、俞文豹吹劍録、王應麟困學紀聞，元劉壎隱居通議、盛如梓庶齋老學叢談，明楊慎丹鉛總録、何良俊四友齋叢説、張萱西園聞見録，清顧炎武日知録、王弘撰山志、阮葵生茶餘客話等，或屬雜説，或歸雜考。此外，子部小説家類亦偶有所見，如宋葉紹翁之四朝聞見録。別集中的「朱陸異同」劄記文獻，則如宋詹初寒松閣集之日録、明高攀龍高子遺書之劄記、清王弘撰砥齋集之頻陽劄記等。再如晚清郭嵩燾近思録注，其實就是他的近思録閲讀劄記，其中並有論及朱陸異同者：

> 程、朱皆是讀得書多，自是孔門家法如此。然聖人之自言，則曰「君子多乎哉不多也」，而其教人，一以「博學於文」爲義。三代德行、道藝皆出於學，總須多聞多見，而後

漸積義理多。朱子道問學之功，孔門之正軌也。

陸象山之學肇於南宋，王陽明之學盛於有明，一用釋氏之言心言性者播弄聰明，引人入勝。至陽明氏標立頓、漸二義，一本釋氏之説，爲傳授之資矣。觀釋老之學之大演於漢唐以後，而後知孟子憂時之遠；觀陸王之學之綿延於宋明，而後見程子、張子衛道之嚴。

劄記揭示了郭嵩燾之學的尊朱傾向，是郭氏衆多著述所絶無僅有者，誠屬難得可貴。

六曰記，如學記、齋記、堂記、祠記等。其著名者，如吴澄尊德性道問學齋記、王守仁稽山書院尊經閣記、李光地重建鵝湖書院記等。記文多見載别集，總集亦偶有所見。大凡所記對象與朱、陸學脈相關，則記文多半會涉及朱陸異同議題。茲以顧憲成日新書院記爲例，記文緣起於雲間錢漸菴先生構日新書院，而奉先師孔子之像於中，晦菴朱子、陽明王子列左右侍焉。門弟子有不解其意者，問教於顧：「孔子之道至矣，若顔曾思孟則見而知之，若周程則聞而知之，皆嫡冢也。舍而獨表朱、王二子，其説何居？」涇陽先生遂寫下日新書院記一文，就此朱王異同之問作了回應。茲節文如下：

諸賢具體孔子，即所指不無精粗淺深，而絶無異同之迹，至朱、王二子始見異同，遂於儒門開兩大局，成一重大公案，故不得不拈出也。嘗試觀之，弘正以前，天下之尊朱子也，甚於尊孔子，究也率流而拘，而人厭之，於是乎激而爲王子；正嘉以後，天下之尊王子也，甚於尊孔子，究也率流而狂，而人亦厭之，於是乎轉而思朱子。其激而爲王子也，朱子詘矣；其轉而思朱子也，王子詘矣。則由不審於同中之異，異中之同，而各執其見，過爲抑揚也。其如之何而可夫亦曰祖述孔子，憲章朱、王乎？蓋中庸之贊孔子也，蔽以「小德川流」、「大德敦化」兩言，而標「至聖」「至誠」爲證。予竊謂朱子由修入悟，王子由悟入修，川流也，孔子之分身也，一而二者也。由修入悟善用實，其脈通於天下之至誠，由悟入修善用虛，其脈通於天下之至聖，敦化也，又即孔子之全身也，二而一者也。然則千百世學術之變盡於此，千百世道術之衡亦定於此，舉顔曾思孟之所見而知，周程之所聞而知，都包括其中矣。是故以此而學，時而收斂檢束，不爲瑣也，時而擺脱掃蕩，不爲略也，無非所以成己也。以此而教，時而詳曉曲諭，不爲多也，時而單提直指，不爲少也，無非所以成物也。以此而逗機緣，當士習之浮誕，方之以朱子可也，當士習之膠固，圓之以王子可也。何也？能法二子便是能襄孔子，所以救弊也。救弊存乎用，用無常，不得不岐於異。以此而討歸宿，將爲朱子焉，圓之以孔子可也，將爲王子焉，方之以孔子可也。何也？能法孔子纔是能用二子，所以立極也。立極存乎體，體有常，不得不統於同。

涇陽先生是朱陸異同之辨歷史衍變中的顯要人物。這篇記文以「小德川流」、「大德敦化」，借喻孔子與朱、王「一而二」、「二而一」，「同中有異」、「異中有同」的關係，相較於涇陽諸多朱王異同文獻，其説理性尤强，可惜較少受到研究者的關注。

七曰序，包括書序、贈序，書序並及書跋。大凡所序所跋之書與朱、陸之學相關，則書序書跋多半會對朱陸異同有所議論。如陳建學蔀通辨就有顧憲成刻學蔀通辨序、張伯行學蔀通辨序、盧文弨書學蔀通辨後、阮元學蔀通辨序、書東莞陳氏學蔀通辨後等諸多序跋，各自表達不同的觀點與立場。朱陸異同書序文獻較多①，似毋須解釋，亦不煩舉證。朱陸

---

① 元有劉壎朱陸合轍序、袁桷龔氏四書朱陸會同序、虞集跋朱先生答陸先生書、戴良題楊慈湖所書陸象山語，明有張吉陸學訂疑序、薛應旂重刻朱子晚年定論序、汪舜民跋篁墩程先生往復三書、吴寬題朱陸二先生遺墨後、蔣冕跋遂庵楊公所藏朱子與包祥道手帖、馬其昶書陸清獻公手劄後、王宗沐象山粹言序、耿定向象山先生要語類抄序、沈懋孝刻紫陽要語跋、劉元卿宋儒傳略序、顧憲成刻學蔀通辨序、黄克纘刻明朝理學名臣傳序、羅大紘訂讀大學古本序、高攀龍王文成公年譜序、蔡獻臣理學宗旨序、費元禄陽明先生文集序、劉宗周重刻王陽明先生傳習録序，清有孫奇逢道一録序、刁包辯道録序、朱鶴齡書陽明先生傳習録後、黄宗羲先師蕺山先生文集序、吴肅公明誠録自序、范鄗鼎理學備考序、湯斌理學宗傳序、趙士麟朱子全書義序、陸隴其周雲虬先生四書集義序、顏元王學質疑跋、孔尚任廣陵郡學會講序、張伯行學蔀通辨序、方苞學案序、李紱書孫承澤考正朱子晚年定論後、陳梓傳習録辨跋，楊錫紱二愚堂劄記序、沈廷芳福建續志理學傳序、盧文弨書學蔀通辨後、余廷燦書王學質疑後、戴殿泗金華理學粹編序、惲敬明儒學案條辯序、阮元學蔀通辨序、書東莞陳氏學蔀通辨後、姚椿陽明朱子晚年定論辨序、唐鑑學案小識自序、張海珊書陸象山先生集後、曾國藩書學案小識後、方宗誠書陸象山集節要敘、胡泉王陽明先生書疏證序等。

異同贈序文獻在宋元明清別集中多有見載①。前舉明曾異撰送長樂諭劉漢中先生教授廣信序已能説明一些問題，且不妨再看一篇明林希元送張淨峰郡守提學浙江序。林希元字茂貞，號次崖，福建同安人，官至雲南按察司僉事。張淨峰名岳，字維喬，號淨峰，福建惠安人，官至右都御史。林、張是正德十二年同榜進士，在陽明學説崛起之時，他倆是堅定的朱子擁躉。林希元因張岳遷升浙江按察副使提督學校，特撰序相送，希望他利用督學的職權，在浙江强力推行程朱之學，以此遏制王學蔓延的勢頭。序曰：

國朝弘治以前，士必明經，學必適用，不失國家養士之意，故出於學校者，皆能有所樹立，以贊國家昌大休明之治。……自時厥後，雜學興而正學廢，人才治道重有可慮者矣。蓋自詩章雕鏤之學興，先王經世之迹輟而不講，學術於是始壞；自記誦涉獵之學興，孔門博約之旨輟而不講，學術於是再壞；自良知易簡之學興，程朱義理之學

① 若元方回送繆鳴陽六言、送柯山山長黄正之序、送家自昭晉孫自庵慈湖山長序、吴澄送陳洪範序、虞集送李彦方閫憲、送李擴序、黄溍送慈谿沈教諭詩序，明胡翰送祝生歸廣信序、王褘送樂仲本序、蘇伯衡送陳伯柔序、程本立送朱叔仁之官序、程敏道送汪承之序、黄綰送王純甫序、林希元送張淨峰郡守提學浙江序、歸有光送王子敬之任建寧序、許應元送敬所王先生赴廣東少參序、駱問禮留別斗野李寅丈序、鄭鄤鵝湖問渡序，清計東贈陳子萬至京師序、送蔡立先還九江序等。

輟而不講，學術於是大壞。學術既壞，人才何自而出？治道何自而致？聖天子孜孜求賢圖治於上，何由而仰稱哉？兩浙人文之盛先天下，學術之弊固有然者。吾聞道有要，事有機，督學之官，人文之領袖，世道轉變之要機也。今使督學之官能得經明行修者十數人分布天下，正學安得而不興，士習安得而不變？浄峰少有異質，自知爲學，即以孔孟、程朱爲宗，日從事於窮理修身之要，再經憂患，磨礱益熟而造詣益深，以若人而督學，兩浙可爲人文世道賀矣。

贈序既表達了林希元的尊朱抑王立場，也反映出朱學陣營對王學昌熾的政治焦慮，而他們的反制舉措之一，便是要藉督學的行政權力，使程朱之學重新佔領國家人才培育的陣地。

八曰傳志，包括傳記、行狀、墓誌等。如著名的宋葉適胡崇禮墓誌銘、元虞集故翰林學士資善大夫知制誥同修國史臨川先生吴公行狀、明宋濂胡長孺傳等。朱陸異同傳志文獻主要分布在別集、總集及史部傳記類著作中①。其所以涉及朱陸異同之辨，多由傳主而起，

---

① 如宋真德秀湯武康墓誌銘、魏了翁隆州教授通直郎致仕譙君墓誌銘、元李存上饒陳先生墓誌銘、祝蕃遠墓誌銘、鄭玉洪本一先生墓誌銘、明張宇初故紹庵龔先生墓誌、李開先涇野吕亞卿傳、鄧元錫王稚川行狀、焦竑奉直大夫左春坊左諭德兼翰林院侍讀陽和張公元忭墓誌銘、學士姚明山先生淶墓誌銘、陳懿典先考贈奉直大夫右春坊右諭德梅岡府君暨先妣王宜人盛宜人行略、清王崇炳金華徵獻略之陳其蒽傳等。

雖涉事無多，着墨寥寥，有時卻頗能管窺豹斑、拾遺補缺，不容忽視，例如明張元忭爲陳讓撰寫的見吾陳公傳。陳讓字原禮，號見吾，福建晉江人，紫峰先生陳琛從弟。嘉靖十二年進士，官監察御史。嘗從紫峰先生學，有見吾文集未傳。陳讓傳見閩中理學淵源考，卻片言不及其學。惟元忭此傳能對其學術統承有所發覆，且皆關乎朱王異同之辨，玆節其要曰：

自考亭朱子倡道於閩中，一時及門高弟砥行植節者滿郡邑，故閩中之學在有宋孝、寧之世爲最盛。迨明興以來，朱子之書布四方，家傳而人誦之，然特習其說以獵取科第，影響剽竊，而朱子之宗旨轉晦。夫自蔡虛齋、陳紫峰兩先生相繼出，乃始一洗俗儒之陋習，獨采朱子之精微，而閩中之學在皇明正、嘉之間又最盛。見吾公蓋紫峰之從弟，自少即禀學焉，盡得其衣鉢之傳，而統承於虛齋者也。然當兩先生時，陽明先生方講致良知之學，獨異於朱子。世之爲兩先生之學者，泥於舊聞，相率而排之。公既尊信兩先生，而亦無疑於陽明之説。嘗與人論學有云：「陽明先生懼人謂格物只是窮理，窮理只是讀書，故以格物爲主于行。懼人以致知爲致聞見之知，故加一『良』字於『知』之上，非良知不足以言知，非格物不足以言致良知。」又云：「陽明之學，入頭處在格物，要妙處在慎獨。獨者獨知也。獨只是良知，慎獨即是致良知。此學初無足異，不知世人緣何而異之。」又云：「宋儒之學，萬分之中不無一失。陽明發明其所未至，將以爲宋儒之忠臣益友，而非欲拾彼之短，以形己之長也。今講陽明之學者，輒掇拾宋儒之短以爲口實，語養德之學則爲薄德，語講學之事則無益於學，而徒使陽明得罪於先儒，可爲深戒。」由是推之，公於朱、王二子之學，蓋皆超然自得，而非徒依傍口耳，私開户牖者。使論學者人人如公，則二子之説，不惟不相悖而實相濟矣，尚何辨論之紛紛哉？

傳文保存了陳讓若干條論朱王異同語録，頗具參資價值。張元忭字子藎，號陽和，浙江山陰人，隆慶狀元，官至左春坊左諭德兼翰林侍讀。明儒學案説張元忭之學，「從龍溪得其緒論，故篤信陽明」，「談文成之學，而究竟不出於朱子」。我們但看傳文總結説：「公於朱、王二氏之學，蓋皆超然自得，而非徒依傍口耳，私開户牖者。」亦正可視爲張元忭「朱王異同」觀的一條注脚。

九曰案語。朱陸異同案語文獻，内容豐富，分佈頗廣，甚至連江西通志這等地理類書籍也有回溯朱陸異同之辨歷史的案語。當然較多還是存在於儒家類著述中，如前舉朱陸異同專書之道一編、朱子晚年定論、學蔀通辨、朱子晚年定論考、正學隅見述、朱子晚年全論、朱子爲學次第考等，皆後附按語以陳己見，是考察撰者朱陸異同觀點、立場之集中所在。茲試舉童能靈朱子爲學次第考爲例。該書卷二「癸巳，四十四歲」下，載「廖德明録癸巳所聞曰：『二三年前見得此事尚鶻突，爲他佛説得相似，近年來方看得分曉。』」下附童氏案語曰：

能靈謹按：廖子晦乃朱子門人，記其癸巳歲所聞於朱子之語也。記稱「二三年前」者，應指庚寅、辛卯之歲也。是時朱子年四十一二矣，蓋尚未免鶻突也。考朱子於己丑春，已分未發已發條理。又歷庚寅、辛卯至於壬辰，然後西銘解義成，而於理一分殊之辨洞然矣。然太極、通書二者尤爲奥杳，則又歷癸巳四月，而二書之解始成，於是精密詳審而無復遺憾。故論朱子之學者，當以壬辰、癸巳以後之説，斷爲終身定論也。讀朱子之書者，亦自當以不合於西銘、太極、通書之説者，斷爲早年之論明矣。顧學蔀通辨但以朱子四十歲爲斷，近日當湖陸氏又以壬辰爲始分未發已發之年，恐皆有所未盡也。自此而後，則但有愈精、愈密、愈純熟而愈簡潔者，蓋無復向時異同之説矣。

童能靈對陽明的「朱子晚年定論」説持否定態度。此條案語通過文獻考證，修正了陳建、陸隴其的劃年，提出朱子學術思想的成熟和確立，當以四十三四歲以後爲界。此實爲朱陸異同之辨一大關節。錢賓四先生亦十分重視，以爲朱、陸鵝湖初會，朱子年四十六，「當時學問途徑，大體已定，二陸兄弟謂其留情傳注，無基築室，又謂是支離事業，沉浮榛塞，是殆不足以服朱子之心」。童案考證確實，可爲錢説背書。諸如此類者，還有宋黄震黄氏日抄、明劉宗周聖學宗要等。

「朱陸異同」案語文獻還多見於史部傳記類中的學術史著述，如孫奇逢理學宗傳、熊賜履學統、朱軾史傳三編、戴殿江金華理學粹編等。孫奇逢研究可謂夥矣，然取資理學宗傳案語者極少，該書「羅文莊欽順」傳下案曰：

> 困知録於諸大儒皆有所疑，而攻子静特甚。竊讀崔後渠與整庵書曰：「今之論學者，右象山，表慈湖，小程氏，斥文公。」則守程朱之學者，無怪言之激而求之深也。

從崔銑與太宰整庵羅公書中悟出羅欽順之所以「攻子静特甚」，原是因當時論學者偏護陸學、打擊程朱過度而激起的反彈。竊以爲，夏峰先生之所以「試圖走朱王融合之路」，亦應與他對歷史反思抱「了解之同情」不無關係。

十曰試策，包括策問、策論等。「朱陸異同」入試策由來已久，元趙汸名篇對江右六君子策，便是他應對「虞集私試」以「拳拳朱陸之異同爲問」的一篇策論。朱陸異同試策文獻多見載別集，如明丘濬重編瓊臺稿載太學私試策問三首，其一曰：

問：道學之説，唐以前無有也，有之其始於宋乎？……我祖宗準古制，立進士科，以五經四書取士，一主程朱之説，今日士子所習以應科者，是即先儒所謂道學也。但學者假此以出身，謂其無得於身心則有之矣，若謂此外又别有所謂向上一著，而後謂之道學，吾不知其何説也。自洪武、永樂以來，士之養於學校，進於科目，仕於中外，並無異議。今世士子乃有輒於舉業之外别立門户，而自謂爲道學者。然彼自相稱，謂草澤之中可也，而吾士夫由科目以仕中外者，亦從而張大之，何耶？豈習見宋人凡攻道學者即謂之邪黨而爲此邪？嗚呼，儗人必於其倫，兹豈其倫邪？説者有謂朱子道問學之功多，陸氏尊德性之功多。斯人之徒，蓋專主陸氏尊德性之學，措其心於言語文字之外。其然，豈其然哉？且中庸謂「君子尊德性而道問學」，二者之功，其可偏廢歟？朱子之學，其果一偏之學歟？或者之言是歟？非歟？諸士子所讀者五經四書，所主者程朱之説，在學校以此爲學，應科目以此爲文，他日出而有官守、有言責者，亦將以此爲用也。請試言道學之所以爲道學，考朱、陸之實，辯吴氏之言，溯其源而沿其流，而推其所以致弊之由。

這篇策問的傾向性十分明確，其導向性亦可想而知。此類「朱陸異同」試策亦稱「道學策」，今所見者尚有王廷相策問一道、劉定之太學私試策問一道、歸有光省策問對二道、熊賜履癸丑會試策問一道等，雖留存不多，其文獻價值卻非同一般。

十一曰奏疏。朱陸異同奏疏文獻的情況與試策文獻相似。如高攀龍崇正學闢異説疏呼籲天子「明詔中外，非四書五經不讀，而不得浸淫於佛老之説；非濂洛關閩之學不講，而不得淆亂以新奇之談」，被認爲是他「表彰程朱之學，用以遏制王學末流之泛濫，救時之弊的最初宣言」。今存朱陸異同奏疏大多事關孔廟從祀之議。如明嘉靖十三年薛侃上正祀典以敦化理疏，請以陸九淵入祀；萬曆元年謝廷傑上崇祀大儒以明正學以育真才以隆聖澤疏，請以王守仁入祀；萬曆十二年申時行上從祀疏，請以王守仁、陳獻章、胡居仁入祀；萬曆二十二年劉元卿上增祀四儒疏，請議「增祀宋臣羅從彥、李侗，先臣鄒守益、王艮」。萬曆十二年白沙、陽明從祀既定，又有唐伯元上從祀疏，力辨王守仁入祀之非；陳于陛上議從祀以崇聖道疏，並請以胡居仁、蔡清入祀，爭辯十分劇烈。兹節録陳于陛疏如下：

臣嘗虛心平氣而論之，獻章、守仁之學，猶之飲醇醪而棄糟粕，得魚兔而捨筌蹄，宜其薄訓詁于不事矣。不曰「雖有般、倕，不廢繩墨；雖有羿、基，不廢彀率」乎？熹之學實能爲獻章、守仁而能不爲者也。要之，皆不失爲聖人之徒也。假令世有高明之士，必欲洮汰言辯，擺落形迹，以見本心自悟，自爲收斂，修之奥竅之中，而聖域立躋，即以獻章、守仁爲師可矣，誰得而禁禦之？若夫垂世立教，以中正範天下後世，臣謂非熹之學不可也。

陳氏深恐陽明入祀孔廟，會引發「令今之學者過于信守仁而輕于詆朱子」的負面影響，以致後世「見守仁之從祀已久，輒疑朱子之學術爲非」，故奏議增祀朱子一脈的胡居仁、蔡清，以作平衡。此亦當是朱陸異同學術之辨在廟堂之上的一次公然攤牌。

十二曰詩，包括詩、贊、歌詞等韻文。「朱陸異同之辨」入詩毫不足怪，鵝湖之會，象山兄弟與朱子的應和詩句：「易簡工夫終久大，支離事業竟浮沈」，「卻愁説到無言處，不信人間有古今」，揭開朱陸異同之辨的帷幕。後世題詠朱陸異同的詩篇，如元潘音遠遊詩：「方從草廬公，共究鵝湖旨。紛紛朱陸議，竊幸窺端倪。」明夏尚樸寄王陽明二首：「同甫有才疑雜伯，象山論學近於禪。平生景仰朱夫子，心事真如白日懸。」「陸學也能分義利，一言深契晦翁心。紛紛同異今休問，請向源頭著意尋。」清朱鶴齡贈海寧許酉山明府兼訊黃太沖：「鵝湖、白鹿開講院，剖析聖義晨星明。至今正學不墜地，恃有巨手能支撑。考亭、象山宗旨合，虛實二教理兩行。奈何後人判塗畛，祖分左右紛呶爭。文成立説救章句，虛無豈與竺乾并。俗學肆口恣掊擊，無異同室分旗鎗。我欲融釋歸大冶，一銷文壘與墨兵。」諸如此類的朱陸異同詩篇爲數不少，而堪稱稀奇的是前舉張吉陸學訂疑，居然悉用四言詩體撰成。如其中一條節引象山語録：「吾嘗與晦翁書云：『揣量模寫之工，依倣假借之似，其條畫足以自信，其節目足以自安。』此言切中晦翁之膏肓。」其下張氏「訂疑」曰：

道之大原，本出於天。散在萬物，形色自然。流行古今，滔滔百川。播諸六籍，因言以宣。士志於兹，力貴精專。駁雜泛濫，多岐所牽。空寂孤單，不覩大全。獨有一法，孔鑄子淵。博文約禮，並造兼權。未入聖域，惜無長年。鄒孟而下，絶學不傳。競取魚兔，不操蹄筌。終日無獲，奚足怪焉？卓哉晦翁，亞聖大賢。孔顔法度，宛在目前。公惡異己，騰口翩翩。彼所得者，略不推先。昧耶私耶？孰任厥愆？

張吉屬胡居仁一路的宗朱學者。陸學訂疑自序曰：「朱、陸之學，先輩論之詳矣，近世儒臣，又謂其學始雖殊途，終則同歸於一致，備摘二家辭旨近似者，類而證之，是蓋又一説也。」「竊惟學朱不得，猶不失爲博達之士；學陸不得，流爲禪釋之歸必矣。予惡夫世之從邪而畔正也，乃取象山語録反覆玩味，有可疑者韻而訂之，藏諸篋笥，以俟知者擇焉。若與其閑邪衛正，不失爲朱氏忠臣，則世之偏執一隅、詆訾先哲者，亦可以少愧矣。」乃知此四言詩體陸學訂疑實爲最早批駁程敏政道一編的「朱陸異同」專書，其意義亦不可輕忽。

三　「朱陸異同」歷史文獻研究意義發微

通過對「朱陸異同」歷史文獻的海量搜檢，集腋成裘，壘土成臺，觀察視野既勝以往，對朱陸異同之辨歷史衍變的認識和感悟自然會有不同。茲擇要記述數項，僅爲拋磚引玉之用。

其一，因由「朱陸異同」歷史文獻揭示，至少在宋寧宗嘉定十三年，朱子再傳、三傳弟子就已開始相與討論「朱、陸氏之所以異同者」。

關於朱陸異同之論始於何時的問題，今仍有持「始於明代」之説者，謂趙汸對江右六君子策「始倡朱陸早異晚同之説」，「朱陸同異論爲世人所注目，那是吳草廬以後的事」，「到趙東山、程篁墩而愈加精微」。然此乃承襲舊説，所見實已滯後。此前錢賓四先生曾據元袁桷清容集所載「淳祐中鄱陽湯中氏合朱陸之説，至其猶子端明文清公漢，益闡同之」，認爲

「此爲會同朱陸之最先見者，時宋室尚未亡，蓋猶遠在趙汸前」。只是這條文獻以及這個結論，早在清代就已被發現和提出。全祖望奉臨川先生帖子一曰：

> 愚考會同朱陸之説，今世皆以爲發源於東山趙氏，然不自東山始也。袁清容云：「陸子與朱子生同時，仕同朝，其辨爭者，朋友麗澤之益，書牘具在。不百餘年，異黨之説，深文巧闢。淳祐中，鄱陽湯中氏合朱陸之説，至其猶子端明文清公漢，益闡同之，足以補兩家之未備。」是會同朱陸之最先者一也。清容又云：「廣信龔君霆松，發憤爲朱陸異同舉要，於四書集陸子及其學者所講授，俾來者有考。」是元人之會同朱陸者，然亦在東山之前。二湯爲淳祐間巨子，使其書存，必有可觀。龔氏之書不知何等，今皆無矣。

全氏所引袁清容二條文獻，均出氏著龔氏四書朱陸會同序。袁序所言「鄱陽湯中氏」，字季庸，號息庵，饒州安仁人，寶慶二年進士，歷官右正言、左司諫、知袁州、工部侍郎。所言「猶子端明文清公漢」，字伯紀，號東澗，饒州安仁人，淳祐間以薦授信州教授兼象山書院山長，度宗時官至工部尚書，以端明殿學士致仕，卒謚文清，宋史有傳。所言「廣信龔君霆松」，號艮所，江西貴溪人，「宋咸淳鄉舉，元郡縣上所著書於省，省聞之朝，授漢陽教授，不就」，歸里，講學理源書院。「慨朱陸二家之徒議論不一，因窮源委，作四書朱陸會同注釋，三年書始成，時稱朱陸忠臣」。兹且毋論「元人之會同朱陸者」龔霆松，先説「會同朱陸之最先者」湯中、湯漢。按全謝山修定宋元學案存齋晦静息庵學案，還曾提及湯中之兄湯千，「嘗從真西山論洙泗、伊洛之源流，與朱陸之所以同異，融會貫通，卓然自有見處」，惜未能道其詳。今考真德秀、湯千相與論朱陸異同，事出真德秀湯武康墓誌銘，時間更在湯中、湯漢「合朱陸之説」之前。兹節録其文曰：

予年二十六，始識升伯於都城，方是時，升伯以詩文稱諸公間，雄麗秀拔，有古作者風致。後十餘年濫官于朝，又得其所爲通變十二策者讀之，論説娓娓，援古質今，奮然有爲國建策圖久安之志。於是撫卷三歎曰：「此賈誼長太息書也。」恨時無知君者，亦自咎前日知之未至也。又五六年再見於延平，旋過予西山精舍，相與論洙泗、伊洛之源流，與朱、陸氏之所以同異者，旁及方外之學，融會貫通，卓然自有見處，殆非前日升伯矣。越二年，起帥湘中，求士之可與偕者，莫吾升伯若也。凡再聘始來，來則朝夕與處。

湯武康名千，字升伯，初號隨適居士，晚更號存齋，饒州安仁人。慶元二年進士，嘗官武昌軍節度推官，南劍、嘉興郡學教授，改通直郎知湖州武康縣。寶慶二年卒，年五十有五。按真德秀生於宋淳熙五年（1178），墓誌銘云「年二十六始識升伯」，是在嘉泰四年（1204）；「後十餘年濫官于朝」，「又五六年再見於延平」，相加未逾廿年，則二人會晤西山精舍，相與論「朱、陸氏之所以同異者」，必不出寧宗嘉定年間。考墓誌銘云「越二年，起帥湘中」，而宋史本傳云真氏於嘉定「十五年，以寶謨閣待制湖南安撫使知潭州」，遂可確定真、湯會晤，應在嘉定十三年（1220），時距朱子去世已二十年，離黄榦去世尚有二年，相較淳祐中湯中、湯漢「合朱陸之説」，至少早二十餘年，宜爲目前所見朱子身後論「朱陸異同」文獻之最先者。

湯千在真德秀西山精舍討論「朱、陸氏之所以同異」，詳情不得而知，只能略考安仁湯氏家族諸子學術，以窺其基本學術立場。據真德秀湯武康墓誌銘，「湯爲安仁望族，用儒科顯者相踵」。宋史本傳稱湯漢「與其兄干、巾、中等，皆知名當時」（按，宋元學案湯氏名作『千』，孰爲是尚無確考，本文姑從宋元學案。），但不詳其學術師友，且誤記其世系，實則漢是千、巾、中猶子，而非兄弟。按全謝山存齋晦静息庵學案表，湯千、巾、中兄弟「並柴南溪、真西山門人，詹氏再傳，屏山、晦庵三傳」，而序録則謂：「鄱陽湯氏三先生，導源於南溪，傳宗於西山，而晦静由朱而入陸，傳之東澗；晦静又傳之徑畈。楊、袁之後，陸學之一盛也。」又全氏奉答臨川先生序三湯學統源流劄子曰：「陸文安公弟子在江南西道中最大者，有鄱陽湯氏。此閣下鄉里文獻，而向來無知之者。」「三湯子之學，並出於柴憲敏公中行，固朱學也。其後又並事真文忠公，亦朱學。乃晚年，則息、存二老仍主朱學，稱大、小湯，而晦静别主陸學。東澗之學，肩隨三從父而出，師友皆同，而晚亦獨得於晦静。是時朱、陸二家之學並行，而湯氏一門四魁儒，中分朱、陸，各得其二。」全謝山因所獲臨川「鄉里文獻」「向來無知之者」，故能糾舊時記載之失。然其所考並非全是，道光間王梓材校定宋元學案，已指出多處錯誤，如將息庵、存齋名號錯戴等，限於篇幅，茲不詳舉。今但就「湯氏一門四魁儒，中分朱、陸，各得其二」之説，略加考辨。

先説「别主陸學」的晦静。湯巾字仲能，號晦静，嘉定七年進士，知繁昌縣，紹定六年主白鹿教席。按西山門人徐元傑白左揆論時事書，明確説「湯巾明朱氏之學」。又咸淳間釋道璨誥封贈孺人先妣吴氏壙誌，稱吴氏「伯兄叔量，早有聲場屋，以工深多不合有司尺度，從主一張公洽、晦静湯公巾，受晦翁書而讀之，與功名相忘」。吴氏伯兄陶叔量，新建人，寶祐四年進士。乃知湯晦静嘗宗朱學而授朱學。那麽他是否又曾「别主陸學」呢？考劉克莊祭湯仲能文有曰：「烏呼！早挹存齋，中交晦静。晚善遺公，珠璧輝映。四海所稀，一門而並。近參周、朱，遠泝淵、孟。粗而事物，妙而性命。先儒疑義，下語未瑩。前輩緒論，開端未竟。審思明辨，博考精訂。餘力及文，上下馳騁。」其中「粗而事物，妙而性命」，「審思明辨，博考精訂」二句，盡合朱子「下學上達」主旨，與陸學分明涇渭。後村亦從學西山，且與湯氏諸子友，後村集中有贈仲能、季庸、伯紀詩文多首，如答湯升伯因悼紫芝云「紫芝曾説子能詩，開卷如親玉樹枝」，挽湯仲能云「訃至聾三日，悲來贖百身」，送湯季庸監嶽云「季子真奇士，聲名亞長君」，送湯伯紀歸番陽云「華宗所産必人英，久見諸賢説父兄」等，可見交誼極深。故祭文所言，應是後村對晦静的「蓋棺」之論，可信度頗高。如是，則謝山之説或未必然。再説「大湯」存齋。真德秀湯武康墓誌銘有二處記述似爲要緊。一説湯千之學得自乃父臨齋公：「臨齋於古學無不通，君爲舉子時罕以語之，至是始盡發其藴。大要談義理不騖於虚無高遠，而必反求之身心；考事實不泥於成敗得失，而必鈎索其隱微；論文章不溺於華靡新奇，而必先乎正大。要其歸，以切實用、關世教爲主。君於是盡得家學之傳。」復謂湯千聞釋氏之説而訢然有得：「嗚呼！欲知吾升伯者，仕觀其自竭，窮觀其自守，斯得之矣。自其少時，博參聖賢言論，以爲指歸，精思力踐，不進不已。既又聞瞿曇氏之學，以了悟爲聞，亦從而究其説，久之訢然，若有得也。間嘗語予曰：『儒佛之道雖殊，要皆以求本心爲主，倘能悟所謂活法者，則雖混融爲一可也。』予雖未悉其指，然視君所養，虚閑怡悦，有超然自得之趣，則其所造詣誠有未易窺者。」按墓銘前言臨齋家學如何，尚未能明判朱、陸，後言湯千「以了悟爲聞」，則可爲之定性。朱子嘗批評瞿曇氏之「了悟」曰：「夫學者既學聖人，則當以聖人之教爲主。今六經、語孟中庸大學之書具在，彼以了悟爲高者，既病其障礙而以爲不可讀，此以記覽爲重者，又病其狹小而以爲不足觀。如是則是聖人所以立言垂訓者，徒足以娛人而不足以開人，孔子不賢於堯、舜，而達摩、遷、固賢於仲尼矣，無乃悖之甚邪！」朱子所謂「彼以了悟爲高者」，意指江西陸學，則西山稱千「以了悟爲聞」，其義亦可想而知。此語出自墓銘，誠亦「蓋棺定論」，頗可采信。既如此，則全氏謂大湯晚年「仍主朱學」之説，實大有問題。再説湯漢。全謝山奉臨川先生帖子一引袁清容序云「淳祐中，鄱陽湯中氏合朱陸之説，至其猶子端明文清公漢，益闡同之」，但在奉答臨川先生序三湯學統源流劄子卻説「東澗之學，肩隨三從父而出，師友皆同，而晚亦獨得於晦静」，「案袁清容集亦言晦静始會同朱陸之説，至東澗而益闡同之」。同樣案據袁序，卻一稱湯中，一稱湯巾。此處差異，王梓材曾有考訂，以爲「湯中氏係湯巾氏傳寫之誤」，然亦未必。但無論湯中抑或湯巾，湯漢「會同朱陸」可確定無疑。袁桷跋宜春夏君與上饒陳先生文蔚講經書問亦曰：

自武夷之説行，其門人矜重自秘，皆株守拱立，不能親有所明辨，獨勉齋黄公奮然衛道，以其同焉者析之，曲焉者直之，使後之人無以議。湯文清公後出，復以昔之所深疑者充廓之，是則武夷之忠臣矣。

因湯漢敢於深疑朱子之説，而非「株守拱立」一味佞朱，故稱之「武夷忠臣」。「忠臣」之稱頗有意思，王陽明崛起，後世亦有稱其朱子忠臣，駱問禮質疑王學，亦自題書名新學忠臣。惟此尚可深究，於兹難道其詳。又湯漢深疑者何，袁跋未言。據朱彝尊經義考，朱子大學章句案語，似可略知其一：

大學不題作者姓氏，或云七十子之徒共撰所聞，或云是子思作。至朱子於百世之後，毅然論定爲曾子之書。……而楞齋漫録又云「大學決是子思所作，不然『誠意』傳中不合有『曾子曰』三字」。黄岡樊氏亦曰「記引曾子之言，決非曾子之書可知」。學者所見不同如是。當日復齋陸氏、東磵湯氏，咸謂朱子中庸、大學，其傳不遠。而朱德莊亦不信朱子章句，於是董文清而後，改本紛綸出矣。

其謂「當日復齋陸氏、東磵湯氏，咸謂朱子中庸、大學，其傳不遠」，是説朱子學庸章句近出不可盡信。此或即湯漢「深疑」朱子處之一。朱彝尊如是説，當時必有依據，但今未存而已。另據袁桷延祐四明志記載，度宗咸淳中，王應麟「爲太常博士，湯文清公漢爲少卿，與先生鄰牆居，朝夕講道，言關、洛、濂、閩、江西之同異」。可知湯漢不僅晚年會同朱陸，而且參與討論，十分積極活躍。據上所述，則全氏所謂「湯氏一門四魁儒，中分朱陸，各得其二」之說，似難成立。

當然，上述考證並非專爲訂補全氏之闕訛，還是想通過集結「朱陸異同」文獻揭示，至少早在宋寧宗嘉定十三年，即朱子身後約二十年，其再傳、三傳弟子就已開始相與辨論「朱、陸氏之所以同異者」，代表人物就是鄱陽湯氏一門諸子及真德秀、王應麟等。

其二，因由「朱陸異同」歷史文獻揭示，歷史上的朱陸異同之辨，曾有過三次高潮，分別在宋末元初、明正德嘉靖與清康熙雍正時期。

存世的「朱陸異同」歷史文獻，自鵝湖之會至清末七百餘年幾無間斷，即使是在理學最不受待見的清乾嘉時代，亦未消聲匿迹。但數據顯示，不同時期的文獻存量大有差別，宋末元初、明正德嘉靖、清康熙雍正三個時期，不僅留存「朱陸異同」文獻最多，且專書、專論出現最爲集中。以專書之出現最能體現朱陸異同之辨的「熱度」，特舉而述之。據統計，今存明代朱陸異同專書七種，出自正德四年至隆慶元年近六十年間的占五種；清代存專書約十四種，十三種出自順治十八年至雍正十年的七十年間。宋元時代的朱陸異同專書雖無傳，但可考者有吳汝一箎天、龔霆松四書朱陸會同舉要、劉壎朱陸合轍三種，均出自宋末元初。鑒於明、清專書皆有書可稽，毋須贅言，而宋末元初專書既不復見，且撰者除劉壎外，吳、龔二人俱不名經傳，故特勾稽文獻，略加考述。

吳汝一，字伯成，號雲卧，江西南豐人，宋理宗寶祐六年，以秘閣修撰爲江西轉運副使兼守隆興，有詩名，人稱「江西詩伯」，著雲卧詩集未傳，江湖小集、兩宋名賢小集有節選。同里劉壎從其游，嘗謂「雲卧翁清高簡澹，翛然如蓬閬間人。學問精深，爲包門高第弟子，文肅公特敬異之」。此所謂「包門」，即指包約、包揚、包遜兄弟。約字詳道，揚字顯道，遜字敏道，江西建昌南城人。包氏兄弟三人皆從朱、陸二子學，宋元學案並列「朱子門人」、「陸氏門人」，黄宗羲案曰：「包顯道、詳道、敏道同學於朱、陸，而趨向於陸者分數爲多。」其所謂「文肅公」，即包揚之子恢，字宏父，號宏齋。宋元學案列名包揚傳下「克堂家學」，克堂是包顯道號，稱包恢「弱冠即聞心性之旨，成嘉定十三年進士」，「景定初，拜大理卿、樞密都承旨兼侍講，權禮部侍郎」，「封南城縣侯，以資政殿學士致仕，卒，年八十七，贈少保，謚文肅」。宋史本傳稱「恢少爲諸父門人講大學，其言高明，諸父驚焉」。嘗言「文安之學深造自得，本之孟氏。孟氏之後，至是而始一明」。雲卧先生吳汝一既爲「包門高第弟子」，又獲包文肅公恢「特敬異」，則其學淵源大概可知。吳著筦天，僅見于劉壎朱陸合轍序：

朱、陸之學，本領實同，門户小異。故陸學主於超卓，直指本心，而晦翁以近禪爲疑；朱學主於著書，由下學以造上達，而象山翁又以支離少之。門分户別，伐異黨同，末流乃至交排互詆，譁競如仇敵，遂令千古聖學之意，滋鬱弗彰矣。當是時，克堂包公崛起盱江，出入二宗師門下。其子樞密宏齋先生，親侍講貫，每謂二家宗旨券契籥合，流俗自相矛盾。至哉言乎！顧踵襲成俗，趨附貶駁，或者高朱而抑陸，私心迷繆，寖失和平。同里雲臥吴先生汝一病之，考朱子書，凡言論旨趣與陸子同者爲一編，題曰箕天，銷磨黨偏，掀抉瞽瞶。學者各宗其説，門户雖小異，本領無不同也。夫人惟一心，心惟一理，群聖相授，繼天立極，開物成務，何莫由斯？孔子曰「性相近也」，孟子曰「先聖後聖若合符節」，豈至於學能獨異乎？

是知吴氏箕天之作，亦因受包揚、包恢父子講學影響，病流俗之「高朱抑陸」而起，其旨則在會同朱陸，「銷磨黨偏」。限于文獻稀少，不能更多揭示，然既爲「包門高第弟子」，又受「文肅公特敬異」，似不妨參照其師門傳授，以窺雲臥翁之「朱陸異同」立場。

據劉壎之言，對雲臥先生影響最大的是包揚、包恢父子。包揚是包氏三子中比較特別的一位，錢賓四先生説：「包氏兄弟中，敏道最偏激，劉後村集謂其喜涉禪可知。詳道篤實，而守陸説不能變。顯道易轉動，其在南康與朱子相見，已依違於朱、陸兩家間矣。」宋元學案稱包顯道初師象山，好走極端，「嘗詆朱子，有『讀書講學，充塞仁義』之語。朱子以告象山，象山亦大駭，答以『此公好立虛論，須相見時，稍減其性』。」「及象山卒，顯道率其生徒詣朱子精舍中執弟子禮。」然據錢賓四先生考證：「黎編語類『包揚録』稱癸丑、甲辰、乙巳所聞，爲朱子五十四、五、六三年，象山卒在紹熙三年壬子，上距淳熙乙巳尚八年，則顯道游朱門，不待象山卒後。」並考證顯道因入門較早，即弟子蔡抗亦尊其「在師門爲前輩」。包揚在象山在世時，即「率其生徒」投名考亭門下，此事甚可玩味。錢氏言包揚「依違於朱、陸兩家間」，是説他持各尊其是之立場，無伯仲左右之分。可惜包揚無論學文字留存，難究其竟。惟子恢承「克堂家學」，或可藉以觀之。據包恢自述，嘗於慶元六年春隨父赴考亭進謁朱子：「某之先君子從學四十餘年，慶元庚申之春，某亦嘗隨侍坐考亭春風之中者兩月。每一追思，常嘆景星之還復快覩。」故其每言及朱子，從不失尊崇之意，且自以爲最能得乃父朱子之傳。其跋晦翁先生帖曰：

學必有存主之處以爲本，必有持守之功以爲實，其致知講習，乃所以精此本實之所在，而非末非虛也。我先君從文公學四十有餘年，受其啓誨最多且久，每於侍下竊聞之，繼於先生文集中飫觀之。庚申之春，又嘗躬拜先生于考亭而受學焉。詳其所主，無非先存主而重持守。今者獲讀所與李丈二書，實有契於前聞。雖二書未足以盡見先生之學，而大旨則有在矣。獨疑近世爲先生之學者，往往多以格物爲主，至或偏於致知而廢力行，泛於講習而乏持守，其所謂致知講習者，又類失其本而流於末，無其實而入於虛，殊戾先生誨人之旨，大抵不過從事於解釋文義之間，卒之皆墮於空言而已。李丈處謙，師友淵源，萃於一家，其天資既謙厚，其學問加誠實，其有得於先生之旨獨深，而過人亦遠矣。

朱子與李處謙書今存晦庵集，云「大抵爲學當以存主爲先，而致知力行亦不可以偏廢」。包恢以此詮釋朱子爲學大旨「先存主而重持守」，則正與象山之説相合。觀其象山先生年譜序乃曰：「先生以學者茫茫，如在門外、如在路傍而莫知所從入，其誤認以爲門爲路而誤入者尤多。故其教多先指其所入以示之，乃發足第一步也，由是而之焉，方將循循以導其進於深遠之地。」是包氏於朱、陸二家間，實取兼合會同之態度。然包恢於象山極爲推崇，曰：「孟氏之後千五百年，能自得師，大明此學。」「先生殆若特爲此學而生者，發揮啓迪、開闢充拓之功大矣。」若此不吝美譽，朱子未曾有享。至其陸象山先生贊曰：「彼之所學者，告子之外；此之所學者，孟子之內。外者皆虛説誣，而徒塞乎仁義；內則皆實光大，而可入乎聖智。」似更存暗詆朱學之意。由此可見，包氏雖會同朱陸，而心中另有高下之判。此一關節宜與吴汝一、劉壎之朱陸異同立場，不無關繫。以下接述龔氏四書朱陸會同、劉壎朱陸合轍。

龔霆松，號艮所，江西貴溪人，「宋咸淳鄉舉，元郡縣上所著書於省，省聞之朝，授漢陽教授，不就」，講學理源書院，「作四書朱陸會同注釋，三年書始成，時稱朱、陸忠臣」。袁桷龔氏四書朱陸會同序曰：

曩朱文公承絶學之傳，其書叙疑非西京，於孝經則刊誤焉，詩去其叙，易異程氏，中庸疑於龜山楊氏。程、楊，朱子本以傳授者也，審爲門弟子，世固未以病文公也。陸文安公生同時，仕同朝，其辨爭者，朋友麗澤之益。朱、陸書牘具在，不百餘年，異黨之説興，深文巧闢，而爲陸學者不勝其謗，屹然墨守，是猶以丸泥而障流，杯水以止燎，何益也。淳祐中，鄱陽湯中氏合朱、陸之説，至其猶子端明文清公漢，益闡同之，足以補兩家之未備。抑又聞之，當寶慶、紹定間，黄公榦在，朱子門人不敢以先人所傳爲别録。黄既死，夸多務廣，有語録焉，有語類焉，望塵承風，相與刻梓，而二家矛盾大行於南北矣。廣信龔君霆松，始發憤爲朱陸會同舉要，於四書集陸子及其學者所講授，俾來者有考，删繁薈精。余於龔君復有望焉。夫事定於千百年，則罔有異論，故歷舉興廢之説若是。

龔氏學術淵源未詳，但由袁序可知其著書之意，亦因「概朱、陸二家之徒議論不一」，而特於四書會同朱、陸之説，調和「二家矛盾」。

劉壎，字起潛，江西南豐人，宋嘉熙四年生，元延祐六年卒，終年七十八。史稱壎「以道學鳴於時」，嘗自序朱陸合轍編撰緣起曰：

> 追懷景定辛酉歲，親炙雲卧先生，得聞梗概。咸淳丙寅歲，宏翁以尚書造朝，約予與諸老往。辭先生，進予坐側，警誨娓娓，亦及兹事，抉去籓籬，少正卑滯。當時馳心科舉文字之間，弗克叩擊。及今科舉文字念絶，思見鴻碩，考德問業，諸老亦既棄濁世而游太虚，先哲弗作，晚節無聞，爲之惆悵。自悼不聰，乃取象翁文集手鈔焉，且復取晦翁語録，摘其推尊文安者，著於篇端，以詔來世會而通之。水中之月，即天上之月也。蜀日越雪，何爲者？故更名其集曰朱陸合轍云。

劉壎嘗親炙鄉老吴汝一，且與包恢關係密切，則其學所自亦可推知。合轍抄自象山文集，且將朱子「推尊文安」語録「著於篇端」，則其編纂之旨固已昭然。按劉壎嘗道聽途説曰：

「朱文公平生竭盡精力解注諸書，實爲後學之益。晚與白玉蟾游，始悟其徒勞，遂賦詩曰『書册薶頭無了日，不如抛却去尋春』，蓋自悔也。其於象山心服以此。」其記陸文安祠堂又曰：「聖賢自堯舜累傳，而達乎孔孟，自孟氏失傳，而泝夫宋儒。故有周、張、二程濬其原，而周則成始者也；有朱、張、吕、陸承其流，而陸則成終者也。」又前舉劉壎撰有題名朱陸文章四篇，題含「朱陸」劄記四篇，是所見最早的朱陸異同專論文獻，亦宋元之人絶無僅有者。朱陸篇有曰：「晦菴殁，其徒大盛，其學大明，士大夫皆宗其説，片言隻字，苟合時好，則可以掇科取士，而象山之學反鬱而不彰。然當是時，雖好尚一致，而英偉魁特之士，未嘗不私相語曰：『時好雖若此，要之，陸學終非朱所及也。』蓋二先生之學不同，亦由其資禀之異，晦菴則宏毅篤實，象山則穎悟超卓。」

宋末元初，明正德、嘉靖，清康熙、雍正間，「朱陸異同」專書、專論文獻的集中爆發，反映了朱陸異同之辨在此三個歷史時期的「高漲」。而接著「高漲」出現的，是「元儒好爲調和朱陸」，「元代已是朱陸並行」，是嘉隆之後的王學獨尊，是乾嘉時代的考據大興。如是，則朱陸異同之辨歷史衍變，誠與理學史之轉折變化有莫大關係。

其三，因由「朱陸異同」歷史文獻揭示，歷史上朱陸異同之辨的群體參與度很高，不止是少數理學家掌握的話語；是存在於現實社會的思想之爭，而非孤處一隅的心靈獨白。

前舉計東耆舊偶記追記康熙十一年孫承澤、閻爾梅、顧炎武諸學界大佬聚會爭辯朱陸異同的生動場景，極爲難得。無獨有偶，與計東同時的錢澄之也有類似記載，其與徐公肅司成書曰：

向與閣下聚首於令母舅寧人寓齋，寧人極詆陽明之學，又出吴江一老生所寄駡陽明書，比之毒藥猛獸，偏示坐客。弟見其方寸敗紙耳，字畫怪誕，文理惡劣，皆陳羹飯餕語，不惟未嘗見陽明書，并未嘗讀程朱書者，不知寧人何以欣然夸示人也？弟見寧人駡與甚勇，如此固陋尚欲引之爲助，其所以惡陽明者至矣，故默不與辨。酒間，問曰：「顧涇陽何如？」曰：「正學也。」弟曰：「余觀其解學、庸亦頗采陽明語，何也？」寧人大咍，以爲妄，問弟見諸何書。弟偶失記，無以應。益大噱，久之曰：「君元來於此事甚淺。」閣下爾時亦主寧人之説，以涇陽深闢陽明者也，猶記之乎？弟比大慚，非慚其學之淺，慚其以爲妄也。既抵家，搜諸敝簏得之，蓋顧先生小心齋劄記也，即命兒子鈔稿奉寄，託爲轉致寧人，以謝此慚。

徐元文字公肅，顧炎武外甥。錢澄之此信與計東所記異曲而同工，惟譏刺更甚，然亦非無中生有。余之所以再舉此例，絶非於亭林有何隱義，而是因爲信中提及的那位大駡陽明

「比之毒藥猛獸」的「吴江一老生」。「方寸敗紙」、「字畫怪誕」、「文理惡劣」、「陳羹飯餿語」，「未嘗見陽明書，并未嘗讀程朱書」，錢澄之用盡不堪之詞，描繪了一個積極參與朱王異同之辨的無名氏人物形象。同樣的事例還見於李顒答邵幼節書，信中寫道：

兹所寄粤友來書萬餘言，以朱、王異同爲訂，用心可謂勤矣。然未免舍目前切己之實，而葛藤已往公案。替古人耽憂，本非至不得已，僕不欲饒舌，幸爲我善辭可也。

直接與亭林先生通書的「吴江一老生」，千里郵書求教於二曲先生的「粤友」，皆民間籍籍無名而好辨朱陸、朱王異同者，他們與學界大佬一樣投入朱陸異同之辨，並共同構成這場轟轟烈烈的學術思想之爭的社會基礎。此下再舉一有名氏卻非知名者的事例。

王弘撰頻陽劄記記述康熙十六年「頻陽之行」與李顒的一場朱陸異同之辨，其中説到在「頻陽晤談」前，已先與富平知縣郭傳芳有過二度朱陸、朱王異同的學術交鋒，其曰：

丁巳秋九月初三日……頻陽郭九芝明府使來，附朱山輝太史之訃，劄云：「憶前歲之冬，與先生坐張鹿洲將軍席上，辨尊經閣記。」……予復之云：「尊經閣記大要是衍『六經皆我注脚』之緒，茅鹿門謂程朱所不及，弟謂程朱正不肯爲耳。知先生有未忘於懷者，而弟亦執其愚見如故也。……是月十有九日……九芝要予入城，坐定，問別後爲學之功。予出所爲正學隅見述一册視之。九芝攜歸署，尋有劄云：「敬讀大著，極其真切平正，最透徹者，尤在格物一段。……此解得之天然，當與文成致良知本義同尊。至云『聖人爲學有序，斷無一蹴而至之事』，『知行原不相離，亦斷無行在知内之理』。以傳芳思之，道理原自一貫，在己得者可不庸其層次，若竪下學至上達，須是自邇及遠，如知到百步地位，即從一步用心起工夫，不敢間斷，方可行到百步，若是止知五十步，再五十步，即有支歧舛錯之處。以此推之，行實不在知之外也。先生以爲何如？」予復之云：「承教『物之則明，格之義自明』，此真實之解，即精闢之解也。……弘撰之説與文成頗異，唯先生更察之。至知行之説，朱子有輕重先後之别，爲不易之言。有知而不行者矣，未有行而不知者也。豈真謂行在知外哉？亦言其序如此耳。尊劄云『知到百步地位，即從一步用心起工夫，不敢間斷，方可行到百步』，此正知先行後之明徵，而先生推以爲行不在知外之證，何也？」

郭傳芳字九芝，大同威遠衛人，順治戊子拔貢，選陝西咸寧丞，歷權郃陽、長安令，康熙十三年除富平。王、李「頻陽軍砦」相會，他正在富平知縣任上。郭於康熙八年拜識李顒，「自是崇奉其道，契分日深」。惟其雖皈依理學，卻還入不了理學家榜單，但以政聲小有其名耳。劄記透漏王、郭第一次朱王異同之辨，是在康熙十四年，二人同「坐張鹿洲將軍席上辨尊經閣記」。張鹿洲將軍，名夢椒，字鹿洲，山西代州人，時任陝西安遠營總鎮，亦因遇識二曲先生而幡然志道。二人所辨尊經閣記即稽山書院尊經閣記，是陽明「心外無理，心外無物」主張的代表作。王弘撰嘗著尊經閣記一文駁斥陽明：「如其所言，是經可以不尊，尊經亦可以不閣也。題曰『尊經』，文先埽經，於爲記之意不已悖乎？」郭傳芳與之論辨，自是持陽明立場。第二次論辯在王弘撰會晤李顒之前，二人就正學隅見述所論「格物致知」展開爭辯，王以朱子「知先行後」觀點爲是，以爲「知行雖不相離，亦斷無行在知内之理」，郭則持陽明「知行合一」之説，認爲「行不在知外」。就二人往來文字而言，郭的理學理論修養尚淺，似非王弘撰對手。然今舉此例，並非在意論辯内容是否精彩，而在於參與朱陸、朱王異同之辨的郭傳芳的身份：一個不同於無名氏「吴江一老生」、「粤友」的現任知縣。

再有那些雖史傳有名，卻非理學界知名者，留下不少有分量的「朱陸異同」歷史文獻，卻入不了理學史名録，就像明萬曆間的駱問禮。我們但看朱陸異同專論的作者，就大有類似人物存在，如撰寫朱陸同異辨的亢思謙，撰寫朱陸的海瑞，撰寫吴澄論朱陸的姚舜牧，撰寫朱陸異同説的張能鱗，撰寫朱陸異同略的施閏章，撰寫朱陸異同辨的儲大文等。他們的積極參與和意見觀點，似亦不宜輕輕放過。

檢諸文獻，若此無名、不知名或知名者的「朱陸異同」議論，數量夥多，遠超名家，着實構成朱陸異同之辨歷史衍變的社會基礎。朱陸異同固然屬於理學「内聖」方面道體認識與成聖功夫的異同，故其所爭，多在「無極太極」、「尊德性道問學」、「格物」、「知行」、「博約」等形而上的議題和概念上。就此展開研究，重在理學名流大家，亦屬理所當然，無可厚非。然而「朱陸異同」歷史文獻證明，「朱陸異同之辨」終究是發生在現實世界之中，理學大家縱有獨立見解，終究「脱胎」於社會母體，不能不與諸多無名、不知名或知名的論辯參與者發生關聯。

其四，因由「朱陸異同」歷史文獻揭示，朱陸異同之辨還滲入朝廷舉試、國家祭祀等治政領域，不止是「學術共同圈」内的儒者「清談」。

朱陸異同本是南宋理學群體内部如何修身達道的學術思想分歧，對外則是同聲相求、互伸援手的「政治盟友」。然而一旦政治權力結構發生變化，這種内外有别的盟友關係就變得脆弱，學術上的互相批評變成互相詆毁，政治上的互相聲援轉爲互相排斥。他們在「得君行道」的一致性方面迅速弱化，在如何達道的差異性方面卻日益擴大，更進而異化爲互相排斥、傾軋的權益之爭。惟此轉變不能不予關注。據元陳櫟汪主静先生墓誌銘記載，早在宋理宗景定間，黟縣汪深任湖州安吉縣教諭，因「慨然思有以作新其人，匪徒從事乎文章」，遂改革舊章，「諸生因而奮修前哲，潛玩而服行之，大小翕然歸仰，尊稱爲主静先生」。「時近臣以先生薦于國學，而議者以主静之學陸學也，非朱子之學也，遂罷其事」。就因爲汪深學宗象山，便被議者拒之太學門外。同樣的過分之舉還發生在元初吴澄身上。虞集名篇吴草廬先生行狀記載至大元年吴澄爲國子監丞，因言朱子於道問學之功居多，而陸子静以尊德性爲主，「議者遂以澄爲陸氏之學，非許氏尊信朱子本意」，以致「澄一夕謝去」。此事於虞集送李擴序所記尤詳：

僕之爲學官，與先生先後而至。學者天資通塞不齊，聞先生言，或略解，或不能盡解，或暫解而旋失之，或解而推去漸遠，退而論集於僕，僕皆得因其材而達先生之説焉。先生雖歸，祭酒劉公以端重正大臨其上，監丞齊君嚴條約以身先之，故僕得以致其力焉。未幾，二公有他除，近臣以先生薦於上，而議者曰：吴幼清陸氏之學也，非朱子之學也，不合於許氏之學，不得爲國子師，是將率天下而爲陸子静矣。遂罷其事。嗚呼！陸子豈易言哉？彼又安知朱陸異同之所以然，直妄言以欺世拒人耳。是時僕亦孤立不可留，未數月，移病自免去。

草廬不堪非議，憤然辭職，事在至大元年，時在皇慶二年詔立程朱之學爲科舉程式之前五年。「議者」顯屬朝廷權臣中極端宗朱一派，爲捍衛其掌控的太學絶對權力，拒斥吴澄，孤立虞集，即便二人並非純粹陸學，也在所不容。此爲學術之爭異化爲權益之爭的典型事證，其將激化二家矛盾，催逼陸學反彈，也勢所必然。當然，從「朱陸異同」歷史文獻來看，朱陸異同之辨滲透到國家治政層面的「主戰場」還是在科試選士一塊。

掌控科舉選士的話語主導權，是確立學派優勢，進而擴大政治權勢的前提，主導權固然由皇權決定和賦予，結果卻是理學内部矛盾的異化和學術生態的惡化。「晦菴殁，其徒大盛，其學大明，士大夫皆宗其説，片言隻字，苟合時好，則可以掇科取士，而象山之學反鬱而不彰。」「自近年科舉行，朱學盛矣，而陸學殆絶。世之學者玩常襲故，尋行摘墨，益見其爲學術之弊。」這是出自宋末元初之人的質疑，並亦因此而影響了朱陸異同之辨歷史衍變的走向。對朱學立爲官學、懸爲功令的一般認識，是科試經義悉用程朱傳注。但從前述朱陸異同試策文獻可知，科試策問出題也是宗朱、宗陸學者利用與爭奪的一塊陣地。前舉明丘濬太學私試策問，是太學應對正式科試策問的訓練，有如今日之「模擬考」、「預答辯」，其影響士子，尚爲有限。影響廣大的事例當數清康熙十二年癸丑會試策問，由時任副主考官熊賜履擬題，曰：

問：道術生於人心，學術通乎世運，所關甚鉅也。故孔黜隱怪，孟詎詖淫，是非邪正之介，必兢兢致嚴焉，將無列聖諸賢，肩任大統，毫釐千里，斷有不容假借者歟？乃若二氏虛無，忌言分別，百家猥陋，習尚儱侗，以墮黜爲嘿潛，以含糊爲渾化，豈三教一家，一切不礙，而魯論鄒辯，反屬饒舌歟？紫陽集諸儒之大成，德性問學，交底於至，而鵝湖則詆爲未聞道。世儒好高欲速，狃曲耽虛，每不便於下學上達之説，或抑朱崇陸，或等朱陸而一之。然則二子爲異爲同，孰得孰失，顧遂迄無定論歟？敬軒、敬齋，踐履醇篤，直接洛閩，尚矣。無何，新會續慈湖之燈，姚江標象山之幟，龍谿、緒山以及東溟、大洲之徒，儒名墨行，波流雲擾，在彼者，源流本末不既昭然可覩歟？告子，禪宗也，無善無不善，亦猶「無垢無浄」等説也。陽明提宗，實祖述之。陽明曾不自諱，而後人必代爲諱之，何歟？若泰和、涇野、少墟、梁谿諸子，皆羽翼宗傳者，其間偏全純駁、優劣淺深，亦可得而論列之歟？今聖天子崇儒重道，表彰正學，爾多士居恒講究，當必有要歸一是之見，其明晰敷陳，以佐盛朝右文之治。

熊賜履字敬修，湖北孝感人，康熙戊戌進士，官至大學士，是清初一位鐵桿尊朱派。他持守門户最深嚴，尊朱黜王最堅決，是對康熙趨信理學、尊崇程朱，啓發最早、影響最大的理學名臣之一。會試出題關乎國家掄才選舉，非同小可，非考官隨意可爲，如若出題不慎，將致失職之罪，罹罷黜之禍。而這道策問的要害，正在「黜異端以崇正學」，是要將陸王之學判爲異端，一棍子打死。熊賜履敢在會試策問中擬出如此偏激的題目，是否有聖意暗中支持不得而知，但對天下舉子學術趨向的影響，應是可想而知。明呂柟涇野子内篇記述他在會試策問現場遇到的一件事：「予癸未在會試場，見一舉子對道學策，欲將今之宗陸辨朱者，誅其人，焚其書，甚有合於問目，且經書論表俱可。同事者欲取之，予則謂之曰：『觀此人於今日迎合主司，他日出仕，必知迎合權勢。』乃棄而不取。」嗚呼！上有所好，下必趨之。主試者「問目」有所偏取，應試者竟至激言「誅其人、焚其書」！吕思勉先生言：「應科舉的人，其意既在於利禄，則學問僅係工具，利禄纔是目的。」應試答題，事涉仕途，利益所在，不由不從。會試策問「指揮棒」對朱陸異同之辨歷史衍變的影響力度，可以想見。

朱陸異同之辨在國家祭祀、修史領域的展開，主要是指明萬曆間王陽明從祀孔廟、清康熙間纂修明史二事引發的朝臣爭議。限於篇幅，不復舉例。但萬曆十二年敕准陽明入祀，乃是王學取代朱學獲得壓倒性優勢的一大關節。今但舉馮柯求是編傳播艱難過程，以見彼時王學之强勢壓人，事載馮烶福建學道崇正堂翻刻求是編序。烶字居方，馮柯中子，萬曆二十年進士，三十九年任福建提刑按察司副使，奉敕提督學校，翻刻乃父求是編。序長不克全録，茲節引相關内容如下：

先子貞白承德公，悟通三極，學求一是，倡道慈湖，黨徒雲集，玄言名理，自開户牖，而尋宗切脈，竟皈考亭。顧七舉不博一第，且新學初特盛於江右，及華亭當國，亦復左袒。而吾邑登朝者，雖知交受業，皆舍所學以從彼，而公亦無如之何也。……隆慶庚午冬……取代行傳習録中可疑者，分章摘段，支疏節駁，以要於是。辛未春始脱稾，題曰求是編，書成而疾亦愈，因梓家塾。……萬曆甲戌冬，訪族姪益川憲副於留都，蓋同庚同學友也，出此編示之，屬其序。時新學方盛，謝不敢。間持以示其座主興化李石麓相公春芳。公固與華亭同朝，因講此學者詫爲異。時公患目眵，令揭一章誦之，乃論「盡心知性」章也。公曰「此段原卻差些」。歸而始序之，然亦不敢顯是之也。……乙酉，烶發解，出殿撰孫柏潭繼臯老師門下，計偕時攜全書就正以别。而孫師折簡寄謝，有曰：「尊公全書出以觀人，人無不奉若枕中鴻寶者。求是編爭借傳寫幾遍。」……烶即求師所以序此編者，而謙讓曰：「亦嘗思爲之，而語不能徹，故作而止者屢耳。」會辛卯秋，晤吴翰檢觀我公應賓於阜城高光禄諱定家，聞吴公精於性命學，亦即懇序之，而亦未有以應也。……己酉春，吴憲長本如公祖用，先以乃叔觀我丁未秋所爲求是編序者見示，而後知吴公之所以遲十六年不即發者，蓋諱其求多於新建耳。故今即爲兩解之詞，而終無見於一統之正。

馮烶所言三位謝絶爲求是編作序的人，分别是官拜山西按察司副使的馮柯族侄孫馮謙、馮烶座師萬曆甲戌科狀元孫繼皋、翰林院編修吴應賓。馮謙字履吉，與屬「大父行」輩份的馮柯「同庚同學友」，「指爲青雲交」，關係十分親密，可他還是因「新學方盛」而不敢接受馮柯的求序。後因宰輔李春芳對求是編有所肯定，始爲之序，卻仍不敢明顯肯定，只是説些是是而非的廢話：「觀者不徒曰録之言是，編之言非，又不徒曰録之言非，編之言是。」孫繼皋字以德，無錫人。雖其口稱「讀求是而見編之步步精神，録之著著破綻」，但俟馮烶開口求序，卻立即圓滑地推脱。吴應賓字尚之，桐城人，精性命之學，嘗著宗一聖論，面對馮烶求序，亦因「其求多於新建」而不敢應聲，躊躇十六年始爲之，卻依然只是講些「今之不可無求是，猶昔之不可無傳習」這等模棱兩可的無用之話。馮謙、孫繼皋、吴應賓三位朝廷命官之所以對序求是編心存難言之隱，顯然不是出於學術上的考量，而是來自官場的政治壓力。由此可見，那些影響朱陸異同之辨歷史衍變的非學術因素，是不能不加考慮的。

因文獻集聚效應而帶來的歷史啓示當然不止於此，如歷來對「朱陸異同」所秉持的態度和立場，遠不止「尊朱抑陸」、「右陸左朱」或「朱陸會同」那麽簡單；如以往對一些理學名家的研究和認識，還多少存在缺漏和偏失等。然行文至此，已顯冗長，必須打住。而拙文曝獻個人所獲之不盡成熟的啓示，不過是想證明「朱陸異同」歷史文獻對於朱陸異同之辨歷史衍變研究，具有相當的重要性。

四　歷代朱陸異同典籍萃編與歷代朱陸異同文類彙編的編纂

對於「朱陸異同」歷史文獻及其在「朱陸異同之辨」歷史衍變研究中的意義，是在執行「朱子學文獻整理與研究」課題的過程中不斷加深認識的。按照原初的規劃設計，歷代朱子學著述叢刊要做一個「學術論辯」專輯，遴選丘濬朱子學的、陳建學蔀通辨、孫承澤考正朱子晚年定論、陸隴其讀朱隨筆等歷代宗朱學者討論朱子學術思想的撰著十二種。另外，歷代朱子學研究文類叢編要做一個「學術思想」編，將散落在各類古籍中有關朱子學術思想研究的單篇文章輯録一編，如宋黄震黄氏日抄之讀本朝諸儒理學書晦庵語録，明顧憲成涇皋藏稿之朱子二大辨序、朱子節要序、刻學蔀通辨序等。然而隨着文獻調研的進展，發現「學術論辯」專輯選目中有過半之書，皆緣起於歷史上的「朱陸異同之辨」，而選目之外還另有不少類似的專門或主要討論朱陸、朱王異同議題的撰著。同樣,「學術思想」編的文獻調研也發現,散落於各類古籍中專門或主要討論「朱陸異同」問題的單篇文獻,其數量之多,涉及之廣,大大超出我們的預想。重要的還在於,這樣令人興奮的文獻新發現,使我們逐步清晰地意識到,既往對朱陸異同之辨歷史衍變的認知和書寫,似乎有了重新考量的必要和可能,而鑒於「朱陸異同之辨」在近七八百年思想學術史上的重大影響與特殊意義,於是就有了單獨編纂「朱陸異同」歷史文獻專輯的計劃更新,亦即如今已完成編纂、交付出版的「朱陸異同」專書文獻叢刊歷代「朱陸異同」典籍萃編,與「朱陸異同」單篇文獻類編歷代「朱陸異同」文類彙編。

彙刊歷代「朱陸異同」專書,此事前已有之。新世紀初,爲迎接紀念朱子誕辰八百七十週年國際學術會在鉛山鵝湖書院召開,江西高校出版社出版了吳長庚教授主編的朱陸學術考辨五種,即程敏政道一編、王守仁朱子晚年定論、陳建學蔀通辨、李紱朱子晚年全論、王懋竑朱子年譜。此次校刊歷代「朱陸異同」典籍萃編(下簡稱萃編),規模有所擴增,凡收書二十種,依次爲:明程敏政道一編、程曈閑闢録、王守仁朱子晚年定論、陳建學蔀通辨、馮柯求是編、清秦雲爽紫陽大指、孫承澤考正朱子晚年定論、熊賜履閑道録、下學堂劄記、王弘撰正學隅見述、陸隴其學術辨、張烈王學質疑、鄒成朱陸異同書、辯陸書、朱澤澐朱子聖學考略、朱子晚年定論辨、王復禮三子定論、李紱朱子晚年全論、童能靈朱子爲學次第考、費熙朱子晚年定論評述。以下對收書、編例等情况稍加説明。

其一，歷代「朱陸異同」典籍萃編既屬朱子學文獻大系，按例但取宗朱尊朱一派學者的著述，但「朱陸異同」情况特殊，不能不兼取貶朱攻朱者之著述，否則難以全面觀照和反映「朱陸異同之辨」的真實面相。是特爲變例，除一併收入道一編、朱子晚年定論、朱子晚年全論外，别增道光間尊王一派學者費熙的朱子晚年定論評述。其二，程曈、陳建、孫承澤、熊賜履、陸隴其、鄒成、朱澤澐、童能靈等，其學皆宗朱而黜陸，並一以貫之，其書則尊朱而攻王，固悉收無疑。然而彼時學者也並不是非朱即陸、非王即朱地絶對門户對峙，或宗朱而不反陸，或尊王而不貶朱，如秦雲爽紫陽大指、王弘撰正學隅見述、王復禮三子定論，皆不同程度地持兼取朱陸、朱王之立場。惟此正見朱陸異同之辨的多元複雜，故亦一併收録。其三，朱陸異同專書大多因道一編「朱陸早異晚同」説而引發，而接續，惟馮柯求是編、張烈王學質疑是針對陽明傳習録而作。但二書既産生於朱陸異同之辨的第二波高潮，且其所質疑辯駁的「心即理也」、「致知格物」、「知行合一」等議題，都是朱陸異同之辨的核心與焦點，故亦一併收録。其四，鄒成朱陸異同書、辯陸書，原是答友人問朱陸異同的三封書信，後易名作爲單列的二種書收入鄒冰壑先生全書，故不以其篇幅短小，並作專書收入萃編。其五，前述傳世可覩之朱陸異同專書，僅張吉陸學訂疑、王尹道學迴瀾二種暫未收入。陸學訂疑是對其悉用詩體表達學術觀點的有效性尚存顧慮，道學迴瀾則因四庫存目叢書暫闕未見。好在這是「開放性」叢書，以後情況若有改變，猶可增補續編。遵循歷代朱子學著述叢刊編纂整理規定，歷代朱陸異同典籍萃編所收各書，大體遵照中華書局擬訂的校點體例，從嚴執行，個別處如專名號的使用等，則根據歷代朱陸異同專書的特點，稍作更趨細化的改動。作爲繼近思録專輯之後的第二種歷代朱子學著述叢刊子叢書，其書名未沿用前編之「專輯」，而改作「典籍萃編」，雖然顯得有些不一致，卻也是出於更貼切反映叢書性質而經反復斟酌的考慮，敬祈讀者諸君明鑒。

輯録歷代朱陸異同單篇文獻，前未曾有，既無成例援引，亦乏檢索依傍，較之專書合刊，此事行之尤難。今成歷代「朱陸異同」文類彙編三卷，共輯得宋、元、明、清四朝著者三百四十四位、文章一千三百八十一篇，其中宋元卷收輯自朱子、象山以下著者六十六位、文章三百八十一篇，明代卷收輯自危素以下著者一百五十九位、文章六百二十七篇，清代卷收輯自孫奇逢以下著者一百十九位、文章三百七十三篇。輯選校點規則，詳見卷首凡例。作爲朱子學文獻大系屬下歷代朱子學文類叢編的第一種資料彙編專輯，歷代「朱陸異同」文類彙編的編纂整理具有一定的試驗性。茫茫四部書，文獻何其多！數百位撰著者、千餘篇文章，輯合一體，或規模亦不失可觀，卻仍難免挂一漏萬，若繼而深潛細搜，固必能更有續獲，但時限不容無盡期，只能適可而止。雖明知盡善盡美爲不能，但我與我的同仁，仍願持守「爲所不能爲」的精神，勉力而爲。

我們期盼對「朱陸異同」歷史文獻研究意義的認識能得到學界同道的認同，也期待歷代「朱陸異同」典籍萃編、歷代「朱陸異同」文類彙編的編纂整理出版能對推進朱子學史、理學史的研究有切實的助益，更渴求賜讀萃編、彙編的高明之士能糾其不逮，不吝賜教。

二〇一八年春三月　嚴佐之

總目録

歷代「朱陸異同」典籍萃編

第一册

上海古籍出版社

道一編

[明]程敏政 撰
黄 珅 校點

目録

卷五

「宇宙之間,道一而已」。道之大原出於天,其在人則爲性而具于心。心豈有二哉,惟其蔽于形氣之私,而後有性非其性者。故孔門之教在於復性,復性之本則不過收其放心焉爾。顔之「四勿」,曾之「三省」,與子思之「尊德性,道問學」,孟子之「先立乎大者,而小者不能奪」,其言鑿乎如出一口。誠以心不在焉,則無以爲窮理之地,而何望其盡性以至於命哉?

中古以來,去聖益遠,老、佛興而以守玄悟空爲高,訓詁行而以分章析義爲賢,辭華勝而以譁世取寵爲得。由是心學晦焉不明,尼焉不行。雖以董、韓大儒,尚歉於此,而亦何覬其他哉?子周子生千載之下,始闡心性之微旨,推體用之極功,以上續孟氏之正傳,而程子實親承之。其言曰:「聖賢千言萬語,只是欲人將已放之心,約之使反復入身來。自能尋向上去,下學而上達也。」此其言之切要,意之誠懇,所望於後學者何如?而卒未有嗣其統者。

於是朱、陸兩先生出於洛學銷蝕之後,并以其説講授于江之東西,天下之士靡然從之。然兩先生之説,不能不異于早年而卒同于晚歲,學者獨未之有考焉。至謂朱子偏於「道問學」,陸子偏於「尊德性」,蓋終身不能相一也。嗚呼,是豈善言德行者哉!夫朱子之道問學,固以尊德性爲本,豈若後之分章析義者,畢力于陳言;陸子之尊德性,固以道問學爲輔,豈若後之守玄悟空者,悉心于塊坐。走誠懼夫心性之學,將復晦且尼于世,而學者狃於道之不一也,考見其故,詳著于篇。

校點説明

道一編六卷，明程敏政撰。程敏政，字克勤，南直隸徽州府休寧縣人。父信，以河間學生舉進士，官至南京兵部尚書，謚襄毅。程敏政生而早慧，時人比之爲漢末孔融、中唐李泌。十餘歲，隨父入蜀，四川巡撫羅綺向朝廷薦才，譽之爲神童。「英宗召試，出題命對曰：『鵬翮高飛，摶扶摇之九萬。』敏政云：『龍墀獨對，陳禮樂之三千。』上首肯之」（過庭訓本朝分省人物考卷三六）。成化二年丙戌科第一甲第二人及第，授翰林院編修，同修英廟實録。己丑同考禮部貢舉，時刊佈大明一統志、洪武正韻、資治通鑑綱目，皆同校勘，尋同修續資治通鑑綱目。弘治八年丁母憂，會修大明會典，召爲副總裁，上章乞終制，從之。服闋還京，轉翰林院學士，遷禮部右侍郎，侍皇太子講讀，卒贈禮部尚書。程敏政爲人秀眉長髯，風神清茂，善談論，於書無所不讀，文章爲世所重。當時文壇領袖李東陽少時亦有神童之稱，與程敏政同舉京闈，且同官甚久，對程敏政十分瞭解，也十分推重。程敏政去世後，李東陽作序讚道：「讀誦常至夜分，遂能淹觀羣籍，下上其論議，訂疑伐舛，厥功惟多。及研究理道，求古人爲學之次第，久而益有所見。而於朱子之説，尤深考覈，自以爲得我師焉。賾探隱索，注釋經傳，旁引曲證，而才與力又足以達之，雖皆出於經史之餘，而宏博偉麗，成一家言，質諸今世，殆絶無而僅有者也。」（懷麓堂集卷六四篁墩文集序）雖有溢美之詞，但也可見程敏政當時的聲譽。「所著述有皇明文衡、瀛賢奏對録、新安文獻志、詠史詩、宋遺民録、真西山心經附注、程氏統宗譜、程氏遺範集、宋紀受終考、道一編、儀禮經、大學重定本及篁墩稿若干卷，藏於家」。（焦竑國朝獻徵録卷三五禮部右侍郎兼翰林院學士程敏政傳）

據程敏政自述，道一編並非有意撰寫的一部專著，而是門人李新等人彙集其平日言論鈔録整理而成，成書在弘治三年歸隱之時：「僕自歸田，連歲抱病，至庚戌夏秋間，幾不救矣。門生子弟取僕平日猥説若道一編之屬，彙次鋟梓，僕蓋不知也。」（篁墩集卷五四復司馬通伯憲副書）

程敏政與趙汸同鄉，與前輩一樣，其辨朱、陸異同，頗有爲陸九淵抱屈之意。對此，汪宗元説得很明白：「晦庵之道，學者童而習之，昭如日星，固已章明於天下；象山乃蒙無實之誣，人皆以禪學目之，四百餘年莫之辨白，此篁墩先生當羣嘵羣咻之餘而有道一之編也。」（道一編後序）由此，其傾向性十分明顯。朱、陸先異後同，似乎並無偏袒，值得注意的是：此「同」乃朱熹晚年向陸九淵靠攏，這就隱含揚陸貶朱之意。至於引述句句都是朱熹成説，也不過是以朱攻朱而已。在明成祖頒行性理大全之後，以朱學爲主體的理學成了官方學説，在王陽明開創新風之前，對朱熹及其學説只能一味遵行，決不可妄加非議。程敏政能得風氣之先，預告了心學即將風行的消息，但他不能改變主導當時社會思想的準則，明白自己的看法與學界相左，勢必會引來不滿和指責：「蓋深懼出之太早，必致人言。」（篁墩集卷五四復司馬通伯憲副書）果然，道一編問世不久，即招來批評之聲，有的指責此書「抑朱扶陸」，或者説「辱朱榮陸」。有的認爲程敏政對道問學、尊德性的認識存在誤區。在篁墩集中，程敏政對此作了苦口婆心的解釋，反復表示自己對朱熹由衷的敬意。

但這樣的表白並不能讓人滿意。汪舜民致程敏政書云：「愚則以爲朱、陸二先生之道，恐不可合而爲一。蓋陸先生專尊德性而不道問學，朱先生則尊德性而道問學。中庸章句所謂『尊德性所以存心而極乎道體之大，道問學所以致知而盡乎道體之細，二者修德凝道之大端』；又謂『非存心無以致知，而存心者又不可以不致知』，此朱先生之定論也。其改道問學齋爲『尊德性』，特以警學者之支離耳。愚嘗謂朱、陸二先生同主性善，同是堯、舜，同非桀、紂，同知善之當好，同知惡之當惡，其道未始不一，而進爲之方則不同矣。」（静軒先生文集卷四答程皇墩學士）稍晚於程敏政的同鄉學者汪循，措辭更加尖鋭：「程篁墩若擺脱得『勢利』二字，當爲我朝第一等人，惜其不能，可歎！愚謂我朝公卿大夫能擺脱『勢利』二字者，實絶無僅有，不特一篁墩爲然。篁墩平生著述論辨甚多，他書不知何如，只道一編牽合朱、陸，顛倒大謬……篁墩欲彌縫陸學，乃取二家言，早晚一切顛倒變亂之，遂牽合二家，以爲早異晚同，矯誣朱子，以爲早年誤疑象山而晚年始悔悟而與象山合。自此説既成，後人之忘源失委，一切據信，而不知篁墩之爲顛倒、爲變亂、爲誣、爲誑也。其誤後學甚矣，可勝慨哉！」（塗山明政統宗卷一七）

正是由於學界强烈的抵制，道一編流傳似乎並不廣泛。嘉靖七年，聶豹巡按福建，離道一編問世才三十餘年，「是編也寂焉弗傳，刻板亦不知其何在。予巡八閩暇，用校正重刻之，俟君子考焉。前節去『無極』七書者，蓋以皆二公早年氣盛之語，其於尊德性之學，亦不切云」（聶豹重刻道一編序）。道一編原刻本六卷，重刻本五卷。「但舉世好竽，瑟則徒工。雙江聶氏刪刻於養正書院，而板復湮毁，所謂惡其籍而去之也非歟？」（沈寵道一編序）「昔嘗受其學者，以重刻請。侍御古林沈公乃手自校訂，屬宗元鋟梓以廣其傳」（汪宗元道一編後序）。此即嘉靖三十一年的再刻本。

現存道一編的刻本有弘治三年李新刻本六卷、嘉靖三十一年刻本五卷、未標具體年份的明刻他本六卷。這次校點，以弘治本爲底本，嘉靖本與明刻他本爲校本。

黄珅　二〇一七年元月

序

朱、陸二氏之學，始異而終同，見于書者可攷也。不知者往往尊朱而斥陸，豈非以其早年未定之論，而致夫終身不同之決；惑于門人記録之手，而不取正于朱子親筆之書邪？以今攷之，「志同道合」之語，著于奠文；「反身入德」之言，見于義跋；又屢有見于支離之弊，而盛稱其爲己之功。於其高第弟子楊簡、沈煥、舒璘、袁燮之流，拳拳致意，俾學者往資之。廓大公無我之心，而未嘗有芥蔕異同之嫌，玆其爲朱子而後學所不能測識者與？

齋居之暇，過不自揆，取「無極」七書，鵝湖三詩，鈔爲二卷，用著其異同之始，所謂早年未定之論也；别取朱子書札有及于陸子者，釐爲三卷，而陸子之説附焉。其初則誠若冰炭之相反，其中則覺夫疑信之相半，至於終則有若輔車之相倚，且深取于孟子「道性善」、「收放心」之兩言。讀至此而後知朱子晚年所以兼收陸子之學，誠不在南軒、東萊之下。顧不攷者斥之爲異，是固不知陸子，而亦豈知朱子者哉？此予編之不容已也。編後附以虞氏、鄭氏、趙氏之説，以爲於朱、陸之學，蓋得其真。若其餘之紛紛者，殆不足録，亦不暇録也。因總命之曰「道一編」，序而藏之。

弘治二年歲己酉冬日長至，新安程敏政書。

卷一

此卷凡七書，皆二先生論「無極」者，書之以識其異同之始。

朱子與棱山陸氏書

伏承示諭太極之失，及省從前所論，卻恐長者從初便忽其言，不曾致思，只以自家所見道理爲是，不知卻元來未到他地位，而便以己見輕肆抵排也。今亦不暇細論，只如太極篇首一句，最是長者所深排，然殊不知不言無極則太極同於一物，而不足爲萬化之根；不言太極則無極淪於空寂，而不能爲萬化之根。只此一句，便見其下語精密，微妙無窮，而向下所説許多道理，條貫脉絡，井井不亂，只今便在目前，而亘古亘今，攧撲不破。只恐自家見得未曾如此分明直截，則其所可疑者，乃在此而不在彼也。

大抵古之聖賢，千言萬語，只是要人明得此理。此理既明，則不務立論而所言無非義理之言；不務立行而所行無非義理之實，無有初無此理而姑爲此言以救時俗之弊者。不知子静相會，曾以此話子細商量否？近見其所論王通續經之説，似亦未免此病也。此間近日絶難得江西便，草草布此，卻託子静轉致。但以來書半年方達推之，未知何時可到耳。如有未當，切幸痛與指摘，剖析見教。理到之言，不得不服也。

朱子答梭山陸氏書

前書示諭太極之説，反復詳盡，然此恐未必生於氣習之偏，但是急迫看人文字，未及盡彼之情，而欲遽申己意，是以輕於立論，徒爲多説，而未必果當於理爾。且如太極之説，熹謂周先生之意，恐學者錯認太極别爲一物，故著「無極」二字以明之。此是推原前賢立言之本意，所以不厭重複，蓋有深指。而來諭便謂熹以太極下同一物，是則非惟不盡周先生之妙旨，而於熹之淺陋妄説，亦未察其情矣。又謂著「無極」字便有虚無好高之弊，則未知尊兄所謂太極，是有形器之物邪？無形器之物邪？若果無形而但有理，則無極即是無形，太極即是有理，明矣，又安得爲虚無而好高乎？

熹之愚陋，竊願尊兄少賜反復，寬心游意，必使於其所説如出於吾之所爲者，而無纖芥之疑，然後可以發言立論，而斷其可否，則其爲辨也不煩，而理之所在無不得矣。若一以急迫之意求之，則於察理已不能精，而於彼之情又不詳盡，則徒爲紛紛，而雖欲不差，不可得矣。然此迫急，即是來諭所謂氣質之弊，蓋所論之差處雖不在此，然其所以差者，則原於此而不可誣矣，不審尊意以爲如何？子静歸來〔一〕，必朝夕得款聚。前書所謂異論卒不能合者，當已有定説矣。恨不得側聽其旁，時效管窺，以求切磋之益也。

陸子與朱子書

往歲覽尊兄與梭山家兄書，嘗因南豐便人僭易致區區。蒙復書許以卒請，不勝幸甚。古之聖賢惟理是視，堯舜之聖而詢于芻蕘，曾子之易簀，蓋得於執燭之童子。蒙九二曰：「納婦吉。」苟當於理，雖婦人孺子之言所不棄也。孟子曰：「盡信書，不如無書。」「吾於武成，取二三策而已矣。」或乖理致，雖出古書不敢盡信也。智者千慮，或有一失，愚者千慮，或有一得，人言豈可忽哉！

梭山兄謂：「太極圖説與通書不類，疑非周子所爲；不然，則或是其學未成時所作；不然，則或是傳他人之文，後人不辨也。蓋通書理性命章言『中焉止矣。二氣五行，化生萬物，五殊二實，二本則一』。曰一曰中，即太極也，未嘗於其上加『無極』字。動静章言五行、陰陽、太極，亦無『無極』之文。假令太極圖説是其所傳，或其少時所作，則作通書時不言無極，蓋已知其説之非矣。」此言殆未可忽也。兄謂梭山「急迫，看人文字，未能盡彼之情，而欲遽申己意，是以輕於立論，徒爲多説，而未必果當於理」。大學曰：「無諸己，而後非諸人。」人無古今智愚賢不肖，皆言也，皆文字也。觀兄與梭山之書，已不能酹斯言矣，尚何以責梭山哉？

尊兄向與梭山書云：「不言無極，則太極同於一物，而不足爲萬化根本；不言太極，則無極淪於空寂，而不能爲萬化根本。」夫太極者，實有是理，聖人從而發明之耳，非以空言立論，使後人簸弄於頰舌紙筆之間也。其爲萬化根本，固自素定，其足不足、能不能，豈以人言不言之故邪？易大傳曰：「易有太極。」聖人言有，今乃言無，何也？作大傳時不言無極，太極何嘗同於一物，而不足爲萬化根本邪？洪範五皇極，列在九疇之中，不言無極，太極亦何嘗同於一物，而不足爲萬化根本邪？太極固自若也，尊兄只管言來言去，轉加糊塗，此真所謂輕於立論徒爲多説而未必果當於理也。兄號句句而論、字字而議有年矣，宜益工益密，立言精確，足以悟疑辨惑，乃反疏脱如此，宜有以自反矣。

後書又謂「無極即是無形，太極即是有理。周先生恐學者錯認太極别爲一物，故著『無極』二字以明之」。易之大傳曰：「形而上者謂之道。」又曰：「一陰一陽之謂道。」一陰一陽已是形而上者，况太極乎？曉文義者舉知之矣。自有大傳至今幾年，未聞有錯認太極别爲一物者。設有愚謬至此，奚啻不能以三隅反，何足上煩老先生特地於太極上加「無極」二字以曉之乎？且「極」字亦不可以「形」字釋之。蓋極者，中也，言無極則是猶言無中也，是奚可哉？若懼學者泥於形器而申釋之，則宜如詩言「上天之載」，而於下贊之曰「無聲無臭」可也，豈宜以「無極」字加於太極之上？

朱子發謂濂溪得太極圖於穆伯長，伯長之傳出於陳希夷，其必有考。希夷之學，老氏之學也。「無極」二字出於老子知其雄章，吾聖人之書所未有也。老子首章言「無名天地之始，有名萬物之母」，而卒同之，此老氏宗旨也。「無極而太極」即是此旨。老氏學之不正，見理不明，所蔽在此。兄於此學用力之深〔二〕，爲日之久，曾此之不能辨，何也？通書「中焉止矣」之言，與此昭然不類，而兄曾不之察，何也？

太極圖說以「無極」二字冠首，而通書終篇未嘗一及「無極」字。二程言論文字至多，亦未嘗一及「無極」字。假令其初實有是圖，觀其後來未嘗一及「無極」字，可見其道之進，而不自以爲是也。兄今考訂注釋，表顯尊信，如此其至，恐未得爲善祖述者也。潘清逸詩文可見矣，彼豈能知濂溪者？明道、伊川親師承濂溪，當時名賢居潘右者亦復不少，濂溪之誌卒屬於潘，可見其子孫之不能世其學也，兄何據之篤乎？梭山兄之言，恐未宜忽也。

孟子與墨者夷之辨，則據其「愛無等差」之言；與許行辨，則據其「與民並耕」之言；與告子辨，則據其「義外」與「人性無分於善不善」之言，未嘗泛爲料度之説。兄之論辨則異於是。如某今者所論，則皆據尊兄書中要語，不敢增損，或稍用尊兄泛辭以相繩糾者，亦差有證據，抑所謂「夫民今而後得反之也」。

兄書令梭山「寬心游意，反復二家之言，必使於其所説如出於吾之所爲者，而無纖芥之疑，然後可以發言立論，而斷其可否，則其爲辨也不煩，而理之所在無不得矣」。彼方深疑其説之非，則又安能使之如出於其所爲者而無纖芥之疑哉？若其如出於吾之所爲者而無纖芥之疑，則無不可矣，尚何論之可立、否之可斷哉？兄之此言，無乃亦少傷於急迫而未精邪？兄又謂「一以急迫之意求之，則於察理已不能精，而於彼之情又不詳盡，則徒爲紛紛，雖欲不差，不可得矣」。殆夫子自道也。

向在南康，論兄所解告子「不得於言，勿求於心」一言非是，兄令某平心觀之。某嘗答曰：「甲與乙辨，方各是其説，甲則曰願某乙平心也，乙亦曰願某甲平心也。」平心之説，恐難明白，不若據事論理可也。今此「急迫」之説，「寬心游意」之説，正相類耳。論事理不必以此等壓之，然後可明也。梭山氣禀寬緩，觀書未嘗草草，必優游諷詠，耐久紬繹，今以急迫指之，雖他人亦未喻也。夫辨是非、别邪正、決疑似，固貴於峻潔明白，若乃料度、羅織、文致之辭，願兄無易之也。

梭山兄所以不復致辨者，蓋以兄執己之意甚固，而視人之言甚忽，求勝不求益也。某則以爲不然。尊兄平日惓惓於朋友，求箴規切磨之益，蓋亦甚至。獨羣雌孤雄，人非惟不敢以忠言進於左右，亦未有能爲忠言者。言論之横出，其勢然耳。向來相聚，每以不能副兄所期爲愧，比者自謂少進，方將圖合并而承教。今兄爲時所用，進退殊路，合并未可期也。又蒙許其吐露，輒寓此少見區區，尊意不以爲然，幸不憚下教。

政遠，惟爲國保愛，倚需柄用，以澤天下。

朱子答陸子書

前書誨諭之悉，敢不承教。所謂「古之聖賢，惟理是視。言當於理，雖婦人孺子，有所不棄；或乖理致，雖出古書，不敢盡信」，此論甚當，非世儒淺見所及也。但熹竊謂言不難擇而理未易明。若於理實有所見，則於人言之是非，不翅白黑之易辨，固不待訊其人之賢否而爲去取。不幸而吾之所謂理者，或但出於一己之私見，則恐其所取舍，未足以爲群言之折衷也。况理既未明，則於人之言恐亦未免有未盡其意者，又安可以遽絀古書爲不足信，而直任胸臆之所裁乎？

來書反復，其於無極、太極之辨詳矣。然以熹觀之，伏羲作易，自一畫以下，文王演易，自乾元以下，皆未嘗言太極也，而孔子言之。孔子贊易，自太極以下，未嘗言無極也，而周子言之。夫先聖後聖，豈不同條而共貫哉？若於此有以灼然實見太極之真體，則知不言者不爲少，而言之者不爲多矣，何至若此之紛紛哉！今既不然，則吾之所謂理者，恐其未足以爲群言之折衷，又况於人之言有所不盡者，又非一二而已乎！既蒙不鄙而教之，熹亦不敢不盡其愚也。

且夫大傳之太極者何也？即兩儀、四象、八卦之理，具於三者之先而緼於三者之内者也。聖人之意，正以其究竟至極，無名可名，故特謂之太極，猶曰「舉天下之至極，無以加此」云爾，初不以其中而命之也。至如北極之極，屋極之極，皇極之極，民極之極，諸儒雖有解爲中者，蓋以此物之極當在此物之中，非指極字而訓之以中也。極者，至極而已，以有形者言之，則其四方八面合輳將來，到此築底，更無去處；從此推出，四方八面都無向背，一切停匀，故謂之極耳。後人以其居中而能應四外，故指其處而以中言之，非以其義爲可訓中也。至於太極，則又初無形象方所之可言，但以此理至極而謂之極耳。今乃以中名之，則是所謂理有未明而不能盡乎人言之意者，一也。

通書理性命章其首二句言理，次三句言性，次八句言命，故其章内無此三字，而特以三字名其章以表之，則章内之言固已各有所屬矣。蓋其所謂「靈」、所謂「一」者，乃爲太極，而所謂「中」者，乃氣禀之得中，與剛善、剛惡、柔善、柔惡者爲五性，而屬乎五行，初未嘗以是爲太極也。且曰「中焉止矣」，而又下屬於「二氣五行，化生萬物」之云，是亦復成何等文字義理乎？今來喻乃指其中者爲太極，而屬之下文，則又理有未明而不能盡乎人言之意者，二也。

若論「無極」二字，乃是周子灼見道體，迥出常情，不顧旁人是非，不計自己得失，勇往直前，説出人不敢説底道理，令後之學者曉然見得太極之妙，不屬有無，不落方體。若於此看得破，方見得此老真得千聖以來不傳之秘，非但架屋下之屋、疊床上之床而已也。今必以爲未然，是又理有未明而不能盡人言之意者，三也。

至於大傳既曰「形而上者謂之道」矣，而又曰「一陰一陽之謂道」，此豈真以陰陽爲形而上者哉？正所以見一陰一陽雖屬形器，然其所以一陰而一陽者，是乃道體之所爲也。故語道體之至極則謂之太極，語太極之流行則謂之道。雖有二名，初無兩體。周子所以謂之無極，正以其無方所、無形狀，以爲在無物之前，而未嘗不立於有物之後；以爲在陰陽之外，而未嘗不行乎陰陽之中；以爲通貫全體，無乎不在，則又初無聲臭影響之可言也。今乃深詆無極之不然，則是直以太極爲有形狀、有方所矣；直以陰陽爲形而上者，則又昧於道器之分矣；又於「形而上者」之上，復有「況太極乎」之語，則是又以道上別有一物爲太極矣。此又理有未明而不能盡乎人言之意者，四也。

至熹前書所謂「不言無極，則太極同於一物，而不足爲萬化根本；不言太極，則無極淪於空寂，而不能爲萬化根本」，乃是推本周子之意，以爲當時若不如此兩下説破，則讀者錯認語意〔三〕，必有偏見之病，聞人説有即謂之實有，見人説無即以爲真無耳。自謂如此説得周子之意，已是大煞分明，只恐知道者厭其漏泄之過甚，不謂如老兄者，乃猶以爲未穩而難曉也。請以熹書上下文意詳之，豈謂太極可以人言而爲加損者哉？是又理有未明而不能盡乎人言之意者，五也。

來書又謂「大傳明言『易有太極』，今乃言無，何邪」？此尤非所望於高明者。今夏因與人言易，其人之論正如此，當時對之，不覺失笑，遂至被劾。彼俗儒膠固，隨語生解，不足深怪。老兄平日自視爲如何，而亦爲此言邪？老兄且謂大傳之所謂有，果如兩儀、四象、八卦之有定位，天地、五行、萬物之有常形邪？周子之所謂無，是果虛空斷滅，都無生物之理邪？此又理有未明而不能盡乎人言之意者，六也。

老子「復歸於無極」，無極乃無窮之義，如莊生「入無窮之門，以遊無極之野」云爾，非若周子所言之意也。今乃引之，而謂周子之言實出乎彼，此又理有未明而不能盡乎人言之意者，七也。

高明之學超出方外，固未易以世間言語論量、意見測度。今且以愚見執方論之，則其未合有如前所陳者，亦欲奉報，又恐徒爲紛紛，重使世俗觀笑。既而思之，若遂不言，則恐學者終無所取正。較是二者，寧可見笑於今人，不可得罪於後世，是以終不獲已，而竟陳之，不識老兄以爲如何？

陸子答朱子書

前書條析所見，正以疇昔負兄所期，比日少進，方圖自贖耳。來書誨之諄複，不勝幸甚！愚心有所未安，義當展盡，不容但已，亦尊兄教之之本意也。近浙間一後生貽書見規，以爲吾二人者，所習各已成熟，終不能以相爲，莫若置之勿論，以俟天下後世之自擇。鄙哉言乎！此輩凡陋，沉溺俗學，悖戾如此，亦可憐也。

「人能弘道，非道弘人〔四〕。」此理在宇宙間，固不以人之明不明、行不行而加損。然人之爲人，則抑有其職矣。垂象而覆物，天之職也；成形而載物者，地之職也；裁成天地之道，輔相天地之宜，以左右民者，人君之職也。孟子曰：「幼而學之，壯而欲行之。」所謂行之者，行其所學，以格君心之非，引其君於當道，與其君論道經邦，燮理陰陽，使斯道達乎天下也。所謂學之者，從師親友，讀書考古，學問思辨，以明此道也。故少而學道，壯而行道者，士君子之職也。

吾人皆無常師，周旋於羣言淆亂之中，俯仰參求，雖自謂其理已明，安知非私見蔽説，若雷同相從，一唱百和，莫知其非，此所甚可懼也。何幸而有相疑不合在同志之間，正宜各盡所懷，力相切磋，期歸于一是之地。大舜之所以爲大者，善與人同，樂取諸人以爲善，聞一善言，見一善行，若決江河，沛然莫之能禦。吾人之志，當何求哉？惟其是已矣。疇昔明言善議，拳拳服膺而勿失，樂與天下共之者，以爲是也。今一旦以切嗟而知其非，則棄前日之所習，勢當如出陷阱，如避荆棘，惟新之念，若決江河，是得所欲而遂其志也。此豈小智之私、鄙陋之習、樂勝恥負者所能知哉！「弗明弗措」，古有明訓，敢悉布之。

尊兄平日論文，甚取曾南豐之嚴健。南康爲别前一夕，讀尊兄之文，見其得意者，必簡健有力，每切敬服。嘗謂尊兄才力如此，故所取亦如此。今閱來書，但見文辭繳繞〔五〕，氣象褊迫，其致辨處類皆遷就牽合，甚費分疏，終不明白，無乃爲「無極」所累，反困其才邪？不然，以尊兄之高明，自視其説，亦當如白黑之易辨矣。尊兄嘗曉陳同父云：「欲賢者百尺竿頭進取一步，將來不作三代以下人物，省得氣力爲漢、唐分疏，即更脱灑磊落。」今亦欲得尊兄進取一步，莫作孟子以下學術，省得氣力爲「無極」二字分疏，亦更脱灑磊落。

古人質實，不尚智巧，言論未詳，事實先著，「知之爲知之，不知爲不知」。所謂「先知覺後知，先覺覺後覺」者，以其事實覺其事實，故言即其事，事即其言，所謂「言顧行，行顧言」。

周道之衰，文貌日勝，事實湮於意見，典訓蕪於辨説，揣量模寫之工，依放假借之似，其條畫足以自信，其習熟足以自安。以子貢之達，又得夫子而師承之，尚不免此「多學而識之」之見，非夫子叩之，彼固晏然而無疑。「先行」之訓，「予欲無言」之訓，所以覺之者屢矣，而終不悟。顔子既没，其傳固在曾子，蓋可觀已。尊兄之才，未知其與子貢如何？今日之病，則有深於子貢者。尊兄誠能深知此病，則來書七條之説，當不待條析而自解矣。然相去數百里，脱或未能自克，淹回舊習，則不能無遺恨，請卒條之。

來書本是主張「無極」二字，而以明理爲説，其要則曰「於此有以灼然實見太極之真體」。某竊謂尊兄未曾實見太極，若實見太極，上面必不更加「無極」字，下面必不更着「真體」字。上面加「無極」字，正是疊床上之床；下面着「真體」字，正是架屋下之屋。虚見之與實見，其言固自不同也。又謂極者，「正以其究竟至極，無名可名，故特謂之太極，猶曰『舉天下之至極，無以加此』云耳」。就令如此，又何必更於上面加「無極」字也？若謂欲言其無方所，無形狀，則前書固言宜如詩言「上天之載」，而於其下贊之曰「無聲無臭」可也，豈宜以「無極」字加之「太極」之上？繫辭言「神無方矣」，豈可言無神；言「易無體矣」，豈可言無易。

老氏以「無」爲「天地之始」，以「有」爲「萬物之母」，以「常無」觀妙，以「常有」觀徼。直將「無」字搭在上面，正是老氏之學，豈可諱也。惟其所蔽在此，故其流爲任術數，爲無忌憚。此理乃宇宙之所固有，豈可言無？若以爲無，則君不君，臣不臣，父不父，子不子矣。楊朱未遽無君，而孟子以爲無君；墨翟未遽無父〔六〕，而孟子以爲無父，此其所以爲知言也。極亦此理也，中亦此理也，五居九疇之中而曰皇極，豈非以其中而命之乎？民受天地之中以生，而詩言「立我烝民，莫匪爾極」，豈非以其中命之乎？中庸曰：「中也者，天下之大本也；和也者，天下之達道也。致中和，天地位焉，萬物育焉。」此理至矣，外此豈更復有太極哉？

以極爲中則爲不明理，以極爲形乃爲明理乎？字義固有一字而數義者，用字則有專一義者，有兼數義者。而字之指歸，又有虚實。虚字則但當論字義〔七〕，實字則當論所指之實。論其所指之實，則有非字義所能拘者。如「元」字，有「始」義，有「長」義，有「大」義。坤五之「元吉」，屯之「元亨」，則是虚字，專爲「大」義，不可復以他義參之。如「乾元」之「元」，則是實字，論其所指之實，則文言所謂善，所謂仁，皆元也，亦豈可以字義拘之哉？「極」字亦如此。「太極」、「皇極」乃是實字，所指之實，豈容有二。充塞宇宙，無非此理，豈容以字義拘之乎？中即至理，何嘗不兼「至」義？大學、文言皆言「知至」，所謂「至」者，即此理也。語讀易者曰：「能知太極，即是知至。」語讀洪範者曰：「能知皇極，即是知至。」夫豈不可？蓋同指此理。則曰「極」，曰「中」，曰「至」，其實一也。「一極備凶，一極無凶。」此兩「極」字乃是虛字，專爲「至」義。卻使得「極者，至極而已」，於此用「而已」字，方用得當。尊兄最號爲精通詁訓文義者，何爲尚惑於此，無乃理有未明，正以太泥而反失之乎？

至如直以陰陽爲形器而不得爲道，此尤不敢聞命。易之爲道，一陰一陽而已。先後、始終、動静、晦明、上下、進退、往來、闔闢、盈虛、消長、尊卑、貴賤、表裏、隱顯、向背、順逆、存亡、得喪、出入、行藏，何適而非一陰一陽哉？奇耦相尋，變化無窮，故曰：「其爲道也屢遷，變動不居，周流六虛，上下無常，剛柔相易，不可爲典要〔八〕，惟變所適。」説卦曰：「觀變於陰陽而立卦，發揮於剛柔而生爻，和順於道德而理於義，窮理盡性以至於命。」又曰：「昔者聖人之作易也，將以順性命之理。是以立天之道曰陰與陽，立地之道曰柔與剛，立人之道曰仁與義。」下繫亦曰：「易之爲書也，廣大悉備，有天道焉，有人道焉，有地道焉。兼三才而兩之，故六。六者非他也，三才之道也。」今顧以陰陽爲非道，而直謂之形器，其孰爲昧於道器之分哉？

辨難有要領，言辭有旨歸。爲辨而失要領，觀言而迷指歸，皆不明也。前書之辨，其要領在「無極」二字。尊兄確意主張，曲爲飾説，既以無形釋之，又謂「周子恐學者錯認太極别爲一物，故着『無極』二字以明之」。某於此見得尊兄只是强説來由，恐無是事。故前書舉大傳「一陰一陽之謂道」、「形而上者謂之道」兩句，以見粗識文義者，亦知一陰一陽即是形而上者，必不至錯認太極別爲一物，故曰「況太極乎」？其指歸本自明白，而兄曾不之察，乃必見誣以道上別有一物爲太極。通書曰：「中者，和也，中節也，天下之達道也，聖人之事也。故聖人立教，俾人自易其惡，自致其中而止矣。」周子之言中如此，亦不輕矣，外此豈更別有道理，乃不得比虛字乎？所舉理性命章五句，但欲見通書言中言一而不言無極耳。「中焉止矣」一句，不妨自是斷章，兄必見誣，以屬之下文。兄之爲辨，失其指歸，大率類此。「盡信書，不如無書」，某實深信孟子之言。前書釋此段，亦多援據古書，獨頗不信無極之説耳〔九〕。兄遽坐以直絀古書爲不足信，兄其深文矣哉！大傳、洪範、毛詩、周禮與太極圖説孰古？以極爲「形」，而謂不得爲「中」；以一陰一陽爲「器」，而謂不得爲「道」，此無乃少絀古書爲不足信，而微任胸臆之所裁乎？

來書謂「若論『無極』二字，乃是周子灼見道體，迥出常情，不顧傍人是非，不計自己得失，勇往直前，説出人不敢説底道理」。又謂「周子所以謂之無極，正以其無方所，無形狀」。誠令如此，不知人有甚不敢道處，但以加之太極之上，則吾聖門正不肯如此道耳。夫乾確然示人易矣，夫坤隤然示人簡矣，太極亦曷嘗隱於人哉？尊兄兩下説無説有，不知漏洩得多少？如所謂太極真體不傳之秘，無物之前，陰陽之外，不屬有無，不落方體，迥出常情，超出方外等語，莫是曾學禪宗所得如此？平時既私其説以自妙，及教學者，則又往往秘此而多説文義，此漏泄之説所從出也。以實論之，兩頭都無着實，彼此只是葛藤末説。氣質不美者樂寄此以神其姦，不知繫絆多少好氣質底學者。既以病己，又以病人，殆非一言一行之過，兄其毋以久習於此而重自反也。

區區之忠，竭盡如此，流俗無知，必謂不遜[一〇]。書曰：「有言逆于汝心，必求諸道。」諒在高明正所樂聞。若猶有疑，願不憚下教。政遠，惟爲國自愛。

朱子答陸子書

來書云：「浙間後生貽書見規，以爲吾二人者，所習各已成熟，終不能以相爲，莫若置之勿論，以俟天下後世之自擇。鄙哉言乎！此輩凡陋，沈溺俗學，悖戾如此，亦可怜也。」熹謂天下之理，有是有非，正學者所當明辨，或者之説，誠爲未當。然凡辨論者，亦須平心和氣，子細消詳，反復商量，務求實是，乃有歸著。如不能然，而但於匆遽急迫之中，肆支蔓躁率之詞，以逞其忿懟不平之氣，則恐反不若或者之言安静和平，寬洪悠久，猶有君子長者之遺意也。

來書云「人能弘道」止「敢悉布之」。

熹按此段所説，規模宏大而指意精切，如曰「雖自謂其理已明，安知非私見蔽説」，及引大舜「善與人同」等語，尤爲的當。熹雖至愚，敢不承教。但所謂「莫知其非，歸於一是」者，未知果安所決。區區於此，亦願明者有以深察而實踐其言也。

來書云「古人質實」止「請卒條之」。

熹詳此説，蓋欲專務事實，不尚空言，其意甚美。但今所論「無極」二字，熹固已謂「不言不爲少，言之不爲多」矣。若以爲非，則且置之，其於事實亦未有害。而賢昆仲不見古人指意，乃獨無故於此創爲浮辨，累數百言，三四往返而不能已，其爲湮蕪亦已甚矣。而細考其間緊要節目，並無酬酢，只是一味慢罵虛喝，必欲取勝。未論顏、曾氣象，只子貢恐亦不肯如此，恐未可遽以此而輕彼也。

來書云「尊兄未曾」止「固自不同也」。

熹亦謂老兄正爲未識太極之本無極而有真體，故必以中訓極，而又以陰陽爲形而上者之道。虛見之與實見，其言果不同也。

來書云「老氏以無」止「諱也」。

熹詳老氏之言有無，以有無爲二；周子之言有無，以有無爲一，正如南北水火之相反。請子細著眼，未可容易譏評也。

來書云「此理乃」止「子矣」。

更請詳看熹前書，曾有「無理」二字否？

來書云「極亦此」止「極哉」。

「極」是名此理之至極，「中」是狀此理之不偏。雖然同是此理，然其名義各有攸當，雖聖賢言之，亦未嘗敢有所差互也。若「皇極」之「極」，「民極」之「極」，乃爲標準之意，猶曰立於此而示於彼，使其有所向望而取正焉耳，非以其中而命之也。「立我烝民」，「立」與「粒」通，即書所謂「烝民乃粒」。「莫匪爾極」，則「爾」指后稷而言。蓋曰：「使我衆人皆得粒食，莫非爾后稷之所立者是望耳。」爾字不指天地，極字亦非指所受之中。此義尤明白，似是急於求勝，更不暇考上下文。推此一條，其餘可見。中者天下之大本，乃以喜怒哀樂之未發，此理渾然無所偏倚而言。太極固無偏倚，而爲萬化之本，然其得名，自爲至極之極，而兼有標準之義，初不以中而得名也。

來書云「以極爲中」止「理乎」。

老兄自以「中」訓極，熹未嘗以「形」訓極也。今若此言，則是已不曉文義，而謂他人亦不曉也，請更詳之。

來書云「大學、文言皆言知至」。

熹詳「知至」二字雖同，而在大學則知爲實字，至爲虚字，兩字上重而下輕，蓋曰心之所知無不到耳；在文言則知爲虚字，至爲實字，兩字上輕而下重，蓋曰「有以知其所當至之地」耳。兩義既自不同，而與太極之爲至極者又皆不相似，請更詳之。此義在諸説中亦最分明，試就此推之，當知來書未能無失，往往類此。

來書云「直以陰陽爲形器」止「道器之分哉」。

若以陰陽爲形而上者，則形而下者復是何物？更請見教。若熹愚見與其所聞，則曰：「凡有形有象者，皆器也，其所以爲是器之理者，則道也。」如是則來書所謂始終、晦明、奇偶之屬，皆陰陽所以之器，獨其所以爲是器之理，如目之明、耳之聰、父之慈、子之孝，乃爲道耳。如此分别似差明白，不知尊意以爲如何？此一條亦極分明，切望略加思索，便見愚言不爲無理，而其餘亦可以類推矣。

來書云「通書曰」止「類此」。

周子言「中」而以「和」字釋之，又曰「中節」，又曰「達道」。彼非不識字者，而其言顯與中庸相戾，則亦必有説矣。蓋此「中」字是就氣稟發用而言其無過不及處耳，非直指本體未發無所偏倚者而言也，豈可以此而訓「極」爲「中」也哉？來書引經必盡全章，雖煩不厭，而所引通書乃獨截自「中焉止矣」而下，此安得爲不誤？老兄本自不信周子，政使誤引通書，亦未爲害，何必諱此小失，而反爲不改之過乎？

來書云「大傳」止「孰古」〔一一〕。

大傳、洪範、詩、禮皆言極而已，未嘗謂極爲中也。先儒以此極處常在物之中央，而爲四方之所面内而取正，故因以中釋之，蓋亦未爲甚失。而後人遂直以極爲中，則又不識先儒之本意矣。爾雅乃是纂集古今諸儒訓詁以成書，其間蓋亦不能無誤，不足據以爲古，又況其間但有以「極」訓「至」，以「殷齊」訓「中」，初未嘗以極爲中乎？

來書云「又謂周子」止「道耳」。前又云「若謂欲言」止「之上」〔一二〕。

「無極而太極」，猶曰「莫之爲而爲，莫之致而至」，又如曰「無爲之爲」。皆語勢之當然，非謂別有一物也。向見欽夫有此說，嘗疑其贅，今乃正使得著，方知欽夫之慮遠也。其意則固若曰：「非如皇極、民極、屋極之有方所形象，而但有此理之至極耳。」若曉此意，則於聖門有何違叛而不肯道乎？「上天之載」，是就有中說無；「無極而太極」，是就無中說有。若實見得，即說有說無，或先或後，都無妨礙。今必如此拘泥，强生分別，曾謂「不尚空言，專務事實」，而反如此乎？

來書云「夫乾」止「自反也」。

太極固未嘗隱於人，然人之識太極者則少矣，往往只是於禪學中認得箇昭昭靈靈能作用底，便謂此是太極，而不知所謂太極，乃天地萬物本然之理，亘古亘今，攧撲不破者也。「迥出常情」等語，只是俗談，即非禪家所能專有，不應儒者反當回避。况今雖偶然道着，而其所見所説即非禪家道理，非如他人陰實祖用其説，而改頭换面，陽諱其所自來也。如曰「私其説以自妙而又秘之」，又曰「寄此以神其姦」，曰「繫絆多少好氣質底學者〔一三〕」，則恐世間自有此人可當此語，熹雖無狀，自省得與此語不相似也。

來書引書云：「有言逆于汝心，必求諸道。」

此聖言也，敢不承教。但以來書求之於道而未之見，但見其詞義差舛，氣象粗率，似與聖賢不甚相近，是以竊自安其淺陋之習聞，而未敢輕舍故步，以追高明之獨見耳。又記頃年嘗有「平心」之説，而前書見喻曰：「甲與乙辨，方各自是其説，甲則曰願乙平心也，乙亦曰願甲平心也。平心之説恐難明白，不若據事論理可也。」此言美矣。然熹所謂平心者，非直使甲操乙之見、乙守甲之説也，亦非謂都不論事之是非也。但欲兩家姑暫置其是己非彼之意，然後可以據事論理，而終得其是非之實。如謂治疑獄者當公其心，非謂便可改曲者爲直、改直者爲曲也，亦非謂都不問其曲直也。但不可先以己意之向背爲主，然後可以審聽兩造之辭，旁求參伍之驗，而終得其曲直之當耳。今以粗淺之心，挾忿懟之氣，不肯暫置其是己非彼之私，而欲評義理之得失，則雖有判然如黑白之易見者，猶恐未免於誤，況其差有在於毫釐之間者，又將誰使折其衷而能不謬也哉？

熹已具此，而細看其間亦尚有説未盡處。大抵老兄昆仲同立此論，而其所以立論之意不同。子美尊兄自是天資質實重厚，當時看得此理有未盡處，不能子細推究，便立議論，因而自信太過，遂不可回。見雖有病，意實無他。老兄卻是先立一説，務要突過有若、子貢以上，更不數近世周、程諸公，故於其言不問是非，一例吹毛求疵，須要討不是處。正使説得十分無病，此意卻先不好了，況其言之粗率，又不能無病乎？夫子之聖，固非以多學而得之，然觀其好古敏求，實亦未嘗不多學，但其中自有一以貫之處耳。若只如此空疏杜撰，則雖有一而無可貫矣，又何足以爲孔子乎？顔、曾所以獨得聖學之傳，正爲其博文約禮，足目俱到，亦不是只如此空疏杜撰也。子貢雖未得承道統，然其所知似亦不在今人之後，但未有禪學可改換耳。周、程之生，時世雖在孟子之下，然其道則有不約而合者。反復來書，竊恐老兄於其所言多有未解者，恐皆未可遽以顔、曾自處而輕之也。顔子以能問於不能，以多問於寡，有若無，實若虚，犯而不校。曾子三省其身，惟恐謀之不忠，交之不信，傳之不習。其智之崇如彼，而禮之卑如此，豈有一毫自滿自足、强辨取勝之心乎？來書之意，所以見教者甚至，而其末乃有「若猶有疑，不憚下教」之言。熹固不敢當此，然區區鄙見，亦不敢不爲老兄傾倒也，不審尊意以爲如何？如曰未然，則「我日斯邁，而月斯征」，各尊所聞，各行所知，亦可矣，無復可望於必同也。言及於此，悚息之深，千萬幸察！

近見國史濂溪傳載此圖説，乃云「自無極而爲太極」。若使濂溪本書實有「自」、「爲」兩字，則信如老兄所言，不敢辨矣。然因渠添此二字，卻見得本無此字之意愈益分明，請試思之。

陸子答朱子書

往歲經筵之除，士類胥慶，延跂以俟吾道之行，乃復不究起賢之禮，使人重爲慨嘆。新天子即位，海内屬目，然罷行陞黜，率多人情之所未喻者，群小駢肩而騁，氣息怫然，諒不能不重勤長者憂國之懷。某五月晦日拜荊門之命，命下之日實三月二十八日，替黄元章闕，尚三年半，顧有以教之。首春借兵之還，伏領賜報，備承改歲動息，慰沃之劇。惟其不度，稍獻愚忠，未蒙省察，反成唐突，謙抑非情，督過深矣，不勝皇恐。向蒙尊兄促其條析，且有「無若令兄遽斷來章」之戒，深以爲幸。别紙所謂「『我日斯邁，而月斯征』，各尊所聞，各行所知，亦可矣，無復望其必同也」。不謂尊兄遽作此語，甚非所望。「君子之過也，如日月之食焉。過也，人皆見之，及其更也，人皆仰之。」通人之過，雖微箴藥，久當自悟，諒今尊兄必渙然於此矣。願依末光，以卒餘教。

按：以上七書，幾數千言，二先生所以論無極者，援引擿發，纖悉畢具，後學不容復置喙矣。然陸子第一書云：「周子若懼學者泥于形器而申釋之，則宜如詩言『上天之載』，於下贊之曰『無聲無臭』可也。」朱子第一書云：「孔子贊易，自太極以下，未嘗言無極也，周子言之。若於此實見太極之真體，則知不言者不爲少，而言之者不爲多矣。」竊窺二先生之言，無易此兩端，然猶反復不已者，尹氏所謂「有所疑於心而不敢强焉」爾。是正中庸「辨之，弗明弗措」之義，豈若後世口耳之學，隨人立說，不復求之心得，而苟焉以自欺，泛焉以應人者哉！抑此皆二先生早歲之事，考兩家之書，陸子他日不復論無極，而朱子注太極圖說，首曰：「『上天之載，無聲無臭』，而實造化之樞紐，品彙之根柢，故曰『無極而太極』。」實陸子語意，豈非二先生晚年有合而然與？

又按：朱子初注太極圖，曰：「『無聲無臭』，而造化之樞紐，品彙之根柢系焉。」嘗以書問東萊吕氏，東萊答書，以謂「太極即造化之樞紐、品彙之根柢，恐多『系焉』兩字」。朱子從之。蓋陸子雖不主張無極，而理則不外乎此也。

【校勘記】

〔一〕子静歸來　「來」，原作「未」，據晦庵先生朱文公文集（四部叢刊本，下同）卷三六改。

〔二〕兄於此學用力之深　「用」，原作「加」，據象山先生集（四部叢刊本，下同）卷二改。

〔三〕則讀者錯認語意　「者」，原作「書」，據晦庵先生朱文公文集卷三六改。

〔四〕人能弘道非道弘人　「弘」，原作「洪」，據象山先生集卷二、論語衛靈公改。

〔五〕但見文辭繳繞　原文「繳繞」二字不清，據明刻本、象山先生集卷二録。

〔六〕墨翟未遽無父　「墨」，原作「黑」，據象山先生集卷二改。

〔七〕虚字則但當論字義　原缺「虚」字，據象山先生集卷二補。

〔八〕不可爲典要　原缺「要」字，據象山先生集卷二補。

〔九〕獨頗不信無極之説耳　原缺「不」字，據象山先生集卷二補。

〔一〇〕必謂不遜　「遜」，原作「達」，據象山先生集卷二改。

〔一一〕來書云大傳止孰古　原缺「止」字，據晦庵先生朱文公文集卷三六補。

〔一二〕前又云若謂欲言止之上　「止」，原作「上」，據晦庵先生朱文公文集卷三六改。

〔一三〕繫絆多少好氣質底學者　「好」下原衍「好」字，據晦庵先生朱文公文集卷三六删。

卷二

此卷凡三詩，蓋二先生論所學者，其不合與論無極同。

復齋陸氏鵝湖示同志詩

孩提知愛長知欽，古聖相傳只此心。大抵有基方築室，未聞無址忽成岑。留情傳注翻榛塞，着意精微轉陸沉。珍重友朋勤切琢，須知至樂在于今。

陸子和韻

墟墓興哀宗廟欽，斯人千古不磨心。涓流積至滄溟水，拳石崇成太華岑。易簡工夫終久大，支離事業竟浮沉。欲知自下升高處，真僞先須辨只今。

朱子和韻

德義風流夙所欽，別離三載更關心。偶扶藜杖出寒谷，又枉籃輿度遠岑。舊學商量加邃密，新知培養轉深沉。卻愁説到無言處，不信人間有古今。

按：東萊呂氏訪朱子于寒泉而歸，朱子送至廣信鵝湖寺。二陸來會，相與講其所聞，皆不合而罷。此三詩則倡酬之作也。蓋二陸詩有「支離」之説，疑朱子爲訓詁；朱子詩有「無言」之説，疑二陸爲禪會。兩家門人遂以成隙，至造言以相訾，分朋以求勝，而宗考亭者尤不能平，恚其以支離見斥也。然朱子晚年乃有見于學者支離之弊，凡七見于友朋書札間，開示後進，警切備至。而陸子亦有「追惟曩昔，粗心浮氣，徒致參辰」之語，見于奠東萊之文。以是知道無終窮，學無止法，雖大賢近聖之資，亦必盈科而後進者如此。或乃謂朱、陸終身不能相一，豈惟不知象山有克己之勇，亦不知考亭有服善之誠。篤志于爲己者，不可不深考也。

附　建昌包氏序象山年譜畧

文安陸先生之學，偉然立卓，其言論風旨，學者求之，則自有餘師也。然恢嘗妄有隱憂遺慮焉，言先生之學者雖多，究先生之學者似少。夫學者，門也，路也。知所從入之門，則必知内有堂室之深；知所從入之路，則必知前有千萬里之遠。先生以學者茫茫，如在門外，如在路傍，而莫知所從入，其誤認以爲門、以爲路而誤入者尤多。故其教多先指其所入以示之，乃發足第一步也，由是而之焉，方將循循以導其進於深遠之地。誨言具在，皆可覆也。如自志學入凡五進，而極於從心；自欲善入凡五進，而極於聖神。極深則有宗廟百官之美富，悠遠則有博厚高明之配合。苟或升而未入於室，畫而遂廢於中，猶不可，況今有僅於入門入路一步之初，遽止而不復進步，豈先生之學哉！抑嘗記先生之詩乎？「涓流積至滄溟水，拳石崇成泰華岑。」學者或止涓流拳石，而未知有「積至」「崇成」之功，用是致有以徑捷超入之法加議，而莫有能破其説者。非先生之負學者，實學者之負先生也。是其可不謹思而明辨哉！年譜雖明備，又在善學者志其深者遠者，而自强不息以終之，庶乎不負於所學云。

按：包氏此論，發明陸子詩中「積至」「崇成」四字，深有警於學者。

卷三

此卷朱子之説凡十六條，所謂始焉若冰炭之相反者。附見陸子之説二十條。

朱子答吕子約書

陸子静之賢，聞之蓋久。然似聞有脱畧文字直趨本根之意，不知其與中庸學問思辨然後篤行之旨，又何如耳？

按：此書朱子未與陸子相見時語。所謂「脱畧文字直趨本根」，與中庸先學問思辨而後篤行之説，乃朱、陸最異處。今考陸子與其門人書，亦孜孜以講學爲務，而獨切切以空言爲戒，疑所謂空言者，指朱子也。朱子豈倡爲空言者哉，其説可謂大不審矣，此所以來議者之紛紛乎？陸子之説，畧附一二，以見其早年所以爲不同者之甚焉。

附陸子與邵叔義書

天之所以予我，非由外鑠我也。思則得之，得此者也。先立乎其大者，立此者也。同此之謂同德，異此之謂異端。心逸日休，心勞日拙，德僞之辨也。豈唯辨諸其身，人之賢否，書之正僞，舉將不逃於此矣。

學問固無窮已，然端緒得失則當早辨。孟子曰：「人皆可以爲堯舜。」病其自暴自棄，則爲之發四端，曰：「人之有是而自謂不能者，自賊者也；謂其君不能者，賊其君者也。」王澤之竭，利欲日熾，先覺不作，民心橫奔，浮文異端，轉相熒惑，往聖話言，徒爲藩飾。而爲機變之巧者，又復魑魅魍魎其間，恥非其恥，而恥心亡矣。今謂之學問思辨，而於此不能深切著明，依憑空言，傅着意見，增疣益贅，助勝崇私，重其狷忿，長其負恃，蒙蔽至理，扞格至言〔一〕，自以爲是，没世不復，此其爲罪，浮於自暴自棄之人矣。

物有本末，事有終始，知所先後，則近道矣。於其端緒知之不至，悉精畢力求多於末〔二〕，溝澮皆盈，涸可立待，要之其終，本末俱失。夫子曰：「知之爲知之，不知爲不知，是知也。」後世恥一物之不知者〔三〕，亦恥非其恥矣。人情物理之變，何可勝窮，若其標末〔四〕，雖古聖人不能盡知也。稷之不能審於八音，夔之不能詳於五種，可以理揆。學未知至，自用其私者，乃至於亂原委之倫，顛萌蘖之序〔五〕，窮年卒歲，靡所底麗，焦焦然思以易天下，豈不謬哉！

附 陸子與胡季隨書

「道不遠人」，人自遠之耳。人心不能無蒙蔽，蒙蔽之未徹〔六〕，則日以陷溺。諸子百家往往以聖賢自期，仁義道德自命，然其所以卒畔於皇極而不能自拔者，蓋蒙蔽而不自覺，陷溺而不自知耳。子貢之明達，固居游、夏之右，見禮知政，聞樂知德之識，絶凡民遠矣。從夫子游如彼其久，尊信夫子之道如彼其至，夫子既没，其傳乃不在子貢，顧在曾子。私見之錮人，難於自知如此。曾子得之以魯，子貢失之以達，天德已見消長之驗，莫著於此矣。學問之初，切磋之次，必有自疑之兆；及其至也，必有自克之實，此古人物格知至之功也。己實未能自克而不以自疑，方憑之以決是非，定可否，縱其標末如子貢之屢中〔七〕，適重夫子之憂耳。

朱子答吕子約書

近聞陸子静言論風旨之一二，全是禪學，但變其名號耳。競相祖習，恐誤後生。恨不識之，不得深扣其說，因獻所疑也。然想其說方行，亦未必肯聽此老生常談，徒竊憂嘆而已。

按：朱子以祖習禪學誤後生者爲憂嘆，陸子以假先訓自附益者爲悼懼，其苦於不同如此。陸書附左。

附 陸子與陳君舉書

世習靡蔽，固無可言。以學自命者，又復封於私見，蔽於私說，卻鍼拒砭，厚自黨與，假先訓形似以自附益，顧不知其實背馳久矣。天以是理畀人，而舉世莫任其責，則人極殆不立矣。永思及此，益切悼懼。

朱子答蔡季通書

長沙之行，幾日可歸？益公相見，亦何言邪？閣記不敢辭〔八〕，但恐病中意思昏憒，未必能及許教未替前了得耳。向見薛象先盛稱其人，今讀其書，乃知講於陸氏之學者。近年此說流行，後生好資質者，皆爲所擔閣壞了，甚可嘆也。

按：以上二書，朱子始謂陸子全是禪學，且嘆其深誤後生之好資質者。今考象山之書，往往以異端爲憂，其於儒釋之辨亦嚴。蓋朱子直以其主尊德性之說太過，而疑其爲禪耳。然陸子與朱子書，則又譏其爲葛藤末説，不知縈絆多少好氣質底學者。殆其言皆出于早年氣盛語健之時，學者未可執以爲定論也。陸書今摘于左。

附陸子答朱子書

尊兄所謂太極真體不傳之秘，無物之前，陰陽之外，不屬有無，不落方體，迥出常情，超出方外等語，莫是曾學禪宗，所得如此。平時既私其説以自妙，及教學者，則又往往秘此，而多説文義。以實論之，兩頭都無着實，彼此只是葛藤末説。氣質不美者樂寄此以神其姦，不知縈絆多少好氣質底學者。既以病己，又以病人，殆非一言一行之過，兄其毋以久習于此而重自反也。區區之忠，竭盡如此。

附陸子答王順伯書

某嘗以「義利」二字判儒釋。試使釋氏之聖賢，而繩以春秋之法，童子知其不免矣。

附陸子與曹立之書

道之不明不行，佛老之徒遍天下，其説皆足以動人，士大夫鮮不溺焉。

附陸子贈劉季蒙説

明德在我，何必他求。方士禪伯，真爲大祟。無世俗之陷溺，無二祟之迷惑，所謂「無偏無黨，王道蕩蕩」，浩然宇宙之間，其樂孰可量也！

朱子與黄直卿書

近日朋友來者頗多，萬正淳與黄子耕、吴伯豐皆在此。諸人皆見陸子静來，甚有議論。此間近亦有與之答問論太極書，未及寫去。大率其論與林明州不相遠也。

按此書，則二先生論無極在不曾面會之前。今文公年譜以論無極事置鵝湖已會之後，失其次矣。

朱子與程正思書

答子静書，無人寫得，聞其已謄本四出久矣。此正不欲暴其短，渠乃自如此，可歎，可歎！然得渠如此，亦甚省力，且得四方學者畧知前賢立言本旨，不爲無益。

朱子與邵叔義書

子静書來，殊無義理，每爲閉匿，不敢横以示人。不謂渠乃自暴揚如此。然此事理甚明，識者自當知之。當時若便不答，卻不得也。所與左右書，渠亦録來，想甚得意。大率渠有文字多即傳播四出，唯恐人不知，此其常態，亦不足深訝。吾人所學，卻要自家識見分明，持守正當，深當以此等氣象舉止爲戒耳。

朱子與趙子欽書

子静後來得書，愈甚於前。大抵其學於心地工夫不爲無所見，但便欲恃此陵跨古今，更不下窮理細密工夫，卒并與其所得者而失之。人欲横流，不自知覺而高談大論，以爲天理盡在是也，則其所謂心地功夫者又安在哉？

按：以上四書皆爲辨無極而發，説見第一卷。附見陸子三書，以備參考。

附　陸子與陶贊仲書

梭山謂晦翁好勝，不肯與辨。某以爲人之所見偶有未通處，其説固以己爲是，以他人爲非，且當與之辨白，未可便以好勝絶之。以晦翁之高明猶不能無蔽，道聽塗説之人，亦何足與言此哉！仁義忠信，樂善不倦，此夫婦之愚不肖可以與知能行，聖賢所以爲聖賢，亦不過充此而已。

附 陸子與朱子書

劉定夫氣禀屈强恣睢，朋儕鮮比，比來退然，方知自訟。大底學者病痛，須得其實，徒以臆想，稱引先訓，文致其罪，斯人必不心服。縱其不能辨白，勢力不相當，强勉誣服，亦何益之有？

附 陸子與鄭溥之書

得元晦復論太極圖説書，尋以一書復之，今併往。此老才氣英特，平生志尚不没於利欲，當今誠難其輩。第其講學之差，蔽而不解，甚可念也。士論方伸，誠得此老大進此學，豈不可慶！誠者非自成己而已也，所以成物也。此心之靈，苟非壅蔽昧没，則痛癢無不知者。國之治忽，民之休戚，彝倫之敍斁，士大夫學問之是非，心術之邪正，接於耳目而冥於其心，則此心之靈，必有壅蔽昧没者矣。在物者，亦在己之驗也，何往而不可致吾反求之功，此所願與同志日切磋而不捨者。

按：朱子有言：「學匪私説，惟道是求。」今以陸子此三書觀之，其意未始不與朱子同。而其稱朱子，一則曰高明，一則曰英特，真有古者「君子和而不同」之義，豈若後世操上人之心，執一己之見，至於交惡而不可解者哉！宜其德盛仁熟，而驩然合并于晚歲也。

朱子答劉季章書

來喻云「書能益人與否，只在此心」等説，此又是病根不曾除得。以鄙見觀之，都無許多閑説，只着實依文句玩味，意趣自深長〔九〕。不須如此，又只是立説取勝也。前與無疑書，亦有少講論，曾見之否？敬子諸人卻甚進，此亦無他，只是渠肯聽人説話，依本分、循次序平心看文字，不敢如此走作閑説耳。大率江西人尚氣，不肯隨人後，凡事要自我出，自由自在，故不耐煩如此逐些理會，須要立箇高論，籠罩將去。譬如讀書，不肯從上至下逐字讀去，只要從東至西一抹横説，乍看雖似新巧，壓得人過，然横物不成義理，全然不是聖賢當來本説之意，則於己分究竟成得何事？只如臨川前後一二公，巨細雖有不同，然原其所自，則同是此一種見識，可以爲戒，而不可學也。因見無疑，可出此紙，大家評量，趁此光陰未至晚暮之時，做些着實基址，積累將去，只將排比章句、玩索文理底工夫，換了許多杜撰計較、别尋路脉底心力。須是實有用力處，久之自然心地平夷，見理明徹，庶幾此學有傳，不至虚負平生也。

按：此書乃朱、陸不同之肯綮。蓋陸子方以學者口耳爲憂，欲其以尊德性爲先，以收放心爲要。朱子乃欲學者依文句玩味，意趣自深，又欲其趁此光陰，排比章句，玩索文理，正與象山之教相左。然朱子晚歲乃兼有取于陸子之説，今摘附于後，餘見第五卷。

附　陸子與曾宅之書

孟子曰：「庶民去之，君子存之。」又曰：「其爲人也寡欲，雖有不存焉者寡矣；其爲人也多欲，雖有存焉者寡矣。」只「存」之一字，自可使人明得此理。此理本天所以與我，非由外鑠，明得此理，即是主宰。真能爲主，則外物不能移，邪説不能惑。所病於吾友者，正謂此理不明，内無所主，一向縈絆於浮論虚説，終日只依藉外説以爲主，天之所與我者反爲客，主客倒置，迷而不反，惑而不解。坦然明白之理，可使婦人童子聽之而喻，勤學之士反爲之迷惑，自爲支離之説以自縈纏，窮年卒歲，靡所底麗，豈不重可憐哉！使生在治古盛時，蒙被先聖王之澤，必無此病。惟其生於後世，學絶道喪，異端邪説充塞彌滿，遂使有志之士罹此患害，乃與世間凡庸恣情縱欲之人均其陷溺。吾與晦翁書，所謂「古人質實，不尚智巧，『知之爲知之，不知爲不知』」；所謂「『先知覺後知，先覺覺後覺』者，以其事實覺其事實，故言即其事，事即其言」；所謂「言顧行，行顧言」。周道之衰，文貌日勝，事實湮於意見，典訓蕪於辨説，揣量模寫之工，依倣假借之似，其條畫足以自信，其習熟足以自安。以子貢之達，又得夫子而師承之，尚不免此。「多學而識之」之見，非夫子叩之，彼固晏然而無疑。「先行」之訓，「予欲無言」之訓，所以覺之者屢矣，而終不悟。夫子既殁，其傳顧在曾子，蓋可觀矣。

吾友能棄去謬習，復其本心，使此一陽爲主於内，「造次必於是，顛沛必於是」，無終食之間而違於是，此乃所謂「有事焉」，乃所謂「勿忘」，乃所謂「敬」。果能不替不息，乃是「積善」，乃是「集義」，乃是「善養浩然之氣」。真能如此，則不愧古人。其引用經語，乃是聖人先得我心之所同然，則不爲侮聖言矣。今終日營營，如無根之木，無源之水，有採摘汲引之勞，而盈涸榮枯無常，豈所謂「源泉混混，不捨晝夜，盈科而後進」者哉？終日簸弄經語以自傅益，真所謂侮聖言者矣。

附陸子答曹挺之書

來書氣象甚覺齟齬，至有一貫多學之辨，此似無謂。大抵學者且當大綱思省，平時雖號爲士人，雖讀聖賢書，其實何曾篤志於聖賢事業，往往從俗浮沉，與時俯仰，徇情縱欲，汩没而不能以自振，日月逾邁，而有泯然與草木俱腐之恥，到此能有愧懼大決之志〔一〇〕，乃求涵養磨礪之方。若有事役，未得讀書，未得親師，亦可隨處自家用力檢點，見善則遷，有過則改，所謂「心誠求之，不中不遠」。若事役有暇，便可觀書册，所讀書亦可隨意自擇，亦可商量程度，無不有益者。看挺之殊未曾如此着實作工夫，何遽論到一貫多學之處？此等議論可且放下，且本分隨自己日用中循省，自知愧怍，自知下手處矣。既着實作工夫，後來遇師友，卻有日用中着實事可商量，不至爲此等虚論也。

朱子答陸子書

來書所謂利慾深痼者，已無可言。區區所憂，卻在一種輕爲高論，妄生内外精粗之别，以良心、日用分爲兩截，謂聖賢之言不必盡信，而容貌詞氣之間不必深察者。此其爲説乖戾狠悖，將有大爲吾道之害者，不待他時末流之弊矣。不審明者亦嘗以是爲憂乎？此事不比尋常小小文義異同，恨相去遠，無由面論，徒耿耿耳。李子甚不易，知向學，但亦漸覺好高。鄙意且欲其着實看得目前道理事物分明，將來不失儒家之舊，庶幾有用。若便如此談玄説妙，卻恐兩無所成，可惜壞卻天生氣質，卻未必如乃翁撲實頭，無許多勞攘耳。

按：此書有「妄生内外精粗之别」，及「聖賢之言不必盡信」等語，疑爲陸子答曾宅之而發。然陸子謂「古人質實，不尚智巧」，朱子亦謂「樸實」、「無許多勞攘」，是雖二先生早歲語，然中間皆有獨見，不可以爲徒異而不求真是之歸也。

朱子與黄直卿書

伯起説去年見陸子静，説游、夏之徒自是一家學問，不能盡棄其説以從夫子之教，唯有琴張、曾晳、牧皮乃是真有得於夫子者。其言怪僻乃至於此，更如何與商量討是處也。可嘆，可嘆！

按：陸子之書，最尊顔子、曾子，以爲曾子傳子思，子思傳孟子，外此不可以言道，絶不見有推尊琴張、曾晳、牧皮之説。是豈門人流言，朱子一時聽之而以爲實然者邪？陸子之説，摘附于左。

附陸子與李省幹書

學於夫子者多矣。顔淵、閔子騫、冉伯牛、仲弓固無可疵，外此則有南宫适、宓子賤、漆雕開近於四子。三人之外〔一一〕，最後出如高子羔、曾子，雖有愚魯之號，其實皆夫子所喜，於二人中尤屬意於子羔，不幸前夫子而死，不見其所成就。卒之傳夫子之道者乃在曾子。子思乃夫子適孫，夫子之門人光耀於當世者甚多，而子思獨師事曾子，則平日夫子爲子思擇師者可知矣。宰我、子貢、有若，其才智最高，子夏、子游、子張又下一等。然游、夏已擅文學之場，其言論足以動人，光華足以耀俗，誠非以愚魯得號者所可比儗。至其傳道授業不謬於聖人，宰我、子貢、有若猶不在此位，況游、夏乎？故自曾子傳之子思，子思傳之孟子，乃得其傳，外此則不可以言道。居今之時，而尚友方册，取友當世，亦已難矣。

附陸子與張輔之書

孟子於孔子，特曰「願學」而已。吾於孔子弟子，方且師仰敬畏之不暇，如顔子、曾子固不待論，平時讀書至子夏、子游、子張、蘧伯玉、南宫适諸賢言行，未嘗不惕焉愧畏，欽服而師承之，而子遽可以孔子望我邪？學者大病在於師心自用，師心自用則不能克己，不能聽言，雖使羲皇、唐、虞以來羣聖人之言，畢聞於耳，畢熟於口，畢記於心，祇益其私、增其病耳，爲過益大，去道愈遠，非徒無益，而又害之。古之所謂曲學詖行者，不必淫邪放僻，顯顯狼狽，如流俗人不肖子者也。蓋皆放古先聖賢言行，依仁義道德之意，如楊、墨、鄉原之類是也。此等不遇聖賢知道者，則皆自負其有道有德，人亦以爲有道有德，豈不甚可畏哉！

按：陸子前與胡季隨、曾宅之及此四書，皆亟稱夫子之没，其傳在曾子，謂曾子得之以魯，子貢失之以達，且深有憾于空言多識務外徇人之弊。今考朱子注曾子「三省」章，用尹、謝二氏之説。尹氏曰：「曾子守約，故動必求諸身。」謝氏曰：「諸子之學皆出於聖人，其後愈遠而愈失其真。獨曾子之學專用心於内，故傳之無弊，觀於子思、孟子可見矣。」然則「守約」固疑於捷徑，「專用心於内」固疑於近禪，而象山之學不能免於世之疑矣。但曾子三省，忠信所以尊德性，傳習所以道問學，而朱子以忠信爲傳習之本，學者宜有味於斯言。

朱子答劉公度書

所喻世豈能人人同己，人人知己，在我者明瑩無瑕，所益多矣。此等言語，殊不似聖賢意思，無乃近日亦爲異論漸染，自私自利，作此見解邪？臨川近説愈肆，荆舒祠記曾見之否？此等議論，皆學問偏枯、見識昏昧之故，私意又從而激之。若公度之説行，則此等事都無人管，恣意横流矣。

按：朱子此書深斥荆公祠記之非，而陸子亦與其門人胡季隨書曰：「王文公祠記乃是斷百餘年未了底大公案，餘子未嘗學問，妄肆指議，無足多怪，同志之士猶或未能盡察，良可慨嘆！」殆謂朱子也。今考其記所云，多與朱子讀兩陳奏議遺墨相出入，而又率本諸司馬温公及明道先生之言。今摘其大畧，附注諸説，以見其語意所從來，亦後學考求探討之不能已者。然朱子讀兩陳奏議遺墨，其詞峻，陸子乃荆公鄉人，其詞婉，殆各有攸當，而朱子拔本塞原之論，尤不可少也。

附　陸子記荆國王文公祠畧

英特邁往，不屑於流俗，聲色利達之習，介然無毫毛得以入於其心，潔白之操，寒於冰霜，公之質也。掃俗學之凡陋，振弊法之因循，道術必爲孔孟，勳績必爲伊周，公之志也。不蘄人之知，而聲光燁奕，一時鉅公名賢爲之左次，公之得此，豈偶然哉！朱子曰：安石行己立朝之大節，在當世爲如何？而其始見神宗也，直以漢文帝、唐太宗之不足法者爲言，復以諸葛亮、魏玄成之不足爲者自任，此其志識之卓然，又皆秦漢以來諸儒所未聞者，豈一時諸賢之所及哉？

用逢其時，君不世出。君或致疑，謝病求去，君爲責躬，始復視事，公之得君，可謂專矣。新法之議，舉朝讙譁，行之未幾，天下恟恟，公方秉執周禮精白言之，自信所學確乎不疑。君子力爭，繼之以去，小人投機，密贊其決，忠樸屏伏，憸狡得志，曾不爲悟，公之蔽也。朱子曰：祖宗之法，因時制宜，行之既久，不能無弊，則安石之變法，固不可謂非其時，而其設心亦未爲失其正也。但以躁率任意，而不能熟講精思，以爲百全無弊可久之計，是以天下之民不以爲便。一時元臣故老賢士大夫羣起而力爭之者，乃或未能究其利病之實。至其所以爲説，又多出於安石規模之下，因遂肆其狠愎，倒行逆施，不復可望其能勝己私以求利病之實〔一二〕，而充其平日所以自任之本心矣。典禮爵刑，莫非天理，洪範九疇，帝實錫之，古所謂憲章、法度、典則者，皆此理也。公之所謂法度者，豈其然乎？爲政在人，取人以身，修身以道，修道以仁。仁，人心也。人者，政之本也；身者，人之本也；心者，身之本也。不造其本而從事其末，末不可得而治矣。大學不傳，古道榛塞，其來已久。隨世而就功名者，淵源又類出於老氏。朱子曰：三代之政，布在方册，時有先後，道無古今，舉而行之，正不能無望於後之君子。但其名實之辨，本末之序，緩急之宜，則有不可以毫釐差者。苟能於此察焉而無所悖，則其遺法雖若渺茫，然神而明之，在我而已。安石所謂周禮，乃姑取其附於己意者，而借其名高以服衆耳。若真有意於古，則格君之本，親賢之務，養民之政，善俗之方，凡古所當先而急者，曷爲不少留意，而獨於財利兵刑爲汲汲邪？又曰：歷考一時諸賢之論，以求至當，唯龜山楊氏指其離内外，判心迹，使道嘗無用於天下，而經世之務皆私智之鑿者，最爲近之。世之君子，天常之厚，師尊載籍，以輔其質者，行於天下，隨其分量，有所補益，然而不究其義，不能大有所爲。其於當世之弊，有不能正，則依違其間，稍加潤飾，以幸無禍。公方恥斯世不爲唐虞，其肯安於是乎？蔽於其末而不究其義，世之君子未始不與公同，而犯害則異者，彼依違其間，而公取必焉故也。司馬温公謂劉元城曰：介甫變法之初，天下之人羣起攻之，而介甫不可動者〔一三〕，蓋此八字，吾友宜記之：「虛名實行，强辨堅志〔一四〕。」當時天下之論，以介甫不作執政爲屈〔一五〕，此「虛名」也。平生行止，無一點涴，此「實行」也。論議人主之前〔一六〕，貫穿經史，古今不可窮詰，故曰「强辨」〔一七〕。前世伏臣欲任意行一事，或不可以死生禍福恐之則已〔一八〕，介甫實不可以此動，故曰「堅志」。此法所以必行也。又曰：「人言安石姦邪，則毁之太過，但不曉事，又執拗耳。」熙寧排公者，大抵極詆訾之言，而不折之以至理。平者未一二，而激者居八九。上不足以取信於裕陵，下不足以解公之弊，反以固其意，成其事，新法之罪，諸君子固分之矣。明道先生曰：「新政之改，亦是吾黨争之有太過，成就今日之事，塗炭天下，亦須兩分其罪可也。」

按：文公語録門人吴琮問：「萬世之下，王臨川當作如何評品？」曰：「陸象山嘗記之矣，何待他人問。」「莫只是學術錯否？」曰：「天姿亦有拗强處。」觀此語，則又與答劉公度書不同。語録雖未足盡據，然亦不應牴牾若是，學者詳之。

朱子與胡季隨書

元善書說與子靜相見甚款，不知其說如何？大抵欲速好徑，是今日學者大病，向來所講，近覺亦未免此。以身驗之，乃知伊洛拈出「敬」字，真是學問始終日用親切之妙。近與朋友商量，不若只於此處用力，而讀書窮理以發揮之，直到聖賢究竟地位〔一九〕，亦不出此，坦然平白，不須妄意思想頓悟懸絶處，徒使人顛狂粗率〔二〇〕，而於日用常行之處，反不得其所安也。

朱子答項平父書

示喻此心元是聖賢，只要於未發時常常識得，已發時常常記得，此固持守之要。但聖人指示爲學之方，周遍詳密，不靠一邊，故曰：「敬義立而德不孤。」若如今說，則只恃一箇「敬」字，更不做集義工夫，其德亦孤立而易窮矣。須是精粗本末隨處照管，不令工夫少有空闕不到之處，乃爲善學也。此心固是聖賢本領，然學未講，理未明，亦有錯認人欲作天理處，不可不察。識得記得，不知所識所記指何物而言？若指此心，則識者復是何物？心有二主，自相攫拏，聖賢之教，恐無此法也。持守之要，大抵只是要得此心常自整頓，惺惺了了，即未發時不昏昧，已發時不放縱耳。愚見如此，不知子静相報如何？因風録示，或可以警所不逮也。伊川先生云：「涵養須用敬，進學則在致知。」此兩句與從上聖賢相傳指訣如合符契。但講學更須寬平其心，深沉詳細，以究義理要歸處，乃爲有補。若只草草領略，就名數訓詁上著到，則不成次第耳。

朱子答王子合書

前月末送伯恭至鵝湖，陸子静兄弟來會，講論之間，深覺有益。此月八日方分手而歸也。

朱子答曹立之書

録示陸兄書，意甚佳。近大冶萬正淳來訪，亦能言彼講論曲折大概。比舊有間矣，但覺得尚有兼主舊説，以爲隨時立教不得不然之意。似此未參識，不欲劇論。

朱子與吴茂實書

近來自覺向時工夫，止是講論文義，以爲積集義理，久當自有得力處，卻於日用工夫全少點檢，諸朋友往往亦只如此做工夫，所以多不得力。今方深省而痛懲之，亦欲與諸同志勉焉，幸老兄遍以告之也。

陸子壽兄弟近日議論與前大不同，卻方要理會講學。其徒有曹立之、萬正淳來，相見氣象皆儘好，卻是先於情性持守上用力。此意自好，但不合自主張太過，又要得省發覺悟，故流於怪異耳。若去其所短，參其所長，自不害爲入德之門也。

按：以上五書，前二書始拈出「敬」字，及「持守之要，要得此心常自整頓，惺惺了了」，皆若指陸學而言。後三書稱其講論有益，及謂陸子欲「隨時立教」，且「方要理會講學之事」，然又疑其欲速好徑而流於怪異。蓋朱子至是，亦微有去短集長之心，而猶有未釋然者焉。陸氏之説附見。

附　陸子論學古入官

天下有不易之理，是理有不窮之變。誠得其理，則變之不窮者，皆理之不易者也。理之所在，固不外乎人也。而人之生，亦豈能遽明此理而盡之哉？開闢以來，聖神代作，君臣之相與倡和彌縫，前後之相與緝理更續，其規恢締建之廣大深密，咨詢計慮之委曲詳盡，證驗之著，有足以折疑，更嘗之多，有足以破陋，被之載籍，著爲典訓，則古制之所以存於後世者，豈徒爲故實文具而已哉！以不易之理，禦不窮之變，於是乎在矣。

附陸子論學説

古者十五入大學。大學曰：「大學之道，在明明德，在新民，在止於至善。」此言大學指歸。「欲明明德於天下」是入大學標的，格物致知是下手處。中庸言博學、審問、謹思、明辨，是格物之方。讀書親師友是學，思則在己，問與辨皆須即人。自古聖人，亦因往哲之言、師友之言，乃能有進，况非聖人，豈有自私智而能進學者？

附陸子答劉深甫書

來書示以方册所疑，足見爲學不苟簡。然其理皆甚明白，本無可疑，若於此未能通曉，則是進學工夫不甚純一，未免滯於言語爾。今欲一一爲深父解釋，又恐只成言語議論，無益於深父之身之心，非徒無益，未必不反害之也。

大抵爲學，但當孜孜進德修業，使此心於日用間戕賊日少，光潤日著，則聖賢垂訓，向以爲盤根錯節未可遽解者，將涣然冰釋，怡然理順，有不加思而得之者矣〔二〕。書曰：「思曰睿，睿作聖。」孟子曰：「思則得之。」學固不可以不思，然思之爲道，貴切近而優游。切近則不失己，優游則不滯物。易曰：「擬之而後言，議之而後動。」孟子曰：「權然後知輕重，度然後知長短，物皆然，心爲甚。」記曰：「心誠求之，雖不中不遠矣。」日用之間，何適而非思也。如是而思，安得不切近，安得不優游？

至於聖賢格言，切近的當，昭晰明白，初不難曉。而吾之權度，其則不遠，非假於外物。開卷讀書時，整冠肅容，平心定氣。詁訓章句，苟能從容勿迫而諷詠之，其理當自有彰彰者。縱有滯礙，此心未充未明，猶有所滯而然耳，姑舍之以俟他日可也，不必苦思之。苦思則方寸自亂，自蹶其本，失己滯物，終無明時。但能於其所已通曉者有鞭策之力、涵養之功，使德日以進，業日以修，而此心日充日明，則今日滯礙者，他日必有冰釋理順時矣。如此則讀書之次，亦何適而非思也。如是而思，安得不切近，安得不優游？若固滯於言語之間，欲以失己滯物之智，强探而力索之，非吾之所敢知也。

按：朱子稱陸子「近方理會講學」者如此。

附　陸子與包顯道書

得曹立之書，云晦菴報渠云：「包顯道猶有讀書親師友是充塞仁義之説。」註云：「乃楊丞在南豐親聞其語。」故晦菴與其書，亦云：「包顯道尚持初説，深所未喻。」其答書云：「此公平時好立虚論，雖相聚時稍減其性〔二二〕，近卻不曾通書，不知今如何也。」來書云：「叩楊丞所學〔二三〕，只是躬行踐履，讀聖賢書，如此而已。」觀「如此而已」之辭，則立之所報，殆不妄矣。不知既能躬行履踐，讀聖賢書，又有甚不得處？

附 陸子答包敏道書

昆仲爲學不患無志，患在好進欲速，反以自病。聞説日來愈更收斂定怗，甚爲之喜。若能定怗，自能量力隨分，循循以進。倘是吾力之所不能及而强進焉，亦安能有進，徒取折傷困吝而已。

按：朱子所謂「怪異」、所謂「欲速好徑」如彼，陸子所謂「奇怪」、所謂「好進欲速」如此。學者皆當奉以爲戒，而内自省也。

【校勘記】

〔一〕扞格至言　「扞」，原作「杆」，據嘉靖五卷本、象山先生集卷一改。
〔二〕悉精畢力求多於末　「末」，原作「人」，據嘉靖五卷本、象山先生集卷一改。
〔三〕後世恥一物之不知者　「物」，原作「切」，據嘉靖五卷本、象山先生集卷一改。

〔四〕若其標末　「標」，原作「摽」，據象山先生集卷一改。
〔五〕顛萌蘖之序　「蘖」，原作「蘗」，據象山先生集卷一改。
〔六〕蒙蔽之未徹　原缺「蒙蔽」二字，據嘉靖五卷本、象山先生集卷一補。
〔七〕縱其標末如子貢之屢中　「標」，原作「摽」，據象山先生集卷一改。
〔八〕閣記不敢辭　「閣」，原作「圖」，據晦庵先生朱文公文集續集卷二改。
〔九〕意趣自深長　「長」，原作「是」，據晦庵先生朱文公文集卷五三改。
〔一〇〕到此能有愧懼大決之志　「決」，原作「洪」，據嘉靖五卷本、象山先生集卷三改。
〔一一〕三人之外　「三」，原作「二」，據嘉靖五卷本、象山先生集卷一改。
〔一二〕不復可望其能勝己私以求利病之實　「能」，原作「罷」，據晦庵先生朱文公文集卷七〇讀兩陳奏議遺墨改。
〔一三〕而介甫不可動者　原文破損，據嘉靖五卷本、晦庵先生朱文公文集卷七〇讀兩陳奏議遺墨補「介甫不可」四字。
〔一四〕虛名實行强辨堅志　原文破損，據嘉靖五卷本、晦庵先生朱文公文集卷七〇讀兩陳奏議遺墨補「行强辨堅志」五字。
〔一五〕以介甫不作執政爲屈　原文破損，據嘉靖五卷本、晦庵先生朱文公文集卷七〇讀兩陳奏議遺墨補「爲屈」二字。

〔一六〕論議人主之前　原文破損，據嘉靖五卷本、晦庵先生朱文公文集卷七〇讀兩陳奏議遺墨補「論議」二字。

〔一七〕故曰强辨　原文破損，據嘉靖五卷本、晦庵先生朱文公文集卷七〇讀兩陳奏議遺墨補「强辨」二字。

〔一八〕或不可以死生禍福恐之則已　原文破損，據嘉靖五卷本、晦庵先生朱文公文集卷七〇讀兩陳奏議遺墨補「禍福」二字。

〔一九〕直到聖賢究竟地位　「直」，原作「真」，據嘉靖五卷本、晦庵先生朱文公文集卷五七改。

〔二〇〕徒使人顛狂粗率　原文「徒」字不清，據嘉靖五卷本、晦庵先生朱文公文集卷五七録。

〔二一〕有不加思而得之者矣　「加」，原作「知」，據嘉靖五卷本、象山先生集卷三改。

〔二二〕雖相聚時稍減其性　「性」，原作「往」，據嘉靖五卷本、象山先生集卷六改。

〔二三〕叩楊丞所學　「楊」，原作「揚」，據嘉靖五卷本、象山先生集卷六改。

卷四

此卷朱子之説凡十六條，所謂中焉覺疑信之相半者。附見陸子之説十四條，南軒張氏之説一條。

朱子答張敬夫書

子靜兄弟氣象甚好，其病卻是盡廢講學而專務踐履，卻於踐履之中要人提撕省察，悟得本心，此爲病之大者。要其操持謹質，表裏不二，實有以過人者。惜乎其自信太過，規模窄狹，不復取人之善，將流於異學而不自知耳。

按：此書謂陸子「廢講學而專務踐履」，「將流于異學」。然朱子他日又謂温公只恁行將去，無致知一段，疑其與論象山之失同。至於滄洲精舍祝文則云：「周程授受，萬理一原。曰邵曰張，爰及司馬。學雖殊轍，道則同歸。」遂以温公上班周、程、張、邵，以侑宣聖，豈別有見邪？抑大賢之造詣淺深，必歷其域者然後知之，非後學小子所得驟而窺邪？

又按：陸子有論明理踐行一條，朱子晚年蓋嘗有取焉者，今附于左。

附 **陸子論則以學文**

欲明夫理者，不可以無其本。本之不立，而能以明夫理者，吾未之見也。宇宙之間，典常之昭然，倫類之燦然，果何適而無其理也。學者之爲學，固所以明是理也。然其疇昔之日，閨門之内，所以慕望期嚮、服習踐行者，蓋泯然乎天理之萌蘖，而物欲之蔽，實豪據乎其中而爲之主，則其所以爲學之本者，固以屢矣。然而方且汲汲於明理，吾不知所謂理者，果可以如是而明之乎？苟惟得之於天者未始泯滅，而所以爲學之本者見諸日用而足以怙乎人，則雖其統紀條目之未詳，自可以切磋窮究，次第而講明之，而是理亦且與吾相契，而焕然釋、怡然順者，將不勝其衆矣。

朱子答吕伯恭書

子静舊日規模終在。其論爲學之病，多説如此即只是意見，如此即只是議論，如此只是定本。熹因與説：「既是思索，即不容無意見；既是講學，即不容無議論；統論爲學規模，亦豈容無定本，但隨人材質病痛而救藥之，即不可有定本耳。」渠卻云：「正爲多是邪意見、閑議論，故爲學者之病。」熹云：「如此即是自家呵叱亦過分了。須著『邪』字、『閑』字方始分明，不教人作禪會耳。又教人恐須先立定本，卻就上面整頓，方始説得無定本底道理。今如此一概揮斥，其不爲禪學者幾希矣。」渠雖唯唯，然終亦未窮竟也。來喻子静之病，恐未必是看人不看理，自是渠合下有些禪的意思，又自主張太過，須説我不是禪而諸生錯會了，故其流至此。然其好處自不可掩覆，可敬服也。

按：意見議論之説，朱、陸二先生蓋嘗面加究詰，宜有定論矣。然陸子雖以涵養講究爲本分事，終以閑議論非就己向實工夫。其所答門人書，今附于左。

附　陸子與包詳道書

近嘗得李季遠書，盛陳别後爲學工夫，大抵以爲朝夕不懈涵泳，甚有日新之意。又以詳道力以「本無事」之説排之，渠又論不可無事之故。某復書云：「所示與詳道議論不合之處，皆是講學不明，人持所見以爲説，用相切磋，殆如兒戲。」今此得信，又有與敏道異同之論，要亦是兒戲耳。精勤不懈，有涵泳玩索之處，此亦是平常本分事，豈可必將無事之説排之？如讀書接事閑見，有理會不得處，卻加窮究理會，亦是本分事，亦豈可教他莫要窮究理會。若他持此説者元無着實，但是虚意駕説立議論，初無益於事實。某但與敏道説此皆是閑説話，皆緣不自就身己着實做工夫，所以一向好閑議論。閑議論實無益於己，亦豈解有明白處，須是自知此等説話是閑議論，方有就己向實工夫。涵養講究卻是本分事。

朱子與孫敬甫書

如陸氏之學，在近年一種浮淺頗僻議論中，固自卓然非其疇匹。其徒傳習亦有能修其身、能治其家以施之政事之間者。但其宗旨本自禪學中來，不可揜諱。當時若只如晁文元、陳忠肅諸人分明招認，着實受用，亦自有得力處。不必如此隱諱遮藏，改名换姓，欲以欺人而亦不可欺，徒以自欺而自陷于不誠之域也。

按：朱子謂陸子本禪學，欲以欺人，人不可欺，「徒以自欺而陷于不誠之域」。陸子亦有書云：「苟爲大言以蓋繆習，畧以自勝，豈惟不足欺人，平居静慮，亦寧能自欺其心？」殆指朱子也。其言過矣。今附于左，學者得以考觀焉。

附陸子與趙然道書

姬周之衰，此道不行；孟子之没，此道不明。千有五百餘年之間，格言至訓熟爛於浮文外飾，功利之習汎濫於天下。氣質之美、天常之厚者，固知病其末流矣，而莫知病其源。有志之士，其肯自恕於此而弗求其志哉！今粗有其志而實不能以自拔，則所謂講學者，遂爲空言以滋僞習，豈唯無益，其害又大矣。若其善利之間嘗知決擇，大端已明，大志已立，而日用踐履未能常於清明剛健，一有緩懈，舊習乘之；念慮之間，陰流密陷，不自省覺，益積益深；或遇箴藥，勝心持之，反加文飾，因不能以自還者有矣，甚可畏也！況其大端未嘗實明，大志未嘗實立，有外强中乾之證，而無心廣體胖之樂者，可不深致其思，以省其過、求其實乎？略此不察，而苟爲大言以蓋繆習，偷以自便，囂以自勝，豈惟不足以欺人，平居靜慮，亦寧能以自欺乎？至是而又自欺其心，則所謂下愚不移者矣。誠能於此深切著明，則自成自道、自求多福者，權在我矣。前言往訓，其先得我心之所同然耳。引翼勉勵，惟日不足，何暇與章句儒譊譊，玩愒歲月於無用之空言哉[一]！

朱子與劉子澄書

子靜寄得對語來，語言圓轉渾浩，無凝滯處，亦是渠所得效驗，但不免有些禪底意思。昨答書戲之云：「這些子恐是葱嶺帶來。」渠意不伏，然實是如此，諱不得也。

按：陸子輪對五劄，首言版圖未復，讎耻未雪，願博求天下之俊傑，相與擧論道經邦之職。次言漢、唐之治，因陋就簡，願益致尊德樂道之誠，以幸天下。次言人主莫難于知人之明，不宜信俗耳庸目，以是非古今，臧否人物。次言天下之事，有可立至者，有可以馴致者。三代之政，豈終不可復，願爲之以漸，而不可驟。次言人主不宜親細事，致叢脞之失。皆不見所謂禪者。然析理之精，擇言之審，百代之下，孰有加于紫陽夫子者哉？殆必有豪氂之差、千里之謬者矣。學者諦玩而自得之可也。

又按：以上三書，朱子之於陸子，一稱其好處可敬服，一稱其卓然非其疇匹，一稱其對語圓轉渾浩〔一〕，無凝滯，然皆擬之爲禪學，所謂疑信之相半者如此。

朱子答呂伯恭書

塾蒙收拾教誨，感幸不可言。望更賜程督，文字之外，因語及檢束身心大要，幸甚，幸甚！子壽學生，又有興國萬人傑字正純者亦佳，見來此相聚，云子靜卻教人讀書。亦得江湖朋友書，亦云然。此亦皆濟事也。朱子訓子帖略云：「到婺州即盥櫛具刺去見呂正字，初見便稟：某以大人之命，遠來親依先生講席下，禮合展拜。」又云：「大人再令拜稟：恨以地遠不得瞻拜郎中公几筵，今有香一炷，令某拜獻。次日去，如引入，即詣靈筵前拜訖，進說：大人致問：昨聞郎中丈丈奄棄明時，恨以地遠不獲奔慰，不勝慘愴之私，令某拜稟，切望以時節哀，爲道自愛。」

按：東萊先生居父之喪，文公遣子從學，而象山有書與東萊，甚言居憂講授之非禮。此亦二先生相異之一。然於此亦覺於尊德性、道問學，各有所從入而致隆之意。陸書附左。

附陸子與呂伯恭書

竊惟執事聰明篤厚，人人自以爲不及，樂教導人，樂成人之美，近世鮮見。如某疏愚，所聞於朋友間，乃辱知爲最深，苟有所懷，義不容默。天下事理，固有愚夫愚婦之所與知，而大賢君子不能無蔽者。元獻晏公尹南京日，文正范公居母夫人憂。元獻屈致教導諸生，文正孳孳誨誘不倦，從之遊者多有聞于時。竊聞執事者儼然在憂服之中，而户外之屨亦滿。伯夷、柳下惠，孟子雖言其聖，至所願學則孔子。文正雖近世大賢，至其居憂教授，豈大賢君子之所蔽乎？執事之所爲標的者，宜不在此。執事天資之美，學問之博，此事之不安於心，未契於理，要不待煩説博引而後喻。竊聞凡在交游者，皆不爲執事安，諒執事之心亦必不自安也。夫苟不安，何憚而不幡然改之乎？於此而改，其所以感發諸生，亦不細矣。舜聞善，若決江河，沛然莫之能禦。君子之過，及其更也，人皆仰之。伏願不憚改過，以全純孝之心，不勝至願。

朱子與吕伯恭書

子壽兄弟得書，子静約秋涼來遊廬阜，但恐此時换卻主人耳。渠兄弟今日豈易得，但子静猶似有些舊來意思〔三〕。聞其門人説，子壽言其雖已轉步，而未曾移身。然其勢久之亦必自轉。回思鵝湖講論時是甚氣勢，今何止十去七八邪！

朱子與林擇之書

此中見有朋友數人講學其間，亦難得朴實頭負荷得者。因思日前講論，只是口説，不曾實體於身，故在己在人，都不得力。今方與朋友説日用之間常切點檢氣習偏處、意欲萌處，與平日所講相似不相似，就此痛着工夫，庶幾有益。陸子壽兄弟近日議論卻肯向講學上理會，其門人有相訪者，氣象皆好，但其間亦有舊病。此間學者卻與渠相反，初説只如此講學〔四〕，漸涵自能入德，不謂末流之弊，只成説話，至於人倫日用最切近處，亦都不得毫毛氣力，此不可不深懲而痛警也！

按：朱子此書云：「日前講論，只是口説，不曾實體於身，故在己在人，都不得力。」又云：「陸子壽兄弟近日議論卻肯向講學上理會，其門人有相訪者，氣象皆好。」

蓋朱子自是有取于象山，日加一日矣。陸子之言有契于朱子者，謹附于左。

附　陸子與胡達材書

達材資質甚美，天常亦厚，但前此講學，用心多馳騖於外，而未知自反。喻如年少子弟，居一故宅，棟宇宏麗，寢廟堂室，廄庫廩庾，百爾器用，莫不備具，甚安且廣。而其人乃不自知，不能自作主宰，不能汛掃堂室，修完墻屋，續先世之業，而日與飲博者遨遊市肆，雖不能不時時寢處於故宅，亦不復能享其安且廣者矣。及一旦知飲博之非，又求長生不死之藥，悦妄人之言，從事於丹砂、青芝、煅爐、山屐之間，冀蓬萊、瑶池可至，則亦終苦身亡家，伶仃而後已。惟聲色、臭味、富貴、利達之求，而不知爲學者，其説由前；有意爲學而不知自反者，其説由後，其實皆馳騖於外也。向時曾説將孟子告子一篇，及論語、中庸、大學中切己明分易曉處，朝夕諷詠，接事時但隨力依本分，不忽不執，見善則遷，有過則改，若江海之浸，膏澤之潤，久當涣然冰釋，怡然理順矣。不知曾如此作工夫否？

附　陸子答劉淳叟書

申公曰：「爲治不在多言，顧力行何如耳。」今曰：「道不在多言，學貴乎自得。」明理者觀之二語之間，其病昭矣。摩頂放踵，利天下爲之，墨子非不力行也。其往也，使人讓竈讓席，其反也，人與之争竈争席，楊子非不自得也。二氏不至多言，而爲異端。顔、閔侍側，夫子無言可也。楊、墨交亂，告子、許行之徒又各以其説肆行於天下，則孟子之辨，豈得已哉！或默或語，各有攸當。以言餂人，以不言餂人，均爲穿窬之類。夫子之於顔子，蓋博之以文。夫「博學於文」，豈害自得。顓臾之不必伐，衛政之必正名，冉有、季路不能無蔽，夫子不得不申言之。夷之、陳相、告子之徒，必執其説以害正理，則孟子與之反覆，不得不致其詳。必曰「不在多言」，「問之，弗知弗措」，「辨之，弗明弗措」，皆可削也。自得之説本於孟子，而當世稱其好辨，自謂「博學而詳説之，將以反説約也」。中庸固言力行，而在學問思辨之後，今淳叟所取自得、力行之説，與中庸、孟子之旨異矣。仁智信直勇剛，皆可以力行，皆可以自得，然好之而不好學，則各有所蔽。倚於一説一行而玩之，孰無其味，不考諸其正，則人各以其私説而傳於近似之言者，豈有窮已哉！

附 陸子與吴仲詩書

五哥心志精神儘好，但不要被場屋富貴之念羈絆，直截將他天下事如吾家事相似，就實論量，卻隨他地步，自有可觀。若看文字時，有合意或緊要事節，不妨熟讀。讀書得文字熟底，雖少亦勝鹵莽而多者。

朱子與呂伯恭書

欽夫之逝，忽忽半載，每一念之，未嘗不酸噎，計海内獨尊兄爲同此懷也。陸子壽復爲古人，可痛可傷！不知今年是何氣數，而吾黨不利如此。

按：南軒之亡，朱子極爲之痛悼，象山亦有「吾道失助」之悲，且以未及通書論道而爲之抱恨，皆公言也。謹附于左。

附　陸子與包顯道書

南軒物故，何痛如之！「吾道失助不細。近方欲通渠書，頗有所論，今遂抱恨矣。

按：南軒先生嘗有書與二陸，論爲學之大端，不出致知、力行二者，且稱朱子「卓然特立，真金石之友」。殆聞其平日各主尊德性、道問學之説，而爲之中處邪？今録以相次，庶幾一時大賢君子之切劘講肄，學者得有所觀感而爲之法守也。

附 南軒張氏答陸子書

某聞昆仲之賢有年矣。辱枉教，三復辭義，有感于中，第惜孤陋不足以當盛意也。然而不敢以虛來貺，講學不可以不精也，毫釐之差，則其弊有不可勝言者。故夫專於考索則有遺本溺心之患，而鶩於高遠則有躐等憑虛之憂，二者皆其弊也。

考聖人之教人，固不越乎致知、力行之大端，患在人不知所用力耳。莫非致知也，日用之間，事之所遇，物之所觸，思之所起，以至於讀書考古，苟知所用力，則莫非吾格物之妙也。其爲力行也，豈但見於孝悌忠信之所發，形於事而後爲行乎？息養瞬存，以至於三千、三百之間，皆合内外之實也。行之力則知愈進，知之深則行愈達，區區誠有見乎此也。如箋注詁訓，學者雖不可使之溺乎此，又不可使之忽乎此。要當昭示以用工之實，而無忽乎細微之間，使之免溺心之病，而無躐等之失，涵濡浸漬，知所用力，則莫非實事也。凡左右之言，皆道其用力之實也，故樂以復焉。

聖上聰明不世出，真難逢之會，所恨臣下未有以仰稱明意。大抵後世致君澤民之事業，不大見於天下者，皆吾儒講學不精之罪。故區區每願從世之賢者，相與切嗟究之。而盛意之辱，欣幸至于再三也。

元晦卓然特立，真金石之友也。然作别十餘年矣，書問往來，終豈若會面之得盡其底裏哉？伯恭一病，終未全復，深可念。向來亦坐枉費心思處多耳。心之精微，書莫能究。

朱子答吕伯恭書

子静到此數日，所作子壽埋銘已見之，敍迹發明，此極有功，卒章微婉，尤見用意深處，歎服，歎服！子静近日講論，比舊亦不同，但終有未盡合處。幸其卻好商量，亦彼此有益也。

按：以上五書，朱子始稱陸子有讀書窮理之益，與鵝湖議論不同；而又惜子壽之亡，蓋深致意于斯文之不幸焉。

朱子跋白鹿洞書堂講義

淳熙辛丑春二月，陸兄子静來自金陵，其徒朱克家、陸麟之、周清叟、熊鑑、路謙亨、胥訓實從。十日丁亥，熹率寮友諸生，與俱至于白鹿書堂，請得一言以警學者。子静既不鄙而惠許之，至其所以發明敷暢，則又懇到明白，而皆有以切中學者隱微深錮之病，蓋聽者莫不竦然動心焉。熹猶懼其久而或忘之也，復請子静筆之于簡而受藏之。凡我同志於此反身而深察之，則庶乎其可以不迷於入德之方矣。

按：朱子於此始亟稱象山之言。蓋發明懇到者，道問學之效；反身深察者，尊德性之功，學者所當究心也。講義附見。

附陸子白鹿洞書堂講義

子曰：「君子喻於義，小人喻於利。」此章以義利判君子小人，辭旨曉白，然讀之者苟不切己觀省，亦恐未能有益也。某平日讀此不無所感，竊謂學者於此當辨其志。人之所喻由其所習，所習由其所志。志乎義，則所習者必在於義，所習在義，斯喻於義矣。志乎利，則所習者必在於利，所習在利，斯喻於利矣。故學者之志，不可不辨也。科舉取士久矣，名儒鉅公皆由此出，今爲士者固不能免此。然場屋之得失，顧其技與有司好惡如何耳，非所以爲君子小人之辨也。而今世以此相尚，使汨没於此而不能自拔，則終日從事者，雖曰聖賢之書，而要其志之所鄉，則有與聖賢背而馳者矣。推而上之，則又惟官資崇卑、禄廪厚薄是計，豈能悉心力於國事民隱，以無負於任使之者哉！從事其間，更歷之多，講習之熟，安得不有所喻，顧恐不在於義耳。誠能深思是身，不可使之爲小人之歸，其於利欲之習，怛焉爲之痛心疾首，專志乎義而日勉焉，博學、審問、謹思、明辨而篤行之，由是而進於場屋，其文必皆道其平日之學、胸中之藴，而不詭於聖人；由是而仕，必皆共其職，勤其事，心乎國，心乎民，而不爲身計，其得不謂之君子乎？

祕書先生起廢以新斯堂，其意篤矣。凡至斯堂者，必不殊志。願與諸君勉之，以毋負其志。

朱子祭陸子壽教授文

學匪私説，惟道是求。苟誠心而擇善，雖異序以同流。如我與兄，少不並遊。蓋一生而再見，遂傾倒以綢繆。念昔鵝湖之下，實云識面之初。兄命駕而鼎來，載季氏而與俱。出新篇以示我，意懇懇而無餘。厭世學之支離，新易簡之規模。顧予聞之淺陋，中獨疑而未安。始聽瑩於胸次，卒紛繳於談端。徐度兄之不可遽以辨屈，又知兄必將返而深觀。遂逡巡而旋返，悵猶豫而盤旋。别來幾時，兄以書來。審前説之未定，曰子言之可懷。逮予辭官而未獲，停驂道左之僧齋。兄乃枉車而來教，相與極論而無猜。自是以還，道合志同。何風流而雲散，乃一西而一東。蓋曠歲以索居，僅尺書之兩通。期杖屨之肯顧，或慰滿乎予衷。屬者乃聞，兄病在床。亟函書而問訊，并裹藥而携將。曾往使之未返，何來音之不祥。驚失聲而隕涕，沾予袂以淋浪。嗚呼哀哉！今兹之歲，非龍非蛇，何獨賢人之不淑，屢興吾黨之深嗟。惟兄德之尤粹，儼中正而無邪。至其降心以從善，又豈有一毫驕吝之私邪？嗚呼哀哉！兄則已矣，此心實存。炯然參倚，可覺惰昏。孰泄予衷，一慟寢門。緘辭千里，侑此一尊。

按：淳熙八年二月〔五〕，二先生復會于南康，議論之際必有合者，故朱子特請象山于白鹿洞，升講席以重之，而又爲文以奠復齋，有「道合志同」、「降心從善」之語。後五月而東萊訃至，象山奠之，有「追惟曩昔，粗心浮氣，徒致參辰」之語。蓋二先生之道，至是而有殊途同歸之漸云。奠文附左。

附 陸子祭呂伯恭文

玉在山輝，珠存川媚。邦家之光，繄人是寄。惟公之生，度越流輩，顔曾其學，伊呂其志。久而益專，窮而益厲。約偏持平，棄疵養粹。詩傳之集，大事之紀。先儒是裨，麟經是嗣。訃音一馳，聞者隕涕。主盟斯文，在數君子。纍纍奪之，天乎何意？荆州云亡，吾兄既逝。曾未期年，公又棄世。竭川夷陵，忍不少俟。辛卯之冬，行都幸會。既而值公，將命考試。糊名謄書，幾千萬紙。一見吾文，知非他士。公之藻鏡，斯已奇矣。甲午之夏，公尚居里。我坐狂愚，幅尺殊侈。言不知權，或以取戾。雖訟其非，每不自制。公賜良箴，始痛懲艾。教之以身，抑又有此。惟其不肖，往往失墜。鵝湖之集，已後一歲。輒復妄發，宛爾故態。公雖未言，意已獨至。方將優游，以受砭劑。先兄復齋，比一二歲。兩獲從疑，言符心契。冉疾顏夭，古有是比。嗚呼天乎，胡嗇於是！復齋之葬，不可無紀。道同志合，惟公不二。比年以來，日覺少異。更嘗差多，觀省加細。追惟曩昔，粗心浮氣。徒致參辰，豈足酬義。期此秋冬，以親講肄。庶幾十駕，可以近理。有疑未決，有懷未既。訃音東來，心裂神碎。矯首蒼茫，涕零如霈！

朱子表曹立之墓碣

淳熙乙未歲，予送吕伯恭至信之鵝湖，而江西陸子壽及弟子静皆來，相與講其所聞，甚樂。子壽昆弟爲予道餘干曹立之之爲人。後予守南康，立之果來，目其貌，耳其言，知其嘗從事於爲己之學，而信子壽昆弟之不予欺也。

及予所請白鹿洞書院賜額，有旨施行如章。郡守錢侯子言以書來問：「孰可爲師者？」予以立之告。子言欣然具書禮授使者，踵立之之門以請，而立之病不能行矣。十年二月辛亥，竟不起，年方三十有七。子静以書來相弔。嗚呼，吾道之衰久矣！比年以來，敬夫、子壽、伯恭皆盛年相繼淪謝，而今又失吾立之。然則子静與予相弔，豈徒以遊好之私情也哉！

立之名建，幼穎悟，長知自刻厲，學古今文，皆可觀。一日得河南程氏書讀之，始知聖賢之學爲有在也，慨然盡棄其所爲者，而大覃思於諸經。聞張敬夫講道湖湘，欲往見之，不能致。有告以沙隨程氏學古行高者，即往從之，得其指歸。既又聞陸氏兄弟獨以心之所得者爲學，其説有非文字言語之所及者，則又往受其學，久而若有得焉，子壽蓋深許之。而立之未敢以自足也，則又寓書以講於張氏。敬夫發書亦喜，曰：「是真可與共學矣。」然敬夫尋没，立之竟不得見。後得其遺文，考其爲學始終之致，於是喟然歎曰：「吾平生於學無所聞而不究其歸者，而今而後乃有定論而不疑矣。」自是窮理益精，反躬益切，而於朋友講習之際，亦必以其所得者告之。蓋其書有曰：「學必貴於知道，而道非一聞可悟，一超可入也。循下學之則，加窮理之工，由淺而深，由近而遠，則庶乎其可矣。今必先期於一悟，而遂至於棄百事以趨之，則吾恐未悟之間，狼狽已甚，又況忽下趨高，未有幸而得之者邪！」此其晚歲用力之標的程度也。胡子有言：「學欲博，不欲雜；欲約，不欲陋。」信哉！如立之者，博而不雜，約而不陋，使天假之年，以盡其力，則斯道之傳，其庶幾乎！

按：此表謂「以心之所得者爲學，有非文字言語可及」，又謂「先期于一悟，而遂至于棄百事以趨之」，皆譏陸氏之失。然陸子之學，主于孟子「先立乎其大者」，亦未始盡廢窮理之功。其教學者，惓惓以本末先後爲説，其書具存，可以考見。若朱子之言，則實足以拯後學躐等陵節之弊，可相有而不可相無也。陸子之書，今摘附左，已見前卷者不復出。

附 陸子答詹子南書

爲學有本末先後，其進有序，不容躐等。夫子天縱之聖，自志學十五年而後「立」，立十年而後「不惑」，又十年而後「知天命」。其未五十也，曰：「加我數年，五十以學易，可以無大過矣。」又十年而「耳順」，又十年而「從心所欲不踰矩」。今人天資去聖人固遠，輒欲以耳口剽竊場屋之餘習，妄論聖經，多見其不知量也！

鄉者嘗與吾友深言爲學之序，見吾友相信之篤，頗知反己就實，深以爲喜。今觀來示，頗又紛紛於無益之論，人己俱失。要之吾友且當孜孜行其所知，未當與人辨論是非。辨論是非以解人之惑，其任甚重，非吾友之責也。不與之論，他日卻自明白。今欲遽言之，只是强説，自加惑亂耳。

附 陸子與符舜功書

善無大小，道無淺深，皆不可强探力索。人患無志，而世乃有有志不如無志者，往往皆强探力索之病也。若無此病，譬如行千里，自一步積之，苟不已，無不至，但患不行耳。

朱子答劉晦伯書

立之墓文已爲作矣，而爲陸學者以爲病己，頗不能平。鄙意則初無適莫，但據直書耳。

按：陸子有與朱子書，亦嘗稱其文字，且敍述起居，極其親厚，蓋温然友朋相與之情，無病己不平之説，豈亦因門人有所騰口而然與？

附 陸子與朱子書

立之墓表亦好，但敍履歷亦有未得實處。某往時與立之一書，其間敍述立之平生甚詳，自謂真實録，未知尊兄曾及見否？敬仲夏間必來赴官，舒元賓亦當赴江漕掾，其弟元英與諸葛誠之欲因此時過此相聚，尚未見來。吕子約與誠之近與舒元英相款，稍破其執己自是之意。元英諸公問號爲日進，能乎於人者，向亦曾造函丈，曾記憶否？令似伯仲、令壻直卿爲學日進，近更有得力者否？

朱子答諸葛誠之書

示喻競辨之端，三復惘然。愚意比來深欲勸同志者兼取兩家之長，不可輕相詆訾，就有未合，亦且置勿論，而姑勉力於吾之所急，不謂乃以曹表之故，反有所激，如來喻之云也。不敏之故，深以自咎。然吾人所學，喫緊着力處正在天理、人欲二者相去之間耳。如今所論，則彼之因激而起者，於二者之間果何處也？子静平日所以自任，正欲身率學者一於天理，而不以一毫人欲雜於其間，恐決不至如賢者之所疑也。義理天下之公，而人之所見有未能盡同者，正當虚心平氣，相與熟講而徐究之，以歸於是，乃是吾黨之責。而向來講論之際，見諸賢往往皆有立我自是之意，厲色忿詞，如對仇敵，無復長少之節，禮遜之容。蓋嘗竊笑，以爲正使真是仇敵，亦何至此。但觀諸賢之氣方盛，未可遽以片辭取信，因默不言，至今常不滿也。今因來喻，輒復陳之，不審明者以爲如何耳？

朱子答諸葛誠之書

所喻子静不至深諱者，不知所諱何事？又云銷融其隙者，不知隙從何生？愚意講論義理，只是大家商量，尋箇是處，初無彼此之間，不容更似世俗遮掩回護，愛惜人情，纔有異同，便成嫌隙也。如何如何？所云粗心害道，自知明審，深所歎服。然不知此心何故粗了，恐不可不究其所自來也。

朱子答李好古書

向來見陸删定，所聞如何？若以爲然，當用其言，專心致志，庶幾可以有得，不當復引他説，以分其志。若有所疑，亦當且就此處商量，不當遽舍所受而遠求也〔六〕，東問西聽，以致惶惑，徒資口耳，空長枝葉，而無益於學問之實。不願賢者爲之，是以有問而未敢對也。

按：此三書，朱子覺其門人輩訾陸太過，故其言曰：「義理天下之公，人之所見未能盡同，正當虚心熟講以歸於是。」又曰：「不容更似世俗，才有異同，便成嫌隙。」皆至論也。然陸子亦有與門人書，其言正與朱子合，今附于左。

附陸子與唐司法書

鄙文納去數篇，第今時人偏黨甚衆，未必樂聽斯言。總卿從朱丈遊，尤不願聞者。今時師匠尚不肯受言，何況其徒苟私門户者。學者求理，當唯理之是從，豈可苟私門户。理乃天下之公理，心乃天下之同心，聖賢之所以爲聖賢者，不容私而已。顔、曾傳夫子之道，不私孔子之門户，孔子亦無私門户與人爲私商也。

【校勘記】

〔一〕玩愒歲月於無用之空言哉　「愒」，原作「慢」，據象山先生集卷一二改。

〔二〕一稱其對語圓轉渾浩　「浩」，原作「活」，據嘉靖五卷本及上文改。

〔三〕但子静猶似有些舊來意思　「有」下原衍「有」字，據嘉靖五卷本、晦庵先生朱文公文集卷三四删。

〔四〕初説只如此講學　原缺「學」字，據晦庵先生朱文公文集卷四三補。

〔五〕淳熙八年二月　「二」，原作「一」，據嘉靖五卷本、明刻他本改。

〔六〕不當遽舍所受而遠求也　「求」，原作「來」，據晦庵先生朱文公文集卷六四改。

卷五

此卷朱子之説凡十五條，所謂終焉若輔車之相倚者。附見陸子之説十條。

朱子答項平父書

所喻曲折及陸國正語，三復爽然，所警於昏惰者爲厚矣。大抵子思以來教人之法，惟以尊德性、道問學兩事爲用力之要。今子静所説專是尊德性事，而熹平日所論，卻是道問學上多了。所以爲彼學者，多持守可觀，而看得義理全不子細，又別説一種杜撰道理，遮蓋不肯放下。而熹自覺雖於義理上不敢亂説，卻於緊要爲己爲人上多不得力。今當反身用力，去短集長，庶幾不墮一邊耳。

按：此書則知朱子所以集諸儒之大成者如此。世之褊心自用，務强辨以下人者，於是可以惕然而懼，幡然而省矣。然陸子亦有書，論「爲學有講明，有踐履」，全與朱子合，而無中歲枘鑿之嫌。書附于左。

附陸子與趙詠道書

爲學有講明，有踐履。大學致知、格物，中庸博學、審問、謹思、明辨，孟子「始條理者，智之事」，此講明也。大學修身、正心，中庸篤行之，孟子「終條理者聖之事」，此踐履也。「物有本末，事有終始，知所先後，則近道矣。」「欲修其身者，先正其心；欲正其心者，先誠其意；欲誠其意者，先致其知。致知在格物。」自大學言之，固先乎講明矣。自中庸言之，「學之弗能，問之弗知，思之弗得，辨之弗明，則亦何所行哉？」未嘗學問思辨，而曰吾唯篤行之而已，是冥行者也。自孟子言之，則事蓋未有無始而有終者。講明之未至，而徒恃其能力行，是猶射者不習於教法之巧，而徒恃其有力，謂吾能至於百步之外，而不計其未嘗中也。故曰：「其至，爾力也，其中，非爾力也。」講明有所未至，則雖材質之卓異，踐行之純篤，如伊尹之任、伯夷之清、柳下惠之和，不思不勉，從容而然，可以謂之聖矣，而孟子顧有所不願學。拘儒瞽生，又安可以其硜硜之必爲，而傲知學之士哉！然必一意實學，不事空言，然後可以謂之講明。若謂口耳之學爲講明，則又非聖人之徒矣。

按：草廬吴氏爲國子司業，謂學者曰：「朱子於道問學之功居多，而陸子静以尊德性爲主。問學不本於德性，其敝必偏於言語訓釋之末。故學必以尊德性爲本，庶幾得之。」當時議者以草廬爲陸學而見擯焉。然以朱子此書觀之，則草廬之言正朱子本意，學者宜考於斯。

朱子答陳膚仲書

陸學固有似禪處，然鄙意近覺婺州朋友專事聞見，而於自己身心全無工夫，所以每勸學者兼取其善，要得身心稍稍端静，方於義理知所決擇，非欲其兀然無作，以冀於一旦豁然大悟也。吾道之衰，正坐學者各守己偏，不能兼取衆善，所以終有不明不行之弊，非是細事。

按：朱子書在前兩卷者，曰「子静全是禪學」，至此始謂「陸學固有似禪處」，且勸學者「要得身心稍稍端静，方於義理知所決擇」。即是觀之，則道問學固必以尊德性爲本，而陸學之非禪也明矣。陸子之言，有與朱子相發者，謹附著之。

附 陸子答包詳道書

垂諭新功，以是未能寬裕，所以費力處多。「優而柔之，使自求之；饜而飫之，使自趨之。若江海之浸，膏澤之潤。」此數語不可不熟味，於己於人，皆當如此。若能若此，静處應事讀書接人,皆當有益。優游寬裕,卻不是委靡廢放,此中至健至嚴,自不費力。恐詳道所謂奮迅者,或不免助長之患。

朱子與呂子約書

孟子言學問之道,惟在求其放心。而程子亦言「心要在腔子裏」。今一向耽着文字,令此心全體都奔在册子上,更不知有己,便是箇無知覺不識痛癢之人,雖讀得書,亦何益於吾事邪?

按:此正陸子之學平日諄複以教人者也。

附 陸子論學問求放心

舉天下從事於其間而莫知其説,理無是也,而至於有是,是豈可以不論其故哉?學問也者,是舉天下之所從事於其間者也。然于其所以學問者而觀之,則汙雜茫昧,駁乎無以議爲也。古者學問之道,於是而有莫知其説者矣。仁,人心也。心之在人,是人之所以爲人,而與禽獸草木異焉者也,可放而不求哉?古人之求放心,不啻如飢之於食,渴之於飲,焦之待救,溺之待援,固其宜也。學問之道,蓋於是乎在。下愚之人忽視玩聽,不爲動心,而其所謂學問者，乃轉爲浮文緣飾之具，甚至於假之以快其遂私縱欲之心，扇之以熾其傷善敗類之焰，豈不甚可歎哉！「學問之道無他，求其放心而已矣。」孟子斯言，誰爲聽之不藐者？

附　陸子與舒元賓書

此心之良，本非外鑠，但無斧斤之伐，牛羊之牧，則當日以暢茂。聖賢之形容詠歎者，皆吾分內事，日充日明，誰得而禦之？尊兄看到此，不須低回思索，特達奮發，無自沉於縈迴迂曲之處。此事不借資於人，人亦無着力處。聖賢垂訓，師友切磋，但助鞭策耳。

朱子答陸子書

昨聞嘗有丐外之請而復未遂〔一〕，今定何如？莫且宿留否？學者後來更得何人？顯道得書云嘗詣見，不知已到未？子淵去冬相見，氣質剛毅，極不易得。但其偏處亦甚害事，雖嘗苦口，恐未必以爲然。今想到部，必已相見，亦嘗痛與砭礪否？道理雖極精微，然初不在耳目見聞之外，是非黑白即在面前，此而不察，乃欲別求玄妙於意慮之表，亦已誤矣〔二〕。

熹衰病日侵，去年災患亦不少。比數日來，病軀方似略可支吾〔三〕，然精神衰減日甚一日，恐終非能久於世者〔四〕。所幸邇來日用功夫頗覺有力，無復向來支離之病〔五〕。甚恨未得從容面論，未知異時相見，尚復有異同否耳〔六〕。

按：朱子此書謂「邇來日用功夫頗覺有力，無復向來支離之病」，蓋「支離」二字始見於此。其謂「別求玄妙於意慮之表」，蓋指傅子淵。子淵嘗學於朱、陸之門者，故又曰：「亦嘗痛與砭礡否？」考象山與子淵書有云：「所談益高，而無補於實行者。」正朱子之意。今附于左。或疑朱子書尾尚持異同之説，以二書味之，朱子既自以支離爲病，陸子亦復以過高爲憂，則二先生胥會，必無異同可知。惜其未及胥會，而陸已下世矣。

又按：朱子他日荅人，有「不計平日異同」之説，疑於陸子終有未釋然者。然其言曰：「足下何其慮之不審，而爲此傲睨之詞？況賢者之燭理似未甚精，立心似未甚定，竊意且當虛心擇善，求至當之歸，以自善其身。」此外蓋不惟有所不暇，而亦非所當預也。」味其詞意，蓋因其人所通書語狂僭而發，非有憾于陸氏也。

附陸子與傅子淵書

夫子言：「君子喻於義，小人喻於利。」孟子謂：「欲知舜與跖之分，無他，利與善之間也。」讀者多忽此，謂爲易曉，故躐等陵節，所談益高，而無補於實行。今子淵知致辨於此，可謂有其序矣。大端既明，趨向既定，則明善喻義，當使日進，德當日新，業當日富。易之學聚、問辨、寬居、仁行，中庸之博學、審問、謹思、明辨、篤行，皆聖人之明訓，苟能遵之，當隨其分量有所增益。凡此皆某之所願從事，而願與朋友共之者。

朱子答吕子約書

日用工夫，比後何如？文字雖不可廢，然涵養本原，而察於天理人欲之判，此是日用動静之間不可頃刻間斷的事。若於此處見得分明，自然不到得流入世俗功利權謀中去矣。熹亦近日方實見得向日支離之病，雖與彼中症候不同，然其忘己逐物、貪外虚内之失，則一而已。程子説「不得以天下萬物撓己，己立後，自能了得天下萬物」。今自家一箇身心，不知安頓去處，而談王談霸，將經世事業别作一箇伎倆商量講究，不亦誤乎！

按：此書謂「方始實見得向日支離之病，雖與彼中症候不同」，蓋指陸子而言，謂或以支離而失之，或以過高而失之，其所病異，而失則一也。

朱子答何叔京書

向來妄論持敬之説，亦不自記其云何。但因其良心發見之微，猛省提撕，使心不昧，則是做工夫底本領。本領既立，自然下學而上達矣。若不察於良心發見處，即渺渺茫茫，恐無下手處也。所喻「多識前言往行」，固君子之所急，熹向來所見亦是如此。近因反求未得箇安穩處，卻始知此未免支離。如所謂因諸公以求程氏，因程氏以求聖人，是隔幾重公案。曷若默會諸心，以立其本，而其言之得失，自不能逃吾之鑒邪？

按：朱子此二書，謂學者「自家一箇身心，不知安頓去處，而談王談霸，將經世事業別作伎倆」；謂「不察於良心發見處，即渺渺茫茫，恐無下手處」；又謂「多識前言往行，固君子所急，近因反求未得箇安穩處，卻始知此未免支離」。而陸子與人書曰：「事外無道，道外無事。前言往行，所當博識，顧其心苟病，則非徒無益，所傷實多。他日敗事，如房琯、荆公，可勝既乎！」又曰：「若得平穩之地，不以動静而變，苟動静不能如一，是未得平穩也。」蓋兩先生之言，不約而同者如此。謹附著之。

附陸子與陳正己書

古之學者以養心，今之學者以病心。古之學者以成事，今之學者以敗事。足下嘗言「事外無道，道外無事」。足下今日智慮非知此者，特習聞其説，附會其私意耳。如此讀書，殆將食蟛蜞矣。前言往行，所當博識，古今興亡治亂、是非得失，亦所當廣覽而詳究之。顧其心苟病，則於此事業，奚啻聾者之想鍾鼓，盲者之測日月，耗氣勞體，喪其本心，非徒無益，所傷實多，他日敗人事，如房琯之車戰、荆公之均輸者，可勝既乎！

附陸子答潘文叔書

怠墮、急迫兩偏，此人之通患。若得平穩之地，不以動静而變。若動静不能如一，是未得平穩也。涵泳之久，馳擾暫殺，所謂飢者甘食，渴者甘飲，本心若未發明，終然無益。若自謂已得静中工夫，恐只增擾擾耳。何適而非此心，心正則静亦正，動亦正，心不正則雖静亦不正矣。若動静異心，是有二心也。

朱子答吴伯豐書

閑中頗有學者相尋，早晚不廢講學，得以自警。然覺得今世爲學，不過兩種：一則徑趨簡約，脱畧過高；一則覺得外馳，支離煩碎。其過高者固爲有害，然猶爲近本；其外馳者詭譎狼狽，更不可言。吾儕幸稍平正，然亦覺欠卻涵養本原功夫，此不可不自反也。

按：朱子謂兩種爲學之人：其一「徑趨簡約，脱畧過高」，蓋指陸子之門人；其一「覺得外馳，支離繁碎」，殆謂己之門人也。然陸子晚年益加窮理之功，朱子晚年益致反身之誠。取是編前後所書者考之，則二先生之學，所謂去短集長、兼取衆善者，真入道進德不易之法程也。

朱子與周叔謹書

應之甚恨未得相見，其爲學規模次第如何？近來呂、陸門人互相排斥，此由各徇所見之偏〔七〕，而不能公天下之心，以觀天下之理，甚覺不滿人意。應之蓋嘗學於兩家，未知其於此看得果如何？因話扣之，因書喻及爲幸也。熹近日亦覺向來説話有大支離處，反身以求，正坐自己用功亦未切耳。因此減去文字功夫，覺得閑中氣象甚適。每勸學者亦且看孟子「道性善」、「求放心」兩章，着實體察，收拾爲要。其餘文字，且大概諷誦涵養，未須大段着力考索也。

按：朱子此書勸學者「且讀孟子『道性善』、『求放心』兩章，着實體察。其餘文字，未須着力考察」，蓋與陸子爲一家之言。而陸子之言已見前卷者，不復重出，間附一書，以備參考。

附　陸子與邵中孚書

居天下之廣居，立天下之正位，行天下之大道，乃吾分内事耳。若不親師友，汩没於流俗，驅而納諸罟獲陷穽之中而莫之知避，豈不可憐哉！孟子曰：「苟得其養，無物不長。苟失其養，無物不消。」今吾友既得其本心矣，繼此能養之而無害，則誰得而禦之？如木有根，苟有培浸而無傷戕，則枝葉當日益暢茂。如水有源，苟有疏浚而無壅窒，則波流當日益充積。所謂「原泉混混，不舍晝夜，盈科而後進，放乎四海」，有本者如是。

大抵讀書，詁訓既通之後，但平心讀之，不必强加揣量，則無非浸灌培益、鞭策磨勵之功。或有未通曉處，姑缺之無害，且以其明白昭晰者日加涵泳，則自然日充日明，後日本源深厚，則向來未曉者，將亦有涣然冰釋者矣。告子一篇自「牛山之木嘗美矣」以下，可常讀之，其浸灌培植之益，當日深日固也。其卷首與告子論性處卻不必深考，恐其力量未到，則反惑亂精神，後日不患不通解也。此最是讀書良法，其他非相見莫能盡。尚書皋陶、益稷、大禹謨、太甲、説命、旅獒、洪範、無逸等篇，可常讀之。

朱子答吕子約書

日用工夫，不敢以老病而日懈。覺得此心操存捨亡，只在反掌之間。向來誠是太涉支離，若無本以自立，則事事皆病耳。又聞講授亦頗勤勞，此恐或有未便。今日正要清源正本，以察事變之幾微，豈可一向汩溺於故紙堆中，使精神昏弊，失後忘前，而可以謂之學乎？

按：朱子謂「覺得此心操存舍亡，只在反掌之間」；又謂「豈可汩没於故紙堆中，使精神昏蔽，而可謂之學」。陸子之言則曰：「念慮之正不正，在頃刻之間。」又謂「非明實理、有實行之人，往往乾没于文義間，爲蛆蟲識見，以自喜而已」。朱子前所謂道合志同者，於是益驗。陸書附左。

附　陸子雜説

念慮之正不正，在頃刻之間。念慮之不正者，頃刻而知之，即可以正。念慮之正者，頃刻而失之，即是不正。此事皆在其心。書曰：「惟聖罔念作狂，惟狂克念作聖。」

附　陸子與胥必先書

讀書最以精熟爲貴。煩喻德固，且熟讀比卦爲佳〔八〕。德固前此於文義間多未通曉，近所以開發之者非在文義。每爲德固解説，必令文義明暢，欲不勞其思索，不起其疑惑，使末不害本，文不妨實；常令文義輕而事實重，於事實則不可須臾離，於文義則曉不曉不足爲重輕。此吾解説文義之妙旨，必先亦不可不知也。然此亦豈可强爲之哉，非明實理、有實事實行之人，往往乾没於文義間，爲蛆蟲識見，以自喜而已，安能任重道遠，自立於聖賢之門墻哉！

朱子答吕子約書

年來覺得日前爲學不得要領，自做身主不起，反爲文字奪卻精神，不是小病。每一念之，惕然自懼，且爲朋友憂之。而每得子約書，輒復恍然，尤不知所以爲賢者謀也。訓導後生，若説得是，當極有可自警省處，不會減人氣力。若只如此支離，漫無統紀，則雖不教後生，亦只見得展轉迷惑，無出頭處也。

按：以上七書，曰「日用工夫頗覺有力，無復向來支離之病」；曰「近日方實見得向日支離之病」；曰「卻始知此未免支離」；曰「覺得外馳，支離繁碎」；曰「向來説話有大支離處」；曰「向來誠是太涉支離」；曰「若只如此支離漫無統紀，展轉迷惑，無出頭處」。蓋朱子深有見于後學支離之弊，不可不拯，故於書札之間，屢掇以語人，鞭策淬礪，極其警惻。所謂豪傑之才，聖賢之學，知有義理之公，而無彼我之間，百世之下所當刻骨而師之者也。

朱子答滕德章書

陸丈教人，於收拾學者散亂身心甚有功。然講學趨向亦不可緩〔九〕，要當兩進乃佳耳。

朱子答符復仲書

聞向道之意甚勤。向所謂義利之間，誠有難擇者，但意所疑以爲近利者，即便舍去可也。向後見得親切，卻看舊事，又有見未盡、舍未盡者，不解有過當也。見陸丈回書，其言明當，且就此持守，自見功效，不須多疑多問，卻轉迷惑也。

按：此二書皆稱象山爲陸丈，所以尊禮之如此。前一書稱其收拾身心有功，居敬之益密者也。後一書稱其所言明當，窮理之益精者也。朱、陸二先生於是將所謂一而二、二而一者乎？

朱子答滕德粹書

示問曲折具悉。大抵守官且以廉勤愛民爲先，其他事難預説。幸四明多賢士，可以從遊，不惟可以咨決所疑，至於爲學修身，亦皆可以取益。熹所識者楊敬仲簡、吕子約監米倉，所聞者沈國正煥、袁和叔燮，到彼皆可從遊也。

朱子答林退思書

舒大夫向嘗相見於會稽，所論未合，今想其學益有成矣。聞其政亦甚佳，有本者固如是也。不及爲書，因便幸畧道意。

朱子答詹帥書

高教授能留意學校，甚善。渠嘗從陸子靜學，有意爲己，必能開道其人也。近日諸處教官，亦有肯留意教導者，然其所習不過科舉之業，伎倆愈精，心術愈壞，蓋不如不教，猶足以全其純愚之爲愈也。

按：此三書皆致禮于陸氏門人者。蓋朱子晚年不獨尊其師，而又兼重其高第弟子如此。

跋西山真氏跋傅正夫所編慈湖訓語

慈湖先生之道，學者所共尊。顧嘗側聽諸公間，或不能無竊議者，謂泯心思、廢持守、談空妙、畧事爲也。今觀正夫所録，有曰：「無思甚妙，思之正亦甚妙。」又曰：「徒思固不可爲學，不思如何是學？」然則先生之學，其果泯心思邪？曰：「學未純熟，不可廢守。」又曰：「敬以守之，於意態未動之先，守定用力，自然光明。」先生之學，其果廢持守邪？至於言「道以本心爲正言，德以直心爲主則」，其論篤至平實，既與談空説妙者不同。而爲當世之務，討論區畫，若指諸掌，又非脱畧事爲者也。是四者既皆異乎所聞，至其爲説，有曰：「成身莫如敬。書曰『欽』，曰『敬』，曰『謹』，曰『克艱』，曰『孜孜』，曰『兢兢』，曰『勤恤』。三五盛際，君以此命臣，臣以此戒君。蓋灼知不敬則此心易動，敬則此心不動。此心微動，百過隨之；此心不動，常一常明。」嗚呼，斯言至矣！非正夫之心與先生通貫爲一，豈能傳之簡牘，不失其真哉！然則先生之言，固有功於後學，而正夫所録，又有功於先生者也。

按：慈湖先生，象山高第，當時攻陸學者必以慈湖爲首。然西山先生論其所得乃如此，可謂理到之言矣。此所以卒傳斯道，而爲朱子之世適也與？

【校勘記】

〔一〕昨聞嘗有丐外之請而復未遂　「復」，原作「後」，據嘉靖五卷本、晦庵先生朱文公文集卷三六改。

〔二〕亦已誤矣　原文「亦」字漫漶，據嘉靖五卷本、晦庵先生朱文公文集卷三六録。
〔三〕病軀方似畧可支吾　原文「病」字漫漶，據嘉靖五卷本、晦庵先生朱文公文集卷三六録。
〔四〕恐終非能久於世者　原文「能」字漫漶，據嘉靖五卷本、晦庵先生朱文公文集卷三六録。
〔五〕無復向來支離之病　原文「來支」二字漫漶，據嘉靖五卷本、晦庵先生朱文公文集卷三六録。
〔六〕尚復有異同否耳　原文「復」字漫漶，據嘉靖五卷本、晦庵先生朱文公文集卷三六録。
〔七〕此由各徇所見之偏　「偏」，原作「徧」，據晦庵先生朱文公文集卷五四改。
〔八〕且熟讀比卦爲佳　原文「比卦爲佳」四字漫漶，據嘉靖五卷本、象山先生集卷一四録。
〔九〕然講學趨向亦不可緩　「亦」，原作「上」，據晦庵先生朱文公文集卷四九改。

卷六

此卷凡六條，皆後賢論二先生者。後賢之論二先生多矣，然獨有取於是焉，以其究事精審，觀理平正，而無偏黨適莫之弊也。

道園虞氏跋朱先生答陸先生書道園名集，臨川人。

按：朱子年譜載陸先生與人帖云：「朱元晦在浙東，大節殊偉，劾唐與正一事，尤快台人之心。雖士大夫議論不免紛紜，今其是非已明白，江東之命出於九重，特達於群疑之中，此尤可喜。即書中所謂長者，亦不以其力辭爲過者也。」

又按：朱子答葉公謹後復姓周，更名叔謹。書云：「近日亦覺向來説話有大支離處，反身以求，正坐自己用功亦未切爾。因此減去文字工夫，覺得氣象甚適。」又與胡季隨書云：「衰病如昔，但覺日前用工泛濫，不甚切己。方與一二學者力加鞭約，爲克己求仁之功，亦粗有得力處。」此兩書皆同時所發，正與書中所謂「病中絶學捐書，卻覺得心身頗相收管，似有少進步處。向來泛濫，真是不濟事」之語合。蓋其所謂泛濫，正坐文字太多，所以此時進學用功實至于此也。

然竊觀其「反身以求」之説，「克己求仁」之説，令學者「且看孟子道性善、求放心」之説，直截如此用功。蓋其平日問辨講明之説極詳，至此而切己反求之功愈切，是以於此稍卻其文字之支離，深憂夫詞説之泛濫，一旦用力，而其效之至速如此，故樂爲朋友言之也。「病中絶學捐書」，豈是槁木死灰、心如墻壁以爲功者〔一〕。朱子嘗歎道學問之功多，尊德性之意少，正謂此也。噫！陸先生之門傳之未久〔二〕，當時得力者已盡，而後來失其宗，然後知朱子之説先傳後倦之有次第也。

按：朱子此書與陸子，有「病中絶學捐書，覺得身心頗相收管，向來泛濫，真是不濟事」之語，然不見于大全集中，殆門人去之也。明道嘗爲新法條例司官，而伊川作行狀畧之。歐陽公記吕、范解仇事，而忠宣公於碑文删之。況學識之下先正者，宜其不能釋然於此也。

貞白鄭氏表融堂錢先生墓畧

先生名時，家淳安，慈湖門人。貞白名千齡，歙人。

予既爲朱子立祠學宮，復表融堂先生之墓，所以息黨同伐異之論，而爲至當精一之歸。

夫陸氏之所以異於朱子者，非若異端之别爲一端緒也，特所見出於高明，而或謂智者過之耳。今之學者，發言盈庭，宗朱之説慨行，毁陸之議肆起，豈善學前輩者哉〔三〕！且朱子之言無極，天下之公言也，象山之議無極，亦天下之公言也。偶其所見有不同，故終身有不苟合者。後之黨朱而伐陸者，又豈天下之公言哉！

按：此表實用朱子「學匪私説，惟道是求」之言。

師山鄭氏送葛子熙序畧師山名玉，歙人。

方朱、陸二先生相望而起也，以倡明道學爲己任。陸氏之稱朱氏，曰「江東之學」；朱氏之稱陸氏，曰「江西之學」。兩家學者各尊所聞，各行所知，今二百餘年，卒未能有同之者。以予觀之，陸子之質高明，故好簡易；朱子之質篤實，故好邃密。蓋各因其質之所近而爲學，故所入之途有不同爾。及其至也，三綱五常，仁義道德，豈有不同者哉？况同是堯、舜，同非桀、紂，同尊周、孔，同排釋、老，同以天理爲公，同以人欲爲私，大本達道無有不同者乎！後之學者不求其所以同，惟求其所以異，江東之指江西則曰「此怪誕之行也」，江西之指江東則曰「此支離之説也」，而其異益甚矣，此豈善學聖賢者哉！朱子之説，教人爲學之常也；陸子之説，高才獨得之妙也。二家之學，亦各不能無弊焉。陸氏之學，其流弊也，如釋子之談空説妙，至於鹵莽滅裂，而不能盡致知之功。朱氏之學，其流弊也，如俗儒之尋行數墨，至於頽惰委靡，而無以收力行之效。然豈二先生之言垂教之罪哉，蓋後之學者之流弊云爾。

師山鄭氏與汪真卿書畧〔四〕

自周、程、朱子以來，三尺之童即談忠恕，目未識丁亦聞性與天道，一變而爲口耳之弊。蓋古人之學，是以所到之深淺，爲所見之高下，所言皆實事。今人之學，是遊心千里之外，而此身元不離家，所見雖遠，而皆空言矣。又近時學者，未知本領所在，先立異同，宗朱子則肆毁象山，黨陸氏則非議朱子。此等皆是學術風俗之壞，殊非好氣象也。

某嘗謂陸子静高明不及明道，縝密不及晦庵，然其簡易光明之説，亦未始爲無見之言也。故其徒傳之久遠，施於政事卓然可觀，而無頽墮不振之習。但其教盡是略下功夫，而無先後之序，而其所見又不免有「知者過之」之失，故以之自修雖有餘，而學之者恐有弊。是學者自當學朱子之學，然亦不必謗象山也。此皆以其知而言爾，至若行之之方，以敬爲主，則不放肆，而心廣體胖；以謹獨爲要，則工夫無間斷，而自强不息。雖聖人之「純亦不已」，皆由此進，高明以爲如何？

按：此二條議論平正，可驗學術之醇，宜其能振高風于一時，全大節于叔世也。

東山趙氏對江右六君子策畧東山名汸，休寧人。

陸先生之學與朱子不同，蓋有非愚生之所能盡知者。然朱子之學實出周、程，而周子之學，學乎顏子之學者也。程子亦曰：「孟子才高，學之無可依據，學者當以顏子爲師。」至朱子之告張敬夫，則又以伯子渾然天成，恐闊大難依，而有取於叔子以成其德焉，其自知也明矣。陸先生以高明之資，當其妙年，則超然有得於孟氏立心之要，而獨能以孟子爲師，且謂幼聞伊川之言，若傷我者〔五〕。觀其尚論古人者不同如是，則其入德之門固不能無異矣。

夫儒者之學，莫嚴於義利之辨，而學術之弊，率由氣稟之偏。孟子舜、跖雞鳴之分，周子善惡剛柔之論，其析之也精矣。陸先生之在白鹿，朱子請其一言以警後學，先生爲講「君子喻於義，小人喻於利」一章，深察乎學者心術之微，而欲其致於二者之辨，聽者爲之動心流汗，朱子請其書而藏之。今觀先生之言，深切明白，使人羞惡之心由然而生，誠不愧於孟子之訓矣。

然周子之説親授於程子，而朱子釋之曰：「『上天之載，無聲無臭』，而實造化之樞紐、品彙之根柢也。以其無形而有理，故曰『無極而太極』；以其有理而無形，故曰『太極本無極』。」所謂「關百聖而不惑」者也。陸先生兄弟謂太極上不當更加「無極」字，移書爭之，往復數四，累千萬言，而不能相一，何歟？夫以「中」訓「極」者，是知太極之本體矣，而中非太極所當得名之實也。謂「易有太極，不當言無」者，是知論太極者之不當淪於高虛矣，而猶未知周子立言之妙也。然觀朱子嘗謂子靜不知有氣禀之性，則其於周子之書，庸有未深考者矣。

鵝湖之論，終以不合而罷者，則又有説焉。夫所謂「墟墓而哀也，宗廟而欽也」，即孟子所謂「人見孺子將入井」之心，而朱子所謂「介然之頃，抑有覺焉」，則其本體已洞然者也。原其所指，皆由已發之心而悟其未發之心，則其要歸，亦有不容於不同者乎？然而簡易支離之説，邃密深沉之説，終有未合。於是毫分縷析者，深辨乎疏目闊節之多矣；石稱丈量者，又以銖銖寸寸爲必差。則其所甚異者，殆無過於斯矣。

執事之言曰：「二家之精微，非大賢相與剖擊，則下二賢一等者，殆無從而知矣。」至哉言也，其深有得於二賢者乎。晚學管窺，復何所容喙，無亦徵之於二先生所自言者，可乎？子朱子之答項平甫也，其言曰：「自子思以來教人之法惟以尊德性、道問學爲用力之要。陸子靜所説，專是尊德性事，而熹平日所論卻是道問學上多了。今當反身用力，去短集長，庶不墮一偏也。」觀乎此言，則朱子進德之序可見矣。陸先生之祭吕伯恭也，其言曰：「追惟曩昔，粗心浮氣，徒致參辰，豈足酬義。」觀乎斯言，則先生克己之勇可知矣。夫以二先生之言如此，豈鵝湖之論，至是而各有合邪？使其合并於莫歲，則其微言精義必有契焉，而子静則既往矣。抑子朱子後來德盛仁熟，所謂去短集長者，使子静見之，又當以爲如何也？

今朱子之書，家傳人誦，其端緒之明，則顔、曾、思、孟以至於周、程、張子之所傳，可徵也；其工夫之密，則自洒掃、應對、進退而達乎修齊治平，無間也，豈有待於愚言而後知哉？獨陸氏之學，則知者鮮，故愚亦不足以言之也。然嘗聞孟子曰：「仁，人心也。放其心而不知求，哀哉！」「學問之道無他，求其放心而已矣。」又曰：「耳目之官不思而蔽於物，心之官則思。」「先立乎其大者，則小者不能奪也。」此陸先生之學所從出也。是故先生非不致知也，其所以致知者，異乎人之致知；先生非不集義也，其所以集義者，異乎人之集義。

他日朱子嘗曰：「子静是爲己之學。」又曰：「子静平日所以自任，正欲身率學者一於天理，而不以一毫人欲雜於其間。」則其所以敻出千古者，豈不在於斯乎？若曰苟此心之在，擴充持守爲可畧；學貴自得，則思索講習之皆非。雖學知利行之士，不足以語此，而況於小子後生之至愚極暗者乎？易曰：「學以聚之，問以辨之。」又曰：「精義入神，以致用也。利用安身，以崇德也。」豈徒曰易簡之云乎？此先生之高明，所以爲不可及也，然則其可以易而言乎？奈何前修日遠，後學寡師，求之而不得其要，察焉而不見其端。於是專務考索者，傅會繳繞而終不知本心之何在〔六〕；致力持守者，師心自用而卒無以異於常人。然後知二先生之所爲深憂而過計者，蓋有在也。

按：此篇曲盡二先生道德之詳，獨謂朱子「去短集長」之説，在陸子没世之後，則恐未然。蓋朱子劾唐仲友在淳熙九年，陸子有書亟稱之；而虞道園考朱子與陸子書所謂「病中絶學捐書，覺得身心頗相收管」，及周叔謹、胡季隨二書，皆在一時。則兩先生殊途同歸之好，當不出此數歲間，而謂陸子去世，不及與朱子合并者，殆未之深考也。

東山趙氏贊象山陸先生象

儒者曰其學似禪，佛者曰我法無是。超然獨契本心，以俟聖人百世。

按：此亦因朱子謂陸學「固有似禪處」一句而發。然歷考先正之論象山者博而費，不若東山此贊之約而該也。

【校勘記】

〔一〕豈是槁木死灰心如墻壁以爲功者　原文「豈是」、「功」三字不清，據嘉靖五卷本録。

〔二〕「噫陸先生之門傳之未久」以下四句　原文文字不清，據道園學古録（四部備要本）卷四〇録。

嘉靖五卷本缺此四句。

〔三〕「今之學者」至「豈善學前輩者哉」　原文文字不清，據嘉靖五卷本録。

〔四〕師山鄭氏與汪真卿書畧　嘉靖五卷本缺此篇及按語。

〔五〕若傷我者　「傷」，原作「湯」，據嘉靖五卷本、象山先生集卷三三象山先生行狀改。

〔六〕傅會繳繞而終不知本心之何在　原文「繳繞而終不」五字不清，據嘉靖五卷本録。

附録一：刻本序跋與書目著録

道一編後序

［明］李　信

右道一編，乃篁墩先生取朱、陸二夫子筆札，鈔釐成帙而次爲著説也。蓋二夫子之學，人惟知其始之異，不復究其終之同，故不得已爲是編以合之。然前此未之有聞，使非先生博約之至，考以示人，何足以知之。信敬閲之餘，遂命工刻梓，廣其傳，與四方學者共焉。俾知夫尊德性、道問學之説，當交修並進，爲造道不易之方，凡紛紛者，可無容議矣。嗚呼！二夫子去今四百有餘年，無一能要其指歸者，兹始得白於先生之編，則先生有功于斯道，豈爲少哉！若泛然綴葺，無補世教，先生亦奚暇爲之。竊恐不諦，觀者或尚持於初説，因識其後。雖然，大賢君子之道在天下，後世必有公論，豈以人言之是非爲加損哉！弘治庚戌冬十一月朔旦門生祁閶李信識。（録自明弘治三年李信刻本道一編卷首）

重刻道一編序

[明]聶豹

學也者，堯、舜、禹、湯、文、武、周公、孔子之所共焉者也，非朱、陸之所能異也。堯、舜、禹、湯、文、武、周公、孔子何學也？尊德性而道問學也。學以尊德性至矣，豈朱、陸之所能異哉？異之則離性，離性則害道，害道則別爲一端，如楊朱、佛、老之類是也，是故非朱、陸之所能異也。朱子以豪傑之才，自弱冠著述六經，下及子史百家，莫不究心，而惓惓以繼往開來爲己任，後世尊而信之，若蓍龜神明，其相緣也久矣。惟陸子之學，非惟不之信之也，群起而攻之者，若楊朱、佛、老然。夫學求放心以立其大，居處執事忠信恭敬以求乎仁，謂其過於尊信孔、孟則有之，其於楊朱、佛、老何有哉？而後世攻之久而亦堅，殆不知其所以也。二家早年之見，異同出入，明若觀火，反而求諸是非之本心，五尺童子可辨也。而老師宿儒往往自附於文公，黨同伐異，挾勝崇私，豈非狃於故習，而於二家之言，曾未考諸己乎？文公晚年反身求約之學，蓋已深契陸氏，而不復向來支離之歎，文公之所以爲大也。後世不測其大，而顧欲以己意小之，則已負文公多矣，其於陸子何所與哉？篁墩先生當天下群咻聚訟之時，乃獨能參考二家之學，曲爲折衷，著有此編，非獨有功於象山，其有功於考亭不淺矣。是編也寂焉弗傳，刻板亦不知其何在。予巡八閩暇，用校正重刻之，俟君子考焉。前節去「無極」七書者，蓋以皆二公早年氣盛之語，其於尊德性之學，亦不切云。嘉靖戊子孟東朔日後學永豐聶豹謹書。（録自明嘉靖刻本道一編卷首）

道一編後序

〔明〕汪宗元

斯道之在天下，未嘗一日而亡也，惟其托於人者有絶緒，故其行於世者有明有晦。自洙泗言微而孟氏繼其統，濂溪默契而二程衍其傳，晦庵朱子、象山陸子則有繼濂溪、二程而作者也。晦庵之學則窮理以致其知，反躬以踐其實，折衷群儒之論，以發明六經、語、孟之旨；象山之學則立大本，求放心，嚴義利之辨，以示後學篤實爲己之功，均之有益于道也。但晦庵早年未定之見，與象山牴牾，而象山静坐之説，晦庵且疑之。遂使二家生徒各持其説，以象山爲一於尊德性而失之空疏，晦庵爲一於道問學而失之支離。自今觀之，象山之書未嘗不教其徒以讀書窮理，而晚年尤諄切於「萬物皆備于我」之訓。晦庵之學則主敬以立其本，而晚年尤惓惓於涵養本原，未嘗不以德性爲先也。是故同宗孔、孟，同繼周、程，其道一也，其心一也，岐而二之可乎？竊嘗譬之：山之尊者，莫如泰山，其崔巍峻極之勢，或卑以陟之，或崇以臨之，其至於山則一也；水之廣者莫如滄海，其浩蕩闔闢之神，或乘風千里，或溯源而趨，其至於海則一也。道之大者莫如孔門，顏子以「如愚」得之，曾子以「魯」得之，雖所造不同，有得於道則一也。易曰：「同歸而殊途，一致而百慮。」不其然乎？歷世既遠，晦庵之道，學者童而習之，昭如日星，固已章明於天下；象山乃蒙無實之誣，人皆以禪學目之，四百餘年莫之辨白，此篁墩先生當群嘵群咻之餘，而有道一之編也。繼是而得陽明先生，獨契正傳，而「良知」之論，明言直指，遠紹孟氏之心法，亦是編有以啓之也。故其論朱、陸曰：「當去世俗之見，宏虚受之誠，勿求其必同，而察其所以異；勿以無過爲聖賢之高，而以改過爲聖賢之學；勿以有所未至者爲聖賢之諱，而以常懷不滿者爲聖賢之心。」陽明之言出，而朱、陸之論定矣。少司馬雙江聶公昔巡八閩，刻是編以淑多士。兹已散失無存，昔嘗受其學者，以重刻請。侍御古林沈公乃手自校訂，屬宗元鋟梓以廣其傳。古林公私淑陽明先生而傳其學者，按閩之暇，昭示良知之旨，以開俗學之迷，一時諸生感奮興起；又以是編嘉惠，其期待後學之心至矣。諸生志聖賢之學，得之言意之表，求之性命之源，見諸踐履之實，則存之爲實德，措之爲事業，於聖明之治化必有所補，豈但敦行善俗，爲八閩之光哉！宗元不敏，庸申末簡，爲諸士告。嘉靖三十一年仲秋月朔旦崇陽汪宗元謹序。（録自明嘉靖刻本道一編卷首）

道一編序

［明］沈寵

道也者，性也，命也。君子盡性至命，而以窮理爲要。窮理也者，窮極此心之理，以盡其本然之量，而非徒以研究考索爲也。蓋人心之靈，萬理咸具，以言乎體謂之中，以言乎用謂之和，以言乎天地之間則無所不備。夫苟無氣習之偏、私欲之蔽、知識聞見之雜，則本體昭明，天機活潑，盡己之性以盡人物之性，建天地，質鬼神，考三王，俟後聖，一以貫之耳。若夫典章、載籍、禮樂、名物，則皆古人已行之跡，固爲吾心之左券，而斟酌從違，錯綜變化，應用之妙，存乎此心而已。是故庖犧氏之前無易，唐、虞之前無書，三代之前無詩、禮、春秋。堯、舜未作，禪讓未聞也；湯、武不興，放伐未見也；周公未生，制度文爲未必備也。然而言道德者，必以數聖人爲至，而唐、虞、三代之治，亘古莫及，是果由於博考乎古人之成法，抑以盡其天命之性，大本立而達道行乎？故「精一」之學，惟嚴於人心、道心之辨；「博約」之訓，惟審於視聽言動之間。修齊治平，始於慎獨；參贊位育，原於戒懼。則古人之成己成物，繼往開來，無非盡其本然之性，而曰古訓之式，好古而求前言往行之多識，要亦以求此心爲主，而非以長聞見、廣知識、執一定之跡以爲制事之則也。象山先生以立大本、求放心爲學，此正盡性之傳，二帝三王之家法也。惟以其嘗牴牾於朱子，後世遂以禪學斥之。嗚呼！禪之爲道，棄人倫，遺物理，守空寂，不可以治天下國家者也。象山之言行，今皆可考也，其於人倫物理何如，而可以謂之禪乎？顧世儒以朱子大賢，不宜有過，故雖知其言之未盡，亦必文飾增加，務詆象山於禪學，而不知人非至聖，不能無過。伯夷之清，未必以柳下惠之和爲是；伊尹之任，未必不以伯夷之清爲非。子貢「多學而識」，「無言」「一貫」之教，終不能悟；至論顔子之愈己，猶以「聞一知十」當之。則夫早年未定之見，又奚足爲朱子病哉？況其晚年造詣，粹然大中至正之歸，「支離」之悔屢見乎詞，甚至有「則自誑誑人之罪，不可勝贖」之説。則狃於言教之未定，而忘身教之大成，豈所謂善學朱子者乎？篁墩程氏以二先生之學始異終同，於是即二家之言，裒集成帙，以嘉惠後學，其亦良工之苦心矣。但舉世好竽，瑟則徒工。雙江聶氏刪刻於養正書院，而板復湮毁，所謂惡其籍而去之也非歟？中丞汪春谷氏掇拾遺篇以復梓，是蓋憫迷於利禄之習，借朱子以自文，棄其性命之學，誣象山以自便者，誦讀是編，果能反觀内省，默識二先生用心之實，則朱、陸之學不辨自明，而吾之所爲朱耶？陸耶？亦可以自審矣。如其汩於聞見，滯於有我，惟騰口説，不事心求，吾固於象山無損，其於朱子之教，不爲操戈入室者哉？嘉靖壬子仲秋月朔旦宛陵沈寵序。（録自明嘉靖刻本道一編卷首）

萬卷堂書目

［明］朱睦㮮

道一編四卷　程敏政。

續文獻通考經籍考

［明］王　圻

程篁墩集、篁墩續稿、宋逸民録十五卷、行素稿、程氏紀宗譜、程氏貽範集、篁墩新稿、蘇氏檮杌、真文忠公新經註三卷、迎賢奏對録、道一編六卷，俱程敏政著。敏政字以勤，休寧人。官太常卿。先以神童薦，登成化丙戌進士。

千頃堂書目

［明］黄虞稷

程敏政道一編五卷。

傳是樓書目

［清］徐乾學

朱陸道一編六卷，明程敏政編，二本。又一部，一本。

明史藝文志

程敏政道一編五卷。

續通志藝文畧

程敏政撰道一編六卷。

續文獻通考經籍考

道一編六卷，不著撰人名氏。

四庫全書總目

道一編六卷　浙江汪汝瑮家藏本

不著撰人名氏。編朱、陸二家往還之書，而各爲之論斷，見其始異而終同。考陳建學蔀通辨曰：「程篁墩著道一編，分朱、陸同異爲三節：始焉如冰炭之相反，中焉則疑信之相半，終焉若輔車之相依。朱、陸早異晚同之説，於是乎成矣。王陽明因之，遂有朱子晚年定論之録，與道一編輔車之説正相唱和」云云，然則此書乃程敏政作也。敏政有宋遺民録，已著録。

天一閣書目　〔清〕范邦甸

道一編五卷，刊本，明程敏政撰，永豐聶豹序。

善本書室藏書志　〔清〕丁丙

道一編六卷，明刊本。

右弘治二年新安程敏政撰。敏政字克初，休寧人。成化丙戌進士，官禮部侍郎。合朱、陸兩家之言以證其同，附以諸賢論贊。前有自序，末有門生祁闓李信後序。四庫入附存目。

八千卷樓書目　〔清〕丁立中

道一編六卷，不著撰人名氏，明刊本。

日本訪書志

［清］楊守敬

道一編六卷，明弘治二年刊本。此書四庫著録在存目中，稱其「不著撰人名氏」，因陳建學蔀通辨中有程篁墩著道一編云云，知爲程敏政作。今是本篇明有敏政自序，四庫本缺之耳，今録于左。

中國古籍善本書提要

王重民

道一編六卷　四册（四庫總目卷九十五）（北圖）明弘治間刻本［八行十七字（19.4×13）］

明程敏政撰。按存目所據本無序跋，故考陳建學蔀通辨，始知爲敏政所撰。此本有自序，述著書之旨頗詳。

附録二：歷代傳記資料

程敏政傳

［明］過庭訓

程敏政，字克勤，休寧人。父信以河間學生舉進士，官至南京兵部尚書，謚襄毅。十餘歲隨襄毅公參政蜀藩，巡撫侍郎羅綺以神童薦之朝。英宗召試，出題命對曰：「鵬翩高飛，摶扶摇之九萬。」敏政云：「龍墀獨對，陳禮樂之三千。」上首肯之，且喜其拜起如老成人，命賜食，詔館閣試之。即日賦聖節及瑞雪詩，并經義各一篇，援筆立就，文采粲然。諸閣老翰長嗟異之。暨進呈，上甚喜，詔讀書翰林院，官給廪饌。時大學士南陽李賢、安成彭時、學士嘉興吕原、中允壽光劉珝，咸當世碩儒，皆就之講授。李公尤愛之，因妻以女。踰冠，舉進士，中成化丙戌科第一甲第二人，授翰林院編修，同修英宗實録。己丑，同考禮部貢舉。時刊布大明一統志、洪武正韻、資治通鑑綱目，皆同校勘。尋同修續資治通鑑綱目，如石守信、王審琦不預陳橋之謀，韓通、李筠、李重進書死節，開寶八年李煜降，始罷分注，書正統，張世傑死之下，始書宋亡之類，皆出其手。書成，遷左春坊左諭德。且以宋藝祖、太宗授受大事也，當時史臣不能詳記，遂啟千古之疑，乃取宋李燾宋史長編、元史臣歐陽玄等宋史本紀以爲正，而考訂發揮之餘，黜陳涇、胡一桂之繆，別著宋紀受終考三卷。乙未春，廷賜進士，充受卷官。俄詔侍講經筵，尋兼皇太子侍講。未幾，丁襄毅公憂。服闋，入朝。丙午秋，主考南京鄉試。丁未，孝廟踐祚，敍進宮臣，遷詹事府少詹事，兼翰林院侍讀學士，充日講官。

時茂陵工將訖，詔議憲宗皇帝升祔，當定祧遷之制，孝穆皇后神主當有奉享之禮。太傅英國公張懋等上議，以德祖比周之后稷，太祖、成祖同周之文、武，俱百世不遷，宜奉祧懿祖一位，別建祧廟奉藏，歲暮則奉迎祖袷祭於太祖之廟。孝穆皇后比周之姜嫄及宋之章獻、章懿二皇，皆別廟奉享，宜於奉先殿旁近宮室改別廟。太保襄城侯李瑾等復上議，以爲宜於奉先殿憲宗神主几筵之右，別設幄殿，以安神主，敕內官監於宮中相度吉地，候明年春營建別廟。奏上，皆從之。俱藁出其手。弘治戊申，同修憲宗實録。尋詔敏政率其屬侍上。將視學，時禮儀簡略不稱，詔議儀注。敏政倡議預齋一日，加帛一段，樂設不作，改分獻爲奠。從之。初開經筵，詔侍講仍日侍文華殿講讀。上初即位，雅重講幄儒臣，呼先生而不名，嘗因講罷賜講官冠服，敏政得金織緋袍一襲、金帶冠履各一，慰勞甚至。

徽州府學訓導周成進治安備覽，詔看詳。敏政摘其中多竊宋趙善璙自警編、元張養浩牧民忠告，或襲用其標目，或全删其語言，然此之猥不及彼之精；况以治安爲名，而不及君德心學。謂秦商鞅有見於孔門立信之説，則又踵王安石之故智；其息異端等説，亦非拔本塞源之論，鄙俚而無雅馴之言，迂妄而非經久之策。詔以成狂妄，置不問責，還其書。

時詔議從祀孔子廟庭諸賢，上疏曰：「臣聞古聖王之治天下，皆以祀典爲重，所以崇德報功而垂世教，淑人心也。故有功德於一時者一時祀之，更代則已；有功德於一方者一方祀之，踰境則已。先師孔子，功德及於天下萬世，廟庭侑食之人，豈可苟焉而已者。若戴聖身陷贓吏，子爲賊徒。劉向喜誦神仙方術，謂黄金可成，不驗下吏。賈逵附會圖讖，以致貴顯。馬融爲梁冀草奏，殺忠臣李固。何休春秋解詁，黜周王魯，注風角等書，班之孝經、論語。王弼與何晏倡爲清談，取老、莊之言以爲易注。王肅女爲司馬昭妻，佐昭篡魏。杜預所注之左氏集傳，其守襄陽則掊剋以饋遺洛中諸貴，破吴則盡殺江陵識己之人，爲吏不廉，爲將不義。凡此諸人，其於名教，得罪不小，而議者謂能抱遺經，轉相傳授，不爲無功。臣竊以爲不然。夫守遺經者，若左丘明、公羊高、穀梁赤之於春秋，伏勝、孔安國之於書，毛萇之於詩，高堂生之於儀禮，后倉之於禮記，杜子春之於周禮，可以當之。若融等又不過訓詁此九人之所傳者爾。請黜戴聖等八人，褫爵罷祀，而加封后蒼封爵，與左丘明一體同祀。及考孔門弟子見家語者，顏回而下七十六人。家語出於孔氏，當得其實，而司馬遷史記多公伯寮、秦冉、顏何三人，文翁成都廟壁畫多蘧瑗、林放、申棖三人，邢昺論語註疏謂申棖在家語作申續，史記作申黨，重複無稽，一至於此。況寮愬子路以沮孔子，而孔子嘗稱瑗爲夫子，絶非及門之士。放雖嘗問禮，諸家皆不載之弟子之列。秦冉、顏何，疑於字畫訛誤。臣請於棖、黨位號宜存其一，寮、瑗、冉、何、放宜罷其祀。請進隋王通、宋胡瑗，加以封爵，列之從祀。且顏回、曾參、孔伋、孟軻之傳道配享，坐於堂上，而回之父無繇、參之父晳、伋之父鯉，皆坐食廡下，恐諸賢於冥冥之中未必安於心也。宋大中大夫永年伯程珦，嘗不附王安石變法，而二子顥、頤實接道統之傳。獻靖公朱松嘗不附秦檜和議，而其子熹實集道學之大成。今宜以杞國公顏無繇、萊蕪侯曾晳、泗水侯孔鯉、邾國公孟孫氏，以程珦、朱松配享啟聖王叔梁紇。俾學者知道學之傳，有開必先明倫之義，不爲虛文矣。」

先是，臺臣論奏，請進賢退奸，且各有所指，敏政之名在所進中，由是素忌者有逐之之意矣。俄御史魏璋以曖昧之言中之，詔致仕。有勸其自辯者，敏政答書謂：「歐陽公、朱文公當時各遭讒謗，時歐公在執政，故力可辯，文公在庶寮，故不可辯，恐反遭鍛鍊故耳。況上有老母，下有弱子耶？」既歸，讀書休寧南山中，若將終其身焉。已復召還，命教庶吉士於翰林院，尋遷太常寺卿，仍兼翰林院侍讀學士，掌院事，兼修玉牒。

會有以楊時議從祀者，上疏曰：「臣竊考程氏遺書、朱子伊洛淵源，稱之造養深遠，踐履純固，無疾言遽色。及其學成而歸，程子目送之曰：『吾道南矣。』一傳而得羅氏，再傳而得延平李氏，以授朱子，號爲正宗。文定胡氏親承指授，而春秋之傳作；南軒上泝淵源，而太極之義闡。心學所漸，悉本伊、洛。使天下之士曉然知虚寂之非道，訓詁之非學，詞章之非義，則龜山傳道之功不可誣矣。當崇寧之世，蔡京柄國，躋王安石於配享，位次孟子，而誦其新經以取士。尊安石爲聖人，不復知有孔子；誦新經爲聖言，不復知有古訓。僭聖叛經，凡數十年。龜山入朝，首請黜其配享，廢其新經，又請罷綱運以收人心，斥和議以張國勢，竄權臣以正邦憲，培主德以崇治本。則其衛道之功，亦不可掩。朱子謂龜山之出，惟胡安定之言最公，當時若能聽用，決須救得一半。且若朱若張皆淵源于龜山者，咸在侑食之例，獨其師有傳道衛聖之功，反不預焉，揆之人心，誠爲闕典。今以龜山躋於從祀，列東廡司馬光之下、胡安國之上，宜矣。其應封伯爵，行移翰林院定擬，仍行國子監及天下學校，一體從祀。」從之。

尋丁内艱。十一年，服闋，入朝。未至，轉詹事府詹事，兼翰林院學士。陞見後，遷禮部右侍郎兼學士、會典副總裁，仍掌詹事府事，侍東宫講讀。己未春，主考會試。未揭榜，給事中華昶劾敏政鬻題賣士，下詔獄。敏政疏請致仕，且引咎自責，乞釋昶以全諫臣。既而獄上，亦以諫官一時風聞，無迹可指。而同列林廷玉再疏劾之。敏政曰：「有識者皆知昶爲妄，吾所以不深辯者，顧存大體爾。今言之不置，是豈得已。」乃請與廷辯。廷玉、昶語塞，坐罪。敏政致仕，未行，卒，年五十五，贈禮部尚書。

敏政秀眉長髯，風神清茂，於書無所不讀，文章爲一代宗匠。天稟既高，又上泝伊洛淵源，深探而精擇。嘗考合朱、陸二家，始之所以異，而終之所以同，名曰道一編，其造詣概可見矣。侍經筵久，每進講篇終，必有規諫，諷切深至。上每欣然聽納。喜接士大夫，不以貴自倨，不以才自負，升其堂者屢談不厭，叩之者不能測其涯涘。雖遭多言，至於逮繫，言動如平日，未嘗有幾微不平。著有篁墩稿、續稿、三稿、新稿，共百二十卷，行素一卷，編類皇明文衡一百卷、蘇氏檮杌若干卷、道一編六卷、瀛賢奏對録若干卷、新安文獻志一百卷、宋逸民録十五卷、修定程氏統宗譜四十卷、陪郭支補三卷、程氏貽範四十卷、附注真文忠公心經三卷、大學有重定本。子壎，以襄毅公功，官錦衣衛千户。（録自本朝京省人物考卷三六南直隸徽州府）

禮部右侍郎兼翰林院學士程敏政傳

［明］焦　竑

程敏政，字克勤，直隸休寧縣人。早慧，年十歲，侍父信官蜀，巡撫侍郎羅綺以神童薦于朝，命讀書翰林院。成化二年，以進士第二人及第，授翰林院編修。以同修英廟實録書成，陞俸一級。九年，秩滿，陞侍講，充經筵講官。復以同修續資治通鑑綱目成，陞左春坊左諭德，充東宫講讀官。二十三年秋，孝宗皇帝踐祚，進詹事府少詹事，兼翰林院侍講學士，侍文華殿日講。是冬，被劾去任。弘治六年，召還，仍供舊職，尋陞太常寺掌院事，兼修玉牒。八年，丁母憂。修大明會典，召爲副總裁。上章乞終制，從之。服闋，還京，未至，轉詹事兼翰林院學士。陛見，陞禮部右侍郎，侍皇太子講讀。十二年春，奉命主考會試，言官以任私劾之，逮繫數舉子。獄久不決，屢上章責躬求退，弗遂，乃請廷辯。執法諸大臣白其事以聞，詔許致仕。時六月方盛暑，甫出獄四日，以癰毒不治而卒。贈禮部尚書，賜祭葬如例。

敏政秀眉長髯，風神清茂，喜談論，性復疎。于書無所不讀，作爲文章，爲時輩所推。所著述有皇明文衡、瀛賢奏對録、新安文獻志、詠史詩、宋遺民録、真西山心經附注、程氏統宗譜、程氏遺範集、宋紀受終考、道一編、儀禮經、大學重定本及篁墩稿若干卷，藏於家。敏政少年擅文名，以文學躋侍從，自是以往，名位將不求而直至，乃外附權貴，內結奥援，急於進取之心恒汲汲然，士大夫多有議之者。但言官劾其主考任私之事，實未嘗有。蓋當時有謀代其位者，嗾給事中華昶言之，遂成大獄，以致憤恨而死，有知者至今多冤惜之。（録自國朝獻徵録卷三五禮部三）

詹事兼學士程敏政

［明］廖道南

程敏政，字克勤，徽州休寧人。生而蚤慧，侍父襄毅公官蜀，巡撫侍郎羅綺以神童薦。英宗召至便殿，試以春聯，應對如響。館閣覆試，賦聖節及瑞雪詩并經義，援筆立就。詔詣翰林讀書。李文達公妻以女。成化丙戌，進士及第，授編修，預修英廟實録。秩滿，轉侍講，及修宋元綱目。敏政自撰宋史受終考，大學士彭文憲公稱之。遷左春坊左諭德，充經筵講官。乙未，廷試讀卷。丙午，主考應天鄉試。孝宗登極，陞少詹事，兼侍講學士，充日講官。時詔議從祀孔子禮，敏政上言：「聖王治天下，以祀典爲重，故有功德于一時者，一時祀之，更代則已，有功德于一方者，一方祀之，踰境則已。況孔子功德在萬世，必文與行兼、名與實副者，乃可以從祀。若戴聖身陷贓吏，劉向喜談神仙，馬融爲梁冀草詔殺李固，何休解春秋黜周王魯，王弼、何晏倡爲清談，王肅佐司馬昭篡魏，杜預爲吏不廉，爲将不義，得罪名教，類當黜祀。」疏上，會御史魏璋以曖昧中傷之，致仕歸。郎中陸容、給事中楊廉辯其冤。上召之還，擢太常卿，仍兼前職，教習庶吉士，預修玉牒。乙卯，守制歸。服闋，詔修會典，充副總裁官，轉詹事兼學士，尋陞禮部右侍郎，掌詹事府事，侍皇太子講讀。己未，主考禮闈，給事中華昶劾之，詔廷辯，昶語塞坐罪。敏政致仕，卒，贈禮部尚書。所著有皇明文衡、瀛賢奏對、儀禮定本、新安文獻志、宋遺民録諸書。

廖道南曰：予爲兒時，竊觀篁墩文集，浩乎其莫禦。及予謫居徽上，登齊雲，望紫陽，訪其廬，吊其墓，想見其爲人，蓋一代之豪也。而卒被誣以死，當國者寧不有遺憾耶？

贊曰：黄山巀嶪，萬仞干霄。練水渟泫，百川怒號。惟彼齊雲，紫翠岧嶢。篤生英乂，卓哉人豪。磊落高邁，天風海濤。撰述紬繹，蠒絲牛毛。青蠅貝錦，見晛則消。誦述遺編，德音孔昭。（録自殿閣詞林記卷六宫學）

程敏政傳

［清］張廷玉等

程敏政，字克勤，休寧人，南京兵部尚書信子也。十歲侍父官四川，巡撫羅綺以神童薦。英宗召試，悦之，詔讀書翰林院，給廩饌。學士李賢、彭時咸愛重之，賢以女妻焉。成化二年，進士及第，授編修，歷左諭德、直講東宫。翰林中，學問該博稱敏政，文章古雅稱李東陽，性行真純稱陳音，各爲一時冠。孝宗嗣位，以宫僚恩擢少詹事，兼侍講學士，直經筵。敏政名臣子，才高負文學，常俯視儕偶，頗爲人所疾。弘治元年冬，御史王嵩等以雨災劾敏政，因勒致仕。五年，起官，尋改太常卿，兼侍讀學士，掌院事，進禮部右侍郎，專典内閣誥敕。十二年，與李東陽主會試，舉人徐經、唐寅預作文，與試題合，給事中華昶劾敏政鬻題。時榜未發，詔敏政毋閲卷，其所録者，令東陽會同考官覆校，二人卷皆不在所取中。東陽以聞，言者猶不已。敏政、昶、經、寅俱下獄。坐經嘗贄見敏政，寅嘗從敏政乞文，黜爲吏，敏政勒致仕，而昶以言事不實，調南太僕主簿。敏政出獄，憤恚發癰卒。後贈禮部侍郎。或言敏政之獄，傅瀚欲奪其位，令昶奏之。事祕，莫能明也。（録自明史卷二八六文苑傳二）

朱子晚年定論

［明］王守仁 撰　方笑一 校點

目録

校點説明

朱子晚年定論，一卷，明王守仁撰。王守仁（一四七二——一五二九），字伯安，餘姚人。嘗築室會稽山陽明洞，自號陽明子，世稱陽明先生。

王守仁少隨父華寓京師，嘗出遊居庸三關。十八歲謁婁諒，受宋儒格物之學。弘治十二年（一四九九）賜進士出身，觀政工部。授刑部主事，改兵部。正德元年（一五〇六）上疏論救爲宦官劉瑾所逮之南京科道官戴銑等，廷杖四十，謫貴州龍場驛（今貴州貴陽西北）丞。三年後知廬陵縣，歷多部主事，吏部員外郎、郎中。陞南京太僕寺少卿、鴻臚寺卿。正德十一年（一五一六）陞都察院左僉都御史，蕩平諸寇。十四年（一五一九）寧王朱宸濠反，守仁三戰而俘之。後陞南京兵部尚書，封新建伯。丁憂數年，嘉靖六年（一五二七）以原官兼左都御史，征思恩、田州，次年亂平後返鄉，至南安，病逝於大庚縣青龍港舟中。隆慶初贈新建侯，謚文成。萬曆十二年（一五八四）從祀孔廟。有王文成公全書。

王守仁繼承並發展了南宋陸九淵的思想，提出「心學」的概念，以「心」爲最高本體，認爲「心外無物，心外無事，心外無理」（與王純甫二），「心即道，道即天」（傳習録上），「心即理」（傳習録中）。又將本體論和修養論統一於「致良知」，認爲「良知」存在於人的本心之中，不假外求，但可以推廣至萬事萬物。在「知」和「行」的關係方面，反對先知後行，而强調「知行合一」：「某嘗説知是行的主意，行是知的功夫；知是行之始，行是知之成」，「某今説個知行合一，正是對病的藥」（傳習録上）。守仁之學標誌著傳統儒學的發展進入了一個新階段，也成爲明代儒學中最重要的部分，後世稱爲「陽明學」。

守仁編纂朱子晚年定論的目的，據其自序所云，蓋因貶謫龍場期間，於聖人之道忽有所悟，然「獨於朱子之説有相牴牾，恒疚於心」。後爲官南京，「取朱子之書而檢求之，然後知其晚歲固已大悟舊説之非，痛悔極艾」。在他看來，四書集註和四書或問之類，皆朱子「中年未定之説」，「思改正而未及」，朱子語類之屬又因「門人挾勝心以附己見」，與朱子真實意見相乖。他以爲己説「不繆於朱子」，而「嘅夫世之學者徒守朱子中年未定之説，而不復知求其晚歲既悟之論」，遂將朱子書信「採録而裒集之，私以示夫同志」。王守仁認爲，定論中採録的文字，才是朱子的「晚年既悟之論」，能真正代表其最後的學術觀點。定論從朱子的三十四封書信中各抄録一段，其中答呂子約書後又附子約覆書，又節録元吴澄尊德性道問學齋記附於全書之末。定論問世之後，頗遭非議，時人羅欽順指出其中所録答何叔京四書皆作於朱子四十六歲時，而集註、或問則成書於兩年之後。陳建在學蔀通辨中以爲定論效仿趙汸、程敏政，尤其是後者道一編通過編録朱、陸往還書信，以調和朱、陸的做法。其後馮柯、孫承澤、顧炎武、陸隴其等學者均不認同定論，而劉宗周與李紱則先後加以回護。

據定論自序，是書編成於正德十年（一五一五）十一月，據錢德洪等陽明先生年譜，定論初刻於正德十三年（一五一八）七月，而嘉靖二十九年（一五五〇）正月，「增刻先生朱子晚年定論。朱子定論，師門所刻止一卷，今洪增録二卷，共三卷，際令其孫致詹梓刻於書院」。定論經錢德洪增爲三卷後，由史際之孫史致詹刊刻於溧陽的嘉義書院。無論初刻的一卷本，還是後來的三卷本，目前均已不可見。隆慶六年（一五七二），謝廷傑刻王文成公全書三十八卷於應天府，將定論附於傳習録之後，並附陽明門人袁慶麟跋。這個版本的王文成公全書影響最大，後來的全書或全集多據其翻刻或排印。

本次校點，以四部叢刊初編影印隆慶六年謝廷傑刻王文成公全書本傳習録所附朱子晚年定論爲底本，校以上海圖書館藏日本正德二年（一七一二）青木嵩山堂刻三輪希賢標註傳習録所附本（簡稱「和刻本」），以及上海圖書館藏清咸豐四年（一八五四）雷以諴雨香書屋刻本（簡稱「清刻本」）。我的研究生田雨露和趙友永在校點過程中幫助查找過資料，謹致謝忱。

方笑一　二〇一七年十二月

序

陽明子序曰：洙泗之傳，至孟氏而息。千五百餘年，濂溪、明道始復追尋其緒，自後辨析日詳，然亦日就支離決裂，旋復湮晦。吾嘗深求其故，大抵皆世儒之多言有以亂之。守仁早歲業舉，溺志詞章之習，既乃稍知從事正學，而苦於衆說之紛撓疲痛，茫無可入，因求諸老釋，欣然有會於心，以爲聖人之學在此矣。然於孔子之教間相出入，而措之日用，往往缺漏無歸，依違往返，且信且疑。其後謫官龍場，居夷處困，動心忍性之餘，恍若有悟，體念探求，再更寒暑，證諸五經、四子，沛然若決江河而放諸海也。然後嘆聖人之道坦如大路，而世之儒者妄開竇徑，蹈荆棘，墮坑塹，究其爲說，反出二氏之下，宜乎世之高明之士厭此而趨彼也，此豈二氏之罪哉？間嘗以語同志，而聞者競相非議〔一〕，目以爲立異好奇。雖每痛反深抑，務自搜剔斑瑕，而愈益精明的確，洞然無復可疑。獨於朱子之說有相抵牾，恒疚於心，切疑朱子之賢，而豈其於此尚有未察？及官留都，復取朱子之書而檢求之，然後知其晚歲固已大悟舊說之非，痛悔極艾，至以爲自誑誑人之罪不可勝贖。世之所傳集註、或問之類，乃其中年未定之説，自咎以爲舊本之誤，思改正而未及，而其諸語類之屬，又其門人挾勝心以附己見，固於朱子平日之説猶有大相繆戾者。而世之學者局於見聞，不過持循講習於此，其於悟後之論概乎其未有聞，則亦何怪乎予言之不信，而朱子之心無以自暴於後世也乎？

予既自幸其説之不繆於朱子，又喜朱子之先得我心之同然，且慨夫世之學者徒守朱子中年未定之説，而不復知求其晚歲既悟之論，競相呶呶，以亂正學，不自知其已入於異端，輒採録而裒集之，私以示夫同志，庶幾無疑於吾説，而聖學之明可冀矣。正德乙亥冬十一月朔，後學餘姚王守仁序。

【校勘記】

〔一〕而聞者競相非議　「聞」，原作「間」，據和刻本、清刻本改。

朱子晚年定論

答黄直卿書

爲學直是先要立本。文義却可且與説出正意，令其寬心玩味，未可便令考校同異，研究纖密，恐其意思促迫，難得長進。將來見得大意，略舉一二節目漸次理會，蓋未晚也。此是向來定本之誤，今幸見得，却煩勇革，不可苟避譏笑，却誤人也。

答吕子約

日用工夫，比復何如？文字雖不可廢，然涵養本原而察於天理人欲之判，此是日用動静之間不可頃刻間斷底事。若於此處見得分明，自然不到得流入世俗功利權謀裏去矣。熹亦近日方實見得向日支離之病，雖與彼中證候不同，然忘己逐物、貪外虚内之失，則一而已。程子説「不得以天下萬物撓己，己立後自能了得天下萬物」，今自家一箇身心不知安頓去處，而談王説伯，將經世事業別作一箇伎倆商量講究，不亦誤乎！相去遠，不得面論，書問終説不盡，臨風嘆息而已。

答何叔京

前此僭易拜稟博觀之敝，誠不自揆，乃蒙見是，何幸如此！然觀來喻，似有未能遽舍之意，何邪？此理甚明，何疑之有？若使道可以多聞博觀而得，則世之知道者爲不少矣。熹近日因事方有少省發處，如「鳶飛魚躍」，明道以爲與「必有事焉勿正」之意同者，乃今曉然無疑。日用之間，觀此流行之體，初無間斷處，有下工夫處。乃知日前自誑誑人之罪，蓋不可勝贖也。此與守書册、泥言語全無交涉，幸於日用間察之，知此則知仁矣。

答潘叔昌

示喻「天上無不識字底神仙」，此論甚中一偏之弊。然亦恐只學得識字，却不曾學得上天，即不如且學上天耳。上得天了，却旋學上天人，亦不妨也。中年以後，氣血精神能有幾何？不是記故事時節。熹以目昏，不敢着力讀書。閒中静坐，收斂身心，頗覺得力。間起看書，聊復遮眼，遇有會心處，時一喟然耳。

答潘叔度

熹衰病，今歲幸不至劇，但精力益衰，目力全短，看文字不得。冥目静坐，却得收拾放心，覺得日前外面走作不少，頗恨盲廢之不早也。看書鮮識之喻，誠然。然嚴霜大凍之中，豈無些小風和日煖意思？要是多者勝耳。

與吕子約

孟子言「學問之道，惟在求其放心」，而程子亦言「心要在腔子裏」。今一向耽着文字，令此心全體都奔在册子上，更不知有己。便是箇無知覺不識痛癢之人，雖讀得書，亦何益於吾事邪？

與周叔謹

應之甚恨未得相見，其爲學規模次第如何？近來吕、陸門人互相排斥，此由各徇所見之偏，而不能公天下之心以觀天下之理，甚覺不滿人意。應之蓋嘗學於兩家，未知其於此看得果如何？因話扣之，因書諭及爲幸也。熹近日亦覺向來説話有大支離處，反身以求，正坐自已用功亦未切耳。因此減去文字功夫，覺得閒中氣象甚適。每勸學者亦且看孟子「道性善」、「求放心」兩章，着實體察收拾爲要。其餘文字，且大概諷誦涵養，未須大段着力考索也。

答陸象山

熹衰病日侵，去年災患亦不少，比來病軀方似略可支吾。然精神耗減，日甚一日，恐終非能久於世者。所幸邇來日用功夫頗覺有力，無復向來支離之病，甚恨未得從容面論，未知異時相見，尚復有異同否耳？

答符復仲

聞向道之意甚勤。向所喻「義利之間誠有難擇者，但意所疑以爲近利者，即便舍去可也。向後見得親切，却看舊事又有見未盡、舍未盡者，不解有過當也」，見陸丈回書。其言明當，且就此持守，自見功效，不須多疑多問，却轉迷惑也。

答吕子約

日用功夫，不敢以老病而自懈。覺得此心操存舍亡，只在反掌之間。向來誠是太涉支離。蓋無本以自立，則事事皆病耳。又聞講授亦頗勤勞，此恐或有未便。今日正要清源正本，以察事變之幾微，豈可一向汩溺於故紙堆中，使精神昏弊，失後忘前，而可以謂之學乎？

與吴茂實

近來自覺向時工夫止是講論文義，以爲積集義理，久當自有得力處，却於日用工夫全少檢點。諸朋友往往亦只如此做工夫，所以多不得力。今方深省而痛懲之，亦欲與諸同志勉焉。幸老兄遍以告之也。

答張敬夫

熹窮居如昨，無足言者。自遠去師友之益，兀兀度日，讀書反己，固不無警省處，終是旁無彊輔，因循汩没，尋復失之。近日一種向外走作，心悦之而不能自已者，皆準止酒例戒而絶之，似覺省事。此前輩所謂「下士晚聞道，聊以拙自脩」者，若擴充不已〔一〕，補復前非，庶其有日。舊讀中庸「慎獨」，大學「誠意」、「毋自欺」處，常苦求之太過，措詞煩猥，近日乃覺其非。此正是最切近處，最分明處，乃舍之而談空於冥漠之間，其亦誤矣。方竊以此意痛自檢勒，懍然度日，惟恐有怠而失之也。至於文字之間，亦覺向來病痛不少。蓋平日解經最爲守章句者，然亦多是推衍文義，自做一片文字，非惟屋下架屋，説得意味淡薄，且是使人看者將註與經作兩項工夫做了，下梢看得支離，至於本旨全不相照。以此方知漢儒可謂善説經者，不過只説訓詁，使人以此訓詁玩索經文，訓詁、經文不相離異，只做一道看了，直是意味深長也。

答吕伯恭

道間與季通講論，因悟向來涵養功夫全少，而講説又多彊探，必取尋流逐末之弊。推類以求，衆病非一，而其源皆在此，恍然自失，似有頓進之功。若保此不懈，庶有望於將來。然非如近日諸賢所謂頓悟之機也。向來所聞誨諭諸説之未契者，今日細思，脗合無疑。大抵前日之病，皆是氣質躁妄之偏，不曾涵養克治，任意直前之弊耳。

答周純仁

閒中無事，固宜謹出，然想亦不能一併讀得許多。似此專人來往勞費，亦是未能省事隨寓而安之病。又如多服燥熱藥，亦使人血氣偏勝，不得和平，不但非所以衛生，亦非所以養心。竊恐更須深自思省，收拾身心，漸令向裏，令寧静閒退之意勝，而飛揚燥擾之氣消，則治心養氣、處世接物自然安穩，一時長進，無復前日内外之患矣。

答竇文卿

爲學之要，只在着實操存，密切體認，自己身心上理會。切忌輕自表襮，引惹外人辯論，枉費酬應，分却向裹工夫。

答呂子約

聞欲與二友俱來而復不果，深以爲恨。年來覺得日前爲學不得要領，自做身主不起，反爲文字奪却精神，不是小病。每一念之，惕然自懼，且爲朋友憂之。而每得子約書，輒復恍然，尤不知所以爲賢者謀也。且如臨事遲回，瞻前顧後，只此亦可見得心術影子。當時若得相聚一番，彼此極論，庶幾或有剖決之助。今又失此幾會，極令人悵恨也。訓導後生，若説得是，當極有可自警省處，不會減人氣力。若只如此支離，漫無統紀，則雖不教後生，亦只見得展轉迷惑，無出頭處也。

答林擇之

熹哀苦之餘，無他外誘，日用之間，痛自斂飭，乃知敬字之功親切要妙乃如此。而前日不知於此用力，徒以口耳浪費光陰，人欲橫流，天理幾滅。今而思之，怛然震悚，蓋不知所以措其躬也。

又

此中見有朋友數人講學，其間亦難得朴實頭負荷得者。因思日前講論，只是口説，不曾實體於身，故在己在人都不得力。今方欲與朋友説日用之間，常切點檢氣習偏處、意欲萌處，與平日所講相似與不相似，就此痛着工夫，庶幾有益。陸子壽兄弟近日議論，却肯向講學上理會。其門人有相訪者，氣象皆好。但其間亦有舊病。此間學者却是與渠相反，初謂只如此講學，漸涵自能入德。不謂末流之弊只成説話，至於人倫日用最切近處，亦都不得毫毛氣力。此不可不深懲而痛警也。

答梁文叔

近看孟子見人即道性善，稱堯舜，此是第一義。若於此看得透，信得及，直下便是聖賢，便無一毫人欲之私做得病痛。若信不及孟子，又説箇第二節工夫，又只引成覵、顔淵、公明儀三段説話，教人如此發憤勇猛向前，日用之間，不得存留一毫人欲之私在這裏，此外更無别法。若於此有箇奮迅興起處，方有田地可下功夫。不然，即是畫脂鏤冰，無真實得力處也。近日見得如此，自覺頗得力，與前日不同，故此奉報。

答潘恭叔〔一〕

學問根本在日用間，持敬集義工夫，直是要得念念省察。讀書求義，乃其間之一事耳。舊來雖知此意，然於緩急之間，終是不覺有倒置處，誤人不少，今方自悔耳。

答林充之

充之近讀何書？恐更當於日用之間爲仁之本者深加省察，而去其有害於此者爲佳。不然，誦説雖精而不踐其實，君子蓋深恥之。此固充之平日所講聞也。

答何叔京〔三〕

李先生教人，大抵令於静中體認大本未發時氣象分明，即處事應物，自然中節。此乃龜山門下相傳指訣。然當時親炙之時，貪聽講論，又方竊好章句訓詁之習，不得盡心於此，至今若存若亡，無一的實見處，辜負教育之意。每一念此，未嘗不愧汗沾衣也。

又

熹近來尤覺昏憒無進步處。蓋緣日前偷墮苟簡，無深探力行之志，凡所論説，皆出入口耳之餘，以故全不得力。今方覺悟，欲勇革舊習，而血氣已衰，心志亦不復彊，不知終能有所濟否？

又

向來妄論持敬之説，亦不自記其云何。但因其良心發見之微，猛省提撕，使心不昧，則是做工夫底本領。本領既立，自然下學而上達矣。若不察良心發見處，即渺渺茫茫，恐無下手處也。中間一書論「必有事焉」之説，却儘有病，殊不蒙辨詰，何邪？所喻多識前言往行，固君子之所急，熹向來所見亦是如此。近因反求未得箇安穩處，却始知此未免支離。如所謂因諸公以求程氏，因程氏以求聖人，是隔幾重公案？曷若默會諸心，以立其本，而其言之得失自不能逃吾之鑒邪？欽夫之學所以超脱自在，見得分明，不爲言句所桎梏，只爲合下入處親切，今日説話雖未能絶無滲漏，終是本領是當，非吾輩所及，但詳觀所論，自可見矣。

答林擇之

所論顔、孟不同處，極善極善。正要見此曲折，始無窒礙耳。比來想亦只如此用功。熹近只就此處見得向來未見底意思，乃知「存久自明，何待窮索」之語是真實不誑語。今未能久，已有此驗，況真能久邪？但當益加勉勵，不敢少弛其勞耳。

答楊子直

學者墮在語言，心實無得，固爲大病。然於語言中，罕見有究竟得徹頭徹尾者。蓋資質已是不及古人，而功夫又草草，所以終身於此若存若亡，未有卓然可恃之實。近因病後，不敢極力讀書，閒中却覺有進步處。大抵孟子所論求其放心，是要訣爾。

與田侍郎子真

吾輩今日事事做不得，只有向裏存心窮理，外人無交涉。然亦不免違條礙貫，看來無着力處。只有更攢近裏面，安身立命爾。不審比日何所用心？因書及之，深所欲聞也。

答陳才卿

詳來示，知日用工夫精進如此，尤以爲喜。若知此心此理端的在我，則參前倚衡，自有不容捨者，亦不待求而得，不待操而存矣。格物致知，亦是因其所已知者推之以及其所未知，只是一本，原無兩樣工夫也。

與劉子澄

居官無修業之益，若以俗學言之，誠是如此。若論聖門所謂德業者，却初不在日用之外，只押文字便是進德修業地頭，不必編綴異聞乃爲修業也。近覺向來爲學，實有向外浮泛之弊，不惟自誤，而誤人亦不少。方別尋得一頭緒，似差簡約端的，始知文字言語之外真別有用心處，恨未得面論也。浙中後來事體大段支離乖僻，恐不止似正似邪而已，極令人難説。只得惶恐，痛自警省，恐未可專執舊説以爲取舍也。

與林擇之

熹近覺向來乖繆處不可縷數，方惕然思所以自新者，而日用之間，悔吝潛積，又已甚有寸進。以此知初學得些靜中功夫，亦爲助不小。

多。朝夕惴懼，不知所以爲計。若擇之能一來輔此不逮，幸甚！然講學之功，比舊却覺稍

答吕子約

示喻日用工夫如此，甚善！然亦且要見一大頭腦分明，便於操舍之間有用力處〔四〕。如實有一物，把住放行在自家手裏，不是謾説求其放心，實却茫茫無把捉處也。

子約復書云：「某蓋嘗深體之，此箇大頭腦本非外面物事，是我元初本有底。其曰『人生而静』，其曰『喜怒哀樂之未發』，其曰『寂然不動』，人汩汩地過了日月，不曾存息，不曾實見此體段，如何會有用力處？程子謂『這箇義理，仁者又看做仁了，智者又看做智了，百姓日用而不知，此所以君子之道鮮』。此箇亦不少，亦不剩，只是人看他不見，不大段信得此話。及其言於勿忘勿助長間認取者，認乎此也。認得此，則一動一静皆不昧矣。惻隱、羞惡、辭讓、是非，四端之著也，操存久則發見多。忿懥、憂患、好樂、恐懼，不得其正也，放舍甚則日滋長。記得南軒先生謂『驗厥操舍，乃知出入』，乃是見得主腦，於操舍間有用力處之實話。蓋苟知主腦不放下，雖是未能常常操存，然語默應酬間歷歷能自省驗，雖其實有一物在我手裏，然可欲者是我底物，不可放失；不可欲者非是我物，不可留藏。雖謂之實

有一物在我手裏，亦可也。若是謾説，既無歸宿，亦無依據，縱使彊把捉得住，亦止是襲取，夫豈是我元有底邪？愚見如此，敢望指教。」朱子答書云：「此段大概甚正當親切。」

答吴德夫

承喻仁字之説，足見用力之深。熹意不欲如此坐談，但直以孔子、程子所示求仁之方，擇其一二切於吾身者，篤志而力行之，於動静語默間勿令間斷，則久久自當知味矣。去人欲，存天理，且據所見去之存之。功夫既深，則所謂似天理而實人欲者次第可見。今大體未正，而便察及細微，恐有「放飯流歠而問無齒決」之譏也。如何如何？

答或人

「中和」二字，皆道之體用。舊聞李先生論此最詳，後來所見不同，遂不復致思。今乃知其爲人深切，然恨已不能盡記其曲折矣。如云「人固有無所喜怒哀樂之時，然謂之未發，則不可言無主也」。又如先言慎獨，然後及中和，此亦嘗言之。但當時既不領略，後來又不深思，遂成蹉過，孤負此翁耳。

答劉子澄

日前爲學，緩於反己，追思凡百，多可悔者。所論註文字，亦坐此病，多無着實處。回首茫然，計非歲月功夫所能救治，以此愈不自快。前時猶得敬夫、伯恭時惠規益，得以自警省。二友云亡，耳中絶不聞此等語。今乃深有望於吾子澄。自此惠書，痛加鐫誨，乃君子愛人之意也。

朱子之後，如真西山、許魯齋、吴草廬亦皆有見於此，而草廬見之尤真，悔之尤切。今不能備録，取草廬一説附於後。

臨川吴氏曰：「天之所以生人，人之所以爲人，以此德性也。然自聖傳不嗣，士學靡宗，漢唐千餘年間，董、韓二子依稀數語近之，而原本竟昧昧也。逮夫周、程、張、邵興，始能上通孟氏而爲一。程氏四傳而至朱，文義之精密，又孟氏以來所未有者。其學徒往往滯於此而溺其心。夫既以世儒記誦詞章爲俗學矣，而其爲學亦未離乎言語文字之末，此則嘉定以後朱門末學之敝，而未有能救之者也。夫所貴乎聖人之學，以能全天之所以與我者爾。天之與我，德性是也，是爲仁義禮智之根株，是爲形質血氣之主宰。舍此而他求，所學何學哉？假而行如司馬文正公，才如諸葛忠武侯，亦不免爲習不著、行不察，亦不過爲資器之超於人，而謂有得於聖學，則未也。況止於訓詁之精，講説之密，如北溪之陳、雙峰之饒，則與彼記誦詞章之俗學，相去何能以寸哉？聖學大明於宋代，而踵其後者如此，可嘆已！澄也鑽研於文義，毫分縷析，每以陳爲未精，饒爲未密也，墮此科臼中垂四十年，而始覺其非。自今以往，一日之内子而亥，一月之内朔而晦，一歲之内春而冬，常見吾德性之昭昭，如天之運轉，如日月之往來，不使有須臾之間斷，則於尊之之道殆庶幾乎？於此有未能，則問於人，學於己，而必欲其至。若其用力之方，非言之可喻，亦味於中庸首章、訂頑終篇而自悟可也。」

【校勘記】

〔一〕若擴充不已　「擴充」，清刻本作「充擴」。

〔二〕答潘恭叔　「恭叔」，原作「叔恭」，據清刻本乙正。

〔三〕答何叔京　「京」，原作「景」，據和刻本改。

〔四〕便於操舍之間有用力處　「操」，原作「澡」，據和刻本、清刻本改。

附録

朱子晚年定論引

〔明〕錢德洪

定論首刻於南贛。朱子病目靜久，忽悟聖學之淵微，乃大悔中年註述誤己誤人，遍告同志。師閱之，喜己學與晦翁同，手録一卷，門人刻行之，自是爲朱子論異同者寡矣。師曰：「無意中得此一助。」隆慶壬申，虬峰謝君廷傑刻師全書，命刻定論，附語録後，見師之學與朱子無相繆戾，則千古正學同一源矣。并師首敘與袁慶麟跋凡若干條，洪僭引其說。

朱子晚年定論跋

〔明〕袁慶麟

朱子晚年定論，我陽明先生在留都時所採集者也。揭陽薛君尚謙舊録一本，同志見之，至有不及抄寫，袖之而去者。衆皆憚於翻録，乃謀而壽諸梓，謂「子以齒，當志一言」。惟朱子一生勤苦，以惠來學，凡一言一字，皆所當守，而獨表章是、尊崇乎此者，蓋以爲朱子之定見也。今學者不求諸此，而猶踵其所悔，是蹈舛也，豈善學朱子者哉？麟無似，從事於朱子之訓餘三十年，非不專且篤，而竟亦未有居安資深之地，則猶以爲知之未詳而覽之未博也。戊寅夏，持所著論若干卷來見先生。聞其言，如日中天，睹之即見，如五穀之藝地，種之即生，不假外求，而真切簡易，恍然有悟。退求其故而不合，則又不免遲疑於其間。及讀是編，始釋然，盡投其所業，假館而受學，蓋三月而若將有聞焉。然後知嚮之所學乃朱子中年未定之論，是故三十年而無獲。今賴天之靈，始克從事於其所謂定見者，故能三月而若將有聞也。非吾先生，幾乎已矣！敢以告夫同志，使無若麟之晚而後悔也。若夫直求本原於言語之外，真有以驗其必然而無疑者，則存乎其人之自力，是編特爲之指迷耳。正德戊寅六月望，門人雩都袁慶麟謹識。

咸豐雨香書屋刻本跋

［清］雷以諴

竊以諴質性愚鈍，時懼言動多疚，入德無幾。於五經、四書外，愛讀五子性理，乃歎聖人之道至宋始大昌明。及讀陽明先生集，覺其爲學洞徹本原，近裏諸己，若與朱子或問、語類等書頗有同異。咸豐三年癸丑，奉命赴廣陵襄理軍務。宥函孔繼鑅適在幕，持陽明先生集，内有朱子晚年定論一册，捧讀三復。其悔悟之切，見道之真，蓋與陽明先生儼然同堂晤對，若合符節，前賢後賢，其揆一也。以誠口誦心維，手不能釋，乘暇録之幕中。秉初陳錫麟、平齋吴雲、俊甫沈方煦、少卿梁承誥、冰署李肇增皆嗜學，請付諸梓以公同好云。甲寅上元，楚北淦川春霆氏雷以誠謹跋并書。

與王陽明書（節録）

［明］羅欽順

又詳朱子定論之編，蓋以其中歲以前所見未真，爰及晚年，始克有悟，乃於其論學書尺三數十卷之内，摘此三十餘條，其意皆主於向裏者，以爲得於既悟之餘，而斷其爲定論。斯其所擇宜亦精矣，第不知所謂晚年者，斷以何年爲定？羸軀病暑，未暇詳考。偶考得何叔京氏卒於淳熙乙未，時朱子年方四十有六爾，後二年丁酉，而論孟集註、或問始成。今有取於答何書者四通，以爲晚年定論，至於集註、或問，則以爲中年未定之説，竊恐考之欠詳，而立論之太果也。又所取答黄直卿一書，監本止云「此是向來差誤」，别無「定本」二字，今所編刻增此二字，當別有據，而序中又變「定」字爲「舊」字，却未詳「本」字同所指否？朱子有答吕東萊一書，嘗及定本之説，然非指集註、或問也。凡此愚皆不能無疑，顧猶未足深論。竊以執事天資絶出，而日新不已，向來恍若有悟之後，自以爲「證諸五經、四子，沛然若決江河而放諸海」，又以爲「精明的確，洞然無復可疑」，某固信其非虚語也。然又以爲獨於朱子之説有相牴牾，揆之於理，容有是邪？他説姑未敢請，嘗讀朱子文集，其第三十二卷皆與張南軒答問書。内第四書亦自以爲「其於實體似益精明，因復取凡聖賢之書，以及近世諸老先生之遺語，讀而驗之，則又無一不合。蓋平日所疑而未白者，今皆不待安排，往往自見灑落處」。與執事之所以自序者，無一語不相似也。書中發其所見，不爲不明，而卷末一書提綱振領，尤爲詳盡，竊以爲千聖相傳之心學，殆無以出此矣，不知何故獨不爲執事所取，無亦偶然也邪？若以此二書爲然，則論孟集註、學庸章句、或問不容別有一般道理，雖或其間小有出入，自不妨隨處明辨也。如其以爲未合，則是執事精明之見，決與朱子異矣。凡此三十餘條者，不過姑取之以證成高論，而所謂「先得我心之所同然者」，安知不有毫釐之不同者，爲祟於其間，以成牴牾之大隙哉！恐不可不詳推其所以然也。又執事於朱子之後，特推草廬吴氏，以爲見之尤真，而取其一説，以附於三十餘條之後。竊以草廬晚年所見，端的與否，良未易知。蓋吾儒昭昭之云，釋氏亦每言之，毫釐之差，正在於此。即草廬所見果有合於吾之所謂昭昭者，安知非其四十年間，鑽研文義之效，殆所謂「真積力久而豁然貫通」者也？蓋雖以明道先生之高明純粹，又早獲親炙於濂溪，以發其吟風弄月之趣，亦必反求諸六經而後得之。但其所稟，隣於生知，聞一以知十，與他人極力於鑽研者不同耳。又安得以前日之鑽研文義爲非，而以墮此科臼爲悔？夫得魚忘筌，得兔忘蹄可也，矜魚兔之獲，而反追咎筌蹄以爲多事，其可乎哉？然世之徒事鑽研，而不知反説約者，則不可不深有儆於斯言也。抑草廬既有見夫所謂昭昭者，又以「不使有須臾之間斷」，爲庶幾乎尊之之道，其亦然矣。而下文乃云：「於此有未能，則問於人，學於己，而必欲其至。」夫其須臾之間間斷與否，豈他人之所能與？且既知所以尊之之道在此，一有間斷則繼續之而已，又安得以爲「未能」而別有所謂學哉？是則見道固難，而體道尤難。道誠未易明，而學誠不可不講，恐未可安於所見，而遂以爲極則也。某非知道者，然黽勉以求之亦有年矣。駸尋衰晚，茫無所得，乃欲與一代之英論學，多見其不知量也。雖然，執事平日相與之意良不薄矣，雖則駑鈍，心誠感慕而樂求教焉。一得之愚，用悉陳之而不敢隱。其他節目，所欲言者頗多，筆硯久疏，收拾不上。然其大要亦略可覩矣。伏惟經略之暇，試一觀焉，還賜一言以決其可否，幸甚。（録自文淵閣四庫全書本困知記附録）

答羅整菴少宰書（節録）

〔明〕王守仁

其爲朱子晚年定論，蓋亦不得已而然。中間年歲早晚，誠有所未考，雖不必盡出於晚年，固多出於晚年者矣。然大意在委曲調停以明此學爲重，平生於朱子之説如神明蓍龜，一旦與之背馳，心誠有所未忍，故不得已而爲此。「知我者，謂我心憂；不知我者，謂我何求？」蓋不忍牴牾朱子者，其本心也，不得已而與之牴牾者，道固如是，不直則道不見也。執事所謂決與朱子異者，僕敢自欺其心哉？夫道，天下之公道也；學，天下之公學也。非朱子可得而私也，非孔子可得而私也，天下之公也，公言之而已矣。故言之而是，雖異於己，乃益於己也；言之而非，雖同於己，適損於己也。益於己者，己必喜之；損於己者，己必惡之。然則某今日之論，雖或於朱子異，未必非其所喜也。君子之過，如日月之食，其更也，人皆仰之，而小人之過也必文。某雖不肖，固不敢以小人之心事朱子也。（録自四部叢刊初編本王文成公全書卷二）

學蔀通辨

〔明〕陳建 撰
張文 校點

目録

校點説明

學蔀通辨十二卷，明陳建撰。陳建（一四九七—一五六七），字廷肇，號清瀾，亦號清瀾釣叟、清瀾居士，廣東東莞亭頭鄉人。父陳恩，字宏濟，弘治己酉舉人，官南安訓導，歷陞廣南府知府，卒於官。陳建生於弘治十年八月二十日，「自幼純心篤學」。年十九，丁父憂，居喪盡禮。年二十三，補邑弟子員。年三十二，成舉人。兩上春官，皆中副榜。年三十六，選授侯官教諭。七載，遷臨江府教授，尋陞山東陽信令。旋以母老乞養，力請得歸，時年四十八。遂構築草堂，鋭志著述，隱而不出。隆慶元年，赴南京上所著書，因病而卒，年七十一。陳建「博學强記，諳於典故」，「究心學術邪正之分及國家因革治亂之故」。嘗奉督學江以達之命，校刊十三經注疏，書成代作奏疏，是即閩本十三經注疏也。又輯編周子全書、程氏遺書類編。所著學蔀通辨十二卷、擬古樂府考論二卷、治安要議六卷以及皇明通紀等，今皆有刊本傳世，還有濫竽録、古今至鑒、經世宏詞、明朝捷録、陳氏文獻録等書，則均未見流傳。陳建在學術史上曾有重要影響，然明史無其傳記，明儒學案亦不列其名。雒閩源流録卷九有傳，但敘事極爲簡略。至清道光間阮元纂修廣東通志，乃據東莞鄉賢録、粤大記等文獻載入列傳，敘事稍爲加詳。民國時邑人陳伯陶又重輯陳建傳，參據墓誌、家傳以及其他文獻二十餘種，述其行實及爲學大要最爲詳贍（參見本書附録部分）。

學蔀通辨是陳建最爲知名的著作，其撰作背景、成書過程及内容主旨大略如下。嘉靖十二三年間，陳建官侯官教諭之時，因與督學潘潢討論朱陸異同，而有朱陸編年之作。朱陸異同之争由來已久，在朱子、象山生前已然。二人論學多有分歧和論争，鵝湖之會已經充分彰顯，至「無極」之辨而愈益激烈。厥後兩家學者相互詰辯攻駁，「宗朱者詆陸爲狂禪，宗陸者以朱爲俗學，兩家之學各成門户，幾如冰炭」，成爲理學史上歷時最久、引人矚目的學術公案。元代吴澄始持折衷調停之論，而元末趙汸撰對江右六君子策，創爲朱陸始異終同之説。明弘治間程敏政因之而著道一編，以爲朱陸「始焉若冰炭之相反，中焉則疑信之相半，終焉若輔車之相倚」。正德間王陽明又專取朱子議論與象山相合者，集爲朱子晚年定論，朱陸早異晚同之説遂盛行於世。當時雖有羅欽順致書陽明力辨其非，然而經陽明大力提倡，崇信此説者日衆，象山地位亦緣此日漸上升。至嘉靖二十一年，因陽明門人薛侃之請，朝議欲以象山進祀孔廟，程朱官學正統地位似有動摇之虞。陳建基於捍衛程朱之立場，憂懼「道統將移，學脉日紊」，乃發憤著爲此書，而以先前所撰朱陸編年爲基礎，經反復討究修改，稿至六七易，於嘉靖二十七年成書。其書力破陽明朱子晚年定論，針鋒相對提出朱陸早同晚異之説，采摭朱陸兩家文集、語録、年譜、行狀、書札，并程氏遺書、伊洛淵源録以下二十餘種，編次年月，分條辨明。書名「學蔀通辨」，蔀者遮蔽之意也，大旨以爲佛學之近似惑人，象山之陽儒陰釋，加之近世之朱陸早異晚同之説，已成爲聖賢正學三重蔀障，故極力申斥辨駁。全書凡十二卷，分前編、後編、續編、終編，每編又分上中下三卷，「前編明朱陸早同晚異之實，後編明象山陽儒陰釋之實，續編明佛學近似惑人之實，而以聖賢正學不可妄議之實終焉」。就其撰著形式而論，有總序有分序，又有提綱，引書詳列目録，每卷皆有提要，觀點鮮明，體例謹嚴，條理詳密，堪謂極有體系之著作。

學蔀通辨在學術史上是非常重要，也是極具争議的著作。大體來説，尊奉程朱的學者對其非常推崇，而陸王一派的學者則極力排斥，折衷調停者也不滿其門户之深。如清初顧炎武懲於明朝覆亡之教訓，反思王學末流之弊，對學蔀通辨推挹甚至，稱許其爲「今日中流之砥柱」。陸隴其亦極推重學蔀通辨，對陳建深表服膺，以其「爲朱子洗剔其眉目」，「最足爲考亭干城」。而李紱則對陳建大爲不滿，斥之爲「無知妄論」，并撰學蔀通辨以駁其説，又著朱子晚年全論，以尊陸氏之學。乾隆年間吴鼎所撰東莞學案一書，專攻陳建學蔀通辨。至光緒末年，左欽敏又撰學蔀通辯正誤，對學蔀通辨多有駁正，批評陳建「以心爲諱」、「所見淺陋」，認爲朱陸學術既非早異晚同，亦非早同晚異，而是「朱陸之不合直終身不合也，其合者一時意見議論偶合耳」。

四庫全書總目存目類著録學蔀通辨，並云：「朱陸之書俱在，其異同本不待辨。王守仁輯朱子晚年定論，顛倒歲月之先後，以遷就其説，固不免於矯誣。然建此書痛詆陸氏，至以病狂失心目之，亦未能平允。觀朱子集中與象山諸書，雖負氣相争，在所不免，不如是之毒詈也。蓋詞氣之間，足以觀人之所養也。」而與陳建大約同時，還有新安程曈撰閑闢録，取朱子之語以闢陸王，四庫全書總目論其書云：「其説不爲不正，而門户之見太深，詞氣之間激烈已甚，殊非儒者氣象。」與陳建學蔀通辨，均謂之善罵可也。」誠如總目所論，陳建所辨多挾門户之見，詞氣激烈過甚，這是其缺陷所在。然總目概以「毒詈」「善罵」目之，則似未能究其根由。考陳建撰著學蔀通辨之例，皆條引前人之説而申釋論辨，其遣詞用句多有來歷。以總目所言爲例，陳氏每謂陸學顛狂失心，其實追根溯源，所謂「顛狂」「失心」，在朱子已有此語，故陳建本之爲説。朱子當日與象山相争，其實已多峻切之語，「子淵後以喪心死」，即爲朱子語類之文，諸如此類應當具體分析，不可一概而論也。

前人謂陳建「崇正黜邪，則毅然賁育莫之奪」，「憂深慮遠，肫懇迫切，如拯溺救焚，聲色俱變，至爲之狂奔疾呼」，此其衛道之心使然，亦可謂門派觀念使然。如果拋開理學上的正統觀念和門户之見，以現在的學術標準而論，學蔀通辨之價值意義究竟若何呢？容肇祖先生曾指出：「陳建的最大貢獻，是對於朱子的學問思想的先後次敘的闡明，並説明朱學和陸學的不同之處，而朱子的思想因此完全顯露出來。」（參見：容肇祖補明儒東莞學案，國學季刊第五卷三期，一九三六年。）錢穆先生嘗論云：「清瀾此書，前編重在著朱陸晚年之冰炭，後編在辨陸學之爲禪，續編在辨禪學之亂真。其書愈後愈深入，愈見精語絡繹錯出。若專以辨正篁墩、陽明之論視此書，亦失此書用力所在矣。」又云：「蓋辨朱陸早晚同異，僅是著此書之最先動機。繼辨象山、陽明之陽儒陰釋，又繼而辨佛學禪學之近似惑人，乃清瀾此書最大用力所在。惟清瀾此書，每一陳義，必先引朱子説爲依據，或旁及於濂溪、二程、横渠諸家之説，實當爲討究宋代理學與禪宗異同之重要參考。從來學者發明朱子，多注重其釋經明道之一面，而清瀾此書，則專著意其辟異息邪之另一面。」（參見：錢穆中國學術思想史論叢之七讀陳建學蔀通辨，三聯書店二〇〇九年版。）張學智先生則云：「學蔀通辨因它的門户之見，所可稱述者不多，但它代表了明代後期一種學術趨向：即在王學風靡學界的情况下，爲朱學争正統。」「陳建的學蔀通辨是自晚明開始的由王學向朱子學回歸的思潮的先導，這股思潮後來發展爲思想家們在明亡國耻的刺激下對王學的反省和檢討。這一思潮是中國思想史上的大事。陳建的學蔀通辨作爲這一思潮的開端，對它後來的發展，起著一定的影響。」（參見：張學智明代哲學史第二十四章，北京大學出版社二〇〇〇年版。）這些論述對於我們認識學蔀通辨的學術價值頗有啓迪。

學蔀通辨在學術史上有重要影響，刊刻流傳極廣。關於其初刻時間，前人多言萬曆三十三年（一六〇五）始有刊本，即黄吉士、吳中立所刊而顧憲成所序之本。如周中孚鄭堂讀書記云「萬曆乙巳始有刊本，無錫顧端文憲成爲之序」。陳伯陶所輯陳建傳，據東莞志、粵大記謂「當時壓於王氏不得傳，至萬曆間，盱眙吳令因梓是編，憲成序之，自是始行於世」。皆謂其初刻於萬曆乙巳。而張夏雒閩源流録則謂「慕崗馮氏乃以是書重鋟諸木，屬涇陽顧先生序而傳之」，其言「重鋟」，又似此前已有刻本。今北京大學圖書館著録有明嘉靖二十七年（一五四八）刻本，其時間依據爲此本前有嘉靖二十七年自序，末自跋云「嘉靖癸巳甲午之歲，建竊禄南閩……今十餘年矣……迺克就梓」。又其版心有刻工姓名，版刻風格似符合嘉靖至萬曆初期刻本之特徵。又據朝鮮在李氏宣祖五年（一五七三），就已公開刊印學蔀通辨，比萬曆乙巳尚早三十二年，而此朝鮮刊本與北京大學圖書館著録之明嘉靖二十七年刻本非常接近。（參見：龔穎學蔀通辨在東亞的傳播和意義，載海峽兩岸道德發展論會議論文，二〇〇八年。）據此可知，北京大學圖書館著録嘉靖二十七年刻本大概可信，而前人所言初刻於萬曆三十三年之説似非事實。因學蔀通辨版本衆多，系統源流較爲複雜，茲敘今所見主要版本如下：

一、明嘉靖二十七年刻本。北京大學圖書館藏，續修四庫全書、四庫全書存目叢書據之影印。十行二十字，白口，四周單邊，版心刻工有阿序、俞庭、方孝、何鯨、周欽、陳堅、夏文憲等。此蓋初刻之本，爲後世諸本之祖。

二、明萬曆三十三年刻本。國家圖書館藏。九行二十字，白口，四周雙邊。前有顧憲成萬曆乙巳刻學蔀通辯序。卷首題「東莞陳建著」、「内黄黄流授男吉士梓」。文字内容與初刻本差異不大。據其他版本所載録，原本當有馮應京原啓、吴中立原跋，但在國圖藏本中皆已不存。

三、清康熙十七年啓後堂刻本。北京大學、中國人民大學、南開大學、上海圖書館等館藏。九行二十二字。版心下刻「啓後堂」。内封面鐫「陳清瀾先生著」、「學蔀通辯」、「啓後堂重梓」。前有顧憲成刻學蔀通辯序，顧天挺重刻學蔀通辯敘。卷首題「東莞陳建著」、「當湖後學顧天挺蒼巖重校」。此本據明萬曆三十三年刻本重刊，對初刻本的明顯訛誤有所修正，然亦有文字訛脱，整體而言差異不多。

四、清康熙四十五年刻本。九行二十二字。國家圖書館、上海圖書館等館藏。内封面鐫「新安汪默庵評點」、「潘大中丞參訂」、「陳清瀾學蔀通辨」、「正誼堂藏板」。前有潘宗洛康熙丙戌重刻學蔀通辨序，顧憲成原序，馮應京原啓。後有吴中立原跋，蔡元偉讀學蔀通辨法，附汪璲識語、校梓學蔀通辨附語等。卷首題「東莞陳建清瀾甫輯書」「休寧汪璲文儀甫評訂」「宜興潘宗洛書原甫參訂」。根據所附序跋，此本當由明萬曆三十三年刻本而來。其最顯著的特點，是附有汪璲評語和案斷之語，是今所見各本中惟一的評點本。此本對原書多有删節和改動，文字内容不太完整，是其嚴重缺陷。如續編卷下最末兩段自「象山陽明一派」以下三百多字皆删去不存，終編卷下所附陳建原跋删改很多。其版刻文字亦多訛誤和闕文，然亦不乏精到之處，可據以訂正諸本之訛。

五、清雍正六年留芳堂刻本。國家圖書館、上海圖書館等館藏。九行二十二字。内封面鐫「東莞陳清瀾先生編定」、「雍正六年重鐫」、「學蔀通辨」、「城西留芳堂藏板」。前有手書上板陳建學蔀通辨序，刻「陳建」、「清瀾主」印記。又有陳似源重輯學蔀通辨序，後附刻東莞鄉賢録陳建傳。卷首題「東莞清瀾陳建著」、「元孫璋率男某某孫某某某某重輯」。此本爲陳建裔孫陳璋據家藏舊本重刊，其續編卷中之末附有補遺一條，與原本終編卷下倒數第三條正可參照，當爲成書之後陳建續增。初刻本很多引文不妥之處，此本大都修改完善。其缺陷是内容不太完整，如原本中「夷狄」之類文字，此本皆闕文。又删去續編卷下自「胡文定論達磨」以下兩段四百餘字、終編卷下倒數第二段自「愚嘗因此而推陰陽消長之義」以下三百多字，蓋因語涉夷狄之辨，懼怕觸犯清廷之忌也。

六、清道光七年敦睦堂刻本。北京大學、山東大學、國家圖書館等館藏。九行二十二字。内封面鐫「東官陳清瀾先生編」「學蔀通辯」「城南敦睦堂藏板」。前有雍正六年陳似源序，後據邑志附録陳建傳記，並有道光丁亥鄭幹跋。此本係據雍正六年留芳堂刻本重刻。阮元學蔀通辨序所謂「道光八年春，粤中學人寄學蔀通辨來滇請序」，蓋即爲此刊本也。

七、清同治五年正誼堂全書本。十行二十二字。内封面鐫「學蔀通辨」，有「福州正誼書院藏版」牌記。前有顧憲成序、顧天挺序、陳建傳（據張夏雒閩淵源録）。卷首題「儀封張伯行孝先甫重訂」「受業諸子仝校」。按：清康熙四十五年刻本内封面雖鐫「正誼堂藏板」字樣，然其並非是張伯行正誼堂原刻。據張清恪公年譜，正誼堂原刻刊成於康熙五十二年，今尚未見其原本（據全國古籍普查登記基本數據庫，湖南圖書館藏有清康熙福州正誼堂刻本，江蘇師範大學圖書館藏有清康熙、雍正刻正誼堂叢書本，未能目驗其書，存疑）。此本乃依據正誼堂原本重刻，據其録顧憲成、顧天挺二序，則張氏原刻當出自啓後堂刻本。又此本内容不太完整，文字脱衍錯訛較多。而與留芳堂本相似，凡涉及夷狄之語必加删改。終編卷下最末兩段文字及陳建原跋，此本皆删去不存。

八、清光緒十八年劉氏傳經堂本。與程曈閑闢録、張烈王學質疑、童能靈朱子爲學次第考、陳法明辨録、方東樹漢學商兑、羅澤南姚江學辨，收入辨學七種，見賀瑞麟所輯西京清麓叢書。十行二十二字。内封面鐫「陳清瀾學蔀通辯凡四編」，牌記曰「光緒壬辰夏/劉傳經堂栞」。前有有張伯行序、顧憲成序、顧天挺序、陳建傳（據張夏雒閩淵源録）。卷端題「東莞陳建清瀾著」「儀封張伯行孝先重訂」。此本據同治五年正誼堂全書本重刻。

九、上海圖書館藏清鈔本。九行二十二字，版心上題「淇園」。前有蔡元偉朱陸論附汪璲識語、顧憲成刻學蔀通辯序（原注：原本稍爲删節）、馮慕崗先生啓，後有吴中立學蔀通辯跋、汪璲手録學蔀通辯跋語，末頁邊上有題字云：「李杜文章在，光焰萬丈長。蚍蜉撼大樹，可笑不自量。己丑季夏望之夜衛天麟題書。」卷首題「東莞陳建著」、「内黄黄流授男吉士梓」、「紫陽後學汪璲文儀録校」。此本正文内容依據明萬曆三十三年刻本，並據清康熙四十五年刻本過録了汪璲評語。

十、民國十年東莞陳氏聚德堂叢書本。陳伯陶輯。十一行二十二字。前有顧憲成序、顧天挺序。後有陳伯陶跋，並附陳建傳。卷首題「東莞陳建著」、「當湖後學顧天挺蒼巖重校」。據陳伯陶跋云：「莞中舊有刻本，余得顧蒼巖校本，前有涇陽、蒼巖兩序，莞本無之。莞本後編卷中末有補遺一條，蓋清瀾續增者，顧本無之，兹刻補入。」其所謂莞本，即雍正六年留芳堂本。此本參校啓後堂本與留芳堂本刻成，校勘精審，兼有兩本之長。

另外，學蔀通辨在朝鮮和日本曾多次刊印。北京大學圖書館藏有日本寬文三年（一六六三）刊本和安政四年（一八五七）刊本。其中寬文三年刊本據明萬曆三十三年刻本重刊，除了施加訓點，版式行款全同萬曆刻本，存録顧憲成序和吴中立跋，又有日本學者安東守正跋。安政四年刊本則據康熙十七年啓後堂刊本覆刻，存録顧憲成、顧天挺二序，除了標注句讀，版式行款全同啓後堂本。

此次校點整理學蔀通辨，我們選擇以續修四庫全書影印之北京大學圖書館所藏明嘉靖二十七年刻本作爲底本，並參校上海圖書館所藏之清康熙十七年啓後堂刻本（簡稱啓後堂本）、康熙四十五年潘宗洛刻本（簡稱潘本）、雍正六年留芳堂刻本（簡稱留芳堂本）。在後編卷中之末，據留芳堂本補入補遺一條。結合全書的内容特點，遇到文義有疑之處，還適當參校其所引據諸家之書，並視需要出校説明。鑒於左欽敏學蔀通辨正誤主要駁正學蔀通辨，並且不無精要見解，我們將其作爲附録，所據版本爲國家圖書館藏民國三年尚志齋叢書刻本。附録部分還收入陳建傳記和版本序跋資料，以期對了解其人其書有所助益。希望此校點本能給讀者提供方便，但限於個人的學識水平，肯定存在一些疏失和不足，敬祈讀者指正爲感。

二〇一五年元月　張　文

學蔀通辨總序

天下莫大於學術，學術之患莫大於蔀障。近世學者所以儒佛混淆而朱陸莫辨者，以異說重爲之蔀障，而其底裏是非之實不白也。易曰「豐其蔀，日中見斗」，深言掩蔽之害也。夫佛學近似惑人，其爲蔀已非一日。有宋象山陸氏者出，假其似以亂吾儒之真，援儒言以掩佛學之實，於是改頭換面、陽儒陰釋之蔀熾矣。幸而朱子生同於時，深察其弊，而終身力排之，其言昭如也。不意近世一種造爲早晚之說，迺謂朱子初年所見未定，誤疑象山，而晚年始悔悟，而與象山合。其說蓋萌於趙東山之對江右六君子策，而成於程篁墩之道一編，至近日王陽明因之，又集爲朱子晚年定論。自此說既成，後人不暇復考，一切據信，而不知其顛倒早晚，矯誣朱子，以彌縫陸學也，其爲蔀益以甚矣。語曰：「一指蔽目，太山弗見。」由佛學至今三重蔀障，無惑乎朱陸儒佛混淆而莫辨也。建爲此懼，迺竊不自揆，慨然發憤，究心通辨，專明一實，以抉三蔀。前編明朱陸早同晚異之實，後編明象山陽儒陰釋之實，續編明佛學近似惑人之實，而以聖賢正學不可妄議之實終焉。區區淺陋，豈敢自謂摧陷廓清，斷數百年未了底大公案，而朱陸儒佛之辨庶幾由此無蔀障混淆之患，禪佛之似庶乎不亂孔孟之真，未必不爲明學術之一助云。其卷目小序繫列于左。嘉靖戊申孟夏初吉，東莞陳建書于清瀾草堂。

學蔀通辨原目

前編

上卷所載，著朱子早年嘗出入禪學，與象山未會而同，至中年始覺其非而返之正也。

中卷所載，著朱子中年方識象山，其説多去短集長，疑信相半，至晚年始覺其弊而攻之力也。

下卷所載，著朱陸晚年冰炭之甚，而象山既没之後，朱子所以排之者尤明也。

後編

上卷所載，著象山師弟作弄精神，分明禪學，而假借儒書以遮掩之也。此爲勘破禪陸根本。

中卷所載，著陸學下手工夫，在於遺物棄事，屏思黜慮，專務虚静，以完養精神，其爲禪顯然也。

下卷所載，著象山師弟顛倒錯亂、顛狂失心之弊，其禪病尤昭然也。

續編

上卷所載，著佛學變爲禪學，所以近理亂真，能溺高明之士，文飾欺誑，爲害吾道之深也。

中卷所載，著漢、唐、宋以來，學者多淫於老佛，近世陷溺推援之弊，其所從來遠矣。

下卷所載，著近年一種學術議論，類淵源於老佛，其失尤深而尤著也。

終編

上卷所載心圖心説，明人心道心之辨，而吾儒所以異於禪佛在此也。此正學之標的也。

中卷所載，著朱子教人之法，在於敬義交修，知行兼盡，不使學者陷一偏之失而流異學之歸也。此正學之塗轍也。

下卷所載，著朱子著書明道、闢邪反正之有大功於世，學者不可騁殊見而妄議。末附總論遺言，以明區區通辨之意云。

學蔀通辨提綱

一、朱陸早同晚異之實，二家譜集具載甚明。近世東山趙汸氏對江右六君子策，乃云：「朱子答項平父書有『去短集長』之言，豈鵝湖之論至是而有合耶？使其合并於晚歲，則其微言精義必有契焉，而子静則既往矣。」此朱陸早異晚同之説所由萌也。程篁墩因之，迺著道一編，分朱陸異同爲三節：始焉若冰炭之相反，中焉則疑信之相半，終焉若輔車之相倚。朱陸早異晚同之説，於是乎成矣。王陽明因之，遂有朱子晚年定論之録，專取朱子議論與象山合者，與道一編輔車之卷正相唱和矣。凡此皆顛倒早晚，以彌縫陸學，而不顧矯誣朱子、誑誤後學之深。故今前編編年以辨，而二家早晚之實，近世顛倒之弊，舉昭然矣。

一、自老莊以來，異學宗旨專是養神。漢書謂佛氏「所貴修鍊精神」。胡敬齋曰：「儒者養得一箇道理，釋老只養得一箇精神。」此言實學術正異之綱要。陸象山講學專管歸完養精神一路，具載語録可考。其假老佛之似以亂孔孟之真，根柢在此，而近世學者未之察也。故今後編之辨陸，續編之辨佛，皆明其作弄精神，所以異於吾儒之學。至終編，則明吾儒之理學異於異學之養神，蓋此書樞要只此云。

一、朱子有朱子之定論，象山有象山之定論，不可强同。專務虚静，完養精神，此象山之定論也。主敬涵養以立其本，讀書窮理以致其知，身體力行以踐其實，三者交修並盡，此朱子之定論也。觀於後編、終編可考矣。乃或專言涵養，或專言窮理，或止言力行，則朱子因人之教、因病之藥也。惑者乃單指專言涵養者爲定論，以附合於象山。其誣朱子甚矣，故不得不辨。

一、此書本散採諸書，今繩以屬辭比事、引伸觸類之法，其文理接續，血脉貫通，句句理會，其言自相發明。

一、此書多剪繁蕪而撮樞要，不敢泛録以厭觀覽。

一、採據諸書：朱子文集、朱子語類、朱子年譜、象山文集、象山語録、象山年譜、程氏遺書、伊洛淵源録、六子書、四書大全、文獻通考、事文類聚、傳燈録、大慧語録、宋僧宗杲著。崇正辨、宋建安胡寅著。慈湖遺書、宋慈溪楊簡著。鶴林玉露、宋廬陵羅大經著。草木子、元括蒼葉子奇著。居業録、國朝餘干胡居仁敬齋著。白沙集、新會陳獻章著。荷亭辨論、東陽盧格著。篁墩文集、道一編、並休寧程敏政著。陽明文録、傳習録、並餘姚王守仁著。象山學辨、南海霍韜渭厓著。困知記、泰和羅欽順整庵著。其摘引單言者，書目不列，止見本文。謹按：朱子未出以前，天下學者有儒佛異同之辨，朱子既没之後，又轉爲朱陸異同之辨。此聖學顯晦所由繫，世道升降之大幾也。蓋自周衰降爲戰國，天下雖有異端，如楊、墨、申、韓之屬非一，然其爲説尚淺，未足以深惑乎人也。迨至東漢而佛學入中國，至南北朝而達磨西來傳禪，其明心見性之論，始足以陷溺高明之士，其本來面目之似，始足以混中庸未發之真矣。嗚呼！禪佛之近似已足以惑人，而況重以象山之改頭換面，假儒書以彌縫佛學，爲説益精益巧乎？又況重以篁墩諸人，又顛倒早晚，假朱子以彌縫象山，爲謀益工益密乎？常觀程子闢佛氏曰「邪誕妖異之説，塗生民之耳目」，塗言蔀也。朱子排陸氏曰「分明被他塗其耳目，至今猶不覺悟」，言益蔀也。孰意近年又爲道一編諸書所塗，成三重蔀邪？建無似，究心十年，著成此辨，垂十萬言。其大要明正學，不使爲禪説之所亂；尊朱子，不使爲後人之所誣；撤豐蔀，不使塗後學之耳目而已。君子其尚虚心而熟察之哉。

學蔀通辨前編卷上

此卷所載，著朱子早年嘗出入禪學，與象山未會而同，至中年始覺其非而返之正也。

庚戌，宋高宗建炎四年九月甲寅，子朱子生。朱子年譜。

己未，高宗紹興九年二月乙亥，象山陸子生。象山年譜。

辛未，紹興二十一年，陸子十三歲。陸子生穎異，幼嘗問父賀曰：「天地何所窮際？」父笑而不答，遂深思，至忘寢食。後十餘歲，因讀書至「宇宙」二字，解者曰：「上下四方曰宇，往古來今曰宙。」忽大省悟，曰：「原來無窮，人與宇宙皆在無窮之中者也。」援筆書曰：「宇宙内事乃己分内事，己分内事乃宇宙内事。」又曰：「宇宙便是吾心，吾心便是宇宙。東海有聖人出焉，此心同也，此理同也。西海、南海、北海有聖人出焉，此心同也，此理同也。千百世之上，至千百世之下，有聖人出焉，此心此理亦莫有不同也。」象山年譜。

按：陸子「宇宙」字義之悟，正禪家頓悟之機，然其言引而不發，學者卒然難於識破，必合後編所載作弄精神一路觀之，然後其禪昭然矣。蓋此編專明朱陸早晚，至後編方究極象山禪蘊也。

癸酉，紹興二十三年，朱子二十四歲。赴任同安主簿，始受學於延平李先生之門。年譜云：「初，朱子學靡常師，出入於經傳，泛濫於釋老。自云：『初見延平，説得無限道理，也曾去學禪。李先生云：公恁地懸空理會得許多道理，而面前事却理會不下，道亦無他玄妙，只在日用間着實做工夫處，便自見得。某後來方曉得他説。』」朱子語類云：「佛學舊嘗參究，後頗疑其不是，及見李先生之言，初亦信未及，亦且背一壁放，且理會學問看如何。後年歲間漸見其非。」

朱子早年之學，大略如此。後十年，延平先生方卒。

戊寅，紹興二十八年，朱子二十九歲。作存齋記，云：「人之所以位天地之中而爲萬物之靈者，心而已矣。然心之爲體，不可以見聞得，不可以思慮求，謂之有物則不得於言，謂之無物則日用之間無適而非是也。君子於此，亦將何所用其力哉？『必有事焉而勿正，心勿忘，勿助長也』，則存之之道也。如是而存，存而久，久而熟，心之爲體，必將瞭然有見乎參倚之間，而無一息之不存矣。」朱子文集。

按：此記爲同安學者許順之作。朱子初年之學，亦只説一箇心，專説求心見心，全與禪陸合。

戊子，孝宗乾道四年，朱子三十九歲。答何叔京書云：「熹奉親遺日如昔。向來妄論持敬之説，亦不自記其云何，但因其良心發見之微，猛省提撕，使心不昧，則是做工夫底本領。本領既立，自然下學而上達矣。若不察良心發見處，即渺渺茫茫，恐無下手處也。所喻多識前言往行，固君子之所急，熹向來所見亦是如此。近因反求未得箇安穩處，却始知此未免支離。如所謂因諸公以求程氏，因程氏以求聖人，是隔幾重公案？曷若默會諸心，以立其本，而其言之得失，自不能逃吾之鑒邪？」朱子文集。

朱子此書，道一編指爲朱子晚合象山，王陽明採爲朱子晚年定論。據年譜，朱子四十歲丁母祝孺人憂，此書有「奉親遺日」之云，則祝無恙時所答，朱子年猶未四十，學方日新未已，與象山猶未相識。若之何得爲晚合，得爲晚年定論邪？其顛倒誣誑，莫斯爲甚。

朱子又答何叔京書云：「今年不謂饑歉至此。夏初所至洶洶，遂爲縣中委以賑糶之役。百方區處，僅得無事。博觀之敝，此理甚明，何疑之有？若使道可以多聞博觀而得，則世之知道者爲不少矣。熹近日因事方少有省發處，如『鳶飛魚躍』，明道以爲與『必有事焉勿正』之意同者，今乃曉然無疑。日用之間，觀此流行之體初無間斷處，有下工夫處，乃知日前自誑誑人之罪，蓋不可勝贖也。此與守書册、泥言語全無交涉，幸於日用間察之，知此則知仁矣。」朱子文集。

按：賑饑事，考年譜正在是年。王陽明所編定論，採答何叔京凡四書，前一書也，此一書也，尚有二書，又皆在此録二書之前，皆祝孺人猶在，朱子未識象山時所答。至淳熙乙未，朱子方會象山，而何叔京亦卒矣。見朱子作叔京墓誌。陽明何得槩指爲晚年哉？

右答何叔京二書，學專説心，而謂「與書册言語無交涉」，正與象山所見不約而合。此朱子早年未定之言，而篁墩、陽明矯取以彌縫陸學，印證己説也。朱子嘗謂李伯諫「所論大抵以釋氏爲主，而於吾儒之説近於釋者取之」。今觀道一、定論二編，大抵以陸氏爲主，而於朱子之説近於陸者取之，而顛倒早晚不顧也。學者察此，禪蔀大略可覩矣。

庚寅，乾道六年，朱子四十一歲。

朱子答薛士龍書云：「熹自少愚鈍，事事不能及人。顧嘗側聞先生君子之餘教，粗知有志於學，而求之不得其術，蓋舍近求遠，處下窺高，馳心空妙之域者二十餘年。比乃困而自悔，始復退而求之於句讀文義之間，謹之於視聽言動之際，庶幾銖積絲累，分寸躋攀，以幸其粗知義理之實，不爲小人之歸，而歲月侵尋，齒髮遽如許矣。」朱子文集。

朱子初年學專説心，而謂「與書册言語無交涉」，其「馳心空妙」可見。據朱子自謂「馳心空妙二十餘年」，當不啻年垂四十，而此書當在此年以後矣。下三書皆相發。

又按：語類廖德明録癸巳所聞云：「先生言二三年前見得此事尚鶻突，爲他佛説得相似，近年來方看得分曉。」按：癸巳朱子四十四歲，「言二三年前」，則正是四十歲前，而「近年看得分曉」，則正是四十以後，尤可徵也。

朱子答許順之書云：「大抵舊來多以佛老之似亂孔孟之真〔二〕，故每有過高之病。近年方覺其非，而亦未能盡革，但時有所覺，漸趨平穩耳。順之此病尤深，當痛省察矯揉也。」

又答許順之書云：「三復來示，爲之悵然，已輒用愚見附注於下。只於平易慤實之處認取至當之理，凡前日所從事一副當高奇新妙之説並且倚閣，久之見實理，自然都使不着矣。蓋爲從前相聚時，熹亦自有此病，所以相漸染成此習尚。今日乃成相誤，惟以自咎耳。」並朱子文集。

朱子初年學專説心，而謂「與書册言語全無交涉」，此正「過高之病」、「一副當高奇新妙之説」也。

朱子答汪尚書書云：「熹於釋氏之説，蓋嘗師其人，尊其道，求之亦切至矣，然未能有得。其後以先生君子之教，校乎先後緩急之序，於是暫置其說而從事於吾學。其始蓋未嘗一日不往來於心也，以爲俟卒究吾說而後求之，未爲甚晚。而一二年來，心獨有所自安，雖未能即有諸己，然欲復求之外學以遂其初心，不可得矣。」朱子文集。

朱子曰：「某年十五六時，亦嘗留心於此。一日在劉病翁所會一僧，與之語，其僧只相應和了說，也不說是不是，却與劉說某也理會得箇昭昭靈靈底禪。劉後說與某，某遂疑此僧更有要妙處在，遂去扣問他，見他說得也煞好。及去赴試時，便用他意思去胡說，試官爲某說動了，遂得舉，時年十九。後赴同安任，時年二十四五矣，始見李先生。與他說，李先生只說不是。某倒疑李先生理會此未得，再三質問，李先生爲人簡重，却不甚會說，只教看聖賢言語。某遂將那禪來權倚閣起，意中道禪亦自在，且將聖人書來讀。讀來讀去，一日復一日，覺得聖賢言語漸漸有味。却回頭看釋氏之說，漸漸破綻罅漏百出。」朱子語類。

此書與此語相表裏，遂明說師釋扣僧來歷，朱子爲人光明，不少隱諱如此。病翁，即劉屏山子翬也。

朱子困學詩云：「舊喜安心苦覓心，捐書絕學費追尋。困橫此日安無地，始覺從前枉寸陰。」朱子文集。

朱子初年學務求心，而謂「與守書册、泥言語全無交涉」，故致捐書絕學而苦覓心也。嗚呼！禪學近似亂真，能陷溺高明，雖朱子初猶捐書絶學，馳心二十餘年，而於象山又何怪焉。但朱子中年能覺其非而亟反之，象山則終身守其説而不變，此朱陸所以爲早同而晚異耳。好事者乃欲移朱子之早年以爲晚，是誣朱子終身爲禪而不反也，不亦悖哉？

「安心」、「覓心」出傳燈録。二祖謂達磨曰：「我心未安，請師安心。」師曰：「將心來與汝安。」二祖良久曰：「覓心了不可得。」師曰：「與汝安心。」按：象山與鄧文範書云：「得倉臺書，謂别後稍棄舊而圖新，了然未有所得，殆似覓心了不可得者，此乃欲有所得之心耶？」王陽明詩云：「同來問我安心法，還解將心與汝安。」其言皆本傳燈録。羅整庵困知記云：「近時以道學鳴者，泰然自處於程朱之上，然究其所得，乃程朱早嘗學焉而竟棄之者也。夫勤一生以求道，乃拾先賢所棄以自珍，反從而議其後，不亦誤耶？」整庵此言，實彈文公案，切中其病矣。

按：程篁墩道一編謂朱子晚年「深悔其支離之失，而有味於陸子之言」。王陽明定論序謂朱子晚歲「大悟舊説之非，痛悔極艾，至以爲自誑誑人之罪不可勝贖」。此等議論，皆是矯假推援，陰謀取勝，皆是借朱子之言，以形朱子平日之非，以著象山之是，以顯後學之當從。陽雖取朱子之言，而實則主象山之説也。陽若取朱子，而實抑朱子也。其意蓋以朱子初年不悟而疑象山，晚年乃悔而從象山，則朱子不如象山明也，則後學不可不早從象山明也。此其爲謀甚工，爲説甚巧，一則即朱子以攻朱子，一則借朱子以譽象山，一則挾朱子以令後學也。正朱子所謂「離合出入之際，務在愚一世之耳目，而使之恬不覺悟，以入於禪也」。嗚呼！敝也久矣。象山以改頭换面之術蔀障天下已數百年矣，篁墩輩以顛倒早晚之術蔀障天下又數十年矣，今欲一旦辨而明之，誠不自量，姑盡吾心焉耳。韓子曰：「知而不以告者，不仁也；告而不以實者，不信也。」蘇子曰：「我知之，不以告人，其名曰棄天。」愚雖不肖，敢不惟不仁、不信、棄天之懼乎？

【校勘記】

〔一〕大抵舊來多以佛老之似亂孔孟之真　「多」原作「之」，據留芳堂本改。

學蔀通辨前編卷中

此卷所載，著朱子中年方識象山，其説多去短集長，疑信相半，至晚年始覺其弊而攻之力也。

甲午，孝宗淳熙元年，朱子四十五歲，陸子三十六歲。

朱子答呂子約書云：「陸子静之賢，聞之蓋久，然似聞有脱略文字、直趨本根之意，不知其與中庸學問思辨然後篤行之旨，又何如耳？」又答呂子約書云：「近聞陸子静言論風旨之一二，全是禪學，但變其名號耳。競相祖習，恐誤後生。恨不識之，不得深扣其説，因獻所疑也。然恐其説方行，亦未必肯聽此老生常談〔一〕，徒竊憂歎而已。」朱子文集。

此二書猶未會象山時所答。

乙未，淳熙二年，朱子四十六歲，陸子三十七歲。

五月，呂伯恭約陸子及兄子壽會朱子於鵝湖，論學不合，各賦一詩見志。陸子壽詩云：「孩提知愛長知欽，古聖相傳只此心。大抵有基方築室，未聞無趾忽成岑。留情傳註翻榛塞，着意精微轉陸沉。珍重友朋勤琢切，須知至樂在于今。」子靜和云：「墟墓興哀宗廟欽，斯人千古不磨心。涓流積至滄溟水，卷石崇成太華岑。易簡工夫終久大，支離事業竟浮沉。欲知自下升高處，真僞先須辨只今〔二〕。」朱子續和云：「德義風流夙所欽，別離三載更關心。偶扶藜杖出寒谷，又枉籃輿度遠岑。舊學商量加邃密，新知培養轉深沉。只愁説到無言處，不信人間有古今。」朱陸年譜。

朱子年譜謂其後子壽頗悔其非，而子靜終身守其説不變，是以子壽後五年卒，朱子祭之以文，有「道合志同」、「降心從善」之許，而於子靜日益冰炭云。子壽名九齡。

十二月，朱子答張敬夫書云：「熹於文字之間，覺向來病痛不少，蓋平日解經最爲守章句者，然亦多是推衍文義，自做一片文字，非惟屋下架屋，説得意味淡薄，且是使人看者將註與經作兩項工夫，做了下稍，看得支離，至於本旨全不相照。以此方知漢儒可謂善説經者，不過只説訓詁，使人以此訓詁玩索經文〔三〕，訓詁、經文不相離異，只做一道看了，直是意味深長也。王陽明採入定論止此。大學中庸章句緣此略修一過，再録上呈，然覺其間更有合删處。論語亦如此草定一本，未暇脱稿。孟子則方欲爲之，而日力未及也。子壽兄弟氣象甚好，其病却是盡廢講學而專務踐履，却於踐履之中要人提撕省察，悟得本心，此爲病之大者。要其操持謹質，表裏不二，實有以過人者。惜其自信太過，規模窄狹，不復取人之善，將流於異學而不自知耳。」朱子文集。

王陽明節録此書入晚年定論，其欺弊有三：此書在既會象山之後，論孟集註未成之時，何得爲晚？其欺弊一也。删去「學庸緣此修過」以下者，蓋定論序文以爲中年未定之説，思改正而未及，故於此删去修過之由，以彌縫其説也，謾人以爲未及改也，其欺弊二也。亦删去「子壽兄弟」以下者，以譏陸之故，而特爲諱避也。考定論一編，凡譏及陸學處皆删去，惟一二稍稱陸學處則不删，其欺弊三也。只看陽明録此一書，便有許多弊。篁墩、陽明專挾朱子手書驅率後學，致後學亦以爲彼據朱子手書不疑也。此權詐陰謀，不合用之於講學。

又按：張敬夫卒於淳熙庚子，先朱子之卒二十載。

朱子答吕子約書云：「孟子言學問之道惟在『求其放心』，而程子亦言『心要在腔子裏』。今一向耽着文字，令此心全體都奔在册子上，更不知有己，便是箇無知覺、不識痛癢之人，雖讀得書，亦何益於吾事邪？」朱子文集。

按：文集此書全文，乃有爲之言，因人而發者。道一編乃節録以證朱陸晚同，王陽明因取爲晚年定論，亦是謾人。全書云：「向來疾證，來書以爲勞耗心力所致，而諸朋友書亦云讀書過苦使然。不知是讀何書？若是聖賢之遺言，無非存心養性之事，決不應反至生病，恐又只是太史公作祟耳。孟子言學問之道至何益於吾事邪？况以子約平日氣體不甚壯實，豈可直以耽書之故，遂忘饑渴寒暑，使外邪客氣得以乘吾之隙，是豈聖人謹疾、孝子守身之意哉？」其全書首尾如此，蓋爲子約耽書成病而發，而因戒其讀史之癖耳，非以讀聖賢之書爲無益也。今篁墩、陽明删去首尾，欲使學者不知其爲有爲之言，而槩以讀書爲無益者，不亦誣哉？朱子答汪尚書謂「上蔡所云止觀之説，本不與克己同塗並轍，後之好佛者遂掇去首尾，孤行此句，以爲己援」。道一、定論二編之弊大率類此，故類著之。

丁酉，淳熙四年，朱子四十八歲，論孟集註成。朱子年譜。

年譜云：「此書雖成於是年，其後删改日益精密。」至學庸章句則成於淳熙己酉，時朱子年六十矣。行狀亦云：「先生著述雖多，於語、孟、大學、中庸尤所加意。若大學、論語，則更定數四，以至垂没焉。」兹言尤明白可按，王陽明固不可詆爲早歲所著之書，傳習録。爲中年未定之説，定論序。欲盡廢之而行己説矣。

或曰：陽明作定論序，謂朱子「晚歲大悟舊説之非，痛悔極艾，至以爲自誑誑人之罪不可勝贖。集註諸書，乃其中年未定之説，自咎爲舊本之誤，思改正而未及」。陽明所據信然耶？曰：此陽明捕風捉影，誣前誑後之深也。「自誑誑人之罪不可勝贖」，即朱子早年答何叔京書語也。「舊本之誤」，朱子初無是語也。朱子續文集答黃直卿有「向來定本之誤」之語，陽明編置定論首篇，爲序文張本。然此語非爲著書發也。按：答黃直卿書云：「爲學直是先要立本，文義却可且與説出正意，令其寬心玩味，未可便令考校同異，研究纖密，恐其意思促迫，難得長進。此是向來定本之誤，今幸見得，却煩勇革。不可苟避譏笑，却誤人也。」詳此書，蓋論教人之事，説教人定本，文意甚明。朱子嘗云「聖人教人有定本」，又下文謂「教人須先立定本」，正同此。陽明何得矯假，以爲悔集註諸書之證也哉？又按：朱子正文集亦載此書，但此句止云「此是向來差誤」，無「定本」二字，其非爲著述尤明。陽明編定論，不採正集而採續集，亦乖。

近日常州秦尚書作廖太宰中庸管窺序，謂「嘗聞朱子晚年頗病章句支離，自謂向來定本之誤，方欲改而未及，其見諸黃直卿、張敬夫問答等書可考也」。愚按：近日士大夫不知陽明之欺，遂據信以爲實，然而疑朱子者類如此。近時學者意見與朱子不合者，必詆爲早年之説、未定之論，其俑皆作於此。此蔀不辨，誣前惑後之禍，不知何時而已。愚爲此究心痛辨，爲考亭訟冤。

庚子，淳熙七年，朱子五十一歲。是歲陸子壽卒。象山年譜。

按：朱子先答林擇之書有「陸子壽兄弟近日却肯向講學上理會」之語，王陽明採爲晚年定論。朱子祭陸子壽文有「道合志同」、「降心從善」之語，道一編序首以證朱陸晚同。其弊不獨以早爲晚，尤假子壽以遮蓋象山也。蔀障多端，辨不能盡。

辛丑，淳熙八年，朱子五十二歲，陸子四十三歲。

二月，陸子訪朱子於南康，朱子帥僚友諸生與俱至白鹿洞書堂，請升講席。陸子爲講論語「君子喻於義，小人喻於利」一章，深明義利之辨。朱子請書於簡，自爲之跋，稱其「發明懇到，切中學者隱微深錮之病」云。朱子年譜。

呂伯恭與朱子帖云：「子静留得幾日，鵝湖氣象已全轉否？」朱子答書云：「子静舊日規模終在，其論爲學之病，多説如此即只是意見，如此即只是議論，如此即只是定本。某因與説既是思索，即不容無意見；既是講學，即不容無議論；統論爲學規模，亦豈容無定本？但隨人材質病痛而救藥之，即不可有定本耳。渠却云正爲多是邪意見、閑議論，故爲學者之病。某云如此即是自家呵斥，亦過分了，須是著『邪』字、『閑』字，方始分明，不教人作禪會耳。又教人恐須先立定本，却就上面整頓，方始説得無定本底道理。今如此一槩揮斥，其不爲禪學者幾希矣。」朱子文集。

按：南康之會，朱子於象山取其講義，而終譏其禪會，疑信相半如此。按：朱子又嘗答呂伯恭，謂子静「依舊遮前掩後，巧爲辭説」，此語尤深中其病云。

癸卯，淳熙十年，朱子五十四歲，陸子四十五歲。

朱子答項平父書云：「所喻曲折及陸國正語，三復爽然，所警於昏惰者爲厚矣。大抵子思以來教人之法，惟以尊德性、道問學兩事爲用力之要。今子静所説專是尊德性事，而某平日所論却是道問學上多了。所以爲彼學者多持守可觀，而看得義理全不子細，又別説一種杜撰道理遮蓋，不肯放下。而某自覺雖於義理上不敢亂説，却於緊要爲己爲人上多不得力。今當反身用力，去短集長，庶幾不墮一邊耳。」朱子文集、象山年譜。

按：象山年譜，去年秋除國子正，是年冬遷敕令所删定官。據此書在辨「無極」前五年，正是中年疑信相半未定之際，後此所以排象山之失者方日深。道一編乃指此書爲朱子晚年信取象山，輔車相倚，誤矣。

五月，朱子表曹立之墓云：「立之幼穎悟，長知自刻厲。聞張敬夫講道湖湘，欲往見之，不能致。有告以沙隨程氏學古行高者，即往從之，得其指歸。既又聞陸氏兄弟獨以心之所得者爲學，其説有非文字言語之所及者，則又往受其業〔四〕，久而若有得焉。子壽蓋深許之，而立之未敢以自足也，則又寓書以講於張氏。然敬夫尋没，立之竟不得見，後得其遺文，考其爲學始終之致，於是乃有定論不疑。其告朋友書，有曰：『學必貴於知道，而道非一聞可悟、一超可入也。循下學之則，加窮理之功，由淺而深，由近而遠，則庶乎其可矣。

今必先期於一悟，而遂至於棄百事以趨之，則吾恐未悟之間狼狽已甚，又況忽下趨高，未有幸而得之者耶？』此其晚歲用力之標的程度也。」朱子文集。

前書似信，而此表尤疑，疑信相半未定如此。

朱子答諸葛誠之書云：「示喻競辨之端，三復惘然。愚意比來深欲勸同志者兼取兩家之長，不可輕相詆訾，就有未合，亦且置勿論，而姑勉力於吾之所急。不謂乃以曹表之故，反有所激，如來喻之云也。不敏之故，深以自咎。子静平日所以自任，正欲身率學者一於天理，而不以一毫人欲雜於其間，恐決不至如賢者之所疑也。義理天下之公，而人之所見有未能盡同者，正當虚心平氣，相與熟講而徐究之，以歸於是，乃是吾黨之責。而向來講論之際，見諸賢往往皆有立我自是之意，厲色忿詞，如對仇敵，無復少長之序、禮遜之容，至今懷不滿。」朱子文集。

朱子因門人競辨之過，故作此書以解之。「平日自任」之云，蓋如象山之意而言，猶是中年疑信相半之説也。或乃指此爲朱子晚年尊陸之證，誤矣。

乙巳，淳熙十二年，朱子五十六歲，陸子四十七歲。

朱子貽陸子書云：「奏篇垂寄，得聞至論，慰沃良深。語圓意活，渾浩流轉，有以見所養之深，所蓄之厚。但向上一路未曾撥轉處，未免使人疑着，恐是葱嶺帶來耳。」朱子文集。

按：象山年譜，去年冬上輪對五劄，因録寄朱子，而朱子答之，亦疑信相半如此。葱嶺在西域。

朱子與劉子澄書云：「子静寄得對語來，語意圓轉渾浩，無凝滯處，亦是渠所得效驗，但不免些禪底意思。昨答書戲之云『這些子恐是葱嶺帶來』，渠定不伏，然實是如此，諱不得也。近日建昌説得動地，撑眉努眼，百怪俱出，甚可憂懼。渠亦本是好意，但不合只以私意爲主，更不講學涵養，直做得如此狂妄。世俗滔滔，無話可説，有志於學者，又爲此説引去，真吾道之不幸也。」朱子文集。

建昌，指象山門人傅子淵。蓋子淵江西建昌人，象山所亟稱者，而亦朱子所深闢者。二家冰炭，自此始矣。

丙午，淳熙十三年，朱子五十七歲，陸子四十八歲。

五月，朱子答陸子書云：「昨聞嘗有丐外之請，而復未遂，今定何如？子淵去冬相見，氣質剛毅，極不易得，但其偏處亦甚害事，雖嘗苦口，恐未必以爲然。道理雖極精微，然初不在耳目聞見之外，是非黑白只在面前〔五〕。此而不察，乃欲别求玄妙於意慮之表，亦已誤矣。熹衰病日侵，所幸邇來日用功夫頗覺有力，無復向來支離之病。甚恨未得從容面論，未知異時相見，尚復有異同否耳？」朱子文集、象山年譜。

按：象山是年冬始奉祠還家，此時猶在朝，而嘗有丐外之請也。象山年譜載是書於是年，信矣。「子淵偏處甚害事」，即前與劉子澄書所稱是也。

按：道一編採此書爲朱陸晚同，又自注云：「或疑書尾尚持異同之説，然觀朱子於此既自以支離爲病，而陸子與傅子淵書亦復以過高爲憂，則二先生胥會，必無異同可知。惜其未及胥會，而陸已下世矣。」竊按：此書乃朱陸異同之始，後此方冰炭日深，二家譜集班班可考，篁墩何得爲此捕風捉影，空虛億度，牽合欺人也？趙東山論朱陸，亦云：「使其合并於晚歲，則其微言精義必有契焉，而子静則既往矣。抑朱子後來德盛仁熟，使子静見之，又當以爲何如也？」即同此一種見識。蓋求朱陸生前無可同之實，而没後乃臆料其後會之必同。本欲安排早異晚同，乃至説成生異死同，可笑可笑！如此豈不適所以彰朱陸平生之未嘗同，適自彰其牽合欺人之弊，奈何近世咸加據信而莫能察也？惜哉！昔裴延齡掩有爲無，指無爲有，以欺人主。陸宣公謂其愚弄朝廷，其罪甚於趙高指鹿爲馬。今篁墩輩分明掩有爲無，指無爲有，以欺弄後學，使遇君子，當如何議罪？

朱子答程正思書云：「所論皆正當確實，而衛道之意又甚嚴，深慰深慰。祝汀州見責之意，敢不敬承。蓋緣舊日曾學禪宗，故於彼説雖知其非，而未免有私嗜之意。亦是被渠說得遮前掩後，未盡見其底蘊。譬如楊、墨，但能知其爲我、兼愛，而不知其至於無父無君，雖知其無父無君，亦不知其便是禽獸也。去冬因其徒來此，狂妄兇狠，手足盡露，自此乃始顯然鳴鼓攻之，不復爲前日之唯阿矣。」

朱子答劉公度書云：「建昌士子過此者多，方究得彼中道理，端的是異端誤人不少。向見賢者亦頗好之，近亦覺其非否？」

朱子答趙幾道書云：「所論時學之弊甚善，但所謂冷淡生活者，亦恐反遲而禍大耳。孟子所以舍申商而距楊墨者，正爲此也〔六〕。向來正以吾黨孤弱，不欲於中自爲矛盾，亦厭繳紛競辨若可羞者，故一切容忍，不能極論。近乃深覺其弊，全然不曾略見天理，彷彿一味只將私意東作西捺，做出許多詖淫邪遁之說。又且空腹高心，妄自尊大，俯視聖賢，蔑棄禮法。只此一節，尤爲學者心術之害，故不免直截與之說破。渠輩家計已成，決不肯舍。然此說既明，庶幾後來者免墮邪見坑中，亦是一事耳。」朱子文集。

按：答程正思謂「去冬其徒來此」等語，正與前答陸子所謂「子淵去冬相見」，與劉子澄所謂「建昌說得動地」語同。答劉公度、趙幾道書語意皆同，二家冰炭實始於此。所謂「未盡見底蘊，未免私嗜唯阿」，如前答項平父書是也。「厭繳紛競辨，容忍不能極論」，如答諸葛誠之書是也。「冷淡生活」，觀後編所載象山「此道甚淡」等語可見。

通按：朱子於象山，自甲辰、乙巳歲以前，每去短集長，時稱其善，疑信相半。自丙午、丁未歲以後，則於象山鮮復稱其善，而專斥其非，絶口不復爲集長之説。其先後予奪，分明兩截，此朱陸早同晚異之實也。至此答程正思諸書，則其早同晚異之故也。蓋朱子初年因嘗參究禪學，與象山所見亦同，以故私嗜唯阿，時稱其善也。迨中年以後，朱子見道益親，始大悟禪學近理亂真之非，晚年益覺象山改换遮掩之弊，自此乃始直截説破，顯然攻之矣。此朱陸始同終異之關要，愚故表而出之。

通按：朱子年十五六時已究禪學，馳心空妙者二十餘年，而後始覺其非。朱子年四十五六時方識象山，疑信相半者亦十餘年，而後深覺其弊。嗚呼！甚矣此學之能蔀惑高明而難於辨察也，而況後世之士乎？朱子於禪學謂「其始未嘗一日不往來於心」，謂「近方覺其非而亦未能盡革」，於陸氏謂「被渠説得遮前掩後」，謂「雖知其非而未免有私嗜之意」。嗚呼！甚矣此學之能蔀惑高明而難於舍棄也，而況後世之士乎？向非朱子克永厥壽，則終爲所蔀惑，而其爲非爲弊，誰則明之？朱子嘗謂「某講學幸而天假之年」，又謂「吕與叔惜乎壽不永，某若只如吕年，亦不見到此田地」，觀此信矣。

通按：朱子之學有二關焉，有三節焉，有三實焉。上卷答薛士龍諸書，爲朱子逃禪返正關，此卷答程正思諸書，爲朱陸始同終異關，此二關也。朱子早年馳心於禪學，中年私嗜於象山，晚年併排禪陸而一意正學，此編三卷乃三節也。後三編則朱子晚年排禪、排陸、明正學之實，此三實也。學者察此二關三節三實，無豐蔀之患矣。

【校勘記】

〔一〕亦未必肯聽此老生常談　「老」原作「先」，據潘本、留芳堂本改。

〔二〕真僞先須辨只今　「只」原作「古」，據啓後堂本、留芳堂本改。按：底本初刻似亦爲「只」，後改作「古」。

〔三〕使人以此訓詁玩索經文　「訓詁玩索經文」六字原脱，據留芳堂本補。

〔四〕則又往受其業　「業」，晦庵集卷九〇曹立之墓表（上海古籍出版社、安徽教育出版社二〇〇二年版朱子全書整理本）作「學」。

〔五〕是非黑白只在面前　「只」，晦庵集卷三六答陸子静作「即」。

〔六〕孟子所以舍申商而距楊墨者正爲此也　「正」字原脱，據晦庵集卷五四答趙幾道補。

學蔀通辨前編卷下

此卷所載，著朱陸晚年冰炭之甚，而象山既没之後，朱子所以排之者尤明也。

丁未，淳熙十四年，朱子五十八歲，陸子四十九歲。

五月，朱子答陸子書云：「税駕已久，諸況益佳，學徒四來，所以及人者在此而不在彼矣。區區所憂，却在一種輕爲高論〔一〕，妄生内外精粗之别，以良心日用分爲兩截，謂聖賢之言不必盡信，而容貌詞氣之間不必深察者。此其爲説，乖戾狠悖，大爲吾道之害，不待他時末流之弊矣。此事不比尋常小小文義異同，恨相去遠，無由面論，徒增耿耿耳。」朱子文集。

按：象山年譜，自去年冬得旨奉祠還家，學者輳集，故此書有「脱駕已久，學徒四來」之云也。此朱子晚年攻陸切要之言，道一編乃列爲早年冰炭，差矣。

戊申，淳熙十五年，朱子五十九歲，陸子五十歲。

正月，陸子作荆國王文公祠堂記，略云：「公英特邁往，不屑於流俗聲色利達之習，介然無毫毛得以入於其心，潔白之操，寒於冰霜，公之質也。掃俗學之凡陋，振弊法之因循，道術必爲孔孟，勳績必爲伊周，公之志也。不蘄人之知，而聲光燁奕，一時鉅公名賢爲之左次。公之得此，豈偶然哉？用逢其時，君不世出，君或致疑，謝病求去，君爲責躬，始復視事，公之得君，可謂專矣。新法之議，舉朝讙譁，行之未幾，天下恟恟。公方秉執周禮，精白言之，自信所學，斷乎不疑。君子力争，繼之以去，小人投機，密贊其決，忠樸屏伏，憸狡得志，曾不爲悟，公之蔽也。熙寧排公者，大抵極詆訾之言，而不折之以至理，平者未一二，而激者居八九，上不足以取信於裕陵，下不足以解公之蔽，反以固其意，成其事。新法之罪，諸君子固當分之矣。公以蓋世之英，絶俗之操，山川炳靈，殆不世有。其廟貌弗嚴，邦人無所致敬。郡侯錢公，慨然撤而新之，以時祠焉，余竊所敬歎。」象山文集、年譜。

朱子答劉公度書云：「所喻『世豈能人人同己，人人知己？在我者明瑩無瑕，所益多矣』，此等語言，殊不似聖賢意思。無乃近日亦爲異論漸染，自私自利，作此見解邪？臨川近説愈肆，荆舒祠記曾見之否？此等議論，皆是學問偏枯、見識昏昧之故，私意又從而激之。若公度之説行，則此等事都無人管，恣意横流矣。」朱子文集。

按：象山文集、年譜載荆公祠記，俱明言淳熙戊申，道一編乃指爲初年冰炭，顛倒早晚矣。嗚呼！早年者以爲晚歲，晚歲者又以爲早年，誰料篁墩著書，從頭徹尾顛倒欺誑？稱「荆舒」者，王安石先封荆國公，後追封舒王。陸子答胡季隨書云：「王文公祠記，乃是斷百餘年未了底大公案，聖人復起，不易吾言矣。」象山文集。

按：王安石爲相，首變法度，引用兇邪，實「一人可以喪邦」，而其「三不足」之説，則又「一言可以喪邦」者，遂使靖康覆亡，中原淪於左衽之禍，安石階之也，言之痛心。纖人乃爲立祠，象山又從而爲之記，盛稱其美，重爲諛墓之辭，分過於人，曲爲庇鄉人之計。朱子譏其昏昧偏私，誠切中其病矣。乃自謂「聖人復起，不易吾言」，將誰欺乎？

是年，陸子改貴溪應天山爲象山，建精舍講學。與學者云：「二程見周茂叔後，吟風弄月而歸，有『吾與點也』之意。後來明道此意却存，伊川已失此意。」又云：「元晦似伊川，欽夫似明道。伊川蔽錮深，明道却通疏。」象山年譜。

陸子嘗謂人曰：「丱角時，聞人誦伊川語，自覺若傷我者。」又曰：「伊川之言，奚爲與孔子、孟子之言不類？」象山行狀。

「伊川學問未免占決卜度之失。」

「李白、杜甫、陶淵明，皆有志於吾道。」象山語録。

按：象山論人如此，其得失明矣。究象山志趣，專尚曾點，凡其胷襟高灑，不拘小節，類於點者，即以爲通疏而取之。至於文理密察，矜於細行，與點不類者，即以爲蔽錮而不之取。故夫深詆伊川，而推譽李白輩，以此也。

朱子曰：「陸子静看伊川低，此恐子静看其説未透耳。譬如一塊精金，却道不是金，非金之不好，不識金耳。」朱子語類。

象山詆伊川，猶陽明詆朱子，大率儒禪不相合也。

曾祖道曰：「頃年嘗見陸象山，象山與祖道言：目能視，耳能聽，鼻能知香臭，口能知味，心能思，手足能運動，如何更要甚存誠持敬，硬要將一物去治一物，須要如此做甚？詠歸舞雩，自是吾夫子家風。」朱子曰：「陸子静所學分明是禪。」語類。

按語類，此乃象山没後，祖道追述之語，以類附此。

又按：象山答曾宅之書，謂「持敬字乃後來杜撰」。王陽明亦譏朱子主敬爲綴，爲「畫蛇添足」，而謂「點也雖狂得我情」。譏持敬而尚點狂，陸學趣見自是一種。

朱子答歐陽希遜書云：「學者當循下學上達之序，庶幾不錯。若一向先求曾點見解，未有不入於老佛也。」朱子文集。

曾點見得大意，而行不掩，卒終於狂，學者如何可學？曾點之狂，流爲莊周，莊周之變，遂爲禪學矣。

四月，陸子與朱子書，略云：「昔年兩得侍教，康廬之集，加款於鵝湖，然猶鹵莽淺陋，未能成章，無以相發，甚自愧也。比日少進，甚思一侍函丈，當有啓助，以卒餘教。梭山兄謂太極圖説與通書不類，疑非周子所爲，此言殆未可忽也。極者，中也。言無極，則是無中也，豈宜以『無極』字加於『太極』之上？『無極』二字出於老子，聖人之書所無有也。」象山文集、年譜。

梭山名九韶，字子美，嘗詆太極圖説之非，朱子先已辨之矣。至是象山復爲之申其辨，而朱子答之。各有二書，全文各數千言，不能悉録也，姑撮著其略如此。

十一月，朱子答陸子書，略云：「周子所以謂之『無極』者，正以其無方所，無形狀。如老子『復歸於無極』，『無極』乃無窮之義，非若周子所言之意也。」朱子文集、年譜。

十二月，陸子答朱子書，略云：「老氏以無爲天地之始，以有爲萬物之母，以常無觀妙，以常有觀徼。直將『無』字搭在上面，正是老氏之學，豈可諱也？尊兄所謂『真體不傳之秘』及『迥出常情，超出方外』等語，莫是曾學禪宗？」象山文集、年譜。

己酉，淳熙十六年，朱子六十歲，陸子五十一歲。

正月，朱子答陸子書，略云：「熹詳老氏之言有無，以有無爲二，周子之言有無，以有無爲一，正如南北水火之相反。請更子細着眼，未可容易譏評也。『迥出常情』等語，只是俗談，即非禪家所能專有。況今雖偶然道着，而其所見所説即非禪家道理，非如他人陰實祖用其説，而改頭换面，陽諱其所自來也。」朱子文集、年譜。

按：朱陸辨「無極」歲載二家年譜並同。道一編乃謂此辨在二家未會面之前，而咎朱子年譜置鵝湖既會之後爲失其次，於是以辨無極諸書列於鵝湖三詩之前，定爲首卷，謂以著其異同之始早年未定之論。篁墩一何誣之甚也？按：象山首書謂「昔年兩得侍教，康廬之集，加款於鵝湖」云云，其敍述先後極爲明白，不待别加考證，而早晚已曉然於一書之中。篁墩列此書於編首，而於此豈有不知？分明自欺欺人而已。然道一編雖欺，而人則不知其欺也。篁墩高才博學，名重一時，後學無不宗信也。於是修徽州志者稱篁墩文學，而以能考合朱陸爲稱首矣。按閩臺者稱道一編有功於朱陸，爲之翻刻以廣傳矣。近年各省試録，每有策問朱陸者，皆全據道一編以答矣。近日縉紳有著學則，著講學録序、中庸管窺，無非尊陸同朱，羣然一辭矣。至席元山之鳴冤録，王陽明之定論，則效尤附和又其甚者矣。古云：「難將一人手，掩得天下目。」今篁墩分明以一人手而掩天下之目矣。若今不辨，則其誑誤天下後世，將何紀極？愚讀書至此，不勝憤慨，爲此究心通辨。嗚呼！愚之爲此，豈朱子在天之靈有以啓其衷，而使之白其誣於萬世耶？

按：道一編刻本今有二：一徽州刻者，程篁墩所著原本也；一福州刻者，王陽明門人所删節别本也。别本節去辨無極七書不載，豈亦已覺其弊而爲之掩匿耶？又按：象山年譜刻本今亦有二，一在漳州，一在撫州，皆近年陽明門人刻。撫本頗多增飾，與漳本小異，併記於此。

陸子與陶贊仲書云：「荆公祠堂記與答元晦二書併往，可精觀熟讀。此數文皆明道之文，非止一時辨論之文也。吾文條析甚明，看晦翁書，但見糊塗没理會。吾書坦然明白，吾所明之理，乃天下之正理、實理、公理、常理，所謂『本諸身，徵諸庶民，考諸三王而不謬，建諸天地而不悖，質諸鬼神而無疑，百世以俟聖人而不惑』者也。」

陸子與邵叔誼書云：「得元晦書，其蔽殊未解，某復書又加明暢，併録往，幸精觀之。」

並象山文集。

矜悻自高，象山一生氣象自是如此。

朱子與邵叔誼書云：「子静書來，殊無義理，每爲閉匿，不敢廣以示人。不謂渠乃自暴揚如此，所與左右書，渠亦録來，想甚得意。大率渠有文字，多即傳播四出，惟恐人不知。此其常態，亦不足深怪。吾人所學，却且要自家識見分明，持守正當，深當以此等氣象舉止爲戒耳。」

朱子答程正思書云：「答子静書無人寫得，聞渠已謄本四出久矣。此正不欲暴其短，渠乃自如此，可歎可歎！然得渠如此，亦甚省力，且得四方學者略知前賢立言本旨，不爲無益。『不必深辨』之云，似未知聖賢任道之心也。」朱子文集。

「無極」之辨，冰炭極於此。

二月，序大學章句。三月，序中庸章句。朱子年譜。

年譜云：「二書之成久矣，不輟修改，至是始序之。」按：二書雖序於是年，然後此尚復修改不輟，大學直至垂没改定，「誠意」章乃絶筆。傳習録因論格物之説與其禪見不合，乃詆爲朱子早歲所著而未及改，矯誣莫甚矣。

傳習録：門人問曰：「格物之説，如先生所教，明白簡易，文公於此反有未審，何也？」陽明曰：「文公精神氣魄大，是他早年合下便要繼往開來，故一向只就考索著述上用功。若先切己自修，自然不暇及此。文公早歲便著許多書，晚年方悔是倒做了。」門人曰：「晚年之悔，如所謂『向來定本之誤』，又謂『雖讀得書，何益於吾事』，又謂『此與守書册、泥言語全無干涉』，是他到此方悔從前用功之錯，方去切己自修矣？」曰：「然。此是文公不可及處。他力量大，一悔便轉，可惜不久即去世，平日許多錯處皆不及改正。」按：陽明此節即與定論序文相表裏，無一句一字不顛倒錯亂，誣前誑後。至謂朱子不知「先切己自修」，「平日許多錯處皆不及改正」，是詆誣朱子一生無一是處。自朱子没後，無人敢如此詆誣。自古講學著書，無人敢如此顛倒欺誑。昔尹和靖有言，「其爲人明辨有才，而復染禪學，何所不至也」。嗚呼，可畏哉！

陸子答胡季隨書云：「以顏子之賢，必不至有聲色貨利之累，忿狠縱肆之失，夫子答其問仁，乃有『克己復禮』之説。所謂己私者，非必如常人所見之過惡而後爲己私也。己之未克，雖自命以仁義道德，自期可以至聖賢之地，皆其私也。顏子之所以異乎人者，爲其不安乎此，極仰鑽之力，故卒能踐『克己復禮』之言，而知遂以至，善遂以明也。」象山文集。

此書本與答論王文公祠記同爲一書，實出晚年。

朱子曰：「陸子静説顏子克己，不是克去己私利欲之類，别自有箇克處，又却不肯説破。某嘗代之下語云，不過要言語道斷，心思路絶耳。此是陷溺人之深坑，切不可不戒。」

胡達材問：「顏子如何尚要克己？」朱子曰：「這是公那象山先生好恁地説，道顏子不似他人樣有偏處要克，只是心有所思，便不是了。這正是禪家之説，如杲老説『不可説，不可思』之類。他説到那險處時，又却不説破，却又將那虚處説起來。如某所説克己，便是説外障，如他説，是説裏障。他所以嫌某時，只緣是某捉着他緊處，别人不曉禪，便被他謾，某却曉得禪，所以被某看破了。夫子分明説『非禮勿視、聽、言、動』，顔子分明是『請事斯語』，却如何恁地説得？」並朱子語類。

朱子謂「他説到那險處，又却不説破，却又將那虚處説起來」，象山一生講學是用此術，象山文集篇篇是此弊。朱子又嘗謂「子静説道理，有箇黑腰子」，「常是兩頭明，中間暗」，即此也。此象山遮掩禪機，被朱子晚年看破。杲老，宋大慧禪師宗杲也。

壬子，光宗紹熙三年，朱子六十三歲，陸子五十四歲。

正月，陸子知荆門軍，帥吏民講洪範「五皇極」章。講義云：「皇，大也。極，中也。洪範九疇，五居其中，故謂之極。」象山年譜。

按：講義全文凡千餘言，因辨「皇極」二字而止録此。

朱子曰：「今人將『皇極』字作『大中』解了，都不是。『皇建其有極』，不成是『大建其有中』？『時人斯其惟皇之極』，不成是『時人斯其惟大之中』？」朱子語類。

朱子皇極辨曰：「皇者，君之稱也。極者，至極之義，標準之名。『皇建其有極』云者，言人君以其一身而立至極之標準於天下也。」朱子文集。

按：漢儒以來，皆以「大中」訓「皇極」，象山講義承訛踵謬，至朱子始一正之，發明精切，有功前聖。

朱子答胡季隨書云：「前書諸喻，讀之惘然。季隨學有家傳，又從南軒之久。常疑久遠無入頭處，必爲浮説所動，今乃果然。乃曰：『纔涉思惟，便不親切。』又曰：『非不能以意解釋，但不欲杜撰耳。』不知却要如何下工夫耶？夫子言『學而不思則罔』，中庸説博學、審問、愼思、明辨，聖賢遺訓明白如此，豈可舍之而狥彼自欺之浮説耶？『日月逝矣，歲不我與』。且將大學、中庸、論、孟、近思等書子細玩味，久之須見頭緒。不可爲人所誑，虛度光陰也。荆門皇極説曾見之否？試更熟讀洪範此一條詳解，釋其文義，看是如此否？」朱子文集。

「自欺浮説」、「爲人所誑」等語，皆是指象山。

朱子答項平父書云：「所喻已悉。以平父之明敏，於此自不應有疑。所以未免紛紜，却是明敏太過，不能深潛密察、反復玩味，只略見一線路可通，便謂理只如此，所以爲人所惑，虛度光陰也。孟子之意，須從上文看。其意蓋曰，此氣乃集義而自生於中，非行義而襲取之於外云爾，非謂義不是外襲也。今人讀書不子細，將此草本立一切法，橫説豎説，誑嚇衆生，恐其罪不止如范甯之議王弼而已也。」朱子文集。

按：項平父與胡季隨，皆嘗惑於象山者，故二書皆謂「爲人誑惑，虛度光陰也」。

范甯議王弼，考之通鑑謂其「游辭浮説波蕩後生，使搢紳之徒翻然改轍，遺風餘俗至今爲患，其罪深於桀紂」。朱子引此，其闢象山深矣。

朱子曰：告子直是將義屏除去，只就心上理會。因舉陸子靜云：「讀書講求義理，正是告子義外工夫。」某曰不然，如子静不讀書，不求義理，只静坐澄心，却是告子外義。

李時可問「仁内義外」，朱子曰：「告子此説固不是，然近年有欲破其説者，又更不是。謂義專在内，只發於我之先見者便是，如夏日飲水、冬日飲湯之類是已。若在外面商量，如此便不是義，乃是『義襲』。其説如此，乃與佛氏『不得擬議，不得思量，當下便是』之説相似，此大害理。」

朱子因與萬正淳論「集義」云：「謂如人心知此義理，行之得宜，固自内發。人性質不同，或有魯鈍，一時見未到得，别人説出來，反之於心，見得爲是而行之，是亦内也。今陸氏只要自渠心裏見得底方謂之内，若别人説底一句也不是。才自别人説出，便指爲『義外』。如是乃告子之説。」並朱子語類。

自卷首至此，皆二家冰炭之言。首荆公祠記之辨，次伊川人品之辨，次曾點「舞雩」之辨，次濂溪「無極」之辨，次顔子「克己」之辨，次皇極講義之辨，次孟子「義外」之辨。凡此數辨，皆所謂直截説破，顯然攻之者也。

按：陸子嘗云：「吾之學問與諸處異者，只是在我全無杜撰，雖千言萬語，只是覺得他底在我不能添一些。」觀此言，則朱子與萬正淳之所論者信矣，真一告子也。其視聖賢之好問好察、若無若虚氣象，何啻天淵？

十二月，陸子卒於荆門軍。朱子聞訃，帥門人往寺中爲位哭之。既罷，良久曰：「可惜死了告子。」象山年譜、朱子語類。

按：陸子壽之卒，朱子痛惜之，爲文以祭，象山則無。

按：朱子嘗答葉味道書云：「所喻既祔之後主不當復於寢。向見陸子静居母喪時力主此説，其兄子壽疑之，皆以書來見問，因以儀禮注中既祔復主之説告之，而子静固以爲不然，直欲於卒哭而祔之後撤其几筵。子壽疑而復問，因又告之，以爲如此則亦無復問其禮之如何，只此卒哭之後便撤几筵，便非孝子之心，已失禮之大本矣。子静終不謂然，而子壽遂服，以書來謝，至有『負荆請罪』之語。今錢君之論，雖無子静之薄，而其所疑亦非也。」按：象山年譜，淳熙四年丁繼母鄧氏憂，此書朱子晚年因事追論也。即此一事而見子静薄親忤兄，咈諫違善，其過深矣。此子壽之所以爲「降心從善」，而子静真一告子較然與？或乃混合二陸，苟爲彌縫，惡乎可？

癸丑，紹熙四年，朱子六十四歲。答詹元善書云：「子静旅櫬經由，聞甚周旋之，此殊可傷。見其平日大拍頭胡叫唤，豈謂遽至此哉？然其説頗行於江湖間，損賢者之志，而益愚者之過，不知此禍又何時而已耳。」

朱子答趙然道書云：「荆門之訃，聞之慘怛。故舊凋落，自爲可傷，不計平日議論之同異也。來喻謂恨未及見其與熹論辨，有所底止，此尤可笑。蓋老拙之學雖極淺近，然求之甚艱，而察之甚審，視世之道聽塗説於佛老之餘，而遽自謂有得者，蓋嘗笑其陋而譏其僭。豈今垂老，而肯以其千金易人之弊帚者哉？」並朱子文集。

按：朱子攻排陸學之言，出於象山没後者甚多，但語中無明證者今不盡載，詳具後編。

朱子答蔡季通書云：「長沙之行，幾日可歸？閣記不敢辭，但恐病中意思昏瞶，未必能及許教未替前了得耳。向見薛象先盛稱其人，今讀其書，乃知講於陸氏之學者。近年此説流行，後生好資質者，皆爲所擔閣壞了，甚可歎也。」朱子文集。

按：閣記，即下文稽古閣記。是年因蔡季通之請，爲象山門人許中應作者。稱陸氏者，象山既没爲古人，方稱氏也。凡稱陸氏者倣此。道一編乃以爲出於早年氣盛語健之時，編在初焉冰炭之首，顛倒欺人至此，可駭。嗚呼！大學首戒自欺，而篁墩務爲欺，君子不欺闇室，而篁墩特著一書以欺天下。推此其平生心術可知矣，無怪乎主考鬻題，爲言路所劾，逮繫詔獄，而遂愧恨以死也。豈鬼神惡其積欺，而降之罰與？愚也不得從言官後正其欺於朝廷，願從野史後昭其欺於汗簡，則亦有不得已焉耳。弘治己未，程敏政主考會試，給事中華昶、林廷玉劾其賣士，下獄問，黜舉子十餘人，罷敏政，未出京卒。

王陽明與門人書云：「留都時偶因饒舌，遂致多口，攻之者環四面。取朱子晚年悔悟之説，集爲定論，聊以解紛耳。然士大夫見之，乃往往遂有開發者，無意中得此一助，亦頗省頰舌之勞。近年篁墩諸公嘗有道一等編，見者先懷黨同伐異之念，故卒不能有入，反激而怒。今但取朱子所自言者表章之，不加一辭，雖有褊心，將無所施其怒矣。」愚按：陽明此書自喜其謀工説巧，能惑一時士大夫矣，自矜其智術又高於篁墩矣。蓋道一編猶並取二家言語，比較異同，陽明編定論，則單取朱子所自言，而不及象山一語。篁墩蓋明以朱陸爲同，而陽明則變爲陽朱而陰陸耳。正如昔人明以儒佛爲同，而象山則變爲陽儒而陰佛，意猶是也。嗚呼！蔀變至此益深益妙，務愚一世之耳目，而使之恬不覺悟，以入於禪，視諸以儒佛、朱陸爲同者有比較牽合之迹，其蔀淺矣。噫！蔀障重重，日新月盛，何時掃蕩，使不爲士大夫之惑耶？

九月朔，朱子作鄂州州學稽古閣記〔二〕，云：「人之有是身也，則必有是心；有是心也，則必有是理。然聖人之教，不使學者收視反聽，一以反求諸心爲事，而必曰博學、審問、謹思、明辨而力行之者，何哉？蓋理雖在我，而或蔽於氣禀物欲之私，則不能以自見。學雖在外，然皆所以講乎此理之實，及其浹洽貫通而自得之，則又初無内外精粗之間也。世變俗衰，士不知學，挾册讀書者既不過於誇多鬭靡，以爲利禄之計，其有意爲己者，又直以爲可以取足於心，而無事於外求也。是以墮於佛老空虛之邪見，而於義理之正、法度之詳有不察焉。道之不明，其可歎已！鄂州教授許君中應建閣既成，因予友蔡君元定來請記。」云云。朱子文集。

按：朱子早年學專求心，而此記乃深識求心之弊。朱子之學早同於陸，而晚異於陸，莫明於此矣。

按：今天下學術議論兩途，只争箇蔀與不蔀。不察篁墩之蔀，則朱陸晚年契合，察其蔀而究其實，則朱陸晚年冰炭，昭然灼然矣。不察象山之蔀，則陸學爲孔爲孟，察其蔀而究其實，則陸學爲禪爲佛，昭然灼然矣。予奪懸殊，好惡南北，所争只此耳。嗚呼！蔀障之患，古今天下何事無之？内而朝廷，外而百司刑政之間，何往無之？然彼特蔀於一事一時，而象山、篁墩則蔀障天下後世，其禍不知何時而已。朱子嘗謂「不止如范甯之議王弼」，正以一時之害輕，而歷世之患重。區區是用究心此辨耳。

朱子答周南仲書云：「熹頑鈍之學，晚方自信。每病當世道術分裂，上者入於佛老，下者流於管商，學者既各以其所近便先入者爲主，而又驅之以其好高欲速之心，是以前者既以自誤而遂以自欺，後者既爲所欺而復以欺人。文字愈工，辨説愈巧，而其爲害愈甚。」朱子文集。

此言尤深中象山師弟及近日篁墩、陽明諸人之病。「下者流於管商」，指陳同父輩也。同父名亮，浙東永康人，時亦自豪其才，驅駕流輩，志於事功，號爲永康之學。朱子亦嘗與之往復論難，無異於象山焉。嘗謂學者曰：「海内學術之弊不過兩事，江西頓悟，永康事功。若不極力争辨，此道無由得明。」嗚呼！可見大賢自任之心矣。

庚申，寧宗慶元六年。三月甲子，朱子卒，年七十一。朱子年譜。

按：朱子一生，惓惓以訂釋經書、辨明雜學爲己任。此二者，正其上承孔孟，下開來學，有大功於世者也。自程篁墩造爲朱陸早異晚同之説，而視朱子平日所以辨排雜學者皆爲覆瓿。自王陽明有朱子定論之作，而視朱子平日所釋經傳皆爲燕言。嗚呼！二氏何苦好誣朱子耶？此編之作，天使余正二氏之誣，昭朱子之實，破禪陸之惑也。

或曰：吾子所論，固公是公非，鑿鑿皆實矣。然得無傷于訐直耶，傷于好辨好勝耶？曰：此誠建之戇癖也。建平生惡人爲欺，每讀史至小人欺君誤國、顛倒是非、誣害忠賢處，未嘗不爲之痛憤悼恨，扼腕太息，欲籲其冤而無從。讀道一編諸書亦然，是故著爲此辨，以籲考亭之冤，申儒釋之辨，明朱陸之實，以告天下後世勿爲所欺。惟恐其辭有未盡，辨有未明，不自知其爲訐直，爲好辨好勝也。韓子曰：「君子得位則思死其官，不得位則思修其辭以明其道。我將以明其道也，非以爲直而加諸人也。」嚴滄浪亦謂：「辨白是非，定其宗旨，正當明目張膽而言，使其辭説沉着痛快，深切著明，顯然易見。所謂『不直則道不見』，雖得罪於世之君子，不辭也。」誦二子之言，知言君子，固有以諒我矣。嗚呼！今天下皆尊信陸學，而吾獨排之，今士大夫罔不據信道一編，而吾獨辨之。以管窺而妄議道學，以么麽而僭論前輩，則區區固亦無所逃罪。故嘗慨然曰：「知我者，其惟此書乎！罪我者，其惟此書乎！」

【校勘記】

〔一〕却在一種輕爲高論　「却在」二字原脱，據晦庵集卷三六答陸子静補。

〔二〕朱子作鄂州州學稽古閣記　「州」字原不重，據晦庵集卷八〇鄂州州學稽古閣記補。

學蔀通辨後編敘

或曰：子所著學蔀通辨前編，其於朱陸同異之辨明矣，乃復有後編之作者何？曰：前編明朱陸之異，而此編則其所以異也。夫陸子之所以異於朱子者，非徒異於朱子已也，以其異於聖賢也。異於聖賢，如之何而不異於朱子也？陸子之所以異於聖賢者，非徒異於聖賢已也，以其溺於禪佛而專務養神一路也。溺於禪佛而專務養神一路，雖欲不異於聖賢，不可得矣。嗚呼！養神一路，象山禪學之實也；異於聖賢，異於朱子之實也。而近世學者不察焉，相率而輕信其自大之言，曰陸氏之學尊德性也，陸氏先立乎其大也。而不知其假似以亂真也，援儒以入佛也，借儒以掩佛也，有許多弊也。幾何而不中於朱子謂「近世人大被人謾」，又謂「分明被他塗其耳目，至今猶不覺悟」也？嗚呼！陸氏之學，爲塗爲蔀已數百年，學者見聞習熟矣。近歲又益以程篁墩諸人之蔀，如塗塗附焉。此説天下已成風極重，有難反之勢矣。驟聞區區此論，未有不愕然以駭者。志道君子，但請毋貴耳賤目，虛心細閲此編一過，則將「先張之弧，後説之弧」，殆有不足以喻之者矣。或猶不然，則此編奚翅覆瓿。東莞清瀾居士陳建謹敘。

學蔀通辨後編卷上

此卷所載，著象山師弟作弄精神，分明禪學，而假借儒書以遮掩之也。此爲勘破禪陸根本。

朱子答許中應書云：「世衰道微，異端蠭起，近年以來，乃有假佛釋之似以亂孔孟之實者。其法首以讀書窮理爲大禁，常欲學者注其心於茫昧不可知之地，以僥倖一旦恍然獨見，然後爲得。蓋亦有自謂得之者矣，而察其容貌辭氣之間、修己治人之際，乃與聖賢之學有大不相似者。左右於此，無乃亦惑其説耶？夫讀書不求文義，玩索都無意見，此正近年釋氏所謂看話頭者。世俗書有所謂大慧語録者，其説甚詳，試取一觀，則其來歷見矣。」朱子文集。

朱子曰：「金溪學問真正是禪，欽夫、伯恭緣不曾看佛書，所以看他不破，只某便識得他。試將楞嚴、圓覺之類一觀，亦可粗見大意。」朱子語類。

按：陸學來歷，本假佛釋，故必先識佛學，然後陸學可辨也。否則雖南軒、東萊之賢，亦看他不破矣。故今此編詳陳佛學爲證，以此也。大慧語録、楞嚴、圓覺，皆禪宗佛要也。朱子又嘗答趙詠道書，謂：「讀近歲佛者之言，則知其源委之所在。此事可笑，非面見極談，不能盡其底裏。」愚爲此編，正是代朱子極談，以盡象山之底裏，窮象山之源委，然後見此事之真可笑也。下文精神之説，正是象山源委所在，故首陳之。

朱子曰：「佛學只是弄精神。」

又曰：「禪學細觀之，只是於精神上發用。」並朱子語類。

又答潘恭叔書曰：「釋氏之病，乃爲錯認精神魂魄爲性。」

又答連嵩卿書曰：「爲此説者，只是於自己身上認得一箇精神魂魄有知有覺之物，即便目爲己性，把持作弄，到死不肯放舍，謂之死而不亡。釋氏之學本是如此，今其徒之黠者，往往自知其陋而稍諱之，却去上頭別説一般玄妙道理，雖若滉漾不可致詰，然其歸宿實不外此。」並朱子文集。

按：漢書論佛氏之旨云：「所貴修鍊精神，以至爲佛。」其言正與朱子合。或曰：佛氏直指人心，見性成佛，朱子、漢書專以精神言，何也？曰：精神即心也，心者精神之舍，而虚靈知覺作用運動，則皆精神之發也。故禪學其始也，絶利欲、遺事物、屏思慮、專虚静，無非爲修鍊精神計。及其積久也，精神凝聚澄瑩，豁然頓悟，則自以爲明心見性，光明寂照，神通妙用，廣大無邊，一皆精神之爲也。漢書之言，朱子之論，得其要矣。象山之學，何莫非原於此？

陸子曰：「精神全要在内，不要在外。若在外，一生無是處。」

「初學者能完聚得幾多精神，纔一霍便散了。某平日如何樣完養，故有許多精神難散。」

「人精神在外，至死也勞攘，須收拾作主宰。收得精神在内時，當惻隱即惻隱，當羞惡即羞惡，誰欺得你，誰瞞得你？見得端的後常涵養，是甚次第。」

「初教董元息自立收拾精神，不得閑説話。漸漸好後，被教授教解論語，却反壞了。」

「朱元晦泰山喬嶽，可惜學不見道，枉費精神，遂自擔閣。」

因歎學者之難得云：「我與學者説話，精神稍高者或走了，低者至塌了。吾只是如此，吾初不知手勢如此之甚，然吾亦只有此一路。」

或有譏先生之教人專欲管歸一路者，先生曰：「吾亦只有此一路。」並象山語録。

按：象山講學專管歸完養精神一路，其爲禪學無所逃矣。象山每以孔孟爲辭，今考魯論一部、孟子七篇，未聞有一言及於精神，而惟釋氏之自私自利者乃專務之，象山之情昭然矣。下文反復辨證，益詳益明。

按：孔叢子有云：「心之精神是謂聖。」陸學宗祖全在此一語。朱子嘗謂「孔叢子是後人僞作，鄙陋之甚，理既無足取，而辭亦不足觀」。陸學一派乃以與其禪見偶合，尊信而專主之，不亦誤乎？按：莊子曰：「神全者聖人之道。」又曰：「精神，聖人之心。」觀此，則作孔叢子當是莊列者流。

朱濟道説臨事疑恐，做事不得。陸先生曰：「請尊兄即今自立，正坐拱手，收拾精神，自作主宰。萬物皆備於我，何有欠闕？當惻隱時自然惻隱，當羞惡時自然羞惡，當寬裕温柔時自然寬裕温柔，當發强剛毅時自然發强剛毅。」象山語録。

朱濟道與人書云：「陸先生所以誨人者，深切著明，大槩是令人求放心。學者相與講切，無非此事，不復以言語文字爲意，令人仰歎無已。其有意作文者，皆令收拾精神，涵養德性，根本既正，不患不能作文。」象山年譜。

又曰：「千古聖賢，只是辦一件事，無兩件事。」象山語録。

佛書云：「惟有一乘法，無二亦無三。」又曰：「惟此一事實，餘二則非真。」文殊曰：「善哉，無有言語文字，是真入不二法門也。」今陸學專主收拾精神一路，以爲求放心，不復以言語文字爲意，非是「真入不二法門也」邪？

陸子曰：「顏子爲人最有精神，然用力甚難。仲弓精神不及顏子，然用力却易。然顏子精神高，既磨礲得就實，則非仲弓所能及也。」

謂李伯敏曰：「吾友近來精神都死，却無向來亹亹之意。須磨礲鍛鍊，方得此理明。」

「窮究磨煉，一朝自省。」並象山語録。

按：佛氏修鍊精神，陸氏亦磨鍊精神，同歸一致。顔子何人，乃亦以磨礲精神誣之耶？「一朝自省」，頓悟法也，如下文所陳下樓之覺、鏡象之見之類是也。

按：象山嘗云：「歐公本論固好，然亦只是説得皮膚。」看唐鑑一段，門人曰：「終是説骨髓不出。」象山曰：「後世亦無人知得骨髓去處。」又嘗論讀書，謂「須是就血脉骨髓理會，今學者讀書，只是解字，更不求血脉」。愚謂象山此言雖云矜誇，而實切中後學病痛。蓋象山血脉骨髓全在養神一路，而近世學者爲所遮掩，鮮克知之也。今此編細與拈出，其禪自明。

詹阜民記：象山舉「公都子問鈞是人也」一章，云：「人有五官，官有其職。」某因思是，便收此心焉，惟有照物而已〔一〕。他日侍坐，先生謂曰：「學者能常閉目，亦佳。」某因此無事則安坐瞑目，用力操存，夜以繼日，如是者半月。一日下樓，忽覺此心已復澄瑩中立，竊異之〔二〕，遂見先生。先生目逆而視之，曰：「此理已顯也。」某問先生何以知之，曰：「占之眸子而已。」因謂某道果在邇乎，某曰：「然。昔者嘗以張南軒所類洙泗言仁書考察之，終不知仁，今始解矣。」先生曰：「是即知也，勇也。」某因對曰：「不惟知、勇，萬善皆是物也。」先生曰：「然。」象山語録。

按：無事安坐、瞑目操存，此禪學下手工夫也，即象山之自立正坐、收拾精神也，即達磨面壁静坐默照之教，宗杲無事省緣、静坐體究之教也。「一日下樓，忽覺此心澄瑩」，則禪學頓悟識心之效驗也。所引「道在邇」等語，則推援之説也。所謂照物，即佛家光明寂照之照。楊慈湖謂「道心發光，如太陽洞照」。王陽明亦以良知爲照心。

鶴林玉露云：「子曰：『道不遠人。』孟子曰：『道在邇而求諸遠。』有尼悟道詩云：『盡日尋春不見春，芒鞵踏遍隴頭雲。歸來笑撚梅花嗅，春在枝頭已十分。』亦脱灑可喜。」按：此即與禪陸同一推援之見。詹阜民謂「考察洙泗言仁書，終不知仁」，即「盡日尋春不見春，芒鞵踏遍隴頭雲」也。因瞑目澄心而始解，即「歸來笑撚梅花嗅，春在枝頭已十分」也。愚謂夫子所謂「道不遠人」，指人倫日用、子臣弟友之道而言也。孟子所謂「道在邇」，亦指親親長長而言也。其視阜民之所覺、妖尼之所悟萬萬不倫，今乃推援牽合，誣之甚矣。論學如此，是何異趙高指鹿爲馬？

詹阜民，字子南。象山嘗與詹子南書云：「日享事實之樂，而無暇辨析於言語之間。」又云：「得其事實，亦不泥其辭説。」又云：「若事實上特達端的，言語自不同。」又云：「吾友相信之篤，頗知反己就實，深以爲喜。」愚按：象山文集每稱事實，如此者非一，初讀莫知其所謂，及看破語録無事安坐、瞑目澄心之説，然後知其事實在此也。然後知象山凡稱實學實行、踐實務實之類，皆是指此也。然後知象山凡説道説仁、説此心此理之類，皆無非此也。學者於此等緊要處識破，然後不爲象山之所蔀惑也已。

徐仲誠請教，陸子使思孟子「萬物皆備於我矣，反身而誠，樂莫大焉」。仲誠處堂一月，一日問之云：「仲誠思得孟子如何？」仲誠答曰：「如鏡中觀花。」曰：「見得仲誠也是如此。」顧左右曰：「仲誠真善自述者。」因説與云：「此事不在他求，只在自家身上。」既又微笑而言曰：「已是分明説了也。」少間，仲誠因問中庸以何爲要語，答曰：「我與汝説内，汝只管説外。」象山語録。

按：此即與詹阜民所記相發。仲誠處堂一月，而有鏡中之見，阜民安坐半月，而有下樓之覺，其工夫效驗一也。仲誠以鏡中觀花爲思得孟子，阜民以下樓之覺合洙泗言仁，其推援强合一也。鏡中觀花之見，正禪家要妙，然其言引而不發，觀慈湖遺書，始説得分明。

楊慈湖行狀云：「慈湖初在太學循理齋，嘗入夜憶先訓，默自反觀，已覺天地萬物通爲一體，非吾心外事。至陸先生新第歸，來富陽，慈湖留之。夜集雙明閣上，數提『本心』二字，因從容問曰：『何謂本心？』適平旦，嘗聽扇訟，陸先生即揚聲答曰：『適斷扇訟，見得孰是孰非者，即本心也。』慈湖聞之，忽覺此心澄然清明，亟問曰：『止如斯耶？』陸曰：『更何有也？』慈湖即北面納拜，終身師事焉。每謂某感陸先生尤是，再答一語更云云，便支離去。已而沿檄宿山間，觀故書猶疑，終夜坐不能寐，天曈曈欲曉，忽灑然如物脱去，乃益明。後居妣喪，更覺日用應酬未能無礙，沈思屢日，偶一事相提觸，亟起旋草廬中，始大悟變化云爲之旨，縱橫交錯萬變，虛明不動，如鑑中象矣。」慈湖遺書。

慈湖名簡，字敬仲，浙東慈溪人，象山高第門人也。慈湖頓悟，始於太學之反觀，而成於雙明閣之授受。

按：鑑中影象之見，慈湖一生言之。其作昭融記曰：「『心之精神是謂聖』。此心虛明無體，洞照如鑑，萬物畢見其中而無所藏。」其作臨安學記曰：「日用平常，變化云爲，如四時之錯行，如日月之代明，如鑑中萬象，實虛明而無所有。夫是之謂時習而説之學，夫是之謂孔子爲之不厭之學。」其見訓語曰：「仁，人心也。人心澄然清明如鑑，萬象畢照而不動焉。」又曰：「渾渾融融，如萬象畢見于水鑑之中。夫是之謂仁，又謂之道。」愚按：此正佛氏弄精神之故智，所謂識心見性，即識此見此也。慈湖烏得妄指爲仁爲道，爲孔子之學邪？吾不識仁與道乃有形影之物可玩弄。如此謬妄推援，指鹿爲馬，可駭可笑。

按：華嚴經言「第一真空絶相觀，第二事理無礙觀，第三事事無礙觀。譬如鏡燈之類，包含萬象，無有窮盡」。傳燈録謂「盡十方世界是自己光明，盡十方世界在自己光明内」，謂「心如明鏡臺」，謂「心月孤圓，光吞萬象」。觀此則知慈湖鏡象之説之來歷矣。陳白沙謂「一片虚靈萬象存」，王陽明謂「良知之體，皦如明鏡」，亦即此意。

朱子答廖子晦書云：「鳶飛魚躍，道體無乎不在。當勿忘勿助之間〔三〕，天理流行正如是爾。若謂萬物在吾性分中，如鑑之影，則性是一物，物是一物，以此照彼，以彼入此也。横渠先生所謂『若謂萬象爲太虚中所見，則物與虚不相資，形自形，性自性』者，正譏此耳。」朱子文集。

廖子晦名德明，宋史稱其少學釋氏，後乃從朱子受業。以書質於朱子曰：「明道先生云：『鳶飛戾天，魚躍于淵，言其上下察也，與必有事焉而勿正同。』竊謂萬物在吾性分中，如鑑中之影，仰天而見鳶飛，俯淵而見魚躍，上下之見，無非道體之所在也。方其有事而勿正之時，必有參乎其前而不可致詰者，活潑潑地，智者當自知之。」子晦所見，蓋即同慈湖也。朱子以此書答之，而子晦大悟其失，復書曰：「鑑影之惑，非先生之教幾殆。某昔者閒居默坐，見夫所謂充周而洞達者，萬物在其中各各呈露，遂以鑑影之譬爲近，故推之而爲鳶魚之説，竊以爲似之。先生以太虚萬象而闢其失，某讀之久，始大悟其非，若爾則鳶魚、吾性分爲二物矣。」愚按：子晦鑑影之説，尤足發禪陸之蘊，故著之。

按：明道謂「鳶飛魚躍一段，子思喫緊爲人處，與『必有事焉而勿正心』之意，同活潑潑地。會得時，活潑潑地；會不得時，只是弄精神」。今按：鑑影之惑，正是弄精神也。

按：「萬物皆備」之語，孟子與陸學俱言之。然孟子之「萬物皆備」，以萬物之理言也；陸學之「萬物皆備」，以萬物之影象言也。儒釋不同，肯綮只此。朱子答胡季隨書云「聖賢本意，欲人戒慎恐懼，以存天理之實。非是教人揣摩想像，以求見此理之影也」，正明此意。困知記詩云「鏡中萬象原非實，心裏些兒却是真。須就這些明一貫，莫將形影弄精神」，亦明此意。

楊慈湖書炳講師求訓曰：「簡之行年二十有八也，居太學之循理齋，時首秋入夜，僕以燈至，某坐於床，思先大夫嘗有訓曰『時復反觀』。簡方反觀，忽覺空洞無内外、無際畔，三才萬物，萬化萬事，幽明有無，通爲一體，略無縫罅。疇昔意謂萬象森羅，一理貫通而已，有象與理之分，有一與萬之異。及反觀後所見，元來心體如此廣大。孔子曰：『心之精神是謂聖。』即達磨謂：『從上諸佛，惟以心傳心，即心是佛，除此心外，更無別佛。汝問我即是汝心，我答汝即是我心。汝若無心，如何解問我？我若無心，如何解答汝？』觀此益驗。即日用平常之心，惟起意爲不善，此心至妙，奚容加損？日月星辰即是我，四時寒暑即是我，山川人物即是我，風雨霜露即是我，鳶飛魚躍無非我。如人耳目口鼻手足之不同，而實一人。人心如此神妙，百姓自日用而不知。」慈湖遺書。

按：此即鏡中萬象之見，按此推援儒佛尤明。象山嘗因「宇宙」字義之悟，謂「元來無窮，人與宇宙皆在無窮之中」，又謂「宇宙便是吾心，吾心便是宇宙」等語，正同此禪機。但象山引而不發，而慈湖始發其藴。究陸學一派，惟象山工於遮掩，禪機最深，學者極難識得他破。至慈湖輩禪機始露，稍加考證，其禪便自瞭然矣。傳燈録招賢大師云：「盡十方世界是沙門眼，盡十方世界是沙門全身，盡十方世界是自己光明，盡十方世界在自己光明内，盡十方世界無一人不是自己。」此論即象山、慈湖宗祖。横渠張子嘗謂佛學「蔽其用於一身之小，溺其志於空虚之大，語大語小，流遁失中」，此語切中其病矣。

陸子曰：「今一切去了許多謬妄勞攘，『磨礲去圭角，浸潤著光精』，『與天地合其德』云云，豈不樂哉？」

「吾於踐履未能純一，然纔自警策，便與天地相似。」並象山語録。「光精與天地合德」，「警策與天地相似」，語其約也。慈湖「反觀」之訓，道其詳也。約者引而不發，詳者無隱乎爾。

楊慈湖訓語曰：「子曰『朝聞道，夕死可矣』，『心之精神是謂聖』。精神虛明無體，未嘗生，未嘗死，人患不自覺耳。一日洞覺，則知生死之非二矣，則爲不虛生矣。」慈湖遺書。慈湖此語，即佛氏「形有死生，真性常在」，即以神識爲不生不滅。象山謂「人與宇宙皆在無窮之中」，陳白沙謂「神理爲天地萬物主本，長在不滅」，即此也。

按：象山講學好説「宇宙」字，蓋此二字盡上下四方，往古來今，至大至久，包括無窮也。如佛説「性周法界」、「十方世界是全身」之類，是以至大無窮言也。如説「法身常住不滅」、「覺性與太虛同壽」之類，是以至久無窮言也。此象山「宇宙無窮」之説、「吾心宇宙」之説，一言而該禪學之全也。陳白沙曰：「終日乾乾，收拾此而已。斯理也，千涉至大，無内外，無終始。得此欛柄入手，更有何事？往古來今，上下四方，都一齊穿紐收合。會此者，天地我立，萬化我出，而宇宙在我矣。」此言尤發明象山「宇宙」之旨。禪學作弄精神，至此極矣。程子謂佛氏「打入箇無底之壑」，朱子謂佛氏「只是説箇大話謾人」，陸學即同此弊。

楊慈湖訓語曰：「簡行年二十有八，居太學，夜坐反觀，忽覺天地内外、森羅萬象、幽明變化、有無彼此通爲一體。後因承象山先生扇訟是非之答，而又覺澄然清明。一日，因觀外書有未解而心動，愈觀而愈動，掩書夜寢，心愈窘，不寐。度至丁夜，忽有黑幕自上而下，而所謂窘者掃迹絶影，流汗沾濡泰然。旦而寤，視外物，無二見矣。」慈湖遺書。

黑幕之見，奇特之甚；流汗之説，爲禪益彰。羅整庵云：「予官京師，偶逢一老僧，問何由成佛，渠漫舉禪語爲答，云『佛在庭前栢子樹』。愚意其必有所謂，爲之精思達旦，攬衣將起，則恍然而悟，不覺流汗通體。既而得禪家證道歌一編，讀之如合符節，自以爲至奇至妙。後潛玩聖賢言語，始覺其非。」朱子答吴斗南書云：「道只是君臣父子、日用常行當然之理，非有玄妙奇特不可測知，如釋氏所云『豁然大悟，通身汗出』之説也。」觀此儒佛明矣。

慈湖詩云：「惜也天然一段奇，如何萬古罕人知。只今步步雲生足，底用思爲底用疑。」鏡象之見分明奇特。

梭山云：「子静弟高明，自幼已不同，遇事觸物皆有省發。嘗聞鼓聲震動牕櫺，亦豁然有覺，其進學每如此。」象山年譜。

按：禪家有「聞聲悟道」之機。傳燈録記嚴智禪師一日瓦礫擊竹作聲，廓然省悟，正是如此。然梭山此語終亦引而不發，觀下文慈湖誌語，始發象山之蘊。

楊慈湖誌葉元吉妣張氏墓，謂：「元吉自言嘗得某子絶四碑一讀，知此心明白廣大，異乎先儒繳繞回曲之説，自是讀書行己，不敢起意。後寐中聞更鼓聲而覺，全身流汗，失聲歎曰『此非鼓聲也』，如還故鄉，終夜不寐。夙興，見天地萬象萬變、明暗虛實，皆此一聲，皆祐之本體，光明變化，固已無疑，而目前常若有一物。及一再聞某警誨，此一物方泯然不見。元吉弱冠與貢，孺人不以爲喜，聞聲而大警悟，孺人始喜。」慈湖遺書。

按：禪家悟道必以夜，亦是奇怪。昔六祖傳法於五祖也，以三更時。兹慈湖悟法於象山也，以夜集雙明閣。他如慈湖太學、山間、黑幕諸悟，與葉元吉此悟，一皆是夜，皆夜卧寤寐恍惚之間。羅整庵所説京師之悟亦然，餘不言晝夜者，可類推矣。伊川先生謂「如人睡初覺時，乍見上下東西，指天説地」。禪家所見，豈只是此模樣耶？奈何指此爲識心見性，吾斯之未能信。胡敬齋謂：「禪家見道，只如漢武帝見李夫人。只是見出一箇假物事，以爲識心見性，其實未嘗識心，未嘗見性也。」此言深切禪病。蓋漢武見李夫人，正是見夜間形影恍惚也。

陸子曰：「徹骨徹髓，見得超然，於一身自然輕，自然靈。」

「人爲學甚難，天覆地載，春生夏長，秋斂冬肅，俱此理。人居其間無靈識〔四〕，此理如何解得。」

「宿無靈骨。人皆可以爲堯舜，謂無靈骨，是謂厚誣。」並象山語録。

陸學師弟鏡象諸見，是謂靈識、靈見，且有靈骨矣。下文慈湖靈明、靈覺、靈光等語即同。「宿無靈骨」，本禪語。

楊慈湖莫馮氏妹辭云：「吾妹性質靈明〔五〕，觀古默契，靈覺天然，萬古鮮儷。士而能覺，已足垂芳千古〔六〕。婦而能覺，古惟太姒。自兹以降，以倬行稱於史固不乏，求其内明心通，惟龐氏母子及吾妹。斯某每歎其未有。與擬靈光，溥其無際。神用應酬，卷舒雲氣，亦猶鏡象，參差來備。四時之錯行，日月之代明，吾妹靈明之妙正如此。」慈湖遺書。

朱子嘗答陳正己，謂「爲靈明之空見所持，而不得從事於博學篤志、切問近思之實」。今按：象山、慈湖，正是「爲靈明之空見所持」也。龐氏母子，按輟耕録：「襄州居士龐藴，妻龐婆，舉家修禪，有男不昏，有女不嫁，大家團欒頭，共説無生話。女名靈照，製竹漉，藴賣之以供朝夕。」愚按：象山、慈湖雖皆禪，然慈湖之禪直，象山之禪深。慈湖明尊達磨，明稱龐氏，明祖述孔叢子僞書之言，明説鑑象反觀、黑幕流汗之悟，一切吐露無隱。若象山則遮掩諱藏，一語不肯如此道矣。此二人學術同而心術異處。

陸子曰：「此道之明，如太陽當空，群陰畢伏。」象山語録。

楊慈湖曰：「道心發光，如太陽洞照。」又曰：「人心至靈至神，虛明無體，如日如鑑，萬物畢照。」慈湖遺書。

朱子嘗謂「浙間有般學問，是得江西之緒餘，只管教人合眼端坐，要見一箇物事，如日頭相似，便謂之悟，此大可笑」，正是指此。

通按：禪陸以頓悟爲宗，是故其始之求悟也，有養神之功焉，其終之既悟也，有鏡象之驗焉。如象山每教學者閉目正坐，慈湖亦教人合眼端坐，詹阜民「無事安坐瞑目，夜以繼日」，皆養神求悟之功也。如「宇宙」字義之省、下樓、扇訟、反觀、黑幕、鼓聲之覺、輕靈之見、靈光之契，皆頓悟鏡象之妙也。凡此皆陸學骨髓所在，皆勘破陸學根本也。從前遮掩術行，雖老師宿儒爲所惑。此編除去遮掩，專究骨髓，其禪不待智者而辨矣。

陸子曰：「有一段血氣，便有一段精神。有此精神，却不能用，反以害之。精神不運則愚，血氣不運則病。」象山語録。

按：養生家有元精、元氣、元神之説，象山論學亦兼包此意，但含蓄不露，近日王陽明始發其蘊。陽明答人書云：「精一之精以理言，精神之精以氣言。理者氣之條理，氣者理之運用，原非有二事也。但後世儒者之説與養生之説各滯於一偏，是以不相爲用。前日精一之論，雖爲愛養精神而發，然而作聖之功實亦不外是矣。」又曰：「養德養身，只是一事。果能戒謹不睹，恐懼不聞，而專志於是，則神住氣住精住，而仙家所謂長生久視之説，亦在其中矣。」愚按：陽明此説，實發象山之蘊以誘人也。然象山、陽明俱未及六十而卒，養生之説亦虛妄矣，乃假精一戒懼之旨以文之，其侮聖言、誑後學也孰甚？

老子曰：「谷神不死。」谷者，養也。又曰：「治人事天莫若嗇。夫惟嗇是謂早服，早服謂之重積德，重積德則無不克。是謂深根固柢，長生久視之道。」朱子曰：「此語是就養精神處説。」莊子曰：「至道之精，窈窈冥冥。至道之極，昏昏默默。無視無聽，抱神以靜，形將自正。必靜必清，無勞汝形，無摇汝精，乃可以長生。」薛文清公曰：「老莊雖翻騰道理，愚弄一世，奇詭萬變，不可模擬，卒歸於自私，與釋氏同。」愚按：象山、陽明正是翻騰愚弄，卒歸自私，與釋老同也。

胡敬齋曰：「儒者養得一箇道理，釋老只養得一箇精神。儒者養得一身之正氣，釋老養得一身之私氣。」按：此言見得極分明，近世學術真似、是非、同異之辨，決於此。

章仲至云：「象山先生講論，終日不倦，夜亦不困，若法令者之爲也。連日應酬，勞而早起，精神愈覺烱然。問曰：『先生何以能然？』先生曰：『家有壬癸神，能供千斛水。』」象山年譜。

包顯道云："侍登鬼谷山，先生行泥塗二三十里，云：『平日極惜精力，不肯用，以留有用處，所以如今如是健。』諸人皆困不堪。"象山語録。

按：象山嘗問李伯敏云："日用常行，覺精健否？"又嘗誦詩云："自家主宰嘗精健，逐外精神徒損傷。"愚謂論學主於精健，正陷釋老自私自利。孔孟何嘗有養精神之説，惜精力、務精健之教哉？"家有壬癸神"二語，佛偈也。

陸子與涂任伯書云："某氣禀素弱，年十四五，手足未嘗温煖。後以稍知所向，體力亦隨壯也。今年過半百，以足下之盛年，恐未能相逮。何時合并，以究斯義。"象山文集。

"知所向"、"究斯義"，皆是指養神一路。胡敬齋曰："異端人多强壯，是其心無思慮，精神不曾耗損，故魂强魄盛，費一生工夫，只養得這私物事。"觀象山正同。

朱子答程正思書云："世學不明，異端蠭起，大率皆便於私意人欲之實，而可以不失道義學問之名，以故學者翕然趨之。"朱子文集。

此語切中陸學一派之病。

或言金溪其學專在踐履之説，朱子曰："此言雖是，然他意只是要踐履他之説耳。"朱子語類。

按：近世皆以象山專務踐履，不尚空言，一切被他謾過，被他嚇倒。不知其意只是要踐履他養神之説耳，豈可輕信其言，而不察其所踐履何事哉？

陸子與邵叔誼書云：「此天之所以與我者。先立乎其大者，立此者也；積善者，積此者也；集義者，集此者也；知德者，知此者也；進德者，進此者也〔七〕。同此之謂同德，異此之謂異端。」象山文集。

陸子曰：「苟學有本領，則知之所及者，及此也；仁之所守者，守此也；時習之，習此也；説者，説此也；樂者，樂此也。如居高屋之上建瓴水矣。學苟知本，六經皆我註脚。」「伐南山之竹，不足以受我辭，然其會歸總在於此。」象山語録。

象山講學專管歸此一路，只用一此字，將聖賢經書都横貫了，恣其推援，從來文字無此樣轍。

朱子曰：「聖賢之教，無内外、本末、上下。今子静却要理會内，不管外面，却無此理。硬要轉聖賢之説爲他説，寧若爾説，且作爾説，不可誣罔聖賢亦如此。」

又曰：「他所見既如此，便將聖賢説話都入他腔裏面，不如此則他所學無據。這都是不曾平心讀聖賢之書，只把自家心下先頓放在這裏，却捉聖賢説話壓在裏面。」

「陸子静之學，自是胸中無奈許多禪何。看是甚文字，不過假借以説其胸中之所見者耳。據其所見，本不須聖人文字，他却須要以聖人文字説者，此正如販私盐者，上面須得數片牓魚遮蓋，方過得關津，不被人捉了耳。」並朱子語類。

前二條是説援儒入佛，後一條是説借儒掩佛，總言皆是陽儒陰佛也。

朱子曰：「某常謂人要學禪時，不如分明去學他禪祇一棒一喝便了。今乃以聖賢之言夾雜了説，都不成箇物事。道是龍，又無角；道是蛇，又有足。」朱子語類。

朱子答孫敬甫書云：「陸氏之學，在近年一種浮淺頗僻議論中，固自卓然，非其儔匹。其徒傳習，亦有能修身治家以施政者。但其宗旨本自禪學中來，不可掩諱。當時若只如晁文元、陳忠肅諸人，分明招認，着實受用，亦自有得力處，不必如此隱諱遮藏，改名換姓，欲以欺人，而亦不可欺，徒以自欺，而自陷於不誠之域也。若於吾學果有所見，則彼之言釘釘膠粘一切假合處，自然解拆破散，收拾不來矣。少時喜讀禪學文字，見杲老與張侍郎書云：『左右既得此欛柄入手，便可改頭換面，却用儒家言語説向士大夫，接引後來學者。』後見張公經解文字一用此策，但其遮藏不密索，漏露處多，故讀之者一見便知其所自來，難以純自託於儒者。若近年則其爲術益精，爲説浸巧，抛閃出没，頃刻萬變，而幾不可辨矣。然自明者觀之，亦見其徒爾自勞，而卒不足以欺人也。」朱子文集。

張侍郎，張子韶也，名九成，號無垢。後世學術陽儒陰釋之禍，實起於宗杲之教子韶，所關非小矣。朱子雜學辨謂：「凡張氏所論著，皆陽儒而陰釋。其離合出入之際，務在愚一世之耳目，而使之恬不覺悟，以入乎釋氏之門，雖欲復出而不可得。」按：此言尤發摘深中陸學一派之弊，俱無以逃此矣。困知記曰：「張子韶以佛旨釋儒書，改頭換面，將以愚天下之耳目，其得罪於聖門甚矣。而近世之談道者，猶或陰祖其故智，往往假儒書以彌縫佛學。律以春秋誅心之法，吾知其不能免夫。」

按：近世假儒書以行佛學，正猶昔人所謂「挾天子以令諸侯」。挾天子者意不在於天子，不過假天子以行其脅制天下之私耳；假儒書者意不在於儒書，不過借儒書以行其扇誘來學之計耳。朱子答程允夫書云：「挾天子以令諸侯，乃權臣跋扈，借資以取重於天下，豈真尊主者哉？若儒者論道，而以是爲心，則亦非真尊六經者。此其心術之間反覆畔援，去道已不啻百千萬里之遠矣。」此言深中近世雜學之病。

朱子文集有讀兩陳諫議遺墨，謂：「王安石之於周禮，乃姑取其附於己意者，而借其名高以服衆口，豈真有意於古者哉？」今按：象山之援引經書，正是此弊。陽明之集朱子定論，亦是此弊。嗚呼！聖賢之言，何不幸而爲後人飾己欺世之資也？張東海詩云：「金釵寶鈿圍珠翠，眼底何人辨真僞。」愚辨陸學，深有感於兹言。

按：有宋一代禪學盛行，一時名臣賢士，不獨晁文元、陳忠肅好之，如富鄭公、吕申公、韓持國、趙閱道諸賢皆好之，然皆是明言而直好之，不爲隱諱改換，不害其爲誠慤也。亦以可爲清心寡欲之助而好之，不敢以聖學自居，以傳道自任，不失其爲本分也。自象山出，而後隱諱改换，而誠慤亡；自象山出，而後以聖傳自任，而不安其分。困知記謂：「後世乃有儒其名而禪其實，諱其實而徒侈其名，吾不知其反之於心，果何如也？」嗚呼！此誠世道之降，而孔子所以有「古之狂、愚」之歎與？

【校勘記】

〔一〕某因思是便收此心焉惟有照物而已　「焉」，陸九淵集卷三五語録（中華書局一九八〇年版）作「然」。

〔二〕竊異之　「之」原作「者」，據潘本改。

〔三〕當勿忘勿助之間　「當」原作「觀」，據晦庵集卷四五答廖子晦改。

〔四〕人居其間無靈識　「無」原作「要」，據宋元學案卷五八象山學案（中華書局一九八六年版）改。

〔五〕吾妹性質靈明　「性」原作「姓」，據啓後堂本、潘本、留芳堂本改。

〔六〕士而能覺已足垂芳千古　「千古」，慈湖遺書續集卷一奠馮氏妹詞（民國四明叢書本）作「於世」。

〔七〕知德者知此者也進德者進此者也　上「者也」二字、下「者」字原脱，據陸九淵集卷一與邵叔誼補。

學蔀通辨後編卷中

此卷所載，明陸學下手工夫，在於遺物棄事，屏思黜慮，專務虚静，以完養精神，其爲禪顯然也。

吴顯仲問云：「某何故多昏？」陸子曰：「人氣稟清濁不同，只自完養，不逐物，即隨清明，纔一逐物，便昏眩了。人心有病，須是剥落，剥落得一番，即一番清明，後隨起來，又剥落，又清明，須是剥落得浄盡方是。」

陸子問李伯敏云：「近日日用常行覺精健否，胸中覺快活否？」伯敏答云：「近日别事不管，只理會我，亦有適意時。」先生云：「此便是學問根源也。若能無懈怠，暗室屋漏亦如此，造次顛沛必於是，何患不成？故云：『君子以自昭明德。』『古之學者爲己』，今之學者，只用心於枝葉，不求實處。」並象山語録。

所謂「只自完養，不逐物」，謂别事不管。「只理會我」，即管歸無事安坐、閉目養神一路。陳白沙謂「致養其在我者，而勿以聞見參之，去耳目支離之用，全虚圓不測之神」，即同此工夫頭腦。

陸子曰：「心不可泊一事，只自立心。人心本來無事，胡亂被事物牽將去。若是有精神，即時便出便好。若一向去，便壞了。」

「既知自立，此心無事時，須要涵養，不可便去理會事。」

「人不肯心閑無事，居天下之廣居，須要去逐外，着一事，印一説，方有精神。」

「人心只愛去泊着事，教他棄事時，如鶻孫失了樹，更無住處。」

「古人精神不閑用，不做則已，一做便不徒然，所以做得事成。須要一切蕩滌，莫留一些方得。」並象山語録。

此皆陸學養神要訣。此即佛氏以事爲障之旨。

慈湖遺書云：「近世學者沈溺乎義理之意，説胸中常存一理不能忘捨，捨是則豁然無所憑依，故必置理字於其中。不知聖人胸中初無如許意度。」愚按：象山猶是説事障，慈湖則説理障矣。然理不能外事，事不能外理，二者病則一般。

陸子曰：「凡事莫如此滯滯泥泥，某平生於此有長，都不去着他事，凡事累自家一毫不得。」

「内無所累，外無所累，自然自在。有一些子意，便沉重了。」

「如何容人力做？樂循理，謂之君子。」

「學者不可用心太緊。深山有寶，無心於寶者得之。」

「仲弓爲人沖静寡思，日用之間自然合道。」

「資禀好底人闊大，不小家相，不造作。閑引惹都不起不動，自然與道相近。」

「今人只是去些子凡情不得，『相識還如不相識』云云，如此始是道人心。」

「黄百七哥，今甚平夷閑雅，無營求，無造作，甚好。」

「學者要知所好。此道甚淡，人多不知好之，只愛事骨董。」

「『君子之道，淡而不厭。』淡味長，有滋味便是欲。人不愛淡，却只愛熱鬧。人須要用不肯不用，人須要爲不肯不爲。」

「此道非争競務進者能知，惟静退者可入。」

「風恬浪静中，滋味深長。人資性長短雖不同，然同進一步則皆失，同退一步則皆得。」

「人能退步自省，自然與道相入。」並象山語録。

按：此數條只是要得閑曠虚静，恬淡退寂，意念皆忘，絲毫無累，任其自然自在，以爲完養精神之地。朱子嘗謂：「看子静意思，只是禪。誌公云：『不起纖毫修學心，無相光中常自在。』他只是要如此，然豈有此理？」嗚呼，信矣！

朱子答石子重書云：「許順之留書見儆甚至，但終有桑門伊蒲塞氣味。云『不如棲心淡泊，於世少求，時玩聖賢之言，可以資吾神、養吾真』者，一一勘過，似此說話，皆是大病。」今按：象山氣味全與許順之同，朱子嘗謂「冷淡生活」，即此可見。象山所引經言，正是取資神養真也。

莊子刻意篇云：「純粹而不雜，靜一而不變，淡而無爲，動而以天行，此養神之道也。」達生篇云：「棄事則形不勞，遺生則精不虧。夫形全精復，與天爲一。」天道篇云：「水靜則明燭鬚眉。水靜猶明，而況精神？聖人之心靜乎，天地之鑒也，萬物之鏡也。夫虛靜恬淡寂寞無爲者，天地之平而道德之至。夫虛靜恬淡寂寞無爲者，萬物之本也。明此以南向，堯之爲君也；明此以北面，舜之爲臣也。以此處上，帝王天子之德也；以此處下，玄聖素王之道也。以此退居而閑游，江海山林之士服；以此進爲而撫世，則功大名顯而天下一也。」愚按：今人只疑陸學根本於禪，不知禪陸之學皆根本莊子，觀此明矣。

釋氏息心銘云：「無多慮，無多智。」安心偈云：「人法雙靜，善惡兩忘。自心真實，菩提道場。」卧輪禪師云：「卧輪有伎倆，能斷百思想。對境心不起，菩提日日長。」某禪師云：「但能莫存知見，泯絶外緣，離一切心，即汝真性。」又曰：「無心即是道，莫學佛法，但是休心。」達磨謂二祖曰：「汝但外息諸緣，可以入道。」按：諸説具見傳鐙，朱子謂「但讀近歲佛者之言，則知其源委所在」，此類可見。

羅豫章先生詩云：「聖道由來自坦夷，休迷佛學惑他岐。死灰槁木渾無用，緣置心官不肯思。」今按：象山每謂「心不可泊一事」，謂「都不起不動，無營求造作引惹」，謂「須一切蕩滌，剥落浄盡」，豈非所謂死灰槁木，而置心官於不思乎？至門人楊慈湖，則又明言曰：「道非心思所可知，非言語所可及，可覺不可求。」又曰：「默而識之，覺也，不可思也，不可言也。」嗚呼！其視聖賢「思睿」、「思誠」、「九思」、「愼思」、「學而不思則罔」、「思之弗得弗措」之教，悖戾甚矣。

陸子曰：「某觀人不在言行上，不在功過上，直截雕出心肝。」

又曰：「惡能害心，善亦能害心。如濟道是爲善所害。」象山語録。

按：象山此論，不管言行功過，不分善惡，而專説心，尤悖道入禪之甚。象山於詹阜民下樓之覺、徐仲誠鏡象之見，皆是不在言行功過，而直截觀心也。即佛氏「直取無上菩提，一切是非莫管」之餘智也。「惡能害心，善亦能害心」，謂心不可一有所思，不拘善惡，皆勞費精神也。即慧能「不思善，不思惡」、安心偈欲「善惡兩忘」之故轍也。象山嘗謂「心不可泊一事」等語，皆即此意也。

又按：「善能害心」之説，亦即佛氏「以理爲障」之意。

陸子曰：「學有本末，顔子聞夫子三轉語，其綱既明，然後請問其目。夫子對以『非禮勿視、勿聽、勿言、勿動』，顔子於此洞然無疑，故曰『回雖不敏，請事斯語矣』。本末之序蓋如此。今世論學者，本末先後一時顛倒錯亂，曾不知詳細處未可遽責於人。如非禮勿視聽言動，顔子已知道，夫子乃語之以此。今先以此責人，正是躐等。」象山語録。

按：四勿之訓，即克己切要工夫，原非兩截事。學者修身入道莫急於此，象山何得分本末先後，謂未可先以此責人，顔子已知道乃語此耶？蓋其禪見不在言行功過，而直截説心，以克己爲明心根本之功，而四勿爲粗迹事爲之末，妄生分别，亂道誤人也。象山專欲學者明心，而視聽言動非禮不恤，正佛氏「直取無上菩提，一切是非莫管」也。朱子嘗謂「良心日用分爲兩截，此其爲説，乖戾狠悖，大爲吾道之害」，又謂「今人論道，只説心不説身，外面有過言過行更不管，却云吾正其心」，正指此也。

愚謂象山只説一箇心，而以讀書求義爲末，猶可；只説一箇心，而以視聽言動亦爲末，甚矣。近世只知陸學不讀書之爲不可，而不知其不治事、不管言行功過、不分善惡、不恤視聽言動非禮之尤大不可也。近世只疑象山偏於尊德性而流於禪，而不知其分明葱嶺帶來達磨、慧能正法眼藏也。嗚呼！陸學至此少明矣。

陸子曰：「不專論事論末，專就心上說。」象山語録。

象山一生論學總腦在此。愚考孔門論學罕言心，專說實事，如說「非禮勿視聽言動」、「居處恭，執事敬，與人忠」之類，未聞不論事論末而專就心上說也。至孟子七篇，說心始詳，然究其旨，皆是以良心對利欲而言。若象山之言心，乃對事而言。一主於寡欲存心，一主於棄事澄心，二者言似而指殊，正儒釋毫釐千里之判。

愚嘗究陸學自謂先立其大，甚矣欺人。夫孟子之先立其大也，道心爲主，而不使欲得以害心。陸氏則養神爲主，而惟恐事之害心，惟恐善之害心。天淵之別，若何而同也？孟子之先立其大也，曰「心之官則思，思則得之，不思則不得也」。陸學則曰「不可思也」，「心不可泊一事也」。冰炭之反，若何而同也？象山假此語以飾己欺人，而近世未有能破其說者，故建不得不爲痛辨，終編尤詳。

陸子曰：「如今讀書，且平平讀，未曉處且放過，不必太滯。」

「讀書不必窮索。」

舉一學者詩云：「讀書切戒在荒忙，涵泳工夫興味長。未曉莫妨權放過，切身須要急思量。自家主宰常精健，逐外精神徒損傷。寄語同遊二三子，莫將言語壞天常。」

「學者須是打疊田地浄潔。若田地不浄潔，則奮發植立不得，亦讀書不得。若讀書，則是假寇兵，資盜糧。」並象山語録。

陸子與胥必先書云：「常令文義輕而事實重，於事實則不可須臾離，於文義則曉不曉不足爲重輕。」象山文集。

「事實」二字已見前。謂「事實不可須臾離」，「切身須要急思量」，專務完養精神也。「讀書不必窮索」，「不必太滯」，惟恐逐外損傷精神也。「未曉莫妨權放過」，「文義曉不曉不足爲重輕」，言讀書之無益也。「言語壞天常」，「讀書假寇資盜」，言讀書之反害也。嗚呼！象山之旨明矣。

陸子曰：「尋常懈怠起時，或讀書，或誦詩歌，或理會一事，或整肅几案筆硯，借此以助精彩。然此是憑物，須要識破。」因問去懈怠，曰：「要須知道不可須臾離，乃可。」象山語録。

陸子與邵中孚書云：「告子一篇，自『牛山之木』以下，可常讀之〔一〕，其浸灌培植之益，當日深日固也。其卷首與告子論性處，却不必深考，恐其力量未到，則反惑亂精神。」象山文集。

近世只知象山嘗言讀書，而不知其讀書之故，在於「借助精彩」也，「浸灌培植」也，皆爲完養精神計也。正許順之謂「時玩聖賢之言，可以資吾神，養吾真」，只此一路也，抑象山於此尤含蓄焉。夫以讀書等爲憑物須識破，則書可不必讀矣。以孟子論性猶爲惑亂精神，則他書無復可讀者矣。象山之意只在不讀書，而遮前掩後，巧爲辭說也。不若慈湖、白沙雖禪，然質直無隱。

陳白沙答趙提學書云：「吾始從吴聘君學，其於古聖賢之書，蓋無所不講，然未知入處。比歸白沙，杜門不出，日靠書册尋之，忘寢忘食，如是者亦累年，而卒未得焉。於是舍彼之繁，求吾之約，惟在静坐，久之然後見吾此心之體隱然呈露，常若有物。於是涣然自信，曰：『作聖之功，其在兹乎。』」又與賀黄門書云：「爲學須從静中坐，養出箇端倪，方有商量處，未可便靠書册也。」愚按：「不靠書册，惟在静坐」，陸學養神要訣，只此八字。「呈露」「端倪」二語，即説鏡象之見。白沙可謂無隱乎爾矣！

白沙詩云：「耳目無交不展書，此身如在太清居。」此語形容禪會亦切。崇正辨記釋神悟謂「典籍皆心外法，味之者勞而無證」。今按：象山、白沙所見，不出神悟範圍。

陸子曰：「某自來非由乎學，自然與一種人氣相忤。纔見一造作營求底人，便不喜。有一種沖然淡然底人，便使人喜。以至一樣衰底人，心亦喜之。」

「今人略有氣燄者，多只是附物，原非自立也。若某則不識一箇字，亦須還我堂堂地做箇人。」並象山語録。

象山嘗謂「六經皆我註脚」，此又明謂「不由乎學」，謂「不識一箇字，亦堂堂做人」，其禪尤爲明白。

象山皇極講義云：「其心正，其事善，雖不曾識字，亦自有讀書之功。」象山素論每如此。嗚呼！孔孟曾有不識字之教耶？惟禪佛乃不假言語文字，可以識心見性矣。朱子嘗謂「禪家悟後光明自發，雖不識字底人，便作得偈誦」。陳白沙引吴草廬謂「提耳而誨之，可使不識一字之凡夫立造神妙」，正與象山符節契合。

陳白沙詩云：「古人棄糟粕，糟粕非真傳。吾能握其機，何用窺陳編。」又曰：「吾心内自得，糟粕安用那。」愚按：「糟粕」之説出自老莊，王弼、何晏之徒祖尚虚無，乃以六經爲聖人糟粕，遂致壞亂天下。白沙奈何以爲美談至教，與象山「註脚」之説相倡和哉？

或問：「先生何不著書？」陸子曰：「六經註我，我註六經〔一〕。」「仰首攀南斗，翻身倚北辰。舉頭天外望，無我這般人。」象山語録。

按：象山精神心術，氣象言語，無一不禪。味此言，其矜悻自高氣象，婉然在目。自古聖賢，曷嘗如此？此正佛氏「天上天下，惟我獨尊」也。近世學者狂誕大言，其弊皆象山始。傳鐙録智通禪師偈云：「舉手攀南斗，迴身倚北辰。出頭天外見，誰是我般人。」又釋氏謂「一大藏教，只是一箇註脚」。嗚呼！來歷明矣。

陸子與姪孫濬書云：「學者之不能知至久矣，非其志識度越千餘年名世之士，則詩、書、易、春秋、論、孟、大學、中庸之篇正爲陸沉，真柳子厚所謂『獨遺好事者藻繪以矜世取譽』而已。堯舜禹湯文武周公孔孟之心，將誰使屬之耶？」象山文集。

象山只説一箇心，而以經書爲註脚，又爲陸沉，甚矣！

王陽明嘗撰尊經閣記，謂：「聖人之述六經，猶世之父祖遺子孫以名狀數目〔三〕，以記籍其家之産業庫藏而已。惟心乃産業庫藏之實也，世儒不知求六經之實於吾心，而徒考索於影響，牽制於文義。是猶子孫不務守視享用其産業庫藏之實積，至爲窶人丐夫，而猶指其記籍曰：『斯吾産業庫藏之積也。』」嗚呼！陽明此言，直視六經爲虚器贅物，真得「糟粕」「註脚」之嫡傳矣。陳白沙詩云：「六經盡在虚無裏，萬理都歸感寂中。」又曰：「千古遺編都剩語，晚生何敢復云云。」即與象山、陽明無異旨矣。困知記曰：「自象山有『六經皆我註脚』之言，流及近世，士之好高欲速者，將聖賢經書都在没緊要看了，將相坐禪入定矣。一言而貽後學無窮之禍，象山其罪首哉！」愚按：近世宗尚陸學者，皆自幼從朱子之教，讀聖賢之書，理頗明矣，然後厭淺近而好高奇，厭繁難而趨簡徑，其議道述言，高談闊論，雖曰宗陸，而實朱子之教先有以啓佑培植之也。使其自幼即從象山之教，而捐書絶學，遺物棄事，屏思黜慮，閉眉合眼，專一澄心，不以言語文字爲意，不恤視聽言動非禮，不知成甚麽人？君子試於此思之，則陸學之是非不難見矣。

朱子答汪尚書書云：「夫道固有非言語臆度所及者，然非顔曾以上幾於化者不能與也。今日爲學用力之初，正當學問思辨而力行之，乃可以變化氣質而入於道。顧乃先自禁切，不學不思，以坐待其無故忽然而有見，無乃溺心於無用之地，玩歲愒日，而卒不見其成功乎？就使僥倖於恍惚之間，亦與天理人心、敘秩命討之實了無交涉，其所自謂有得者，適足爲自私自利之資而已。此則釋氏之禍横流稽天而不可遏者，有志之士所以隱憂浩歎而欲火其書也。」朱子文集。

恍惚鏡象之見，陸學以爲至道，朱子乃以爲「與天理人心、敘秩命討之實了無交涉」，冰炭決此。

傳鐙録：「南嶽懷讓禪師見一僧常日坐禪，師曰：『大德坐禪圖什麽？』曰：『圖作佛。』師取一磚於石上磨，僧曰：『作什麽？』師曰：『磨作鏡。』僧曰：『磨磚豈能成鏡？』師曰：『坐禪豈能成佛耶？』」朱子語類云：「昔日了老專教人坐禪，杲老不以爲然，著正邪論排之。」愚按：陸學欲静坐養神以成聖，即與僧家坐禪成佛之説同一機軸也。坐禪之説，浮屠之有識者每非之。陸氏之説，使遇懷讓，其能免磨磚之誚耶？朱子答汪尚書，即磨磚之誚也。

朱子答林擇之書云：「大抵好高欲速，學者之通患，而爲此説者，立論高而用功省，適有以投其隙，是以聞其説者欣然從之，惟恐不及，往往遺棄事物，脱略章句，而相與馳逐於虛曠冥漠之中，其實學禪之不至，而自托於吾學，以少避其名耳。道學不明，變怪百出，以欺世眩俗，後生之有志者爲所引取，陷於邪妄而不自知，深可悼懼也。」朱子文集。

禪病只是「遺棄事物」、「脱略章句」二端。

朱子曰：「子静尋常與吾人説話，會避得箇禪字，及與其徒却只説禪。」「子静雖占姦不説，然説話間自有箇痕迹可見。子静只是人未從他便不説，及鈎致得來便直是説，方始與你理會。」又曰：「子静雜禪，又有術數，或説或不説。」並朱子語類。

朱子此等説話，雕出象山心肝，近世學者未及察。佛書云：「初以欲鈎牽，後引入佛智。」此禪家牢籠誘致之術。今按：象山假借儒書鈎致後學，正是用此術。

朱子曰：「子静説話，常是兩頭明，中間暗。」或問暗是如何，曰：「是他那不説破處。他所以不説破，便是禪家所謂『鴛鴦繡出從君看，莫把金針度與人』，他禪家自愛如此。」「某嘗説陸子静説道理有箇黑腰子，其初説得瀾翻，極是好聽，少間到那緊處時，又却藏了不說，又别尋一箇頭緒瀾翻起來，所以都捉他那緊處不着。」並朱子語類。

此皆禪陸遮掩深機，非朱子未易看得他破。

或曰：此編所採多象山語録之言，而鮮及其文集書疏，何耶？曰：象山文集與人論辨書疏，皆翻謄改换，假借遮掩，大言闊論，一味喝駡世學之非，求其指陳下手工夫，則寥寥不及。及閲語録與門人口傳私授之言，然後所謂養神一路工夫始見。此正是象山禪機深處，當時惟朱子識破他。蓋文集者象山之「鴛鴦譜」，而語録則象山之「金針」也。文集者朱子所謂「與吾人説話，會避得箇禪字」，而語録則所謂「與其徒只説禪」者也。區區此編，惟欲明其養神一路，以著其爲禪之實，所以詳於語録而略於文集也。近世不知此弊，皆只據信其文集，而不究觀其語録，如何不爲所謾邪？

象山語録記：「李伯敏呈所編語録，先生云：『編得也是，但言語微有病，不可以示人，自存之可也。』」愚按：象山每答人書疏文字，多即傳播四出，惟恐人不知。伯敏所編語録，乃謂「不可以示人」，此尤可以識象山之意。蓋語録具載養神下手工夫，禪病咸在，若以示人，則人識破其禪矣，以故不欲示人。乃若答人書疏，則遮掩得密實，難識得他破，以故傳播不憚。此正朱子所謂「鴛鴦繡出從君看，莫把金針度與人」，於此尤可驗。愚爲此編，不獨辨明象山學術，并象山心術無所遁矣。昔人謂論語鄉黨一篇，畫出一箇聖人。愚爲此編，分明畫出一箇象山矣。

陳白沙亦云：「莫道金針不傳與，江門風月釣臺深。」

朱子答吕子約書云：「學者於道徒習聞於其外之文，而不考其中之實者，往往類此。王介甫所以惑主聽而誤蒼生，亦只是此等語耳。豈可以此便爲極至之論，而躋之聖賢之列，屬以斯道之傳哉？以此等議論爲極至，便是自家見得聖賢道理未曾分明，被他嚇倒也。」朱子文集。

蘇子由古史嘗譏司馬遷疏略而輕信，朱子深取之，此書正説學者疏略輕信之弊類如此也。蓋假聖言以文其私者，固莫逭其欺誑之咎，亦由遇之者習聞其外之文，而不考其中之實，疏略輕信，陷於其術而不自知也。王介甫之告君也，一則曰堯舜，二則曰堯舜，神宗信其言而不考其實，於是爲其所陷，而興利殃民之説行矣。陸象山之講學也，一則曰孔孟，二則曰孔孟，後學信其言而不考其實，於是爲其所陷，而明心見性之説行矣。朱子所謂「嚇倒」，一言深切時弊。

朱子語類謂「王安石學問高妙，出入於老佛之間，其政事欲與堯舜三代爭衡，只是本原不正，義理不明，終於遺禍」。朱子答劉季章書，謂：「臨川前後二公，巨細雖有不同，然原其所出，則同是此一種見識，可以爲戒而不可學也。」近日霍渭厓所著象山學辨，謂：「王安石以自信亂天下，陸子静以自信誤後世，若二人者，其名教萬世之罪人與！」斯言皆萬世公案。

許行父謂陸子静只要頓悟，更無工夫。朱子曰：「如此説不得，不曾見他病處，説他不倒。大抵今人多是望風便罵將去，都不曾根究到底〔四〕。見他不是，須子細推原怎生不是始得，此便是窮理。」朱子語類。

按：近世學者辨陸最難。其以象山爲孔孟之學者，固是疏略輕信，被他嚇倒。其以爲偏於尊德性，亦尚被他遮掩，送箇好題目與他。以爲似禪流於禪者，亦只是知其皮膚而已，至此望風罵去，則亦未知所以辨陸之要也。何謂辨陸之要？養神一路是已。首卷所載養神所得之體段，此卷所載養神下手之工夫，下卷所載養神之患害，皆辨陸之要也，皆推原根究他不是處也。自朱子没後，無人根究到此。嘗謂象山在當時不合遇一朱子，在後世不合遇一陳某，次第將禪蔀相將發盡了，陸學自此難乎遮掩矣。

近世學者動曰朱陸同異。愚謂欲辨陸學，未須與朱子較同異，緊要直須與孔孟較同異，與禪佛較同異。若陸學果與孔孟同，與禪佛異，則其學是矣，則其與朱子之同不待辨矣。若陸學果與禪佛同，與孔孟異，則其學非矣，則其與朱子之異不待辨矣。若不辨陸學與儒佛同異，而徒與朱子較同異，已落在枝葉，非根本之論矣，多此一重辨矣。故今此編專以孔孟禪佛爲證以此。

或曰：朱子辨陸學，止説到陽儒陰佛、改换遮掩處，未嘗説及養神一路，子於此編始究言之，何也？曰：養神一路，即象山所遮掩而陰佛之實也。當時象山止與門人私授口傳，未嘗形於書疏文字，是以朱子無從知之辨之也。此編據語録推究，而後其禪實始白也。苟徒曰陰佛，曰遮掩，而不説破養神一路，未免無徵不信。近世學者多疑朱子冤陸〔五〕，緣此而致，强爲早晚之説以通之也。昔達磨將滅，謂某人得吾皮，某人得吾肉，道育得吾骨，慧可得吾髓。愚謂如近世似禪流禪之議，皆象山皮膚也。朱子改换遮掩之説，始得象山之骨也。此編養神一路，則象山之髓也。是故論人必得其髓，而後無遁情，無遺蔀矣。朱子嘗謂象山「却成一部禪」，區區此編作，方成象山一部禪矣。

補遺（據留芳堂本補）：

按：宋末周公謹所著齊東野語，謂：「横浦張氏子韶、象山陸氏子静，皆以其學傳授，而張嘗參禪宗杲，陸又參杲之徒得光，故其學往往流於異端而不自知。」近日河南崔後渠侍郎銑序湛甘泉所著楊子折衷，謂：「佛學至達磨、曹溪論轉徑截。宋大慧授之張子韶，其徒得光又授之陸子静，子静傳之楊慈湖，衍説詡章，益無忌憚，詆毁聖賢，重爲道蠹。」近世論象山師友淵源，莫具於此二言矣。愚謂象山養神底裏近世學者既未嘗勘破，似此師承傳授隱微亦未嘗考識，而惟輕信其改换遮掩之言，所以坐爲所蔀也。由今觀之，然後知象山養神宗旨，皆出於宗杲、得光之緒餘，而陸學無復辯矣。

【校勘記】

〔一〕可常讀之　「可」原作「等」，據留芳堂本改。

〔二〕六經註我我註六經　兩「註」字原皆作「著」，據留芳堂本改。

〔三〕猶世之父祖遺子孫以名狀數目　「父祖」二字原倒，據王陽明全集卷七稽山書院尊經閣記（上海古籍出版社二〇一一年版）乙正。

〔四〕都不曾根究到底　「底」字原脱，據朱子語類卷一二四（上海古籍出版社、安徽教育出版社二〇〇二年版朱子全書整理本）補。

〔五〕近世學者多疑朱子冤陸　「陸」原作「録」，據啓後堂本、留芳堂本改。

學蔀通辨後編卷下

此卷所載，著象山師弟顛倒錯亂、顛狂失心之弊，其禪病尤昭然也。

陸子與王順伯書云：「兄前與家兄書〔一〕，大槩謂儒釋同。某嘗以『義利』二字判儒釋，又曰『公私』，其實即義利也。惟義惟公，故經世；惟利惟私，故出世。儒者雖至於無聲臭方體，皆主於經世；釋氏雖盡未來際普度之，皆主於出世。從其教之所由起者觀之，則儒釋之辨判然矣。」象山文集。

朱子曰：「向見子静與王順伯論佛，云釋氏與吾儒所見亦同，只是義利公私之間不同。此說不然，若是同時，何緣得有義利不同？只被源頭便不同，吾儒萬理皆實，釋氏萬理皆空。」朱子語類。

按：近世論儒佛多謂本同末異，象山即是此意也。朱子文集所稱李伯諫亦云：「儒佛見處既無二理，其設教何異也？蓋儒教本人事，佛教本死生。」此言即與象山合轍。本人事，即是主經世；本死生，即是主出世也。

按：近世異學同主養神，然老莊則欲主之以長生，禪佛則欲主之以出世，陸學則欲主之以經世，本同而末異，皆非天理之自然，一出於私智之安排作弄。真胡文定所謂「人人各説一般見解，誑嚇衆生」而已。

陸子曰：「釋氏謂此一物，非他物故也，然與吾儒不同。吾儒無不該備，無不管攝。釋氏了此一身，皆無餘事。公私義利，於此而分矣。」象山語録。

此語即是同前意。「此一物」，即明心鏡象本來面目也。王陽明嘗云：「佛氏本來面目，即所謂良知，格物致知之功，即佛氏之『常惺惺』。體段工夫大略相似，但佛氏有箇自私自利之心，所以不同耳。」即此一種議論。

按：道一編指答王順伯等語，謂陸子亦嘗闢佛。愚謂篁墩大被人謾矣。朱子嘗謂張子韶「改頭換面，陰予而陽擠之，將以自蓋其迹，而幸人之不疑己」。困知記謂李翱於佛「取其微旨，而姑闢其粗迹，以無失爲聖人之徒」。又謂「吾儒有陰實尊用其説而陽闢之者，蓋用禪家訶佛罵祖之機者也」。象山正是此弊。嗚呼！禪佛已近似惑人，又加以改頭換面，又加以訶佛罵祖，安得不惑人愈甚，而辨之愈難耶？可畏也哉！

問：「先生作書攻王順伯，也不是言釋，也不是言儒，惟理是從否？」陸子曰：「然。」象山語録。

朱子嘗謂「依違兩間，陰爲佛釋之地」，此正陸學心髓矣。王陽明文録：「或問：『釋與儒孰異乎？』曰：『子無求其異同於儒釋，求其是者而學焉，可矣。』」正同此一種見。

按：象山謂「釋氏了此一身，皆無餘事」，而自謂「無不該備，無不管攝」，爲公私義利之分。愚謂釋氏聞此言，恐未必服，將反脣相稽曰：「吾佛之道，先天地而爲萬物主，吾性周法界，吾光明寂照遍河沙，吾之道殆無不該備，無不管攝也。汝之道乃亦只有養神一路，專教人棄事，不泊事，以求頓悟鏡象也；專惜精力，務精健，求浄潔快活，自私自利也。汝之道，殆只是『了此一身，皆無餘事』也。何得責人則明，恕己則昏也？汝自葉之根，無一而非勦吾之見，襲吾之説，竊吾之宗旨，盜吾之緒餘，以掩取虚名於天下。何得訶佛罵祖，陽離陰合，以求附於孔孟？不知孔孟之徒，亦有具隻眼者，固將視見汝之肺肝，看破汝之骨髓，豈爲汝所遮掩也？天下之道二，非儒則佛，非佛則儒，無依違中立之理，『舍曰欲之而必爲之辭』。汝欲學佛，則全是佛，無陰予陽擠；汝欲爲儒，則全爲儒，無陽儒陰佛，始有安身立命處。毋致人謂汝『儒不儒，佛不佛』，『道是龍，又無角；道是蛇，又有足』也。毋致人謂汝『欲以欺人，而人不可欺，徒以自欺，而自陷於不誠之域』也。」使陸子聞斯言也，不知何辭以對？

陸子曰："「今世儒者類指佛老爲異端。孔子曰：『攻乎異端。』孔子時佛教未入中國，雖有老子，其説未著，却指那箇爲異端？蓋異字與同字爲對。雖同師堯舜，而所學異緒，與堯舜不同，此所以爲異端也。」因儆學者攻異端，曰：「天下之理，將從其簡且易者而學之乎〔一〕，將從其繁且難者而學之乎？學者何苦於繁難之説，而不爲簡易之從乎？」象山語録。

陸子答薛象先云："「異端之説，出於孔子，今人鹵莽，專指佛老爲異端。不知孔子時固無佛教，其惡鄉愿，論孟中皆見之，獨未見其排老氏。則所謂異端者，非指佛老明矣。」象山文集。

按：象山前言猶依違兩間，陽離陰合，至此二條則明引孔子之言，以回護佛老矣。所云「同師堯舜，而所學異緒」，儆學者攻異端而歸於繁難，則攻詆朱子矣。回護佛老不爲異端，而詆朱子之教爲異端，顛倒乖戾甚矣。

陸子曰："「學者須當有所立，免得臨時爲利害所動。」朱季繹云："「如敬肆義利之説，乃學者持己處事所不可無者。」先生云："「不曾行得，説這閑言長語則甚？如此不已，恐將來客勝主，以辭爲勝。」朱云："「近日異端邪説害道，使人不知本。」先生云："「如何？」朱云："「如禪家之學，人皆以爲不可無者，又以謂形而上者，所以害道，使人不知本。」先生云："「吾友且道甚底是本〔二〕，又害了吾友甚底來？自不知己之害，又烏知人之害？包顯道嘗云人皆謂禪是人不可無者，今吾友又云害道，兩箇却好縛做一束。今之所謂害道者，却是這閑言語。」

謂李伯敏云：「吾友分明是先曾知此理來，後被異端壞了。異端非佛老之謂，異乎此理，如季繹之徒，便是異端。」象山語録。

此二條象山所論尤爲狠悖。夫季繹以敬肆義利爲學者持己處事所不可無，此乃聖賢教人第一義，象山奈何指爲閑言長語、異端害道也？究季繹三轉語，實切箴規，殆有意爲象山忠臣者，而不知象山喜諛惡直，不喜人規，嫉正黨邪，全不睹是也。謂禪學不害道，而季繹之言爲害道；謂異端非佛老，而季繹爲異乎此理。象山顛倒謬亂，不堪點檢甚矣！

按：霍渭厓象山學辨有曰：「陸子之學，似是而非，其强辨浮辭，足以亂正而惑俗。」又曰：「陸子於佛老，陽叱其名而陰食其實，又借孟子口涎之似，以誇張之者也。」又曰：「陸子者，矜悻自高，喜人己諛，不喜人己規，長舌利口，文飾格言，以遂其自滿之陋者也，老佛儒三者混而一之者也。」愚按：此言自未嘗識破象山者觀之，未有不疑其冤者，惟閲此編一遍，然後知其句句切中象山骨髓矣。

陸子贈僧允懷説云：「懷上人學佛者也，尊其法教，崇其門庭，建藏之役，精誠勤苦，經營未幾，駸駸向乎有成，何其能哉！使家之子弟、國之士大夫舉能如此，則父兄君上可以不詔而仰成，豈不美乎！」象山文集。

按：姦僧誑誘愚俗，罔奪民財，以尊夷狄之法教，崇無君無父、淪滅三綱之門庭，此明王之所禁，而聖賢之所必斥也。象山乃亟加褒譽，美其經營，嘉其勤苦，至欲使子弟、士大夫舉效之。顛倒錯亂，尚孰有甚於此？

陸子與顏子堅書云：「向在八石時，常納區區之忠。既而子堅遂變儒服，端以爲迂拙之言，必蒙見棄，屬者屢蒙見過，每於鄙言謂有所啓。追念疇昔，爲之慨然，乃知高明終當遠到。向來不求聲名、不較勝負之語，更願加察。道非口舌所能辨，子細向脚跟下點檢，豈能自謾？」象山文集。

按：象山與詹子南書云「顏子堅已去髮胡服」，蓋子堅變儒服爲僧矣。夫門人致變服爲僧，象山乃不加斥責，而曲爲詖辭以相容悦，猶曰「高明終當遠到」，猶曰「道非口舌所能辨」。嗚呼！髡首而胡服矣，不知所到者尚何道耶？淪胥爲夷，不自覺也，悲夫！

朱子答顏子堅書云：「所謂古人學問不在簡編，必有所謂統之宗、會之元者，僕之愚於此未喻。聖人教人博文約禮，學問思辨而力行之，不可誣也。若曰學以躬行心得爲貴，而不專於簡編則可，若曰不在簡編，而惟統宗會元之求，則是妄意躐等，以陷於邪説詖行之流矣。又聞不念身體髮膚之重、天敘天秩之隆，方將毀冠裂冕，以從夷狄之教，則又深爲憫然。豈亦所謂統宗會元者之爲祟，而使吾子至於此耶？聞已得祠曹牒，髡剃有期，急作此附遞奉報。願吾子於此更入思慮，更與子静謀之。」朱子文集。

按：顔子堅棄儒爲僧，象山未聞諫止，朱子懇懇然欲救止之而不可得也。因統宗會元之爲祟，遂至毁冠裂冕，釋累出家以求之，其喪心良可悲痛！

因坐中有江西士人問爲學，朱子曰：「公門都被陸子静誤，教莫要讀書，誤公一生。使公到今已老，此心倀倀然，如村愚拍盲無知之人〔四〕，撞牆撞壁，無所知識。使得這心飛揚跳躑〔五〕，渺渺茫茫，都無所主，若涉大水，浩無津涯，少間便會失心去。何故？下此一等，只會失心，别無合殺也，傅子淵便是如此。子淵後以喪心死。豈有學聖人之道，臨了却反有失心者，是甚道理？吁！誤人誤人，可悲可痛！分明是被他塗其耳目，至今猶不覺悟。」朱子語類。

按：象山語録云：「先生於門人，最屬意者惟傅子淵。先生臨終前數日，見子淵與周益公論道五書，歎曰：『子淵擒龍打鳳底手段。』又或問今之學者爲誰，先生屈指數之，以傅子淵居首，鄧文範次之，傅季魯、黄元吉又次之。」又象山答陳君舉書曰：

「子淵人品甚高，非餘子比也。」愚按：子淵爲高第首稱，而乃至於失心，陸學可知矣。

文公説：「江西學者自以爲得陸删定之學，高談大論，略無忌憚。忽一日自以爲悟道，明日與人飲酒，如法罵人。某謂賈誼云：『秦二世今日即位，明日射人。』今江西學者乃今日悟道，而明日罵人，不知悟者果何道也？」朱子語類。

江西學者，即傅子淵。按：象山與包詳道書云：「朋友自仙里來者，皆云蒙子淵啓發，無不推服。但頗有言其酒後言動，殆不可考。吾家長上亦罪其顛狂，又有詩偈類釋子語，不可以訓。要之，瑕瑜功罪各不相掩。」按此言，則子淵果有酗酒顛狂之實，而朱子斥之非過矣。顔子堅髠剃效僧徒，子淵詩偈類釋子，其邪趨一矣。嗚呼！以狂邪失德之人，而推爲高第首稱焉，謂「啓發無不推服」焉，惟取其頓悟，而一切言行功過不計焉。象山顛倒至此，奈何近世咸爲所蔀，無人識得他破也？惜哉！

文公説：「金溪宗旨是禪分曉。如禪家『乾矢橛』等語，其上更無意義，又不得別思義理，將此心都禁遏定，久久忽自有明快處，方謂之得。『此之謂失其本心』，故下稍忿慾紛起，恣意猖獗。」朱子語類。

朱子答汪長孺書云：「所喻殊不可曉。既云識得八病，遂見天理流行昭著，無絲毫之隔，不知如何未及旋踵，便有氣盈矜暴之失？復生大疑，鬱結數日，首尾全不相應？似是意氣全未安帖，用心過當，致得如此。全似江西氣象。其徒有今日悟道而明日醉酒罵人者，嘗舉賈生論胡亥之語戲之。今乃復見此，蓋不約而同也。」

朱子答汪叔耕書云：「所談儒佛同異，未得其要。至論求乎儒者之學，而以平其出入之息參之，又有忘心忘形、非寐非寤、虛白清鏡、火珠静月每現輒變之説，大不可曉。如此不已，將有狂易喪心之病〔六〕，竊爲吾子憂之。」朱子文集。

按：陸學聽其言自謂聖學明心，稽其弊乃至顛狂失心，學者豈可爲所欺誤？伊洛淵源録胡文定公曰：「自孟子没，聖學不傳，則有西方之傑窺見間隙，遂入中國，舉世傾動，靡然從之。於是人皆失其本心，莫知所止，而天理滅矣。」按：佛學失心之禍，從來如此。

朱子答胡季隨書云：「詹元善書説與子静相見甚款。以身驗之，乃知伊洛拈出『敬』字，真是學問始終日用親切之妙，而讀書窮理以發揮之。不須妄意思想頓悟懸絶處，徒使人顛狂粗率，而於日用常行之處，反不得其所安也。」

朱子答高應朝書云：「所示講義發明深切，遠方學者得所未聞，計必有感動而興起者。然此恐但可爲初學一時之計，若一向只如此説，而不教以日用平常意思、涵養玩索功夫，即恐學者將此家常茶飯做箇怪異奇特底事看了，日逐荒忙，陷於欲速助長、躁率自欺之病，久之茫然無實可據，則又只學得一場大話，互相恐嚇而已。」並朱子文集。

高應朝，象山門人。「荒忙」以下數語，切中陸學之病。此顛狂之漸也，荒忙躁率之甚，則至於顛狂矣。

程氏遺書言「至忙者無如禪客」。朱子語類謂「被異端説虛静了後，使學者忙得更不敢睡」。

朱子曰：「子静是他會説得動人，使人都恁地快活，便會使得人都恁地發顛發狂。某也會恁地説，使人便快活，只是不敢，怕壞了人。他之説却是使人先見得這一箇物事了，方下來做工夫，却是上達而下學，與聖人下學上達都不相似。然他才見了便發顛狂，豈肯下來做？」又曰：「他只説恁地了便是聖賢，然無這般顛狂底聖賢。」朱子語類。

按：陸學自謂聖學明心，而其弊乃至於顛狂失心，何邪？朱子言之備矣。蓋其始之求之也，用心過當，荒忙躁率，欲速助長，使得這心跳躑飛揚。其終之得之也，乍見一物，光輝變現，影象恍惚，怪異奇特，令人驚駭，全身流汗。其弊安得不至於顛狂而失心？

問：「釋氏有豁然頓悟之説，不知使得否，倚靠得否？」朱子曰：「某也曾見叢林中有言頓悟者，後來看這人也只尋常。如陸子静門人，初見他時，常云有所悟，後來所爲，却更顛倒錯亂。看來所謂豁然頓悟者，乃是當時略有所見，果是淨潔快活，然稍久則漸漸淡去了，何嘗倚靠得？」

「子靜渠自説有見於理，到得做處，却一向任私意做去，全不睹是，人同之則喜，異之則怒。」並朱子語類。

按：近世多以朱子誤疑象山，今觀所云「顛倒錯亂」、「全不睹是」，考之象山言行，鑿鑿可徵。是非朱子誤疑象山，乃後人爲象山所欺，而誤疑朱子也。

朱子曰：「子靜之學，看他千般萬般病，只在不知有氣禀之雜，把許多粗惡底氣都做心之妙理，合當恁地自然做將去。只道這是胸中流出，自然天理。不知氣有不好底夾雜在裏，一齊滚將去，道害事不害事？」朱子語類。

朱子答吴伯豐書云：「異端之學，以性自私，又不察氣質情欲之偏，而率意妄行，便謂無非至理，此尤害事。近世儒者亦有近似之者，故所見愈高，則所發愈暴。」朱子文集。

不察氣禀偏雜，而率意妄行，所以至於顛倒錯亂。

朱子曰：「陸子靜之學，只管説一箇心。若識得一箇心了，萬法流出，更都無許多事。他却是實見得恁地，所以不怕天，不怕地，一向胡叫胡喊。他學者亦然，實是卒動他不得，一齊恁地無大無小，便是『天上天下，惟我獨尊』。」

「金溪之徒不事講學，只將箇心來作弄，胡撞亂撞。」並朱子語類。

陸學胡叫胡喊，胡撞亂撞，安得不至顛倒錯亂？

朱子曰：「近世有人爲學，專務説空説妙，不肯就實，却説是悟。此是不知學，學問無此法，才説一悟字，便不可窮詰，不可研究，不可與論是非，一味説入虚談，最爲惑人。然亦但能謾得無學底人，若是有實學底人，如何被他謾？才説悟，便不是學問。奉勸諸公，且子細讀書。」

「近世人大被人謾，可笑。見人胡亂一言一動，便被降下了。只緣自失工夫〔七〕，所以如此。便又有不讀書之説，可以誘人，宜乎陷溺者多。」並朱子語類。

近世所以大被人謾者，只緣蔀障爲害。今此編三蔀既辨，陸學自此謾人，恐難矣！

朱子曰：「陳君舉書謂某不合與陸子静諸人辨，以爲『相與詰難，竟無深益，蓋刻畫太精，頗傷易簡，矜持已甚，反涉吝驕』。不知更如何方是深益？若孟子之闢楊墨，也只得恁地闢。他説『刻畫太精』，便只是某不合説得太分曉，不似他只恁地含糊。」

「君舉只道某不合與説，只是他見不破。天下事，不是是便是非，直截兩邊去，如何恁地含糊鶻突？某鄉來與説許多，豈是要眼前好看？青天白日在這裏，而今人雖不見信，後世也須有人見得此説，也須回轉得幾人。」並朱子語類。

孟子曰："予豈好辨哉？予不得已也。"朱子曰："鄉來與説許多，豈是要眼前好看？"聖賢憂世衛道之心一也。

又按：朱子答劉公度書云："陳君舉得書，殊不可曉。似都不曾見得實理，只是要得博雜，欲包羅和會衆説，不令相傷。其實都曉不得衆説之是非得失，自有合不得處也。"愚按：近世一種議論，多要包羅和會朱陸，不令相傷，其實都曉不得朱陸之是非得失，自有合不得處也。君舉，永嘉陳止齋傅良也。

吴草廬澄爲元國子司業，謂學者曰："朱子於道問學之功居多，而陸子静以尊德性爲主。問學不本於德性，其弊必偏於言語訓釋之末。"趙東山贊陸子象曰："儒者曰其學似禪，佛者曰我法無是。超然獨契本心，以俟聖人百世。"師山鄭氏曰：名玉，歙人，説見道一編。"朱陸二先生，同是堯舜，同非桀紂，同尊孔孟，同排釋老，同以天理爲公，同以人欲爲私，大本達道，無有不同者。"愚按：此三言皆近世尊陸赤幟。使三子早見愚此編，當痛悔其大被人謾，當痛悔其誑人誤人之罪不可勝贖矣。

按：鄭師山之言，近世尤所怵惑而不能解。不觀程子有云乎，"楊墨亦同是堯舜，同非桀紂"，又謂"儒佛句句同，事事合，然而不同"。近世學者，奈何識不及此？朱子嘗謂"秦漢以來傳記所載皆是説夢"。由今觀之，近世論朱陸者，真説夢也。道一編夢魘顛倒尤深也，爲前人所夢魘不悟，而又以夢魘後人也。奈何近日學者猶據信其夢魘顛倒之語，以爲蓍龜也？嗚呼，悲夫！此夢何時而覺？

或曰：象山門人如袁燮、楊簡、舒璘、沈焕，宋史皆稱其賢，著於列傳，然則陸學可盡非邪？曰：四子學雖偏，而質則美者也。質美者忠信篤厚，天資近道也。朱子嘗謂「楊敬仲議論見識自是一般，而爲人簡淡誠慤，自可愛敬」。答潘子善書。又謂「禪家行得好，自是其資質爲人好耳，非禪之力也」。如前宋吕正獻、陳忠肅諸人，雖皆溺禪，而不害其爲賢。故楊敬仲輩雖禪，而宋史稱之，蓋瑕瑜不相掩也。或曰：袁、楊、舒、沈四子著於宋史，而象山不推居高弟，傅子淵、鄧文範諸人象山亟稱，而宋史不以入列傳，何也？曰：子淵諸人之禪高於袁、楊、舒、沈，袁、楊、舒、沈之賢行超於子淵諸人，象山取其禪，而宋史論其行，是以所稱不同。曰：然則取舍之際，宋史當爲優邪？曰：固然也。象山不取賢而取子淵輩之狂妄，顛倒錯亂何足憑？

【校勘記】

〔一〕兄前與家兄書　「書」字原脱，據陸九淵集卷二與王順伯補。

〔二〕將從其簡且易者而學之乎　此十一字原脱，據留芳堂本補。

〔三〕吾友且道甚底是本　「且」原作「直」，據陸九淵集卷三五語録改。
〔四〕如村愚拍盲無知之人　「盲」原作「肓」，據啓後堂本、留芳堂本改。
〔五〕使得這心飛揚跳躑　「躑」原作「擲」，據朱子語類卷一二四改。
〔六〕將有狂易喪心之病　「病」，晦庵集卷五九答汪叔耕作「患」。
〔七〕只緣自失工夫　「失」，潘本作「欠」，留芳堂本作「無」。

學蔀通辨續編敘

或曰：子所辨學蔀前後二編，其於陸學明矣，乃復有續編之作者何？曰：著陸學淵源之自也。夫象山之學，非無所因襲而超然獨見也，皆前人已有此規摹，象山因竊取而增飾之，翻謄而誇炫之爾。張子曰：「自佛説熾傳中國，儒者爲所引取，淪胥指爲大道，英才間氣，冥然被驅。」程子謂「此説天下已成風，其何能救？人才愈高明，則陷溺愈深」。誦斯言也，前代風俗學術規摹可想矣。象山固英才高明之士，安得不爲所引取深陷，指爲大道而淵源之邪？是故觀於上卷所載達磨、慧能、宗杲、常總諸人之規摹，而棄佛粗迹，而脱略經典，而專一求心，而借儒飾佛，無一而非陸學之淵源也。觀於中卷所載李習之、蘇子由、張子韶、吕氏諸人之規摹，而譏迹取心，而援儒入佛，而陽儒陰佛，而陽離陰合，無一而非陸學之淵源也。下卷所載近日王陽明諸人，不過又因象山而規摹之，而淵源之耳。朱子謂「今人不曉禪，所以被他謾」，謂「讀近歲佛者之言，則知其源委」。此編爲卷僅三，而上下古今千餘年禪蔀規摹源委略備，君子一展卷間，而上下古今千餘年禪蔀昭然指掌矣。嗚呼！斯固窮理辨惑，究本窮源之不可已與！東莞清瀾居士陳建敘。

學蔀通辨續編卷上

此卷所載，著佛學變爲禪學，所以近理亂真，能溺高明之士，文飾欺誑，爲害吾道之深也。

朱子曰：「佛教初入中國，只是修行説話，如四十二章經是也。初間只有這一卷經，其中有云：『佛問一僧，汝處家爲何業？對曰愛彈琴。佛問絃緩如何〔一〕？曰不鳴矣。絃急如何？曰聲絶矣。緩急得中如何？曰諸音普矣。佛曰學道亦然，心須調適，道可得矣。』初間只如此説，後來達磨入中國，見這般説話中國人都會説了，遂换了話頭，專去面壁静坐默照。到後來又翻得許多禪底説話來，盡掉了舊時許多話柄，越弄得來闊，其實只是作弄這些精神。」

「佛入中國，至晉宋間其教漸盛，然當時文字，亦只是將老莊之説來鋪張。直至梁會通間達磨入來，然後被他一切掃蕩，不立文字，直指人心。蓋當時儒者之學既廢絶不講，老佛之説又如此淺陋，被他窺見這箇罅隙了，故横説竪説，如是張皇，没奈他何。人才聰明，便被他誘引將去。」

「佛學其初只説空，後來説動静，支蔓既甚，達磨遂脱然不立文字，只是默然端坐，遂心静見理。此説一行，前面許多皆不足道，老氏亦難抗衡了。今日釋氏其盛極矣。」

「佛氏初如不愛身以濟衆生之説，此説最淺近，未是他深處。後來是達磨過來，初見梁武，武帝不曉其説，只從事於因果，遂去面壁九年。只説人心至善，即此便是，不用辛苦修行。又有人取老莊之説從而附益之，所以其説愈精妙，然只是不是耳。」並朱子語類。

按：此數條著佛學變爲禪學之始，而實肇陸學之端矣。蓋浮屠釋迦以來止謂之佛，自達磨入中國，而後禪學興。佛之爲言覺也，禪之爲言静也，由静而後至于覺也，其實只是作弄精神，一言而盡異學之綱要矣。

文獻通考晁氏曰：「佛書自漢明帝以來，至梁武帝華林之集，入中國者五千四百卷，曰經曰律曰論，謂之三藏，傳於世，盛矣。厥後達磨西來，以三藏皆筌蹄，不得佛意，故直指人心，俾之見性，衆尊之爲祖。雖曰不假文字，而弟子録其善言，往往成書，由是禪學興焉。」

神僧傳：「菩提達磨，南天竺婆羅門種。梁武帝普通初，泛海至廣州，武帝迎至金陵，親問曰：『朕即位以來，造寺捨經度僧不可勝數，有何功德？』師曰：『並無功德。』

帝曰：『何以並無功德？』師曰：『此但人天小果，有漏之因，如影隨形，雖有非實。』帝曰：『如何是真功德？』師曰：『浄智妙圓，體自空寂，如是功德，不以世求。』帝不省玄旨，師知機不契，遂去梁渡江，趨魏境，止嵩山少林寺，終日面壁而坐，九年遂逝焉。」愚按：「浄智妙圓，體自空寂」，此八字形容佛性之體段，開萬世禪學之源。

伊洛淵源録胡文定公曰：「自孟子没，世無傳心之學，此一片田地漸漸抛荒，無人耕種。佛之徒如達磨輩，最爲桀黠，見此間隙，以爲無人，遂入中國，面壁端坐，揚眉瞬目，到處稱尊。此土之人拱手歸降，不能出他圈套。」愚按：近世陸學一派，尤「拱手歸降」，誠「不能出他圈套」矣。

朱子曰：「佛學自前也只是外面粗説，到梁達磨來，方説那心性，然士大夫未甚理會做工夫。及唐中宗時，有六祖禪學，專就身上做工夫，直要求心見性，士大夫才有向裏者，無不歸他去。」又曰：「佛學當初只是説，無存養底工夫，至唐六祖始教人存養工夫。」朱子語類。

六祖，大鑒禪師盧慧能也。禪家以達磨入中國爲初祖，六傳而爲慧能，故稱六祖。「不思善、不思惡時，認本來面目」，正六祖教人存養之工夫，悟道識心之要訣也。

傳鐙録：「僧神秀書偈云：『身是菩提樹，心如明鏡臺。時時勤拂拭，莫遣有塵埃。』慧能於秀偈側寫云：『菩提本非樹，明鏡亦非臺。本來無一物，何假拂塵埃。』五祖因此傳法於能。」愚謂慧能説得高妙如此，烏得不陷溺高明？

又按：傳鐙録五祖曰：「會中四百九十九人會佛法，惟有盧行者一人不會佛法，他則悟道，謂之過量人，方傳得衣鉢。」夫不會佛法而專説心性，説存養，説悟道，彌近理而大亂真，固如此矣。

朱子曰：「汪端明少從學於焦援先生。汪既達時，從宗杲問禪，憐焦之老，欲進之以禪，因勸焦登徑山見杲。杲舉『寂然不動，感而遂通』，焦曰：『和尚不可破句讀書。』不契而歸。」

「杲老所喜皆是粗疏底人，如張子韶、唐立夫諸公是也。汪聖錫、吕居仁輩稍謹愿，便被他薄。」並朱子語類。

諸人皆從宗杲學禪者也。杲所舉「寂然不動」，正嘗教子韶「用儒家言語説向士大夫」者也。杲嘗答曾天游侍郎書云：「今時學道之士，只求速效，不知錯了也。却謂無事省緣、静坐體究爲空過時光，不如看幾卷經，念幾聲佛，佛前多禮幾拜，懺悔平生所作過惡，要免閻家老子手中鐵棒。此是愚人所爲。」愚按：宗杲不信看經念佛，而惟急「無事省緣，静坐體究」，且「用儒家言語説向士大夫」，是蓋訶佛罵祖之機轉爲改頭換面之教矣。

按：禪學興於達磨，盛於慧能，極於宗杲。其傳心之要，則達磨不信因果，而説「浄智妙圓」，直指人心；慧能不會佛法，而説「本來面目」，教人存養；宗杲不信看經念佛，而務「無事省緣，静坐體究」。近世一種闢佛粗迹，而專説養神明心者，其範圍不出此矣。

傳鐙録：「古靈行脚回，參受業師，見師窗下看經，有蜂子投窗求出。靈曰：『世界如許闊，不肯出，鑽他故紙。』」按：古靈譏僧看經，即與宗杲同，即與達磨以三藏皆筌蹄同。陸學「糟粕」「註脚」經書，其機軸源此。

宋僧常總嘗問一士人曰：「論語云『默而識之』，識是識箇甚？子思言『君子無入而不自得』，得是得箇甚？」士人無以對。河東侯希聖曰：「是不識吾儒之道，猶以吾儒語爲釋氏用，在吾儒爲不成説話。既曰『默識』與『無入而不自得』，更理會甚識甚得之事，是不成説話也。」朱子中庸或問曰：「侯氏所辨常總之説甚當。近世佛者妄以吾言傳著其説，而指意乖剌，如此類者多矣，甚可笑也。」愚謂宗杲舉似焦援，及陸學所引儒書，皆是此弊。

崇正辨曰：「理有至真，以似而亂之，則可惡矣。故惡莠，恐其亂苗也；惡紫，恐其亂朱也；惡楊墨，恐其亂仁義也；惡佛老，恐其亂性理也。姦僧猾釋，欲主張其説，恐不能勝，又竊取儒書近似之説以符同之，使愚夫慵士怵惑不能自解，可不戒而遠之哉！」

朱子曰：「道之在天下，一人説取一般，禪家最説得高妙去。蓋自莊老來，説得道自是一般物事，闃闃在天地間。後來佛氏又放開説，大決藩籬，更無下落，愈高愈妙，吾儒多有折而入之。世間惑人之物，不特尤物爲然，一言一語可取，亦是惑人，況佛氏之説足以動人如此。」

「因舉佛氏之學，如云：『有物先天地，無形本寂寥。能爲萬象主〔二〕，不逐四時凋。』又曰：『撲落非他物〔三〕，縱横不是塵。山河及大地，全露法王身。』又曰：『若人識得心，大地無寸土。』看他是甚麽樣見識？今區區小儒，怎生出得他手，宜其爲他揮下也。此是法眼禪師下一派宗旨如此。」並朱子語類。

佛氏説得高妙如此，如何不陷溺高明？

朱子曰：「釋老之書，極有高妙處，句句與自家箇同，但不可將來比方，煞誤人事。」或論「中庸」平常之義，舉釋子偈云：「世間萬事不如常，又不驚人又久長。」曰：「便是他那道理，也有極相似處，只是説得來别。故某於中庸章句序着語云：『至老佛之徒出，則彌近理而大亂真矣。』須是看得他彌近理而大亂真處，始得。」並朱子語類。

按：「彌近理而大亂真」一語，非朱子見得親切，不敢如此道。近世惟二程子所見與同，并摘録其言於卷。

朱子答吴斗南書云：「佛學之與吾儒，雖有略相似處，然正所謂貌同心異、似是而非者，不可不審。明道先生所謂『句句同，事事合，然而不同』者，真是有味。非是見得親切，如何敢如此判斷耶？」朱子文集。

謝顯道歷舉佛説與吾儒同處，問伊川先生。先生曰：「恁地同處雖多，只是本領不是，一齊差却。」程氏遺書。

或曰：佛氏與吾儒相似處，其詳可得聞乎？曰：嘗聞之矣。釋氏「行住坐卧無不在道」，與吾儒「道不可須臾離」相似也。「不解即心是佛，真是騎驢覓驢」，與吾儒「聖賢無心外之學」相似也。「赤肉團上有一無位真人」，與吾儒「天然自有之中」相似也。「不思善，不思惡，認本來面目」，與吾儒「喜怒哀樂未發之中」相似也。「青青翠竹，莫匪真如；總總黄花，無非般若」，與吾儒「鳶飛魚躍」相似也。「一月普現一切水，一切水月一月攝」，與吾儒「月映萬川」之喻相似也。「有物先天地，無形本寂寥」，與吾儒「無極而太極」相似也。「千種言，萬般解，只要教君長不昧」，與吾儒「明明德」相似也。

「主人翁惺惺」，與吾儒「求放心」相似也。「棄却甜桃樹，沿山摘醋梨」，與吾儒「舍梧檟而養樲棘」相似也。「一棒一條痕，一摑一掌血」，與吾儒「切實」工夫相似也。「時時勤拂拭，莫遣有塵埃」，與吾儒「日新」工夫相似也。佛氏說得甚相似如此，非至明誰不惑之？嗚呼！伊川所答謝顯道之言，朱子所述明道之語，學者誠不可不熟察而深省矣。

問：「禪者云：『知之一字，衆妙之門。』他也知得這『知』字之妙？」朱子曰：「所以伊川說佛氏之言近理，謂此類也。」問：「所謂知，指此心之神明作用處否？」曰：「然。」

「佛家所謂『作用是性』，雖無道理，然他却一生受用快活，便是他就這形而下者之中，理會得似那形而上者。」

「釋氏專以作用爲性。問：『如何是佛？』曰：『見性爲佛。』曰：『如何是性？』曰：『作用爲性。』曰：『如何是作用？』曰：『在目曰見，在耳曰聞，在鼻嗅香，在口談論，在手執捉，在足運奔，遍現俱該法界，收攝在一微塵。識者知是佛性，不識喚作精魂。』」並朱子語類。

草木子曰：「自釋迦拈青蓮花，迦葉呵呵微笑，自此示機，直至達磨說出能作用即是佛性，自此禪宗皆祖此。」又曰：「禪宗一達此旨，便以爲了。只知能作用者便是，更不論義理，所以疏通者歸於恣肆，固滯者歸於枯槁。」

問：「佛氏説性，在目爲見，在耳爲聞，在口爲議論，在手能持，在足運奔。」朱子曰：「如此只是箇無星之秤，無寸之尺。若在聖門，則在目雖見，須是明始得；在耳雖聞，須是聰始得；在口談論，及在手足之類，須是動之以禮始得。『天生烝民，有物有則』，如佛氏之説，是『有物無則』了。」

「佛氏原不曾識得這理一節，便認知覺運動做性，只認那能視、能聽、能言、能思、能動底便是性。最怕人説這『理』字，都要除掉了。此正告子『生之謂性』之説也。」

「龐居士云『神通妙用，運水搬柴』，佛家所謂『作用是性』，便是如此。他都不理會是和非，只認得那衣食作息、視聽舉履便是道。説我這箇會説話底、會作用底、叫喚便應底，便是神通妙用，更不問道理如何。禪老云：『赤肉團上有一無位真人，在汝等諸人面門上出入。』他便是只認得這箇，把來作弄。」並朱子語類。

此三條辨佛氏論性之非極爲明白，奈何近世講學之士猶墮其失，拾朱子所棄以自珍哉〔四〕？

按：象山與曾祖道言：「目能視，耳能聽，鼻能知香臭，口能知味，心能思，手足能運動，如何更要甚存誠持敬？」楊慈湖己易説謂：「目能視，所以能視者何物？耳能聽，所以能聽者何物？口能噬，鼻能嗅，所以能噬、能嗅者何物？手能運用，足能步趨，心能思慮，所以能運用、步趨、思慮者何物？」又慈湖訓語云：「吾目視耳聽、鼻嗅口嘗、手執足運，無非大道之用。」按：象山師弟分明佛氏作用之旨。

傳習録王陽明謂門人曰：「所謂汝心，却是那能視聽言動底，這箇便是性，便是天理。有這箇性，才能生這性之生理，便謂之仁。這性之生理，發在目便會視，發在耳便會聽，發在口便會言，發在四肢便會動。都只是那天理發生，以其主宰一身，故謂之心。」按：陽明此言發明佛氏作用之旨尤明，其爲告子「生之謂性」之説尤明。

陳北溪字義云：「今世有種杜撰等人，愛高談性命，大抵全用浮屠『作用是性』之意，而文以聖人之言，都不成模樣。據此意，其實不過只是告子『生之謂性』之説。此等邪説，向來已爲孟子掃却，今又再拈起來，作至珍至寶説。只認得箇精神魂魄，而不知有箇當然之理；只看得箇模糊影子，而未嘗有的確定見。枉誤了後生晚進，使相從於天理人欲混雜之區，爲可痛。」嗚呼！讀北溪此言，不能不令人動杜牧之「後人而復哀後人」之感也。

朱子曰：「佛家從頭都不識，只是認知覺運動做性，做玄妙説。」或曰：「如此則安能動人？必更有玄妙處。」曰：「便只是這箇。他那妙處離這知覺運動不得，無這箇便説不行，只是被他作弄得來精。」朱子語類。

按：宗杲答曾侍郎書云：「尋常計較安排底是識情，隨生死遷流底亦是識情，怕怖憧惶底亦是識情，而今參學之人不知是病，只管在裏許頭出頭没。教中所謂『隨識而不隨智』，以故昧却本地風光、本來面目。若或一時放下，百不思量計較，忽然失脚，蹋着鼻孔。即此識情，便是真空妙智，更無别智可得。若别有所得，有所證，則又却不是也。如人迷時，唤東作西，及至悟時，即西便是東，無别有東。此真空妙智，與太虚空齊壽，只這太虚空中，還有一物礙得他否？雖不受一物礙，而不妨諸物於空中往來，此真空妙智亦然。凡聖垢染着一點不得〔五〕，雖着不得，而不礙生死凡聖於中往來。如此信得及，見得徹，方是箇出生入死、得大自在底漢。」愚按：此説正是「他妙處離這知覺運動不得」，正是「被他作弄得來精」矣。

按：達磨説「浄智妙圓，體自空寂」，慧能説「本來無一物」，宗杲説「真空妙智」，此空門授受正法眼藏。

或曰：佛氏以空爲性，又以作用爲性。夫作用則有物，而非空矣，不自枘鑿乎？曰：此體用之説也。真空者，性之體也；作用者，性之用也。體用一原也，故佛氏謂「真空則能攝衆有而應變」，又謂「即此識情，便是真空妙智」，明體用一原也。釋神會顯宗記謂：「湛然常寂，應用無方，用而常空，空而常用，用而不有，即是真空。空而不無，即成妙有，妙有即摩訶般若，真空即清淨涅槃。」其言尤「作弄得來精」，與中庸「大本」、「達道」之説相似矣。

朱子曰：「佛氏只是弄精神。」問：「彼言『一切萬物皆有破壞，惟有法身常住不滅』，所謂『法身』，便只是這箇？」曰：「然。不知你如何占得這物事住？天地破壞，又如何被你占得這物事常不滅？」問：「彼大概欲以空爲體。他言天地萬物萬事皆歸於空，這空便是他體。」曰：「他也不是欲以空爲體，他只是説這物事裏面本空，着一物不得。」「儒者以理爲不生不滅，釋氏以神識爲不生不滅。」並朱子語類。

居業録曰：「釋氏是認精魂爲性，專一守此，以爲超脱輪迴。緣他當初只是去習静坐，屏思慮静久了〔六〕，精神光彩，其中了無一物，遂以爲真空。言道理只有這箇極玄極妙〔七〕，天地萬物都是這箇做出來。得此則天地萬物雖壞，這物事不壞，幻身雖亡，此不亡，所以其妄愈甚。」

朱子曰：「釋氏合下見得箇道理空虚不實，故要得超脱，盡去了物累，方是無漏爲佛地位。若吾儒合下見得箇道理便實了，故首尾與之不合。」

「陸子静從初亦學佛，嘗言儒佛差處只是義利之間。某應曰：『此猶是第二着，只他根本處便不是。』當初釋迦爲太子時出遊，見生老病死苦，遂厭惡之，入雪山修行。從上一念，便一切作空看，惟恐割棄之不猛，屏除之不盡。吾儒却不然，蓋見得無一物不具此理，無一理可違於物。佛説萬理俱空，吾儒説萬理俱實，從此一差，方有公私義利之不同。今學佛者云識心見性，不知是識何心，是見何性？」並朱子語類。

此儒釋不同頭腦處。

問：「惡外物如何？」伊川程子曰：「是不知道者也，物安可惡？釋氏之學便如此，要屏事，不問這事是合有合無。」又曰：「學佛者多要忘是非，是非安可忘得？」程氏遺書。

朱子曰：「釋氏欲驅除物累，至不分善惡，皆欲掃盡。云凡聖情盡，即如如佛，然後來往自由。」

「吾儒心雖虚，而理則實。若釋氏，則一向歸空寂去了。」朱子語類。

釋氏不分是非善惡，皆欲掃盡，一歸空寂，所以害道。

有言莊老禪佛之害者，朱子曰：「禪學最害道。莊老於義理滅絶猶未盡，佛則人倫已壞，至禪則又從頭將許多義理掃滅無餘。以此言之，禪最爲害之深者。」朱子語類。

居業録曰：「禪家只是默坐澄心，絶滅思慮，直求空寂，空寂之久，心能靈通。殊不知空寂之中，萬理滅絶，那些靈通，只是自己精神意見，全不是道理。凡所動作，任意爲之，以爲此即神通妙用，不用檢察，自然廣大無邊。其猖狂自恣者以此。」按：此言禪學絶滅義理之故明矣。

問釋氏理障之説，伊川程子曰：「此錯看了理字也。天下只有一箇理，既明此理，夫復何障？若以理爲障，則是己與理爲二。」又曰：「書言『天敘』『天秩』，天有是理，聖人循而行之，所謂道也。聖人本天，釋氏本心。」程氏遺書。

「聖人本天」，天即理也。「釋氏本心」，心即精神知覺也。儒釋之辨，非程朱大儒，安能剖判明白如此。

朱子觀心説曰：「或問：佛者有觀心説，然乎？曰：夫心者，人之所以主乎身者也，一而不二者也，爲主而不爲客者也，命物而不命於物者也。故以心觀物，則物之理得。今復有物，以反觀乎心，則是此心之外復有一心，而能管乎此心也。然則所謂心者，爲一耶，爲二耶？爲主耶，爲客耶？爲命物者耶，爲命於物者耶？此亦不待較而知其謬矣。」朱子文集。

觀此則楊慈湖「反觀」之説之謬可知。

朱子釋氏論曰：「其徒蓋有實能恍然若有所睹而樂之不厭，至於遺外形骸而死生之變不足以動之者，此又何耶？曰：是其心之用既不交於外矣，而其體之分於内者，乃自相同而不舍焉。其志專而切，其機危而迫，是以精神之極，而一旦惘然若有失也。其所以至此之捷徑，蓋皆原於莊周承蜩削鐻之餘論，而又加巧密焉耳。然昧於天理，而特爲是以自私焉，則亦何足稱於君子之門哉。」朱子文集。

承蜩、削鐻，見莊子達生篇：「仲尼適楚，出於林中，見痀僂者承蜩，猶掇之也。仲尼曰：『子巧乎，有道耶？』曰：『我有道也。吾處身也若厥株枸〔八〕，吾執臂也若槁木之枝，雖天地之大，萬物之多，而惟蜩翼之知。吾不反不側，不以萬物易蜩之翼，何爲而不得？』孔子顧謂弟子曰：『用志不分，乃凝於神，其痀僂丈人之謂乎！』梓慶削木爲鐻，鐻成，見者驚猶鬼神。魯侯問曰：『子何術以爲焉？』對曰：『臣工人，何術之有？雖然，有一焉。將爲鐻，未嘗敢以耗氣也，必齋以静心。齋三日，而不敢懷慶賞爵禄；齋五日，不敢懷非譽巧拙；齋七日，輒然忘吾有四肢形體也。當是時也，其巧專而外汩消，以天合天。器之所以疑神者，其是與！』」

朱子曰：「禪只是箇呆守法，如『麻三斤』、『乾屎橛』〔九〕，他道理初不在這上，只是教他麻了心，只思量這一路，專一積久，忽有見處，便是悟。大要只是把定一心，不令散亂，久後光明自發。所以不識字底人，纔悟後便作得偈頌。」

「佛者云『置之一處，無事不辦〔一〇〕』，只是教人如此做工夫。如莊子亦云『用志不分，乃凝於神』，也只是如此。」並朱子語類。

禪學工夫，只是要箇專一，無多術也。

朱子曰：「宗杲云：『如載一車兵器，逐件取出來弄，弄了一件又弄一件，便不是殺人手段。我只有寸鐵，便可殺人。』」朱子語類。

朱子曰：「釋氏有清草堂者，有名叢林間。其始學時，苦無所入，有告之者曰：『子不見貓之捕鼠乎？四足據地，首尾一直〔一一〕，目睛不瞬，心無他念。惟其不動，動則鼠無所逃矣。』清用其言，乃有所入。彼之所學雖與吾異，然所以得之者，則無彼此之殊。學者宜以是而自警也。」朱子文集。

「寸鐵」之説，言要一也。「捕鼠」之説，言專一也。朱子講學多借用禪語以警學者，觀語類「騎驢覓驢」、「甜桃醋梨」等語，尤可見。朱子借用禪語以勉進吾儒，猶象山借用儒書以彌縫佛學，意頗相類，皆借彼明此之意也。傳鐙録曰：「正人説邪説，邪説亦是正。邪人説正説，正説亦是邪。」此語亦有見識，愚爲之轉語曰：「吾儒説禪説，禪説亦是儒。禪家説儒説，儒説亦是禪。」識此可與論朱陸矣。

朱子答吳斗南書云：「所云禪學悟入乃是心思路絶、天理盡見，此尤不然。心思之正便是天理，流行運用，無非天理之發見，豈待心思路絶而後天理乃見邪？」

朱子答陳衛道書云：「釋氏見處只是要得六用不行，則本性自見。只此便是差處，六用豈不是性？若待其不行然後性見，則是性在六用之外，別爲一物矣。」並朱子文集。

宗杲云：「心無所之，老鼠入牛角，便見倒斷也。」倒斷即是悟處，此即「心思路絶，天理盡見」之謂。近福州烏石巖有僧書一偈，末云：「行至水窮山盡處，那時方見本來真。」即是此意。「六用」出楞嚴經，耳、眼、鼻、舌、身、意，六根之用也。

朱子答廖子晦書云：「爲佛學者自謂有見，而於四端五典、良知良能、天理人心之實然而不可易者，皆未嘗略見彷彿。甚者披根拔本，顛倒錯繆，無所不至。則夫所謂見者，殆亦用心太過，意慮泯絶，恍惚之間，瞥見心性之影象耳。與聖門真知實踐之學，豈可同年而語哉？」

朱子答胡季隨書云：「釋氏只是恍惚之間見得些心性影子，却不曾子細見得真實心性，正使有存養之功，亦只是存養得他所見影子。固不可謂之無所見，亦不可謂之不能養，但所見所養非心性之真耳。」並朱子文集。

胡敬齋曰：「釋氏見道，只如漢武帝見李夫人，非真見者也。」又曰：「禪家在空虛中見出一箇假物事，以爲識心見性，以爲不生不滅。其實未嘗識心，未嘗見性也。」愚謂敬齋直道禪家所見爲假物非真，極是極是！自朱子没後，無人見得如此端的直截。

老子曰：「道之爲物，惟恍惟忽。忽兮恍兮，其中有像。恍兮忽兮，其中有物。窈兮冥兮，其中有精。」釋老所見略同。

朱子答陳衛道書云：「性命之理，不必着意思想，但每事尋得箇是處，即是此理之實。不比禪家見處，只在儱侗恍惚之間也。」又曰：「儒者之論，每事須要真實是當。不似異端，便將儱侗底影象來罩占此真實地位也。此等差互處，舉起便是，不勝其多，寫不能窮，説不能盡。」朱子文集。

按：陸學以鑑象之見爲見道，爲知仁，正是「將儱侗恍惚底影象來罩占此真實地位也」。

朱子答陳衛道書云：「釋氏所見，較之吾儒，彼不可謂無所見，但却只是從外面見得箇影子，不曾見得裏許真實道理，所以見處則儘高明脱灑，而用處七顛八倒，無有是處，見處行處打成兩截也。」朱子文集。

所論「兩截」，近世禪陸通病。

問儒釋，朱子曰：「據他説道明得心，又不曾得心爲之用；説道明得性，又不曾得性爲之用。」又曰：「僧家所謂禪者，於其所行全不相應。向來見幾箇好僧，説得好，又行得好，自是其資質爲人好耳，非禪之力也。所謂禪，是僧家自舉一般見解，如秀才家舉業相似，與行己全不相干。學得底人有許多機鋒，將出來弄一上了，便收拾了，到其爲人，與俗人無異。只緣禪自是禪，與行不相應耳。」朱子語類。

此語亦是說禪學兩截之病，觀陸學正然。朱子嘗謂「楊敬仲簡淡誠慤，自可敬愛，而其議論見識自是一般」，可見其自是資質好，非禪之力。又謂「子靜常有悟，後來更顛倒錯亂」，正「只緣禪自是禪，與行不相應耳」。

因論傳鐙録禪者曰「此迹也，何不論其心」，明道程子曰：「心迹一也，豈有迹非而心是者也？正如兩脚方行，指其心曰：『我本不欲行，他兩脚自行。』豈有此理？」明道先生不好佛語。或曰：「佛之道是也，其迹非也。」曰：「所謂迹者，果不出於道乎？然吾所攻者，其迹耳，其道則吾不知也。使其道不合於先王，固不願學也。如其合於先王，則求之六經可矣，奚必佛？」

伊川程子曰：「釋氏之說，若欲窮其說而去取之，則其說未必能窮，已化而爲佛矣。只且於迹上考之，其設教如是，則其心果何如。難爲取其心不取其迹，有是心則有是迹。王通言心迹之判，便是亂說。不若且於迹上斷定，不與聖人合。其言有合處，則吾道固已有，有不合者，固所不取。如是立定，却省易。」並程氏遺書。

按：近世於佛學，皆是取其心、取其道，而不取其迹，分爲兩截。非二程子，是非何由折衷？

朱子曰：「禪學熾則佛氏之說大壞，緣他本來是大段着工夫收拾這心性，今禪說只恁地容易做去。佛法固是本不見大底道理，只就他本法中是大段細密，今禪説只一向粗暴。」又曰：「釋迦佛初間入山修行，他也只是厭惡世諦，爲一身之計。觀他修行大故用功〔一二〕，未有後來許多禪底説話。後來相傳，一向説開了。」朱子語類。

西山真氏曰：「自禪教既分，學者往往以爲不階言語文字而佛可得，於是脱略經教，而求所謂禪者。高則高矣，至其身心顛倒，有不堪點檢者，則反不如誦經持律之徒，循循規矩中，猶不至大謬也。今觀遺教經，以端心正念爲首，而深言持戒爲禪定智慧之本。至謂制心之道，如牧牛，如馭馬，不使縱逸。去瞋止妄，息欲寡求，然後由遠離以至精進，由禪定以造智慧。具有漸次梯級，非如今之談者，以爲一超可造如來地位也。」愚按：佛學猶以脱略經教趨禪爲非，吾儒豈可糟粕六經，趨禪弗察？

朱子曰：「釋氏書初只有四十二章經，所言甚鄙俚，後來日添月益〔一三〕，皆是中華文士相助撰集。如晉宋間自立講師，孰爲釋迦，孰爲阿難，孰爲迦葉，各相問難，筆之於書，轉相欺誑。大抵多是剽竊老子、列子意思，變換推衍以文其説。」「宋景文唐書贊説佛多是華人之譎誕者，攘莊列之説佐其高。此説甚好！如歐陽公只説箇禮法，程子又只説自家義理，皆不見他正贓。却是宋景文捉得他正贓。」並朱子語類。

愚謂唐以前中華文士攘竊莊列以文其説佐其高，至宋則攘竊孔孟以文其説佐其高矣。嗚呼！竊莊列以文佛釋，以異端而佐異端，猶可言也。竊孔孟以文佛釋，遂以夷狄之教而亂吾中國聖賢之學，不可言也。迦葉，釋迦弟子。阿難，又迦葉弟子也。

朱子曰：「佛書多有後人添入，如西天二十八祖所作偈皆有韻，分明是後人增加。」又曰：「西域豈有韻？諸祖相傳偈平仄押韻語，皆是後來人假合。」朱子語類。

此尤捉着正贓。

朱子釋氏論曰：「凡佛之書，其始來者，如四十二章、遺教、法華、金剛、光明之類，其所言者不過清虛緣業之論，神通變現之術而已。及其中間，爲其學者如惠遠、僧肇之流，乃始稍竊莊列之言以相之，然尚未敢正以爲出於佛之口也。及其久而耻於假借，則遂顯然篡取其意，而文以浮屠之言。如楞嚴所謂自聞，即莊子之意，而圓覺所謂『四大各離，今者妄身當在何處』，即列子所謂『精神入其門，骨骸反其根，我尚何存』者也。凡若此類，不可勝舉。至於禪者之言，則其始也，蓋亦出於晉宋清談議論之餘習，而稍務反求靜養以默證之，或能頗出神怪，以衒流俗而已。其後傳之既久，聰明才智之士或頗出於其間，而自覺其陋，於是更出己意，益求前人之所不及者而陰佐之，而盡諱其怪幻鄙俚之談。於是其說一旦超然真若出乎道德性命之上，而惑之者遂以爲果非堯舜周孔之所能及矣。」朱子文集。

何叔京曰：「浮屠出於夷狄，流入中華，其始也言語不通，人固未之惑也。晉宋而下，士大夫好奇嗜怪，取其侏儒之言而文飾之，而人始大惑矣。非浮屠之能惑人也，導之者之罪也。」愚按：前世士大夫好奇嗜怪，以莊列助禪而文飾之，人已大惑，況後世士大夫又以儒書助禪，而文飾益甚焉，夫安得不爲深蔀？

明道程子曰：「釋氏之説，其歸欺詐。今在法欺詐，雖赦不原，爲其罪重也。及至釋氏，自古及今，欺詐天下，人莫不溺其説，而不自覺也，豈不謂之大惑耶？」程氏遺書。

朱子曰：「論佛只是説箇大話謾人，可憐人都被他謾，更不省悟。」朱子語類。

胡敬齋亦曰：「學釋老者多詐。」今觀象山、篁墩、陽明一派，欺蔀尤驗。奈何近世都被他謾，古今同慨！

朱子讀大紀曰：「釋氏始終本末，亦無足言。然以其有空寂之説，而不累於物欲也，則世之所謂賢者好之矣；以其有玄妙之説，而不滯於形器也，則世之所謂智者悦之矣；以其有生死輪迴之説，而自謂可以不淪於罪苦也，則天下之傭奴爨婢、黥髠盜賊亦匍匐而歸之矣。此其爲説所以張皇輝赫，震耀千古，而爲吾徒者，方且蠢然鞠躬屏氣，爲之奔走服役之不暇也。幸而一有間世之傑〔一四〕，乃能不爲之屈，而有聲罪致討之心焉。嗚呼，惜哉！」朱子文集。

此言佛氏之所以盛，由其説能舉天下之智愚賢不肖而溺之也。考張子之言尤足徵，并著卷末。

橫渠張子曰：「自其説熾傳中國，儒者未容窺聖學門牆，已爲引取，淪胥其間，指爲大道。乃其俗達之天下，致善惡、知愚、男女、臧獲，人人著信，使英才間氣，生則溺耳目恬習之事，長則師世儒宗尚之言，遂冥然被驅，因謂聖人可不修而至，大道可不學而知。故未識聖人心，已謂不必求其迹；未見君子志，已謂不必事其文。此人倫所以不察，庶物所以不明，治所以忽，德所以亂，異言滿耳，上無禮以防其僞〔一五〕，下無學以稽其弊。自古詖淫邪遁之辭，翕然並興，一出於佛氏之門者千五百年。向非獨立不懼，精一自信，有大過人之才，何以正立其間，與之較是非、計得失也哉？」

橫渠之言如此，可謂「深切著明」矣。

通按：此卷所載雖雜引諸書，然亦有節次統紀。首論禪學興盛來歷，次論禪學高妙近似，次論釋氏作用是性，次論釋氏歸空，次論釋氏掃除事理而專説心，次論釋氏工夫專一，次論釋氏所見影象恍惚非真，次論釋氏兩截，次論釋氏後來變換增加、文飾欺誑，末總論釋氏惑害之深。大綱凡十節，而其文理接續，血脉貫通，則讀者當自得之矣。

【校勘記】

〔一〕佛問絃緩如何　「絃緩」二字原倒，據朱子語類卷一二六乙正。
〔二〕能爲萬象主　「象」原作「物」，據朱子語類卷一二六改。
〔三〕撲落非他物　「落」原作「地」，據朱子語類卷一二六改。
〔四〕拾朱子所棄以自珍哉　「哉」原作「者」，據啓後堂本改。
〔五〕凡聖垢染着一點不得　「點」原作「照」，據啓後堂本、留芳堂本改。
〔六〕屏思慮静久了　「静」字原脱，據居業録卷七（文淵閣四庫全書本）補。
〔七〕言道理只有這箇極玄極妙　「言」原作「這」，據居業録卷七（文淵閣四庫全書本）改。
〔八〕吾處身也若厥株枸　「也」字原脱，據莊子達生（四部叢刊景明世德堂刊本）補。
〔九〕如麻三斤乾屎橛　「橛」原作「撅」，據啓後堂本、留芳堂本改。
〔一〇〕無事不辦　「辦」原作「辨」，據啓後堂本、留芳堂本改。
〔一一〕首尾一直　「首」原作「手」，據潘本改。
〔一二〕觀他修行大故用功　「故」，潘本、留芳堂本作「段」。
〔一三〕後來日添月益　「月」原誤「日」，據朱子語類卷一二六改。
〔一四〕幸而一有間世之傑　「一有」二字原倒，據晦庵集卷七〇讀大紀乙正。
〔一五〕上無禮以防其僞　「僞」原作「爲」，據潘本改。

學蔀通辨續編卷中

此卷所載，著漢、唐、宋以來，學者多淫於老佛，近世陷溺推援之弊，其所從來遠矣。

朱子曰：「楊雄太玄曰：『潛心于淵，美厥靈根。測曰：潛心于淵，神不昧也。』乃老氏説話。」又曰：「楊子説到深處，止是走入老莊窠窟裏去，如清静寂寞之説是也。至如玄中所説靈根之説，亦只是老莊意思，止是説那養生底工夫爾。」

「陶淵明，古之逸民，所説者莊老。」並朱子語類。

按：自孔孟没，漢晉學者皆宗老莊，唐宋則宗禪佛，然皆不外養神一路也。鶴林玉露記：「陶淵明神釋形影詩云：『大鈞無私力，萬理自森著。人爲三才中，豈不以我故。』我，神自謂也。人與天地並立爲三才，以此心之神也。若塊然血肉，豈足以並天地哉？末云：『縱浪大化中，不喜亦不懼。應盡便須盡，無復獨多慮。』乃是不以死生禍福動其心，泰然委順，養神之道也。淵明可謂知道之士。」愚按：自漢以來，聖學不明，士之所謂知道者，知此而已。陸子嘗謂陶淵明「有志於吾道」，正指此也。

問：「唐時莫是李翺最識道理否？」朱子曰：「也只是從佛中來。」曰：「渠有去佛齋文，闢佛甚堅。」曰：「只是粗迹。至説道理，却類佛。」朱子語類。

李翺字習之，從韓退之遊，自謂得子思中庸之學，著復性三篇。其説曰：「人之所以惑其性者，情也。喜怒哀懼愛惡欲，皆情之爲也。情者，妄也，邪也。妄情息滅，本性清明。」大要以滅情爲言，此説道理正類佛也。

朱子曰：「李翺復性則是，云滅情以復性，則非。情如何可滅？此乃釋氏之説，陷於其中而不自知。」朱子語類。

按：釋氏謂六用不行，則本性自見。又云：「但能莫存知見，泯絶外緣，離一切心，即汝真性。」此滅情復性，禪宗要旨也。象山云：「人只是去些子凡情不得。」又云：「心不可泊一事，須要一切蕩滌，剥落淨盡。」即同此滅情之旨。

困知記云：「李習之雖嘗闢佛，然復性書之言，陷於佛氏之説而不自知。其亦嘗從禪師問道，得非有取其微旨，而姑闢其粗迹，以無失爲聖人之徒耶？」傳鐙録：李翺爲朗州刺史，嘗問藥山禪師如何是道，師曰：「雲在天，水在瓶。」翺作偈云：「鍊得身形似鶴形，千株松下兩函經。我來問道無餘話，雲在青天水在瓶。」

問：「韓文公與大顛書，不審有崇信之意否？」朱子曰：「真箇是崇信。是他既從那潮州去，無聊後被他説轉了。如云：『所示廣大深迴，非造次可喻。』不知大顛與他説箇甚麽，恁地傾心信向。」又曰：「退之亦多交僧，如靈師、惠師之徒。」朱子語類。

按：韓退之雖闢佛而交僧，晚年乃爲大顛所動，傾心信向。周元公云：「不識大顛何似者，數書珍重更留衣。」何與原道之言背馳耶？雖然，退之一李習之也。原道闢佛，亦只是闢其粗迹也。按：柳子厚送僧浩初序，謂：「韓退之病余嗜浮圖言，罪余不斥浮圖。余謂浮圖之言往往與易、論語合，雖聖人復生，不可得而斥也。退之所病者，其迹也，雖余亦不樂也。」愚謂文學如二三子，一代宗工，然皆只知病佛粗迹，而不免爲其微言所惑，他尚何望。

朱子曰：「游定夫有論語要旨，『天下歸仁』，引龐居士語。」又曰：「游定夫以『克己復禮』與釋氏一般，只存想此道理而已。舊本游氏全用佛語解此一段，某已削之。若只以存想言克復，則與下截『非禮勿視』四句有何干涉？」又曰：「若只是存想『天下歸仁』，恁地則不須克己，只坐定存想半月十日，便自『天下歸仁』，豈有此理？」朱子語類。

按：游定夫言克己與四勿無干涉，正與象山同。詹阜民安坐瞑目操存半月，忽覺此心澄瑩，自以爲仁，而象山許之。即存想歸仁之證也。

伊洛淵源録載吕氏雜志云：「程先生謂游酢、楊時先知學禪，已知向裏没安泊處，故來此，却恐不變也。游定夫後更爲禪學，從諸禪老遊。定夫嘗言前輩先生往往不曾看佛書，故詆之如此之甚，其所以破佛者，乃佛書自不以爲然者也。」其溺於異學如此。

朱子曰：「吕與叔未發之説尤可疑，如引『屢空』而曰『由空而後見乎中』，其不陷於浮屠者幾希矣。蓋其病根正在欲於未發之前求見乎所謂中者而執之，是以屢言之，而病愈甚。蓋一有求之之心，則是便爲已發，固已不得而見之。況欲從而執之，則其爲偏倚亦甚矣，又何中之可得乎？此爲義理之根本，於此有差，則無所不差矣。程子譏之，以爲不識大本，信哉。楊氏所謂『未發之時以心驗之，則中之義自見，執而勿失，無人欲之私焉，則發必中節矣』，又曰『須於未發之際能體所謂中』，其曰驗之體之執之，則亦吕氏之失也。大抵楊氏之言多雜於佛老，故其失類如此。」中庸或問。

按：語類朱子謂：「陸子静學者欲執喜怒哀樂未發之中，不知中如何執得？那事來面前，只得應他，當喜便喜，當怒便怒，如何執得？」正與此相發。按：中庸或問辨程門諸子淫於老佛之失甚詳，今姑録此，餘不盡也。

又按語類：僧常總，龜山鄉人，住廬山東林，龜山嘗往見之，問孟子道性善之説。其言之雜佛，有自來矣。

朱子答張敬夫書云：「上蔡所謂知覺，正謂知寒煖飢飽之類。推而至酬酢佑神，亦只此耳。謂仁者心有知覺則可，謂心有知覺謂之仁則不可。至於伯逢又謂上蔡之意自有精神，得其精神，則天地之用皆我之用矣。此説甚高甚妙，而反之於身，愈無根本可據之地。所謂『天地之用即我之用』，殆亦其傳聞想像如此耳，實未嘗到此地位也。」朱子文集。

朱子曰：「上蔡説得覺字太重，便相似説禪。」

「上蔡多説知覺，自上蔡一變，而爲張子韶。」並朱子語類。

謝上蔡以知覺言仁，猶佛氏以知覺言性，其失一也。精神之説尤陷釋氏，與象山「吾心宇宙」之説正同。

事文類聚云：「佛者，漢言覺也，將以覺悟群生也。」宋豐稷對神宗曰：「佛者，覺也。覺則無所不了。」張子韶曰：「覺之一字，衆妙之門。」陳白沙曰：「人惟覺，便我大而物小，物有盡而我無盡。」皆是説得覺字太重也。

朱子曰：「程門諸子，在當時親見二程，至於釋氏，却多看不破，是不可曉。」

「因論上蔡語録，如云『見此消息，不下工夫』之類，乃是謂儒佛本同，而所以不同者，但是下截耳。龜山亦如此。」並朱子語類。

佛氏雖程門高弟亦看不破，其惑人至此。

朱子答吴公濟書云：「來書云儒釋之説本同末異。熹謂本同則末必不異，末異則本必不同。正如兩木同是一種之根，無緣却生兩種之實。」朱子文集。

此論簡要直截，片言折獄矣。

朱子曰：「正獻爲温公言佛家心法，只取其簡要。」朱子語類。

正獻，吕申公公著也。宋名臣言行録云：「申公晚多讀釋氏書，益究禪理。温公博學有志行，而獨不喜佛，申公每勸其留意，且曰：『所謂佛學者，直貴其心術簡要耳，非必事事服習，爲方外人也。』」按：申公之意，亦是取上一截。

朱子答林擇之書云：「吕公家傳論佛學，尤可駭歎。程氏之門千言萬語，只要見儒者與釋氏不同處。而吕公學於程氏，意欲直造聖人，盡其平生之力，乃反見得佛與聖人合，豈不背戾之甚哉〔一〕？」朱子文集。

吕氏家傳云〔二〕：「原明公自少既從諸老先生學，當世善士悉友之矣。晚更從高僧圓照師宗本、證悟師修顒遊，盡究其道，别白是非，斟酌淺深而融通之，然後見佛之道與聖人合。」按：原明，申公之子希哲也。

朱子答吕東萊書云：「横渠墓表出於吕汲公，汲公尊横渠，然不講其學而溺於釋氏，故其言多依違兩間，陰爲佛老之地。如云『學者苦聖人之微而珍佛老之易入』，如此則是儒學、異端皆可以入道，但此難而彼易耳。又稱横渠不必以佛老而合乎先王之道，如此則是本由佛老然後可以合道，但横渠不必然而偶自合耳。此等言語，與横渠著書立言攘斥異學、一生辛苦之心全背馳了。」朱子文集。

汲公，吕大防也。

朱子曰：「華嚴合論其言鄙陋無稽，不知陳了翁一生理會這箇，是有甚麽好處？可惜極好底秀才，只恁地被他引去了。」又曰：「了翁好佛，説得來七郎八當。」朱子語類。

了翁金剛經説曰：「佛法之要不在文字，而亦不離於文字。此經要處，只九箇字：『阿耨多羅三藐三菩提。』梵語九字，華言一字，一『覺』字耳。中庸『誠』字，即此字也。」了翁之意，亦是見得佛與聖人合也。

朱子辨蘇子由老子解云：「蘇侍郎晚著此書，合吾儒於老子，以爲未足，又并釋氏而彌縫之，可謂舛矣。然其自許甚高，至謂當世無一人可以語此者，而其兄東坡公亦以爲不意晚年見此奇特。以予觀之，其可謂無忌憚者與。」朱子文集。

蘇子由注老子，其後序曰：「中庸云：『喜怒哀樂之未發謂之中，發而皆中節謂之和。致中和，天地位焉，萬物育焉。』此蓋佛法也。六祖謂『不思善，不思惡』，則『喜怒哀樂之未發』也。蓋中者佛性之異名，而和者六度萬行之總目，致中和而天地萬物生於其間，非佛法何以當之？」觀此則蘇氏彌縫之外可知矣。按文獻通考，宋仁宗時，僧契嵩以世儒多詆釋氏之道，乃著輔教編五卷，廣引經籍，以證三家一致，輔相其教焉。蘇子由所見正與契嵩合。崇正辨曰：「爲佛之徒者，所以擁護其道，無所不至。衣冠淺士，乃一聞佛說則傾意從之，甘心於僧役而不悔，豈非名教之罪人哉？」

朱子雜學辨：張子韶中庸解云：「不見形象而天地自章，不動聲色而天地自變，垂拱無爲而天地自成。天地亦大矣，而使之章、使之變、使之成皆在於我，天地又自此而造化之妙矣。」朱子辨之，謂：「此語險怪不通。若聖人反能造化天地，則是子孫反能孕育父祖。凡此好大不根之言，蓋原於釋氏心法起滅天地之意。」朱子文集。

按：蘇子由謂「致中和而天地萬物生於其間」云云，正同此「心法起滅天地之意」。

又按：朱子雜學辨辨蘇張溺佛之失甚詳〔三〕，今亦不能盡録，姑摘記緊要一二于此。

朱子曰：「張公始學於龜山之門，而逃儒以歸於釋，既自以爲有得矣，而其釋之師語之曰：『左右既得欛柄入手，開導之際，當改頭换面，隨宜說法，使殊塗同歸，則世出世間兩無遺恨矣。』用此之故，凡張氏所論著，皆陽儒而陰釋。其離合出入之際，務在愚一世之耳目，而使之恬不覺悟，以入乎釋氏之門，雖欲復出而不可得。」朱子文集。

昔人謂西晉亂亡之禍，起於夕陽亭荀勖教賈充之一語。愚謂後世學術陽儒陰釋之禍，實起於宗杲教張公之一語矣。然荀勖一語止禍一代，宗杲一語遺禍無窮。上而千古聖賢學術爲所汩亂，下而天下萬世人心爲所蔀惑，不知其禍何時而已，嗚呼酷哉！

按：宗杲爲人權數陰謀秘計大類吕不韋。不韋陰以其子爲秦王之子，而秦人不覺。宗杲陰以其學易吾儒之學，而後世亦鮮知之。始皇既立，名號猶襲嬴秦，而血脉骨髓則已移于吕。無垢、象山繼作，名號不殊於孔孟，而血脉骨髓則已移于禪。嗚呼！六國并兵合力以攻秦，不能得秦人之寸尺，而不韋奪其國於几席談笑之間。昌黎、伊洛終身闢佛，曾不能少殺其勢，宗杲乃從容一語，而遺吾道無窮之禍。二人者，其古今之大盜與。

通按：有宋一代禪學盛行，然汴宋以前，蘇子由諸人明以儒佛爲同，南渡以後，張子韶輩始陽儒而陰佛。以儒佛爲同，其好佛也直；陽儒而陰佛，其好佛也譎。此世道升降之幾，所關非細故也。孔子曰：「古之愚也直，今之愚也詐而已矣。」閲歷古今世變，同一令人增慨。

朱子答石子重書云：「此道寂寥，近來又爲邪説汩亂，使人駭懼。聞洪适在會稽盡取張子韶經解版行，此禍甚酷，不在洪水夷狄猛獸之下，令人寒心。人微學淺，又未有以遏之，惟益思自勉，更求朋友之助，庶有以追蹤聖徒，稍爲後人指出邪徑，俾不至全然陷溺，亦一事耳。」朱子文集。

朱子惓惓爲後人指出邪徑，而近日學者乃有故蹈邪徑而反詆朱子者，其是非識見何相遼乃爾？

朱子雜學辨曰：「呂氏曰：『聞見未徹，正當以悟爲則。所謂致知格物，正此事也。比來權去文字，專務體究，尚患雜事紛擾，無專一工夫。若如伊川之説，物各付物，便能役物，却恐失涉顢頇爾。』愚謂『以悟爲則』乃釋氏之法，而吾儒所無有。呂氏顧以爲致知格物之事，又云『去文字而專體究，猶患雜事紛擾，不能專一』，則是理與事爲二，必事盡屏而後理可窮也。顧謂伊川顢頇，豈不惑哉？」朱子文集。

呂氏即呂居仁，亦嘗參禪宗杲。杲以「無事省緣，静坐體究」爲教，故呂氏有此見解。其去文字、屏事、尚悟、詆伊川，全與象山同見解。象山曰「格物者格此者也」，陽明曰「格物致知之功，即佛氏之常惺惺」，皆與呂氏同見解。「顢頇」出佛書，云：「儱侗真如，顢頇佛性。」

朱子辨呂氏大學解云：「彼其陽離陰合，自以爲左右采獲，而集儒佛之大成矣。曾不悟夫言行不類、出入支離之爲心害，而莠亂苗、紫奪朱之患〔四〕，又將無所不至也。近世之言道者蓋多如此，其誤後學深矣。」

朱子答陳明仲書云：「汪丈每以呂申公爲準則，比觀其家傳所載學佛事，殊可笑。彼其德器渾厚謹嚴，可爲難得矣，一溺其心於此，乃與世俗之見無異。又爲依違中立之計以避其名，此其心亦可謂支離之甚矣。顧自以爲簡易，則吾不知其説也。」朱子文集。

汪丈，即汪聖錫尚書也，名應辰。二書所言「陽離陰合」、「左右采獲」、「依違中立」、「出入支離」之弊，一種學術皆然〔五〕。

朱子曰：「某初師屏山、籍溪。籍溪學於文定，又好佛老，以文定之學爲論治則可，而道未至。屏山少年能爲舉子業，官莆田，接塔下一僧，能入定數日，後乃見了老，歸家讀儒書，以爲與佛合，故作聖傳論。其後屏山先亡，籍溪在，某自見於此道未有所得，乃見延平。」

或問屏山十論，朱子曰：「他本是釋學，但只是翻謄出來，説許多話爾。」朱子語類。

屏山劉子翬、籍溪胡憲，皆朱子少時師也。朱子初年學禪，亦以二人之故。聖傳十論，見屏山文集。「翻謄」二字，切中世學之病。象山、陽明講學，皆是「翻謄出來」。

朱子答李伯諫書云：「詳觀所論，大抵以釋氏爲主，而於吾儒之説，近於釋者取之，異於釋者，在孔孟則多方遷就以求其合，在伊洛則無所忌憚而直斥其非。夫直斥其非者固未識其旨，所取所合亦竊取其似是而非者耳，故語意之間未免走作。然敢詆伊洛而不敢非孔孟者，直以舉世尊之，而吾又身爲儒者，故不敢耳，豈真知孔孟之可信而信之哉？是猶不敢顯然背叛，而其毁冠裂冕、拔本塞源之心固已竊發。學者豈可使有此心萌於胸中哉？」朱子文集。

此書説透伯諫心髓，説透近世一派雜學心髓。

朱子答江德功書云：「釋氏之學爲主於中，而外欲强爲儒者之論，正如非我族類而欲强以色笑相親，意思終有間隔礙阻。」朱子文集。

與前書「遷就」「走作」等語相發。

朱子曰：「學佛者常云儒佛一同。某言你只認自家説不同，若果是，又何必言同？只這靠傍底意思，便是不同，便是你不是，我底是了。」朱子語類。

此語説得直截痛快，尤可施於近世之欲同朱陸者。

朱子答江德功書云：「近世學者溺於佛學，本以聖賢之言爲卑近而不滿於其意，顧天理民彝有不容殄滅者，則又不能盡叛吾説以歸於彼，兩者交戰於胸中而不知所定，於是因其近似之言以附會而説合之。凡吾教之以物言者則引而附之於己，以身言者則引而納之於心，苟以幸其不異於彼而便於出入兩是之私。至於聖賢本意，則雖知其不然，而有所不顧也。」朱子文集。

此書說世學之病亦痛切。

朱子答汪太初書云：「近世學者不知聖門實學之根本次第，而溺於老佛之說，無致知之功，無力行之實，而嘗妄意天地萬物、人倫日用之外，別有一物空虛玄妙、不可測度，其心懸懸然惟徼幸於一見此物，以爲極致。」

朱子答廖子晦書云：「詳來喻，正謂日用之間別有一物，光輝閃鑠，動蕩流轉，是即所謂『無極之真』，所謂『谷神不死』。所謂『無位真人』，此釋氏語，正谷神之酋長也。」並朱子文集。

「無極之真」，儒也；「谷神不死」，老也；「無位真人」，佛也。此即以老佛之似亂吾儒之真也。一物，即鏡象之見也。

朱子答李周翰書云：「示喻縷縷，備見本末。但原說之辨，髣髴其間頗有陽尊孔子而陰主瞿聃之意耳。」朱子文集。

瞿聃，瞿曇、老聃也。當時講學之弊類如此。

或謂佛之理比孔子爲徑，伊川程子曰：「天下果有徑理，則仲尼豈欲使學者迂遠而難至乎？故外仲尼之道而由徑，則是冒險阻、犯荊棘而已。」程氏遺書。

朱子曰：「信州龔安國，聞李德遠過郡，見之。李云：『若論學，惟佛氏直截。如學周公、孔子，乃是抱橋柱澡洗。』」

朱子曰："禪學只一喝一棒，都掀翻了，也是快活。却看二程說話，可知道不索性。奚特二程，便夫子之言亦如此。『學而時習之，不亦說乎』，看得好支離。"並朱子語類。

按：前人於孔佛猶有支離、直截之論，則夫近世之以支離、直截論朱陸者，即前人之餘涎耳。蘇子由謂"後世因老子之言以達道者不少，而求之於孔子者常苦其無所從"，呂汲公謂"學者苦聖人之微而珍佛老之易入"，皆同此意。崇正辨曰："聖人之道不可躐等，釋氏之教一超直入，故儒生以吾聖人爲迂，以彼釋氏爲徑。今以登十三級浮屠明之，不可躐等者猶自最下用足歷級升而上也，一超直入者猶自平地不用足歷忽飛而至也，此實而彼虛，實難而虛易。士大夫樂於無稽超勝之說，以爲孔子所不到，孟子所不知，而實無所得，使世習日以淪胥，莫可救也。"愚按：前世溺禪者必詆聖人，近世溺禪者必詆朱子。孔聖猶不免譏，詆朱固無足怪矣。

朱子曰："今之學者往往多歸異教，何故？蓋謂自家這裏工夫有欠缺處，奈何這心不下，没理會處，而禪者之說則自以爲有箇悟門，一朝得入，則前後際斷，說得恁地見成捷快，如何不隨他去？"朱子語類。

朱子答汪尚書書云："道在六經，何必他求，誠如台諭。然世之君子不免於淪胥者，何哉？以彼之爲說者曰：『子之所求於六經者，不過知性知天而已。由吾之術，無屈首受書之勞而有其效，其見解真實，有過之者，無不及焉。』世之君子，既以是中其好徑欲速之心，而不察乎他求之賊道，貴仕者又往往有王務家私之累、聲色勢利之娛，日力亦不足矣，是以雖知至道不外六經而不暇求，不若一注心於彼而徼幸其萬一也。至於蘇氏，其言高者出入有無而曲成義理，下者指陳利害而切近人情，其智識才辨、謀爲氣槩，又足以震耀而張皇之，使聽者欣然而不知倦。此其亂人心、妨道術，主名教者不得恝然而無言也。狂妄僭率，極言至此。熹之愚昧么麽，豈不知其力之不足？所以慨然發憤而不能已，亦決於此而已矣，天下豈有二道哉？」朱子文集。

此書尤切中世學之病。所稱蘇氏之病，象山、陽明正同。朱子嘗謂「伊川快説禪病」，今由此編觀之，朱子真可謂「快説禪病」矣。李果齋謂：「析世學之謬，辨異教之非，擣其巢穴，砭其隱微，摧陷廓清之功，非近代諸儒所能彷彿其萬一。」究觀此編，然後知斯言之非阿所好矣。蓋朱子未出以前佛學盛行，雖經傅太史、韓文公、二程、張子之辨而不息，直至朱子出而後邪説退伏，不敢與吾儒爭衡，而後學者曉然知佛學心迹本末之皆邪，而儒佛異同之辨息，而後一切雜學以佛旨釋儒書者，不得以愚後學之耳目，而後士大夫無復參禪於叢林，問道於釋子，甘爲僧役而不耻者矣。是朱子未出以前一禪佛世界，朱子出而後復吾儒世界也。魏鶴山謂「朱子之功不在孟子下」，不究辨至此，夫豈知斯言之不我欺？

通按：近世溺佛之弊，有以佛氏勝於周孔者，有以佛氏與聖人同者，有以儒佛本同末異者，有陽儒而陰佛者。是數説者實以漸而變。以佛氏爲高妙徑捷勝於周孔者，其陷溺病根也。以爲與聖人同者，少變其説以誘人也。以爲本同末異者，其説之又變也。至於陽儒陰佛，則其變之極，而爲術益精，爲説彌巧也。嗚呼！君子觀於此編，亦可以少窮禪蔀之變態矣。

明道程子曰：「道之不明，異端害之也。昔之害近而易知，今之害深而難見。昔之惑人也乘其迷暗，今之惑人也因其高明。自謂窮神知化，而不足以開物成務；言爲無不周徧，實則外於倫理；窮深極微，而不可以入堯舜之道。天下之道，非淺陋固滯，則必入於此。自道之不明也，邪誕妖異之説競起，塗生民之耳目，溺天下於汙濁，雖高才明智，膠於見聞，醉生夢死，不自覺也。是皆正路之榛蕪，聖門之蔽塞，闢之而後可以入道。」

伊川程子曰：「世之博聞强識者衆矣，其終無有不入於禪學者，特立不惑，子厚、堯夫而已。」又曰：「今日卓然不爲此學者，惟景仁與君實耳。」並程氏遺書。

按：當時舉天下高才明智醉夢於邪説，而足音空谷，僅張、邵、范、馬四君子焉耳。蓋佛學惑人之害，於此極矣。

明道程子曰：「昨日之會，大率談禪，使人情思不樂，歸而悵恨者久之。此談天下已成風，其何能救？古亦有釋氏盛時，只是崇設象教，其害至小。今日之風，便先言性命道德，先驅了智者，才愈高明，則陷溺愈深。然據今日次第，便有數孟子，亦無如之何。只看孟子時，楊墨之害能有甚？況之今日，殊不足言。此事亦係時之隆污，清談盛而晉室衰，然清談爲害却是閑言語，又豈若今日之害道？」程氏遺書。

按：此言則知異端之害，不獨繫聖道之明晦，尤關繫世道之盛衰。嗚呼！清談盛而晉室衰，五胡亂華矣；禪談盛而宋室不競，女真入據中國矣。二代之禍如出一轍，然後知程子之憂深而慮切矣，豈非後世之永鑒乎？

愚嘗因此而通究之：達磨以前，中國文士皆假莊列以文飾佛學，達磨、慧能而後，中國文士則假儒書以文飾佛學矣。假莊列以飾佛者，假儒書以飾佛之漸；假儒書以飾佛者，則陽儒陰佛之漸也。是後世佛學所以日益高妙惑人者，皆中國之人相助爲惑之罪也。不然，則以四十二章等經之侏儷鄙俚，傳鐙一録之誕幻無稽，何能惑人至此之甚哉？故何叔京曰：「非浮屠之能惑人也，導之者之罪也。」斯言深燭其弊矣。水心葉適氏曰：「佛學至慧能自爲宗，此非佛之學然也，中國之學爲佛者然也。今夫儒者，於佛之學不敢言，曰異國之學也；於佛之書不敢觀，曰異國之書也。彼夷術狄技，絶之易耳。不幸以中國之人爲非佛之學，以中國文字爲非佛之書，行於不可行，立於不可立。儒者知不能知，力不能救也，蕩佚縱恣，終於不返，是不足爲大惑與？」愚按：假莊列、假儒書、陽儒陰佛，三者皆是「以中國之人爲非佛之學，以中國文字爲非佛之書」，譸張爲幻也。問之，則曰吾學心學也，吾之學非虚空而寂滅也。世衰道微，程朱不常出，儒者知不能知，力不能救，坐視其蕩佚縱恣，猖狂叫呶，而不返也。愚故集程朱遺論，著爲此編，以俟後之君子。

【校勘記】

〔一〕豈不背戾之甚哉　「背」，原作「肯」，據啓後堂本、潘本、留芳堂本改。

〔二〕吕氏家傳云　「氏」，潘本、留芳堂本同，啓後堂本作「公」。

〔三〕朱子雜學辨辨蘇張溺佛之失甚詳　「辨」字原不重，據留芳堂本補。

〔四〕而莠亂苗紫奪朱之患　「莠亂苗紫奪朱」原作「莠奪朱」，啓後堂本、潘本同，留芳堂本作「莠奪苗紫奪朱」。今據晦庵集卷七二雜學辨改。

〔五〕一種學術皆然　「然」字原脱，據潘本、留芳堂本補。按：底本上有小字注文，謂「皆字在一字上」，蓋後人校語，然似不確。

學蔀通辨續編卷下

此卷所載，著近年一種學術議論，類淵源於老佛，其失尤深而尤顯也。

王陽明答人書云：「『不思善，不思惡，時認本來面目』，此佛氏爲未識本來面目者設此方便。『本來面目』，即吾聖門所謂『良知』。『隨物而格』是致知之功，即佛氏之『常惺惺』，亦是常存他本來面目耳。體段工夫大略相似，但佛氏有箇自私自利之心，所以始有不同耳[一]。」

王陽明答人書云：「聖人致知之功至誠無息，其良知之體皦如明鏡，妍媸之來，隨物見形，而明鏡曾無留染，所謂『情順萬事而無情』也。『無所住以生其心』，佛氏曾有是言，未爲非也。明鏡之應物，妍者妍，媸者媸，一照而皆真，即是生其心處；妍者妍，媸者媸，一過而不留，即是無所住處。」

問：「佛氏有常提念頭之說，其猶孟子所謂『必有事』，夫子所謂『致良知』之説乎？其即『常惺惺』、『常記得』、『常知得』、『常存得』者乎？於此念頭提在之時，而事至物來，應之必有其道。但恐此念頭提起時少，放下時多，則工夫間斷耳。雖曰常提不放，而不加戒懼克治之功，恐私欲不去。若加戒懼克治之功焉，又爲思善之事，而於本來面目，又未達一間也，如之何則可？」陽明先生答曰：「戒懼克治，即是常提不放之功，即是『必有事焉』，豈有兩事邪？此節所問，前一段已自説得分曉，末後却是自生迷惑，説得支離。」

此三條謂佛氏與聖人同，下三條謂仙家與聖人同。陽明學術根源骨髓，盡在此矣。朱子嘗論陸氏，謂「道聽塗説於佛老之餘，而遽自謂有得，蓋嘗笑其陋而譏其僭」。使朱子而今生也，當以陽明爲何如？

傳習録：問仙家元氣、元精、元神，陽明先生曰：「只是一件，流行爲氣，凝聚爲精，妙用爲神。」

王陽明答人書云：「精一之精以理言，精神之精以氣言。理者氣之條理，氣者理之運用，原非有二事也。但後世儒者之説與養生之説各滯於一偏，是以不相爲用。前日精一之論，雖爲愛養精神而發，然而作聖之功實亦不外是矣。」又曰：「夫良知一也，以其妙用而言謂之神，以其流行而言謂之氣，以其凝聚而言謂之精。安可以形象方所求哉？真陰之精即真陽之氣之母，真陽之氣即真陰之精之父，陰根陽，陽根陰，亦非有二也。苟吾良知之説明，則凡若此類皆可以不言而喻。不然，則如來書所謂三關、七返、九還之喻〔二〕，尚有無窮可疑也。」

王陽明答人書云：「養德養身，只是一事。果能戒謹不睹，恐懼不聞，而專志於是，則神住氣住精住，而仙家所謂長生久視之説，亦在其中矣。」

按：陽明良知之學本於佛氏之本來面目，而合於仙家之元精、元氣、元神，據陽明所自言亦已明矣，不待他人之辨矣，奈何猶強稱爲聖學，妄合於儒書以惑人哉？程氏遺書曰：「神住則氣住，是浮屠入定之法。論學若如是，則大段雜也。」朱子雜學辨謂「蘇子由合吾儒於老子，以爲未足，又併釋氏而彌縫之，可謂舛矣」。愚謂陽明良知之説，其爲雜爲舛孰甚。近日士大夫乃有以陽明爲真聖學，尊信傳授，而隨聲以詆朱子者，亦獨何哉？

陽明謂「佛氏有箇自私自利之心，所以不同」。愚按：良知之説歸於養生三住，無往非自私自利也。陽明奈何責人而忘己，同浴而譏裸裎邪？使佛氏反唇相稽，陽明其將何辭以對？

傳習録：問：「佛以出離生死誘人入道，仙以長生久視誘人入道，究其極至，亦是見得聖人上一截，後世儒者又只得聖人下一截？」陽明先生曰：「所論上一截、下一截，亦是人見偏了如此。若是論聖人大中至正之道，徹上徹下只是一貫，更有甚上一截、下一截？」

按：陽明講學通仙佛儒，上下而兼包之，謂爲聖人中正一貫之道，誠舛矣。昔朱子辨吕舍人，謂「左右采獲而集儒佛之大成」，今陽明又廣爲籠罩，而併集仙佛儒三教之大成也，誠雜矣。

王陽明答人問神仙書云：「吾儒亦自有神仙之道。顔子三十二而卒，至今未亡也，足下能信之乎？後世上陽子之流，蓋方外技術之士，未可以爲道。若達磨、慧能之徒，則庶幾近之矣，然而未易言也。足下欲聞其説，須退處山林三十年，全耳目，一心志，胸中洒洒，不挂一塵，而後可以言此。」

陽明一生講學，只是尊信達磨、慧能，只是欲合三教爲一，無他伎倆。謂顔子至今未亡，此語尤可駭，豈即佛氏所謂「形有死生，真性常在」者邪？

王陽明答人問道詩云：「饑來喫飯倦來眠，只此修行玄更玄。説與世人渾不信，却從身外覓神仙。」

傳燈録：「或問慧海禪師修道如何用功，曰：『饑來喫飯，困來即眠。一切人喫飯時不肯喫，百種思量，睡時不肯睡，千般計較。』」考陽明講學，一切宗祖傳燈。

王陽明示諸生詩云：「爾身各各自天真，不用求人更問人。但致良知成德業，謾從故紙費精神。乾坤是易原非畫，心性何形得有塵。莫道先生學禪語，此言端的爲君陳。」

王陽明送門人詩云：「簦笈連年愧遠求，本來無物若爲酬。」又書太極巖詩云：「須知太極原無極，始信心非明鏡臺。」又無題詩云：「同來問我安心法，還解將心與汝安。」

「心非明鏡」、「心性何形」、「本來無物」等語皆本傳燈録慧能一偈也，「安心」之説本於傳燈録達磨示二祖也，「故紙」之説本於傳燈録古靈讖僧看經也，皆已見前矣。朱子嘗謂「試取大慧語録一觀，則象山之來歷可見」。愚謂今學者試取傳燈録一觀，則陽明之來歷不容掩矣。

按：象山、陽明雖皆禪，然象山禪機深密，工於遮掩，以故學者極難識得他破。若陽明則大段漏露，分明招認，「端的爲君陳」矣。今略與拈出，其禪便自顯然矣。近日乃有以陽明爲聖學而尊信之者，又有以爲似禪流於禪，而不察其爲達磨、慧能正法眼藏者，區區皆所未喻。

王陽明示門人詩云：「無聲無臭獨知時，此是乾坤萬有基。拋却自家無盡藏，沿門持鉢效貧兒。」

陽明此詩説禪甚高妙。首句即説鑑象之悟也，第二句心法起滅天地也，後二句皆傳燈録語也。陽明於禪學卷舒運用熟矣。朱子嘗謂「陸子静却成一部禪」，愚謂陽明亦成一部禪矣。

王陽明雜詩云：「至道不外得，一悟失群闇。」又云：「悟後六經無一字，静餘孤月湛虚明。」又云：「謾道六經皆註脚，憑誰一語悟真機。」又云：「悟到鳶魚飛躍處〔三〕，工夫原不在陳編。」

朱子嘗謂「以悟爲則，乃釋氏之法，而吾儒所無有」，又謂「才説悟，便不是學問，不可窮詰，不可研究，一味説入虚談，最爲惑人」。陽明奈何以爲至道，拾先賢所棄以自珍哉？嘗記昔人作舉用有過官吏判語一聯云：「將唾去之果核重上華筵，吹已棄之燼灰再張虐談。」陽明之講學，亦當以此語判之。

陽明撰山陰學記，有曰：「聖人既没而心學晦，支離決裂，歲盛月新。間有略知其謬而反本求源者，則又鬨然指爲禪學而群訾之，駭以爲禪而仇視之，不自知其爲非，不亦大可哀乎？」愚謂陽明既明宗禪，又諱人訾己爲禪，履其實而欲避其名以惑人，何耶？若陽明曾不自知其爲非可哀，而顧以非人哀人，何耶？

王陽明作見齋説：「或曰：道有可見乎？曰：有，有而未嘗有也。曰：然則無可見乎？曰：無，無而未嘗無也。曰：然則何以爲見乎？曰：見而未嘗見也。道不可言也，强爲之言而益晦；道無可見也，妄爲之見而益遠。夫有而未嘗有，是真有也；無而未嘗無，是真無也；見而未嘗見，是真見也。顔子『如有所立卓爾』，夫謂之如，則非有也；謂之有，則非無也。非有非無，是故『雖欲從之，末由也已』，故夫『顏氏之子爲庶幾』也。文王『望道而未之見』，斯真見也已。夫有無之間，見而不見之妙，非可以言求也。子求其見也，其惟人之所不見乎？夫亦戒慎乎其所不睹也已，斯真睹也已，斯求見之道也已。」

陽明此說推援儒佛，翻謄作弄，高妙奇詭。禪陸鏡象之見，正是有無之間、見而未嘗見之妙也。朱子語類曰：「如今所論，却只於渺渺茫茫想見一物懸空在，更無捉摸處，將來如何頓放，更没收殺。」又曰：「古之聖賢未嘗說無形影底話，近世方有此等議論，談玄說妙，便如空中打箇筋斗。」大學或問曰：「今欲藏形匿影，别爲一種幽深恍惚艱難阻絶之論，務使學者莽然措其心於言語文字之外，而曰道必如此然後有以得之，則是近世佛學詖淫邪遁之尤者，而欲移之以亂吾儒之實學，其亦誤矣。」三復斯言，深中陽明之病。朱子嘗謂「伊川快說禪病，如湖南、龜山之病，皆先曾說過」。愚謂如近日陽明諸人之病，朱子「皆先曾說過」，朱子真「快說禪病」也哉。

老子曰：「道可道，非常道。名可名，非常名。玄之又玄，至道之門。」莊子曰：「夫道不可聞，聞而非也；道不可見，見而非也；道不可言，言而非也。知形形之不形乎。」

按：此言即陽明議論宗祖。

傳習録：問：「『顏子没而聖人之學亡』，此言不能無疑？」陽明先生曰：「見聖道之全者惟顏子，觀『喟然』一歎可見。道之全體，聖人亦難以語人，須是學者自修自悟。『雖欲從之，末由也已』，即文王『望道未見』意。望道未見，乃是真見。顏子没而聖學之正派遂不盡傳矣。」

此條即同前意見齋一説，皆是説道難語人也。愚按：聖賢言道不外人倫日用，故曰「達道」，曰「道不遠人」，曰「道在邇」，曰「道若大路」，固非所謂窈冥昏默，何嘗曰道無可見、道難語人也？惟禪學識心鏡象之見，然後窈冥恍惚，見而不見，難以語人。陽明奈何亟援文王、顏子，妄爲印證？其誣道誣聖誣學誣人，不亦甚乎？惜夫建生也晚，不得與陽明同時鳴鼓對壘，奉此編竊效箴規，觀陽明何以爲復，不有益于彼，必有益於我。

又按：「顏子没而聖學亡」，陽明送湛甘泉文有此言也。信斯言，則曾、思、孟子皆不足以語聖學，而陽明直繼孔顏之絶學矣。傳習録又謂「堯、舜猶萬鎰，文王、孔子猶九千鎰，禹、湯、武王七八千鎰」。信斯言，則文王、孔子均未得爲至聖矣。陽明之猖狂無忌憚甚矣。嗚呼！陽明一生所尊信者達磨、慧能，而於孔曾思孟皆有所不滿。顏子非有「喟然」一歎類其禪見，亦不能免於陽明之疑矣。朱子所謂「是猶不敢顯然背叛，而其毁冠裂冕、拔本塞源之心固已竊發」，一種心髓，大抵皆然。

王陽明送門人歸文：「或問：『儒與釋孰異乎？』陽明子曰：『子無求其異同於儒釋，求其是者而學焉可矣。』曰：『是與非孰辨乎？』曰：『子無求其是非於講説，求諸心而安焉者是矣。』」

陽明此説，正朱子所謂「依違兩間，陰爲佛老之地」。如前所陳，皆其求是而學、求心而安焉者也。又按：朱子語類云：「項平父嘗見陳君舉門人説儒釋，只論其是處，不問其同異，遂敬信其説。此是甚説話？原來無所有底人，見人胡説話，便惑將去。」考陽明溺禪之弊，無一不經朱子之闢，真「拾先賢所棄以自珍」矣。

又按：陽明答人書云：「夫學貴得之心。求之於心而非也，雖其言之出於孔子，不敢以爲是也；求之於心而是也，雖其言之出於庸人，不敢以爲非也。」愚惟求心一言，正陽明學術病根。自古「衆言淆亂折諸聖」，未聞言之是非折諸心。雖孔子之言不敢以爲是者也，其陷於師心自用、猖狂自恣甚矣。夫自古聖賢皆主義理，不任心，故不曰「義之與比」、「惟義所在」，則曰「以禮制心」、「在正其心」，一毫任心師心無有也。惟釋氏乃不説義理而只説心，惟釋氏乃自謂「了心」「照心」、「應無所住，以生其心」，而猖狂自恣。嗚呼，此儒釋之所以分，而陽明之所以爲陽明與！

王陽明月夜與諸生歌：「處處中秋此月明，不知何處亦群英。須憐絶學經千載，莫負男兒過一生。影響尚疑朱仲晦，支離羞作鄭康成。鏗然舍瑟春風裏，點也雖狂得我情。」

按：陽明學專説悟，雖六經猶視爲糟粕影響、故紙陳編，而又何有於朱子？陽明一生尊信達磨、慧能，雖孔曾思孟猶不免於疑，而尚何有於朱子？蓋儒釋之不相能，猶冰炭之不相入。朱子一生闢佛，而陽明以爲至道，欲率天下而趨之，無惑乎牴牾朱子而亟加詆訾矣。羅整庵謂「拾先賢所棄以自珍，反從而議其後」，至哉斯言！

或曰：陽明嘗非朱子解「格物」，而别釋大學古本矣，其是非子亦嘗考之耶？曰：嘗考之矣。陽明之訓「格物」曰：「物者，意之用也。格者，正也。正其不正，以歸于正，而必盡乎天理也。」此其訓與「正心誠意」淆複窒礙，乖經意矣。又傳習録云：「吾心之良知，即所謂天理也。致吾心良知之天理於事事物物，則事事物物皆得其理矣。致吾心之良知者，致知也。事事物物皆得其理者，格物也。」如此言，則是先致知而後格物，益顛倒舛戾之甚矣。陽明乃以此議朱子，寧不顔汗？原其失由於認本來面目之説爲良知，援儒入佛，所以致此。朱子嘗謂「釋氏之説爲主於中，而外欲强爲儒者之論，正如非我族類而欲强以色笑相親，意思終有間隔礙阻」。羅整庵亦云：「世有學禪而未至者，略見些光影，便要將兩家之説和合爲一，彌縫雖巧，敗闕處不可勝言，弄得來儒不儒、佛不佛，心勞日拙，畢竟何益之有？」陽明正是此病。

或曰：陽明講學每謂知行合一、行而後知，深譏程朱先知後行之説，如何？曰：陽明莫非禪也，聖賢無此教也。聖賢經書，如曰「知之非艱，行之惟艱」，曰「知至至之」，曰知及仁守、博文約禮、知天事天之類，未易更僕數，而中庸「哀公問政」章言知行尤詳，何嘗有知行合一、行而後知之説也？惟禪宗之教，然後存養在先、頓悟在後，求心在先、見性在後，磨煉精神在先、鏡中萬象在後，故曰：「行至水窮山盡處，那時方見本來真。」此陽明知行合一、行而後知之説之所從出也。大抵陽明翻騰作弄，横説竪説，誑嚇衆生，無一字不源於佛。

或曰：近世爲此説者，夷考其行而尤多不掩焉，何邪？曰：此有數説，朱子已備言之矣。謂「只守此心而理未窮致，有錯認人欲爲天理」，謂「不察氣稟情欲之偏而率意妄行，便謂無非至理，此尤害事」。此一説也。又曰：「禪是佛家自舉一般見解，如秀才家舉業相似，與行己全不相干。學得底人，只將許多機鋒來作弄，到其爲人，與俗人無異。只緣禪自是禪，與行不相應耳。」此又一説也。又曰：「釋氏之學，大抵謂若識得透，應千罪惡即都無了。然則此一種學，在世上乃亂臣賊子之三窟耳。王履道做盡無限過惡，遷謫廣中，剗地在彼説禪非細。此正謂其所爲過惡，皆不礙其禪學爾。」此又一説也。觀此數説，其故可知矣。故朱子謂「近世爲此説者，觀其言語動作，略無毫髮近似聖賢氣象」，又謂「其修己治人之際，與聖賢之學大不相似」。嗚呼！象山且然，而況瞠乎其後者？

程篁墩文集有對佛問一篇，論辨數千言，謂佛爲賢知之流，使生與孔子同時，當爲孔子所與；謂佛教爲其流之弊，同於夷惠之隘、不恭；謂梁武亡國非好佛之罪；謂佛徒奉佛像、守佛法，爲吾儒忠孝之倫；謂盜賊呼佛免罪，爲聖人大改過；謂建齋救度爲周官小祝禱禳；謂佛骨佛牙、天堂地獄、閻羅夜叉之説皆爲非誕；謂佛教歸于爲善，而謂儒者斥其徒爲不仁，闢其妄爲不智。愚按：篁墩素志佑佛，故作此編，惓惓曲爲辨解。推此而道一編之作，又何足多怪邪？昔人稱吾儒左右異端者，爲作法門外護，爲張皇佛氏之勢。若陽明良知之説，篁墩佛問之對，真所謂作法門外護，以張皇佛氏之勢哉。

篁墩對佛問設爲問答，凡十餘節。今舉一節，以見其謬，餘不足盡辨也。「或曰：先正嘗病學佛者之髡也緇也，奉佛之居太麗也，以爲勿髡勿緇而廬其居，則其教可漸虧也。曰：此非子之所知也。古有三年無改于父道者，孔子以爲孝；爲楚囚南冠而不易者，君子以爲忠；父肯堂子肯構者，見稱於先王之世。佛之去今千餘年矣，爲其徒者奉其師、飾其居，守其法而不變，則其立法之嚴明，與受教之堅定，固世之所難也。

詩云：『他山之石，可以攻玉。』則存其徒以勵吾人，亦無所不可也。」按：篁墩此對不以佛法爲非，而以能奉佛爲美，正與象山贈僧允懷同意。至引儒書忠孝之道，以掩飾無父無君、詖淫邪遁之教，尤爲非倫。篁墩學識乖謬，大率類此。

昔韓絳、吕惠卿代王安石執政，時號韓絳爲「傳法沙門」，吕惠卿爲「護法善神」。愚謂近日繼陸學而興者，王陽明是「傳法沙門」，程篁墩則「護法善神」也，二事相類。

陳白沙詩云：「元神誠有宅，灝氣亦有門。神氣人所資，孰謂老氏言。下化囿乎迹，上化歸其根。至要云在茲，自餘安足論。」又曰：「人惟覺，便我大而物小，物有盡而我無盡。夫無盡者，微塵六合，瞬息千古，生不知愛，死不知惡，尚何暇銖軒冕而塵金玉邪？」愚按：白沙「神氣」之説溺於老氏之「谷神不死」也，「無盡」之説溺於佛氏之法身常在，形雖死而神不滅也，視陽明無二轍也。抑豈知吾儒正理，「夭壽不貳，修身以俟之」而已，更無許多貪想。佛祖戒貪嗔癡，近世爲此説者，墮落貪癡窠臼矣。

近日陽明門人有著圖書質疑附録，專詆朱子，專主養神，至謂神爲聖人之本，而引易、孟子説神處以證者。愚按：神字有三義，有鬼神造化之神，有在人精神之神，有泛言神妙之神。如易説「神以知來」、「以神道設教」、「陰陽不測之謂神」、「神無方而易無體」，皆是説鬼神造化之神。孟子説「所存者神」、「聖而不可知之之謂神」〔四〕，此是説神妙之神。易説「至精至神」、「精義入神」，亦只是説神妙。皆非指人心之精神也，未聞以神爲聖人之本也。惟莊列之流然後説「神全者聖人之道」，説「心之精神是謂聖」。其所指與易、孟子自殊，何得混淆推援，借儒飾佛？

胡文定論達磨，謂「此土之人拱手歸降，不能出他圈套」。愚謂達磨之説，不獨當時之人「拱手歸降，不能出他圈套」，由唐及宋以來，談道之士皆「拱手歸降，不能出他圈套」。象山、陽明一派，尤「拱手歸降，不能出他圈套」。孟子曰：「吾聞用夏變夷，未聞變於夷也。」韓子曰：「今也舉夷狄之教而加之先王之教之上，幾何其不胥而爲夷也？」嗚呼，奈何使世道變於夷，胥爲夷而恬不之覺也？

愚嘗因此而深有感於夷狄亂華之禍之烈也。五胡雲擾，金元迭興，固以夷亂華也；達磨西來，慧能嗣法，亦以夷亂華也。胡元之禍，至於舉中國之人而臣服之；禪佛之禍，至於舉天下之士而拱手歸降之。胡元之禍，以異類而干吾中國帝王之統；禪佛之禍，以異學而亂吾中國聖賢之學。胡元之禍，人莫不知其爲亂華；禪佛之禍，非惟不知其爲亂華，而且尊信以爲聖學。胡元之禍，禍人之身；禪佛之禍，禍人之心。胡元之禍，我聖祖起而驅逐廓清之，而左衽之患息；禪佛之禍，雖以程朱之深距痛闢、昌言顯排，而其流害猶未已焉。是何中原之戎虜易逐，而人心之蔽溺難解耶？嗚呼！

安得大聖人復作，行韓子火書廬居之策，一掃明心見性之虚談，使中國無復佛學亂華之禍，豈非世道一大快哉？

【校勘記】

〔一〕所以始有不同耳　「始」，傳習録卷中答陸原静書（上海古籍出版社二〇一一年版王陽明全集整理本）作「便」。
〔二〕則如來書所謂三關七返九還之喻　「喻」，傳習録卷中答陸原静書作「屬」。
〔三〕悟到鳶魚飛躍處　「鳶魚飛躍」，留芳堂本同，啓後堂本、潘本作「鳶飛魚躍」。
〔四〕聖而不可知之之謂神　「之謂」二字原脱，據啓後堂本補。

學蔀通辨終編敘

愚著學蔀通辨終編畢，或曰：吾子所著前後續三編，其於三蔀之辨亦既詳既明矣，乃復有終編之辨者何？曰：前後續三編，闢異説也；終一編，明正學也。前後續三編，撤蔀障也；終一編，著歸宿也。前後續三編，外攘也；終一編，内修自治之實也。苟徒明於議人，而不知正學之所歸，以内修而自治，非聖賢爲己之學也，蔀雖辨無益也。此愚所以於三編之後，而尤不容已於終編之辨也。曰終編云者，辨至此而始終也。嗚呼！終編之辨，其辭雖約，然而朱子一生所以講學而教人者，其大要不出於此矣。不獨朱子一生所以講學而教人者，其要不出於此，雖千古聖賢所以傳道而教人者，其要不出於此矣。學者欲求儒釋真似是非之辨，其要亦無出於此矣。一得之愚，不忍自棄，敬裒成衰，繫三編之後，以俟天下與來世知道君子相與正之。東莞清瀾居士陳建謹敘。

學蔀通辨終編卷上

此卷所載心圖心説，明人心道心之辨，而吾儒所以異於禪佛在此也。此正學之標的也。

心	仁義禮智	德性	義理	道心
	虛靈知覺	精神	氣稟	人心

虞書曰：「人心惟危，道心惟微。」

張子曰：「合性與知覺，有心之名。」

愚按：性即道心也，知覺即人心也。此論心之的也。

朱子曰：「人心是有知覺嗜慾者，道心則是義理之心，可以爲人心之主宰，而人心據以爲準者也。」

又曰：「如人知饑渴寒煖，此人心也。惻隱羞惡，道心也。」

又曰：「如喜怒，人心也。喜其所當喜，怒其所當怒，乃道心也。饑欲食、渴欲飲者，人心也。得飲食之正者，道心也。」

又曰：「人心是箇無揀擇底心，道心是箇有揀擇底心。」

觀此數言，人心、道心之辨明矣。

朱子曰：「吾儒所養者仁義禮智，禪家所養者只是視聽言動，只認得那人心，無所謂道心。」

又曰：「釋氏棄了道心，却取人心之危者而作用之。遺其精者，取其粗者以爲道。」並朱子語類。

儒佛不同，樞要只此。愚嘗究而論之：聖賢之學，心學也。禪學、陸學，亦皆自謂心學也。殊不知心之名同，而所以言心則異也。心圖具而同異之辨明矣。是故孔孟皆以義理言心，至禪學則以知覺言心。孔子曰：「其心三月不違仁。」孟子曰「仁義禮智根於心」，曰「豈無仁義之心」，曰「不忍人之心」，曰「仁，人心也」。皆是以義理言心也，並不聞説知説覺也。禪學出而後精神知覺之説興。曰「知之一字，衆妙之門」，曰「覺則無所不了」，曰「識心見性」，曰「浄智妙圓」，曰「神通妙用」，曰「光明寂照」，皆是以精神知覺言心也。孔叢子曰：「心之精神是謂聖。」張子韶曰：「覺之一字，衆妙之門。」陸象山曰：「收拾精神，萬物皆備。」楊慈湖曰：「鑑中萬象。」陳白沙曰：「一片虛靈萬象存。」王陽明曰：「心之良知是謂聖。」皆是以精神知覺言心也。儒釋所以雖皆言心而不同，以此也。近世不知此，而徒譊譊曰：「彼心學也，此亦心學也，陸氏之學是即孔孟之學也。」嗚呼，惑也久矣！

儒以義理爲主，佛以知覺爲主。學術真似同異、是非邪正，皆判於此。孔子曰：「非禮勿視，非禮勿聽，非禮勿言，非禮勿動。」孟子曰：「非仁無爲也，非禮無行也。」周子曰：「仁義禮智四者，動靜、言貌、視聽無違之謂純。」此以義理爲主也。傳燈録曰：「作用是性，在目曰見，在耳曰聞，在鼻嗅香，在口談論，在手執捉，在足運奔。」陸象山曰：「吾目能視，耳能聽，鼻能知香臭，口能知味，心能思，手足能運動，更要甚存誠持敬？」楊慈湖曰：「吾目視耳聽，鼻嗅口嘗，手執足運，無非大道之用。」王陽明曰：「那能視聽言動底，便是性，便是天理。」此以知覺爲主也。愚謂義理於人所係甚重，全義理則爲聖爲賢，失義理則爲愚爲不肖。知覺則夫人有之，雖桀、紂、盜跖亦有之，豈可謂「能視聽言動底便是天理」、「無非大道之用」邪？此理甚明，豈容誣也？

仁義禮智，理之精也，所以主正乎知覺而使之不差者也；虛靈知覺，氣之妙也，所以引翼乎仁義而爲之運用者也。二者相爲用也。

義理所以主宰乎知覺，知覺所以運行乎仁義。朱子曰：「人心如卒徒，道心如將帥。」

仁義禮智心之德，虛靈知覺心之才。傳曰：「才者德之資，德者才之帥。」或曰：誠若子言，則胸中不如有二物相對耶？曰：不然也。二者相爲用也，雖謂之一亦可也，然非初學者所遽及也。夫惟聖人其始一之者乎，何也？聖人者性焉安焉，其所知覺者無非義理，理與知覺渾融爲一，所謂「從心所欲不踰矩」矣，所謂「動容周旋中禮」矣。若夫學者不能無氣禀之拘，而虛靈爲之所累，義理因之以蔽，其所知覺者未免多從於形氣之私，而未能中禮而不踰矩。故必格物致知窮乎義理，以爲虛靈知覺之主，務使心之所欲必不至踰於矩也，動容周旋必欲其中於禮也，所謂「道心爲主而人心每聽命」也。故夫學者，其始未能一而欲求一之者也；聖人者，自然而一之者也。是故不能合其二以爲一者，非至學也。

周子太極圖說謂「人得其秀而最靈，形既生矣，神發知矣」，正是指虛靈知覺而言。至「聖人定之以中正仁義」，便是以義理爲知覺之主。

平時已致窮理之功，臨事又復加審愼然後發，此是吾儒之道。若禪學則只完養一箇精神知覺便了，任渠自流出去，以爲無不是道矣。

學問思辨，窮其理於平時也。非禮勿視聽言動，審其發於臨事也〔一〕。皆是以義理爲知覺之主。

吾儒惟恐義理不明，不能爲知覺之主，故必欲格物窮理以致其知。禪家惟恐事理紛擾，爲精神知覺之累，故不欲心泊一事、思一理。

吾儒之學主敬而窮理，異端之學主静以完養精神。

朱子嘗謂「佛氏最怕人説這理字，都要除掉了」。愚按：楊慈湖謂「學者沉溺乎義理之意，説胸中常存一理不能忘捨」，此豈非「最怕人説這理字，都要除掉了」耶？象山説「善能害心」，豈非將善字亦都要除掉了耶？嗚呼！吾人除了理，掉了善惡不管，不知成甚麽人？下梢只成得箇猖狂自恣而已，奈何猶假「先立其大」藉口欺人？

朱子曰：「儒者以理爲不生不滅，釋氏以神識爲不生不滅。」胡敬齋曰：「儒者養得一箇道理，釋老只養得一箇精神。」此言剖判極直截分明。自孔孟老莊以來，只是二道迭爲盛衰，如陰陽治亂相對相乘，不知何時定于一。

「道也者，不可須臾離」，道即仁義禮智也。「君子尊德性而道問學」，德性亦仁義禮智也。若禪學，則以精神靈覺爲德性、爲道、爲「不可須臾離」矣。儒禪所争只此。

朱子謂「人心猶船，道心猶柁」，譬喻極親切。若禪學，則以人心靈覺爲柁矣。

傳習録謂朱子説「道心爲主而人心聽命」，説得不是。觀論語「非禮勿視聽言動」，周子謂「仁義禮智四者，動静、言貌、視聽無違之謂純」，豈非分明「道心爲主而人心聽命」乎？何得主禪學以疑朱子也。

道心爲人心之主，從古聖賢垂訓皆不外此意，但不曾有如此明言。至朱子序中庸，始申虞庭之訓，明言直指以示人，一言而盡入德之要，大有功於學者。後學所當拳拳服膺不暇，尚何得暴棄妄議耶？

商書「以義制事，以禮制心」，孟子「非仁無爲，非禮無行」等語，皆是以道心爲人心之主。

人與天不同。論天地之化，氣爲主，而理在其中；論聖賢之學，理爲主，而氣聽其命。盈天地間皆一元之氣，未聞氣之外别有所謂元亨利貞。蓋天地理氣不相離，二之則不是。在人精神作用皆氣也，所以主宰其間而使之不差者，理也。是理氣在人不能無二，欲混之有不可。何也？蓋「天地無心而人有欲」故也。

北溪陳氏曰：「心含理與氣。理固全是善，氣尚含兩頭在，未便全是善底，纔動便易從不善上去。」「心含理與氣」，正與張子謂「合性與知覺」同。

「心含理與氣」。理形而上，氣形而下。心也者，形而上下之間。

朱子曰：「人心者，氣質之心也，可爲善，可爲不善。」陳北溪所謂「氣含兩頭」，即此意也。

或曰：人心虛靈知覺，何得言「無揀擇」也？曰：此即告子「生之謂性」，未分善惡也。如目能視、耳能聽、心能思、手足能運動，固虛靈知覺也。知趨利避害者，亦虛靈知覺也。善權謀術數、機械變詐者，亦虛靈知覺也。爲善爲惡，皆虛靈知覺也。此正楊雄所謂「善惡混」也。故朱子以爲「無揀擇底心」，而陳北溪以爲「氣尚含兩頭在」，以此也。

或曰：仁義禮智，性也，而子屬於心，何也？曰：仁義禮智，人心所具之理也，非混然一物也，非判然二物也。孟子曰「仁，人心也」，非判然二物也。孔子曰「其心三月不違仁」，非混然一物也。大抵心也、性也，一而二、二而一者也。

朱子語類說「心性元不可相離，捨心則無以見性，捨性則無以見心，故孟子言心性每相隨說」。愚謂不獨吾儒言心性每相隨說，如釋氏說識心見性，亦是相隨說也，但其所指以爲心性者不同，而遂爲儒佛之異爾。

析而言之，則仁義禮智爲性，虛靈知覺爲心。統而言之，則二者皆心也，亦皆性也。然雖皆心，而有道心、人心之别；雖皆性，而有義理之性、氣質之性之殊。君子以統同辨異，須析之極其精而不亂。

或曰：精神靈覺，自老莊禪陸皆以爲至妙之理，而朱子語類乃謂「神只是形而下者」，文集釋氏論曰「其所指爲識心見性者，實在精神魂魄之聚，而吾儒所謂形而下者耳」，何耶？曰：以其屬於氣也。精神靈覺，皆氣之妙用也，氣則猶有形迹也。故陸學曰「鏡中觀花」，曰「鑑中萬象」，形迹顯矣，影象著矣，其爲形而下也宜矣。蓋「形而上謂之道」，道即仁義禮智，如何有形影？若以精神知覺爲形而上，則仁義禮智謂何？其爲形而下無疑矣。

孔門每説見，陸學亦每説見。論語曰「參前」「倚衡」，曰「如有所立卓爾」，大學曰「顧諟天之明命」，此孔門之所謂見也。楊慈湖曰「鑑中萬象」，徐仲誠曰「鏡中觀花」，陳白沙曰「隱然呈露，常若有物」，此禪陸之所謂見也。此等處甚相似，如何不惑人。殊不知孔門之見，見理而無形影；禪陸之見，則著形影而弄精神。此儒佛所以似同而異。

禪陸以鏡象之見爲見道，爲識心見性，爲虛靈知覺作用之本體。愚竊謂不然，蓋心性道如何有形影，虛靈知覺如何有形影可見？故朱子謂「與天理人心、敘秩命討之實了無交涉」。胡敬齋謂：「釋氏見道，只如漢武帝見李夫人。懸空見出一箇假物事，以爲識心見性，其實未嘗識心，未嘗見性也。」此言看破禪學之極矣。

孟子曰「仁，人心也」，言仁者人之所以爲心也，不可謂仁即心、心即仁；「義，人路也」，言義者人之所當由行也，不可謂義即路、路即義。若謂仁即是心，心即是仁，則其他「以仁存心」、「其心三月不違仁」等語，皆窒礙而不通矣。是故必言仁者人之所以爲心，而學者之存心不可違於仁，然後爲聖門事業，合於聖賢之旨。若謂仁即是心，心即是仁，學者能存此心便了，則即與釋氏「即心是佛」、陸學「即心是道」同轍。蓋差之毫釐之間，而儒釋千里之判。

陸學皆謂「即心是道」。楊慈湖詩云：「此道元來即是心。」愚謂由「心三月不違仁」及孟子「理義之悦我心」等語觀之〔二〕，則心與道有辨明矣。由「以禮制心」及孟子「物皆然，心爲甚」之訓觀之，則心不可謂即道明矣。

孟子一書言心，皆是以義理之心爲主，不使爲利欲陷溺而喪失其良心。如説四端之心、同然之心、「放其良心」、「失其本心」等語，皆一意。「仁，人心也。放其心而不知求」，蓋言失其仁而不知求，故「學問之道無他」，求其所失之仁而已。求仁者，去人欲、存天理而已。若陸氏乃以静坐收拾精神、不令散逸爲求放心，失之遠矣，奈何爲惑？

「學問求放心」，大全註中有一説，謂「仁，人心也」是指義理之心而言。若將求放心做收攝精神，不令昏放〔三〕，則只説從知覺上去，與「仁，人心也」不相接了。蓋求放心即是求仁，學問即是求仁之方。如學問思辨、持守踐行、涵養省察、擴充克治，凡此學問之道，無非所以求吾既失之仁也。愚謂此説似得孟子之意，與集註程朱小異。程朱説求放心，乃是先立箇基本，而後從事於學問，尋向上去。玩孟子文意，學問即所以求放心。程朱之意，則學問在求放心之後。鄙意所疑如此，明者觀之如何。

孟子上章説：「存乎人者，豈無仁義之心哉？其所以放其良心者，亦猶斧斤之於木也。」觀此則求放心正是指仁義之心，而不可指爲精神之心尤明矣。或曰：然則集註求放心之説，與陸子將無同邪？曰：不同。程朱是將求放心做主敬看，以爲學問基本。陸子教人求放心，則是主静以收拾精神，不使心泊一事，不復以言語文字爲意。二者惡得同？

禪學收攝精神之説，與孟子求放心之説甚相似，真所謂「彌近理大亂真」，所以至今人看陸子静不破。

孟子言心，陸子亦言心。孟子言陷溺，陸子亦言陷溺。然孟子惟恐人陷溺於利欲，而無以存其仁義之心。陸子惟恐人陷溺於文義知見，而無以存其精神之心。

孟子專言利欲害心，陸子則言「善亦能害心」，言「心不可泊一事」，言逐外傷精神，其視孟子何啻燕越？胡敬齋曰：「吾儒之一一於理，而不爲利欲所雜。佛老之一一於虚無，而不爲事物所雜、思慮所牽。」觀此明矣。

象山語録云：「此道與溺於利欲之人言猶易，與溺於意見之人言却難。」按：此分明是言利欲猶未爲甚害，而意見之爲害甚矣，豈所以爲訓？草木子曰：「金谿之學謂收斂精神，自作主宰，何有欠缺。至於利欲未爲病，纔涉於思，即是害事，全似告子。」據此語，亦看破象山矣。

孟子、陸氏言心不同之故，此儒釋分别路頭處，此名同實異、毫釐千里處，此看破陸氏緊要處。數百年來，學者皆爲渠所謾，無人理會到此。昔嚴滄浪評詩，自謂「猶那查太子，析骨還父，析肉還母」。蘇老泉自言其著書，謂「方其致思於心也，若或起之，及其得之心而書之紙也，若或相之」。愚作通辨，自覺亦頗有此意。豈孔孟程朱在天之靈有以啓之，而欲明此一事也邪？

【校勘記】

〔一〕審其發於臨事也　「其」字原脱，據啓後堂本補。

〔二〕愚謂由心三月不違仁及孟子理義之悦我心等語觀之　「理義」二字原倒，據啓後堂本乙正。

〔三〕不令昏放　「昏」，原作「皆」，據留芳堂本改。

學蔀通辨終編卷中

此卷所載，著朱子教人之法，在於敬義交修，知行兼盡，不使學者陷一偏之失而流異學之歸也。此聖學之塗轍也。

或曰：「子之爲學，不求諸心而求諸迹，不求之内而求之外。吾恐聖賢之學，不如是之淺近而支離也？」朱子曰：「人之所以爲學，心與理而已。心雖主乎一身，而其體之虛靈足以管乎天下之理，理雖散在萬物，而其用之微妙實不外乎一人之心，初不可以内外精粗而論也。然或不知此心之靈而無以存之，則昏昧雜擾，而無以窮衆理之妙；不知衆理之妙而無以窮之，則偏狹固滯，而無以盡此心之全。此其理勢之相須，蓋亦有必然者。是以聖人設教，使人默識此心之靈，而存之於端莊静一之中，以爲窮理之本；使人知有衆理之妙，而窮之於學問思辨之際，以致盡心之功。巨細相涵，動静交養，初未嘗有内外精粗之擇。及其真積力久而豁然貫通焉，則亦有以知其渾然一致，而果無内外精粗之可言矣。今必以是爲淺近支離，而欲藏形匿影，别爲一種幽深恍惚、艱難阻絶之論，務使學者莽然措其心於言語文字之外，而曰道必如此然後有以得之，則是近世佛學詖淫邪遁之尤者，而欲移之以亂古人明德新民之實學，其亦誤矣。」大學或問。

此條言存心致知相須互發，正所以示入道之要，而不陷於異學之失也。

朱子曰：「學者工夫，惟在居敬、窮理。此二事互相發，能窮理則居敬工夫日益進，能居敬則窮理工夫日益密。」

「涵養本原，思索義理，須用齊頭做，方能互相發。程子下『須』字『在』字，便是要齊頭着力。」並朱子語類。

此卷所載，乃真朱子定論。王陽明乃摘取朱子救偏藥病之言爲定論，援朱入陸，夫豈其然？

朱子曰：「知行常相須，如目無足不行，足無目不見。論先後，知爲先。論輕重，行爲重。」朱子語類。

此尤萬世不易之論。傳習録乃謂知行合一、行而後知。其横説豎説，誑嚇衆生甚矣。

或問有只教人踐履者，朱子曰：「義理不明，如何踐履？」曰：「他説行得便見得。」曰：「如人行路，不見便如何行？」朱子語類。

陸學一派有此説，朱子闢之明矣。

朱子曰：「書曰『知之非艱，行之惟艱』，工夫全在行上。」朱子語類。

上論先後，知爲先也。此論輕重，行爲重也。皆確論也。

朱子曰：「涵養、致知、力行三者，便是以涵養做頭，致知次之，力行次之。不涵養則無主宰，既涵養又須致知，既致知又須力行。若致知而不力行，與不知同。亦須一時並了，非謂今日涵養，明日致知，後日力行也。要當皆以敬爲本，敬只是提起這心，莫教放散，恁地則心便自明。這裏便窮理格物，見得當如此便是，不當如此便不是，既見了便行將去。」朱子語類。

朱子平日論爲學工夫，多因事因人而發，未有若此條之完全而曲盡者，可謂至言矣。

朱子答項平父書云：「人之一心，萬理具備，若能存得，便是聖賢，更有何事。然聖人教人所以有許多門路節次，而未嘗教人只守此心者，蓋爲此心此理雖本完具，却爲氣質之稟不能無偏，若不講明體察，極精極密，往往隨其所偏，墮於物欲之私而不自知。近世爲此説者，觀其言語動作，略無毫髮近似聖賢氣象，正坐此耳。」又曰：「此心固是聖賢本領，然學未講、理未明，亦有錯認人欲作天理處，不可不察。伊川先生云：『涵養須用敬，進學則在致知。』此兩句，與從上聖賢相傳指訣如合符契。」

朱子答曾光祖書云：「求其放心，乃爲學根本田地。既能如此向上，須更做窮理工夫，方見所存之心、所具之理不是兩事，隨感即應，自然中節，方是儒者事業。不然，却亦與釋子坐禪攝念無異矣。」並朱子文集。

此二書言不可偏於存心而缺於致知，其弊將流於禪學。「近世爲此説者」，正是指陸學也。

朱子答胡廣仲書云：「來喻謂『知』之一字便是聖門傳授之機。以聖賢之言考之，似皆未有此等語意，却是近世禪家説話多如此。若必如此，則是未知以前可以怠惰放肆、無所不爲，而必若曾子一唯之後，然後可用力於敬也。此説之行，於學者日用工夫大有所害，恐將有談玄説妙以終其身而不及用力於敬者，非但言語之小疵也〔一〕。」

朱子答符舜功書云：「嘗謂『敬』之一字乃聖學始終之要。未知者非敬無以知，已知者非敬無以守。若曰先知大體而後敬以守之，則夫不敬之人，其心顛倒繆亂之不暇，亦將何以察乎大體而知之耶？」並朱子文集。

此二書言不可偏於致知而缺於持敬，其弊亦流於禪學也。

朱子答張敬夫書云：「儒者之學，大要以窮理爲先。蓋凡一物有一理，須先明此，然後心之所發，輕重長短各有準則。若不於此先致其知，而但見其所以爲心者如此，識其所以爲心者如此，泛然而無所準則，則其所存所發，亦何自而中於理乎？且如釋氏擎拳豎拂、運水搬柴之説，非不見此心，非不識此心，而卒不可與入堯舜之道，正爲不見天理，而專認此心以爲主宰，故不免流於自私耳。」又答書云：「以敬爲主，則内外肅然，不忘不助而心自存。不知以敬爲主，而欲存心，則不免將一箇心把捉一箇心，外面未有一事時，裏面已有兩頭三緒，不勝其擾擾矣。就使實能把捉得住，只此已是大病，況未必真能把捉得住乎？儒釋之異，亦只於此便分了。如云『常見此心光爍爍地』，便有兩個主宰，不知光者是真心乎，見者是真心乎？」並朱子文集〔二〕。

此二書一言不窮理而務識心，一言不主敬而欲存心，其弊皆流於禪學也。

朱子曰：「孟子曰：『博學而詳説之，將以反説約也。』語云：『博我以文，約我以禮。』須是先博然後至約。人若先以簡易存心，不知博學、審問、謹思、明辨、篤行，將來便入異端去。」

朱子曰：「如論語一貫、孟子自得之説，只是説一番，何曾全篇如此説？今却是懸虚説一箇物事，不能得了，只要那一去貫，不要從貫去到那一。如此，則中庸只消『天命之謂性』一句及『無聲無臭至矣』一句便了，中間許多『達道』、『達德』、『達孝』、『九經』、『禮儀三百，威儀三千」之類，皆是粗迹，都掉却更不去理會。只恁懸虛不已，恰似村道說無宗旨底禪樣，瀾翻地說去也得，將來也解做頌，燒時也有舍利，只是不濟得事。」並朱子語類。

此二條言爲學工夫當致其博，不可偏於約也，偏約則流於禪矣。

楊道夫言：「羅先生教學者靜坐中看『喜怒哀樂未發謂之中』，未發作何氣象。」朱子曰：「此說終是偏病。道理自有動時，自有靜時，學者只是『敬以直内，義以方外』，見得世間無處不是道理，雖至微小處，亦有道理，便以道理處之，不可專要去靜處求。所以伊川謂『只用敬，不用靜』，便說得平，也是他經歷多，故見得恁地正而不偏。」

朱子曰：「濂溪言『主靜』，『靜』字只好做『敬』字看，故又言『無欲故靜』。若以爲虛靜，則恐入釋老去。」並朱子語類〔三〕。

朱子答張元德書云：「明道教人靜坐，蓋爲是時諸人相從，只在學中，無甚外事，故教之如此。今若無事，固是只得靜坐。若特地將靜坐做一件工夫，則却是釋子坐禪矣。但只着一敬字，通貫動靜，自無間斷，不須如此分別也。」朱子文集。

此三條言爲學工夫當主於敬，不可偏於靜也，偏靜則流於禪矣。按：程氏遺書問：「敬莫是靜否？」伊川先生曰：「纔說靜，便入於釋氏之說也。不用靜字，只用敬字。纔說着靜字，便是忘也。」朱子之說本此。

按：吾儒所説静字，與禪學説静辭同意異。吾儒主於無欲而静，禪學主於無事而静。故曰「心不可泊一事」，曰「無事安坐，瞑目澄心」，此陸學之主於無事而静也。太極圖説曰「無欲故静」，通書曰「一者，無欲也，無欲則静虚動直」，此聖賢之主於無欲而静也。無欲而静，則即爲敬爲誠。無事而静，則入於空虚，流於寂滅。此正所謂差毫釐而謬千里，所謂「句句同，事事合，然而不同」。近世學者疏略，於此等處未嘗看破，所以坐爲陸子所惑。

問：「先生所作李先生行狀云『終日危坐，以驗乎喜怒哀樂未發之前氣象爲如何，而求所謂中者』，與伊川之説若不相似？」朱子曰：「這是舊日下得語太重，今以伊川之語格之，則其下工夫處，亦是有些子偏。今終日危坐，收斂在此，勝如奔馳。若一向如此，又似坐禪入定。」

問：「伊川答蘇季明云：『求中於喜怒哀樂，却是已發。』觀延平亦謂『驗喜怒哀樂未發之前氣象爲如何』，此説又似與季明同？」朱子曰：「但欲見其如此耳。然亦有病，若不得其道，則流於空。故程子云：『今只道敬。』」並朱子語類。

朱子答吕士瞻書云：「程先生云：『涵養於未發之前則可，求中於未發之前則不可。』此語切當，不可移易。李先生當日用功，未知何如，後學未敢輕議，但今當只以程先生之語爲正。」朱子文集。

此三條即與前三條之意相發〔四〕，而於未發工夫不可毫釐有差矣。續編載朱子辨吕與叔、楊龜山未發之説與此相表裏，當參考。

按：朱子初年嘗答何叔京書云：「李先生教人，大抵令於静中體認大本未發時氣象分明，即處事應物自然中節。此乃龜山門下相傳指訣。」此書王陽明採入晚年定論。朱子作延平行狀亦深取此説，後來乃以爲不然者，蓋子思作中庸，止説「喜怒哀樂未發謂之中」，平鋪示人，未嘗教人静坐體認，以求見乎中也。静坐體認之説，非聖賢意也，起於佛氏也。六祖所謂「不思善，不思惡，認本來面目」，宗旨正此也。宗杲所謂「無事省緣，静坐體究」，亦此也。後世學者做存心工夫不得其真，多流於此也。在昔惟程伊川識破此弊，至門人吕與叔、楊龜山輩，皆倍其師之説，而仍主此説。傳之豫章、延平，以至朱子早年亦主此説，以爲入道指訣，迨晚年見道分明，始以爲不然。

居業録曰：「與儒道相似莫如禪學。後之學者做存心工夫不得其真，多流於禪。」又曰：「學一差便入異教，其誤認聖賢之意者甚多。」按：近世静坐求中之説，正是此病。

或曰：然則豫章、延平二先生亦流於禪，而同於陸學邪？曰：豫章學於龜山，延平學於豫章，體驗未發之説轉相承沿，蓋尊信其師之過，所見有似於禪耳，初非有心於禪也。即其平日，亦未嘗恃此而廢讀書窮理之功也。非如陸學一派則明宗禪旨，而以經書爲糟粕、註脚，以讀書窮理爲逐外、爲障蔽也。二者烏得同耶？

朱子曰：「未發固要存養，已發亦要審察。無時不存養，無事不省察。」

或問：「工夫當養於未發？」曰：「未發有工夫，既發亦用工夫。既發若不照管，也不得，也會錯了。」

「如涵養熟者，固自然中節，便做到聖賢，於發處亦須審其是非而行。涵養不熟底，雖未必能中節，亦須直要中節可也。要知二者可以交相助，不可交相待。」並朱子語類。

此三條又與前三條之意相發，而於未發已發工夫不可毫釐有偏矣。又按：朱子文集有中庸首章説，以致中爲「敬以直内」，以致和爲「義以方外」，以涵養省察爲「敬義夾持」，即與此同意。

按：子思作中庸，發明中和之旨，内外兼該，動静畢舉，未嘗有所輕重。朱子釋之，亦以涵養省察交致並言，工夫不容少缺。此聖賢萬世無弊之道也。近世陸學一派，惑於佛氏本來面目之説，謂合於中庸未發之中，於是只説未發，不説已發，只説涵養，不説省察，陷於一偏，流於空寂，全非聖賢之旨。

按：孔子教人，未嘗言及於未發。其語門弟子，只説「非禮勿視聽言動」、「居處恭，執事敬，與人忠」、「言忠信，行篤敬」之類，皆是就已發處言之也。夫孔子豈不知未發之旨哉？誠以爲未發工夫微妙無形而易差，已發工夫則明顯有迹而易力，未發難於捉摸，而已發有可辨别據依。與其以無形示人而啓學者騖虚好高之弊，孰若就有形易見處求之之爲務實而無失也？至於子思喫緊爲人中和之論，兼該並舉，心學之秘發洩盡矣。豈可復重彼輕此，舍孔門中正平實之道，而狥禪宗偏弊浮虚之説，亂道而誤人哉？志於學者，不可以不辨。

朱子文集有觀列子偶書云：「向所謂未發者，即列子所謂『生之所生者死矣，而生生者未嘗終；形之所形者實矣，而形形者未嘗有』爾，豈子思中庸之旨哉？」朱子論佛學剽掠莊列及此，見近世講學之弊類如此云。

朱子曰：「今人論道，只論理，不論事；只説心，不説身。其説至高而蕩然無守，流於異端空虚之説。且如『天下歸仁』，只是天下與其仁，程子云『事事皆仁』是也。今人須要説天下皆歸吾仁之中，其説非不好，但無形無影，全無下手脚處。夫子對顔淵『克己復禮』之目，亦只是就視聽言動理會。蓋人能制於外，則可以養其内，固是内是本，外是末。但偏説存於中，不説制於外，則無下手脚處，此心便不實。外面儘有過言過行更不管，却云吾正其心，有此理否？」朱子語類。

此語與前後皆相發。

説爲學次第，朱子曰：「本末精粗，雖有先後，然一齊用做去。且如致知格物而後誠意，不成説自家物未格、知未至且未要誠意，須待格了、知了方去誠意，安有此理？聖人亦只説大綱自然底次序是如此。」

「自格物至平天下，聖人亦是略分箇先後與人看，不成做一件净盡無餘方做一件，如此何時做得成？」並朱子語類。

此論於大學尤有功。

朱子答吴晦叔書云：「大學之書雖以格物致知爲用力之始，然非謂初不涵養踐履而直從事於此也，又非謂物未格、知未至則意可以不誠、心可以不正、身可以不修、家可以不齊也。但以爲必知之至，然後所以治己治人者，始有以盡其道耳。若曰必俟知至而後可行，則夫事親從兄、承上接下，乃人生之所不能一日廢者，豈可謂吾知未至而暫輟，以俟其至而後行哉？」朱子文集。

此書即同前意。近日王陽明講學，謂世儒不當分先知後行，謂朱子不當作格致補傳，必待豁然貫通地位然後誠意，則有白首不及爲之患。今考朱子意正不然，而陽明不知而妄譏也。

近世東陽盧正夫著荷亭辨論一書以譏朱子，其中有云：「大學格物，乃先格明德新民之所在，朱子乃謂盡格天下之物，而於草木塵息無不窮究，則是初入大學者先於明德新民之外用工夫，旁詢博訪，徧觀盡識，非惟泛無指歸，日亦不足矣。」按：此言即與陽明所譏同意，皆未嘗深考而妄譏之過，今考證於左。

朱子曰：「程子謂『今日格一件，明日又格一件，積習既多，然後脱然有貫通處』，某嘗謂他此語便是真實做工夫來。他也不説格一件後便會通，也不説盡格得天下物理後方始通，只云『積習既多，然後脱然有箇貫通處』。」

「明道云：『窮理者，非謂必盡窮天下之理，又非謂止窮得一理便到。但積累多後，自當脱然有悟處。』又曰：『自一身之中以至萬物之理，理會得多，自當豁然有箇覺處。』今人務博者却要盡窮天下之理，務約者又謂『反身而誠』則天下之物無不在我者，皆不是。如一百件事，理會得六七十件了，這三四十件雖未理會，也大槩是如此。向來某在某處，有訟田者，契數十本，中間一段作僞。自崇寧、政和間〔五〕，至今不決。將正契及公案藏匿，皆不可考。某只索四畔衆契比驗，前後所斷情僞，更不能逃者。窮理亦只是如此。」

「『致知』一章，此是大學最初下手處。程子此處説得節目甚多，皆是因人之資質耳，雖若不同，其實一也。見人之敏者太去理會外事，則教之使去父慈子孝處理會。曰：『若不務此，而徒欲泛然以觀萬物之理，則吾恐其如大軍之遊騎，出太遠而無所歸。』若是人專只去裏面理會，則教之以『求之情性固切於身，然一草一木亦皆有理』。要之，内事外事皆是自己合當理會底，但須是六七分去裏面理會，三四分去外面理會方可。若工夫中半時已自不可，況在外工夫多，在内工夫少耶？此尤不可也。」並朱子語類。

朱子答陳齊仲書云：「格物之論，伊川意雖謂眼前無非是物，然其格之也，亦須有緩急先後之序。如今爲學而不窮天理、明人倫、講聖言、通世故，乃兀然存心於一草木、一器用之間，此是何學問？如此而望有所得，是炊沙而欲其成飯也。來喻似未看破此處。」朱子文集。

按：近世疑朱子「格物」之訓，大概不過曰務知而緩於行也，騖外而遺於内也，功博而難盡也，學泛而無歸也。今觀此數條，其於此弊，朱子皆已見之豫、籌之熟，而近世察言不精、立論輕率、妄毀儒先、賺惑來學之罪，不能免矣。愚不忍朱子之受誣，懼道術之分裂，憂横議之日新月盛，其禍不知何時而已也，特考著於篇。

居業録曰：「程朱發明道理如此明白，開示爲學工夫如此真切，今人又做差了。道之興喪，不係於天乎？」愚嘗竊論之：三代而下，人物而至於程朱，亦可以無識矣；

講學而至於程朱，亦可以無議矣。其言亦儘精儘密、儘美儘備矣。今之學者，所急惟一行字耳。誠能實循其言，亦足以造道而成德矣。誠能主敬以立其本，窮理以致其知，反躬以踐其實，過則聖，及則賢，不及則亦不失於令名矣。而何必騁其聰明，矜其辨慧，另出一機軸，以求勝於古人哉？吾見求勝未能，而已淪於佛老之謬妄矣。學者舍程朱不爲，而欲爲佛老，烏在其爲智？

【校勘記】

〔一〕非但言語之小疵也　「疵」原作「疪」，據啓後堂本、潘本改。

〔二〕並朱子文集　「文集」原作「語類」，諸本皆然。按：以上二書皆見晦庵集，並非朱子語類之文，今據改。

〔三〕並朱子語類　此五字原脱，諸本皆然。按：以上兩處文字皆見朱子語類，今據全書通例補。

〔四〕此三條即與前三條之意相發　上「三」字原作「二」，據文義改。

〔五〕自崇寧政和間　「自」字原空闕，據潘本、留芳堂本補。

學蔀通辨終編卷下

此卷所載，著朱子著書明道、闢邪反正之有大功於世，學者不可騁殊見而妄議。末附總論遺言，以明區區通辨之意云。

薛文清公曰：「堯、舜、禹、湯、文、武、周公、孔子、顔、曾、思、孟、周、程、張、朱，正學也。不學此者，即非正學也。」又曰：「四書集註，皆朱子萃群賢之言議，而折衷以義理之權衡，至廣至大，至精至密。學者但當精思熟讀，潛心體認而力行之，自有所得。切恠後人於朱子之書之意尚不能徧觀而盡識，或輒逞己見，妄有訾議，或勦拾成説，以衒新奇，多見其不知量也。」按：文清之言，真萬世確論。

近年閣下輔臣發策禮闈，謂：「朱陸二家簡易、支離之論終以不合，而今之學者顧欲强而同之，何所見與？豈樂彼之徑便，而欲陰詆吾朱子之學與？究其用心，其與何澹、陳賈輩，亦豈大相遠與？甚至筆之簡册，公肆詆訾，以求售其私見者。禮官舉祖宗朝故事，燔其書而禁斥之，得無不可乎？」按：此策亦義正詞嚴。燔書故事，考皇明政要：永樂間饒州士人朱季友獻所著書，專毀濂洛關閩之說，文廟與大學士楊士奇議，命禮部焚其書，罪斥之。

王陽明答人書云：「孟子闢楊墨。墨子兼愛，行仁而過者耳；楊子爲我，行義而過者耳。此其爲說，亦豈滅理亂常之甚？而其流之弊，孟子至比於夷狄禽獸，所謂『以學術殺天下後世』也。今世學術之弊，吾不知其於洪水猛獸何如。孟子云：『予豈好辨哉？予不得已也。』楊墨之道塞天下，孟子時天下之尊信楊墨，當不下於今日之崇尚朱說，而孟子獨以一人呶呶於其間，可哀也已。若某者，其亦不量其力也已。」愚按：陽明此書是以朱子比楊墨矣，是以朱子學術爲殺天下後世，爲洪水猛獸矣。嗚呼，其公肆詆訾至此，甚矣！無怪乎禮闈發策，謂欲燔其書，而且擬諸何澹、陳賈也。蓋澹、賈輩詆朱子，欲使其學不得行於當時，陽明輩詆朱子，欲使其學不得行於後世，其用心一也。悲夫！

盧正夫荷亭辨論深非朱子解易主卜筮，深非朱子修通鑑綱目書「莽大夫楊雄死」。愚按：周易卦爻列吉凶悔吝、利往無咎之象，無非爲卜筮設。繫辭說「卜筮者尚其占」，說「極數知來之謂占」，說「蓍之德圓而神，卦之德方以智，以定天下之業，以斷天下之疑」，說「神以知來，知以藏往，是興神物，以前民用」。由此觀之，易非是爲卜筮作而何？朱子解易主卜筮何過？楊雄仕漢，歷事三朝，遭遇莽篡，既不能效龔勝之伏節，又不能效梅福之深遁，則亦已矣，何至作劇秦美新之文，以諛莽希寵，欲爲新室佐命之臣？程子謂：「光武之興，使雄不死，能免於誅乎？」則夫綱目書「莽大夫」書「死」以誅之，聖人復起不易矣。荷亭辨論乃左右楊雄，非詆朱子，吾不知其說。

羅整庵曰：「嘗見近時十數種書，於宋諸大儒言論有明詆者，有暗詆者，直是可怪。既而思之，亦可憐也。坐井觀天而曰天小，不自知其身在井中爾。然或往告之曰：『天非小也，子盍從井外觀之。』彼方溺於坐井之安，堅不肯出，亦將如之何哉？」又曰：「今之學者槩未嘗深考其本末，但粗讀陸象山遺書數過，輒隨聲逐響，橫加詆訾，徒自見其陋也已矣，於朱子乎何傷？」

陽明講學詆朱子解「格物」爲義外、爲支離。愚按：孟子曰「舜明於庶物」，易曰「知周乎萬物」，大學曰「格物」，三言一意。朱子訓格爲至，周即至也，明猶至也。朱子之訓，深合聖經。若陽明訓「格物」爲「正意念之用」，援儒入佛，不通之甚。乃欲以此議彼，可駭可笑！

草木子曰：「論語『天下歸仁』，朱子訓歸爲與字，或者淺其說。愚謂苟人能克己行一，事合天理，問之家而準，問之鄉而準，問之國而準，問之天下而準，所謂『天下莫不與也』，放之四海而皆準也。若謂克己天下皆囿於吾仁之中，如呂與叔克己銘云：「洞然八荒，皆在我闥。』氣象雖豁然可喜，事理則茫然無據。」愚按：近世陸學說人能克己而存此心，則天下皆歸於吾仁之中，與呂與叔說相似。考其說不獨與朱子相牴牾，且與孔子相牴牾。孔子之意，謂克去己之私欲，以復乎禮，方始是仁，故下文說「非禮勿視聽言動」。呂與叔言克己，是克去人己町畦，無復禮底意思，與四勿殊無干涉。若陸學之說，則援儒入佛，尤爲不可。朱子之訓不可移易，草木子良有見。

近世陸學一派，不獨於程朱之言有疑，雖於孔曾思孟亦不免。象山謂顏子没，夫子事業自是無傳，楊慈湖謂子思、孟子言多害道，王陽明謂顏子没而聖人之學亡，即此也。象山疑易繫非夫子作，疑繫辭首章近推測之辭，惟「默而成之，不言而信」兩語可信而已。慈湖遺書於大學格致誠正，於中庸「忠恕違道不遠」，於繫辭「形而上、下」等語，皆以爲支離害道。王陽明所謂「求心而非，雖其言之出於孔子，不敢以爲是」者，即此也。嗚呼！言出於孔子猶不敢以爲是，而況於曾思孟子，而又何有於程朱？邪説横流，壞人心術，痛哉痛哉！

朱子嘗與學者論解經云：「南軒語孟，某嘗説這文字不好看。蓋解經不必做文字，止合解釋得文義通，則理自明、意自足。今多去上做文字，少間説來説去，只説得他自一片道理，經意却蹉過了。嘗見一僧云：『今人解書，如一盞酒本自好，被這一人來添些水，那一人又來添些水，次第添來添去，都淡了。』他禪家儘見得這樣，只是他又忒無註解。」愚按：添水固失之，忒無註解者亦非也。忒無註解者入於禪，添水者流於宋末諸儒箋註破碎煩猥之失，均之爲過不及也。必如朱子集註四書，而後爲得中道，爲天下不可少之書。

或曰：然則朱子平日言語文字，果能一一盡善而無毫髮可議耶？曰：是難言也。夫人之意見不同，難乎其盡如吾意也。君子論人，惟當觀其大端大本，而不可求瑕責備於一二言語文字之未合也。「讀書未到康成處，安敢高聲議漢儒。」近世之好議朱子者，其學問之功何敢望朱子藩籬，而徒逞一隅之意見，拾佛老之緒餘，以妄議爭勝，矜世盜名，多見其不知量也。近日羅整庵説得極公，困知記曰：「宋諸大儒言論文字，豈無小小出入處？只是於大本大原上見得端的，故能有以發明孔孟之微旨，使後學知所用力之方，不爲異説之所迷惑。所以不免小有出入者，蓋義理真是無窮，其間細微曲折，如何一人便見得盡？後儒果有所見，於其小小出入處，不妨爲之申明，亦先儒以俟後之君子之本意也。」愚謂此論使朱子復生，亦當弗咈。

或曰：佛學之害，經傳太史、韓文公辨之不息，至二程子辨之亦不息，自朱子出而後佛學衰，何也？曰：緣朱子尤深中禪病，始盡禪病也。昔達磨謂某人得吾皮，某人得吾肉，道育得吾骨，慧可得吾髓。愚謂近世闢佛，如傅太史武德一疏得其皮，韓文公原道一篇得其肉，至二程子而後得其骨，至朱子而始得其髓。是故闢佛至朱子而後盡，故佛學至朱子出而始衰，而儒佛異同之辨始息，而後士大夫自此無復參禪問道於釋氏之門者矣。佛書云：「我佛爲一大事因緣出現於世。」愚謂朱子正是爲此一大事出現於世，蓋天有意於斯文云。

或曰：宋世雜學最盛，如横浦、永嘉、永康之學，蘇黄門、吕舍人、葉水心之學，紛紛籍籍，皆因朱子辨之而息。惟金溪之學辨之不息，排之不止，遂起吴草廬、趙東山一派議論。其故何邪？曰：緣朱子未嘗説破養神一路也。養神一路非他也，即其假似亂真之實，即其遮掩而陰佛之實也。辨陸學而不辨其養神一路，譬之詰盜而不獲贓，固無以服人心而成獄也。此朱子之辨所以無以息陸學，而卒來冤陸之疑也。此朱子之辨所以必得區區此編繼之，以發其所未盡，然後其禪實昭然暴白，而冤陸之疑自息也。曰：然則子之辨陸也，朱子不如邪？曰：朱子何可當也。象山禪機深密，遮掩術精，當是時也，天下盡爲所蔀矣。雖南軒、東萊之賢，猶看他不破矣。非朱子晚年深覺其弊，昌言而顯排之，則後世亦盡爲所蔀矣。今日又孰從而知其假似亂真，孰從而辨其陽儒陰佛，以發其未盡之藴邪？嗚呼！「道喪千載，聖遠言湮。不有先覺，孰開我人？」朱子此言實自況也，朱子何可當也？

朱子未出以前，蘇子瞻以佛旨解易，游定夫以佛旨解論語，王安石、張子韶以佛旨釋諸經，程門諸子以佛旨釋中庸，吕居仁以佛旨釋大學，自朱子出而後其書皆廢。愚嘗因此通論之：六經非得朱子出，六經之旨不明；佛學非得朱子出，佛學不衰；宋世雜學非得朱子出，雜學不息；陸學非得朱子出，陸學無人識得他破。昔人謂「天不生仲尼，萬古如長夜」，愚謂「天不生朱子，萬古皆豐蔀」。究辨至此，然後知朱子之功。胡敬齋曰：「孔子賢於堯舜，以事功言也。孟子功不在禹下，亦以事功言也。愚以爲顔曾思孟之功賢於稷契皋夔，程朱之功賢於伊吕。後世若非程朱，則天下貿貿然，高者入於佛老，卑者趨於功利，人欲肆，天理滅矣。」由此言之，朱子何可當也？

有帝王之統，有聖賢之統。如漢祖、唐宗、宋祖開基創業，削平羣雄，混一四海，以上繼唐虞夏殷周之傳，此帝王之統也。孟子、朱子距異端，息邪説，闢雜學，正人心，以上承周公、孔子、顔、曾、子思之傳，此聖賢之統也。然究而論之，皆不若朱子之爲難，何也？開基創業，以智力而服一時固難，明道闢邪，不假智力而服天下萬世之人心，尤難也。孟子闢楊墨，去孔子未遠，至朱子則去孔子幾二千年，而佛氏盛行中國亦逾千載，其陷溺人心已久，舉天下賢智冥然被驅。斯時也，非命世豪傑之才，孰能遏其滔天之勢，而收摧陷廓清之功乎？嗚呼！君子不觀此編，無以知禪佛之害之大。君子不觀此編，無以知朱子闢禪佛之功之大。朱子何可當也！

朱子一生，釋群經以明聖道，辨異學以息邪説，二者皆有大功於世。然釋經明道之功，天下莫不知之，至於闢異息邪，則近世學者未之盡知也。區區述爲此編，然後朱子闢異息邪之功著矣。蓋嘗謂釋經明道，朱子之功也「顯諸仁」；闢異息邪，朱子之功也「藏諸用」。

通按：佛學自入中國，至今大抵三變，每變而爲障益深。始也罪福輪迴之障，愚者陷之，智者鮮焉，其爲害猶淺也。中焉變爲識心見性之障，則智者亦陷之，蓋彌近理而大亂真矣。終焉又變爲改頭换面之障，則術愈精而説愈巧，而遂謀即真，而辨之愈難矣。今人只知陸學之爲陸，而不知陸學之即禪，禪學之即佛，佛學之即夷也。嗚呼！周孔之教不能行於西戎，戎狄之教乃盛行乎中國，至於「拱手歸降，不能出他圈套」，可爲痛哭流涕。朱子曰：「楊墨只是差了些子，其末流遂至於無父無君。孟子之辨，只緣是放過不得。今人於佛，或以爲其説似勝吾儒之説，或以彼雖説得不是，不用管他。此皆是看他不破，故不能與辨。若真箇見得是害人心、亂吾道，豈容不與之辨？所謂孟子好辨者，非好辨也，自是住不得也。」又曰：「陳君舉謂某不合與陸子静諸人辨，只是見他不破。」愚謂近世學者通病無他，只是爲他所蔀，看他不破。今輯爲此編，誠欲與天下後世學士大夫同看破此事，無復歸降夷狄之教之患，一洗近代之惑云。

通按：近世學者之弊，惟以禪佛之道爲高妙，爲簡徑而易造也；以聖賢之道爲粗淺，爲迂遠而難至也。故舍儒而趨佛，其本心矣，其後也，乃變爲儒佛同之説，又變爲本同末異之説，又變爲改頭换面、陽儒陰佛之説，是蓋屢變其説，而誘人以入於佛也。於朱陸亦然，蓋惟以朱子爲支離，而陸學爲簡易也。故疑朱而宗陸，其本心矣，其後也，乃變爲朱陸同之説，又變爲早異晚同之説，又變爲陽朱陰陸之説，是蓋屢變其説，而誘人以入於陸也。嗚呼！欺蔀重重，日新日巧，其弊至於今日極矣。建行年踰五十，分毫無補於世，所幸此心之靈不泯，沈潛典籍，究觀今古，於此學頗有所見，此蔀頗有所覺。昔人著書，謂「得之於天者，不忍棄，且不敢褻」。愚爲此辨，實天啓其衷，何忍棄、褻，不爲天下後世布之？

佛書云「初以欲鈎牽，後引入佛智」，與吾儒「納約自牖」之説相似，陸學正是用此術。象山見世人所信者孔孟也，於是即孔孟之言以誘之，而一語不及於佛，人但知其爲孔孟之言，不可不從也，無不爲所鈎牽而入其佛智矣。陽明見世人所信者朱子也，於是集爲朱子定論以誘之，而一語不及於陸，人但知其爲朱子之言，何疑而不從也，無不爲所鈎牽而入其佛智矣。嗚呼！禪蔀至此，其術精説巧，至矣盡矣，無以復加矣。朱子嘗謂「近世人大被人謾」，蓋術精説巧至此，不得不爲他所謾矣。所謂「離合出入之際，務在愚一世之耳目，而使之恬不覺悟，以入于禪」，此言真取心肝劊子手。愚初未有知，亦頗爲二氏所惑，後來乃察其蔀，著爲此辨。

或曰：近歲胡敬齋、羅整庵、霍渭厓之辨如何？曰：諸君子皆心朱子之心，而有意於明學術矣。然胡敬齋之居業録詳於辨禪，而辨陸則略，於象山是非得失，猶多未究也。羅整庵、霍渭厓目擊陽明之事，故所論著專攻陸學，其言切，其辨詳矣，然於象山養神底藴，與夫近日顛倒早晚之弊，亦未暇究竟，觀者猶未免有冤陸之疑也。此編摘録諸君子之言，而補其所未備，亦以成諸君子之志也。朱子嘗謂「讀書如猛將用兵，直是鏖戰一陣；如老吏治獄，直是推勘到底」。愚爲此辨，真是與象山、篁墩、陽明諸人「鏖戰一陣」，「直是推勘到底」，而三蔀廓如，迷人障自此打開，妖魔變怪自此無所逞其伎倆矣。昔嚴滄浪詩辨自謂「參詩精子」，而引釋妙喜自謂「參禪精子」以況。使滄浪見愚此編，得無有「辨禪精子」之戲耶？

昔人論著書，謂「非窮愁不能著」。張南軒見朱子諸經解，謂「乃知閒中得就此業，殆天意也」。由此言之，書非閒居不能著。張横渠云：「天不欲斯道復明，則不使今人有知者。既使今人有知，斯道必有復明之理。」由此言之，書非天畀有知不能著。愚也天既畀之窮，畀之閒，又畀以薄有知，三者會矣，此蔀之辨，愚所以不得而辭。嗚呼！是豈天厭斯蔀之深，而假手於愚，以啓告天下後世與？

或曰：此編闢佛，視胡致堂崇正辨異同如何？曰：致堂辨佛下一截粗迹之蔀也，懼其惑高明也。此編辨佛上一截心性之蔀也，懼其惑庸愚也。同異大槩如此。

朱子答詹元善書，謂：「儒名而釋學，潘張猶其小者。蘇氏兄弟乃以儀秦老佛合爲一人，其爲學者心術之禍最爲酷烈，而世莫之知也。」愚謂近世倡爲陽儒陰佛、顛倒早晚、援朱入陸者，正是「儀秦老佛合爲一人，其爲學者心術之禍尤烈」。嘗閱吾廣州志，宋有梁觀國者，生在朱子前，卓識特行，力排釋老。時蘇氏文章擅名天下，獨觀國不與也，謂其「雜以禪學，飾以縱横，非有道者之言」，著議蘇文五卷以駁之，胡致堂亟稱焉。嗚呼！蘇氏之學在朱子前無人敢置喙竊議者，而觀國獨議之。陸氏之學自朱子後無人敢昌言顯排者，而霍渭厓亟排之。吾郡若二公，可謂超世豪傑之士。

近見河南崔后渠侍郎銑序楊子折衷，湛甘泉著。謂：「佛學至達磨、曹溪論轉徑截。宋大慧授之張子韶，其徒得光又授之陸子静，子静傳之楊慈湖，衍説詡章，益無忌憚，詆毁聖賢，重爲道蠹。不有整菴、渭厓諸公，中華其夷乎？」按：崔公此敘甚確，第未詳得光授子静來歷出何書，必有明據。恨聞見孤陋，不及見崔公扣之，姑記俟考。

古今天下大都被一箇豐蔀爲害。朝廷有朝廷之蔀，家庭有家庭之蔀，官府有官府之蔀，學者有學者之蔀。朝廷之蔀，姦邪欺蔽人主，如趙高、恭顯、虞世基、李林甫之徒是已。家庭之蔀，溺愛不明，如前史記尹吉甫爲其妻所蔽，天順日録記楊東里爲其子所蔽之類是已。官府之蔀，以下蔽上，如祥刑要覽宋祭酒記工獄之枉，歐陽永叔閲夷陵架閣公案，見在枉直違錯不可勝數之類是已。蔀于家者害于而家，蔀于國者凶于而國，蔀于學術者亂天下萬世學術。此豐蔀見斗之象，聖人所以著戒之深。是故一蔀除而天下治矣，蔀之所繫大矣哉！愚嘗因此而推陰陽消長之義，究往昔盛衰之故，竊有慮焉。吾儒，人道也，陽也；禪佛，鬼道也，陰也。孔子生於中國之東，震旦也，陽也；佛生於西域之西，巽位也，陰也。中國，陽明之區也；戎狄，幽陰之域也。儒道宜行於中國，佛道宜行於戎狄，斯陰陽各止其所，華戎各安其分也。苟中國而尊禪佛之教，華夏而行戎狄之道，則陽失其爲陽，而陰得以乘之，烏得而不啓猾夏亂華之禍乎？西周中葉，西域已有佛矣，然是時文武治隆，孔孟繼作，聖賢道盛，佛無由至也。迨及東漢，聖賢不作，中國道衰，佛於是乘間而入。魏晉繼之，其教益盛，夷狄之道遂大行於中國，馴有五胡亂華之禍，以陰召陰，固其氣類之相感也。梁武帝不鑒，崇奉浮屠益力，於是達磨又自西方而至，明心見性之説惑人益甚。歷唐及宋，至於舉中國之學士大夫而從之，陰氣感召，戎狄益横，安史禍唐，遼金禍宋，馴及胡元，遂盡四海而左衽之，其效亦可覩矣。今日士大夫，柰何猶尚禪尚陸，使禪佛之魂髮髮又返耶？區區通辨，蓋亦杞憂殷鑒，抱此耿耿云。

或曰：子嘗集爲周子全書，又爲程氏遺書類編矣，二書何爲而作？曰：二書序備言之矣。周子之書，朱子嘗表章太極圖、通書以傳矣，而其遺文遺詩、遺言遺事猶多散佚，今集爲全書，庶學者得以覩大賢言行之全也。二程講學之詳，朱子嘗集爲遺書以行世矣，然皆因諸氏舊録之本，人爲一卷，言論散見無統。今分門類輯，庶學者便於考閲，而聖賢之旨益燦然矣。愚之著爲學蔀通辨者，因朱子之所已明辨者而益明辨之也。愚之編集周程二書者，因朱子之所已表章者而益表章之也。二者皆遵朱子之志，成朱子之志也。非遵朱子也，遵聖賢之正學也。

維昔嘉靖癸巳甲午之歲，建竊禄南閩，適今少宰婺源樸溪潘公時宗主多士，承教之餘，間語及朱陸異同之故，建議論頗與公合，公因命考訂。建初稿止爲編年二編，嘗呈似沐教，今十餘年矣。日居月諸，不輟討論修改，探究根極，始列爲四編，稿至六七易，兹迺克就梓。今公進秉鈞衡，雍容廊廟，而建遯于巖野，竊伏海瀕，雲泥異路，長安日遠，可望不可攀，就正無由，緬懷疇昔，曷勝寤歎。建謹識。

附録一：學蔀通辨正誤

學蔀通辯正誤序

本心全體，有從動中悟者，孟子是也；有從靜中悟者，周子是也；有從動靜之交悟者，延平李氏是也。孟子言「四端」，周子言「主靜」，延平李氏言「默坐澄心，體認天理若見」，此可驗矣。未悟之前，在於存養體察；既悟之後，在於收斂擴充。稽古先民，曰健曰順，曰中曰和，曰仁曰義，曰禮曰智。文字綱目蓋亦繁多，其實「動靜闔闢」盡之矣。聖賢兢兢于是，曰：「戒慎乎其所不覩，恐懼乎其所不聞，莫見乎隱，莫顯乎微，故君子慎其獨也。」嗚呼，密矣！誠其意，謹之於已發也；慎其獨，謹之於將發也；正其心，謹之於未發也；修其身，內外交相養也。故曰：「致中和，天地位焉，萬物育焉。」象山陸氏有見於心體彷彿，因而猖狂之，放肆之。此不可之大者也。王文成又從而顛蹶之，遂無忌憚，於是朱子晚年定論始作。

彼陳建者，於聖人之學大本大原無所窺見，遂至以心爲諱，而謂朱子晚始自脱於禪，所見至淺陋。余少駁正之，而發明聖學本末冠其篇端，庶幾儒者知古昔聖賢之學，皆以心地爲本。湘陰左欽敏序。

學蔀通辯正誤一卷

湘陰　左欽敏撰

朱子存齋記曰：「人之所以位天地之中而爲萬物之靈者，心而已矣。然心之爲體，不可以見聞得，不可以思慮求，謂之有物則不得於言，謂之無物則日用之間無適而非是也。君子於此，亦將何所用其力哉？『必有事焉而勿正，心勿忘，勿助長也』，則存之之道也。如是而存，存而久，久而熟，心之爲體，必將瞭然有見於參倚之間，而無一息之不存矣。」

陳建案：此記爲同安學者許順之作。朱子初年之學，亦只説一箇心，專説求心見心，全與禪陸合。

欽敏案：朱子此記語意甚切，然有病，學者詳之。孔孟之學，存心爲本。朱子存齋記發明心體，切而體之於日用，其所謂「必有事焉而勿正，心勿忘，勿助長」者，尤足以發明存養之要，於學者爲有功。陳氏斥之爲禪，亦已過矣。

朱子曰：「孟子説『存其心』，雖是緊切，却似添事。蓋聖人只爲學者立下規矩，守得規矩定，便心也自定。如言『居處恭，執事敬，與人忠』，能如是存守，則心有不存者乎？今又説『存其心』，則與此爲四矣。如此處要人理會。」

欽敏案：孟子之言「存其心」，堯舜之利民者大也。朱子之議孟子，禹之慮患者深也。善學者從事於敬恭忠恕之間，而仁在是矣。孟子之言存其心，豈與孔子異旨哉？

朱子答何叔京書曰：「熹奉親遣日如昔。向來妄論持敬之説，亦不自記其云何，但因其良心發見之微，猛省提撕，使心不昧，則是做工夫底本領。本領既立，自然下學而上達矣。若不察良心發見處，即渺渺茫茫，恐無下手處也。所諭多識前言往行，固君子之所急，熹向來所見亦是如此。近因反求未得箇安穩處，却始知此未免支離。如所謂因諸公以求程氏，因程氏以求聖人，是隔幾重公案？曷若默會諸心，以立其本，而其言之得失，自不能逃吾之鑒邪？」

又一書曰：「今年不謂饑歉至此。夏初所至洶洶，遂爲縣中委以賑糶之役。百方區處，僅得無事。博觀之弊，此理甚明，何疑之有？若使道可以多聞博觀而得，則世之知道者爲不少矣。熹近日因事方少有省發處，如『鳶飛魚躍』，明道以爲與『必有事焉勿正』之意同者，今乃曉然無疑。日用之間，觀此流行之體初無間斷處，有下工夫處，乃知日前自誑誣人之罪，不可勝贖也。此與守書册、泥言語全無交涉，幸於日用之間察之，知此則知仁矣。」

陳建案：答何叔京二書，學專説心，而謂「與書册言語無交涉」，正與象山所見不約而合。此朱子早年未定之言，而篁墩、陽明矯取以彌縫陸學，印證己説也。朱子嘗謂李伯諫「所論大抵以釋氏爲主，而於吾儒之説近於釋者取之」。今篁墩道一編、陽明朱子晚年定論二書，大抵以陸氏爲主，而於朱子之説近於陸者取之，而顛倒早晚不顧也。學者察此，禪蔀大略可覩矣。

欽敏案：朱子云「因其良心發見之微，猛省提撕，使心不昧」，此孟子擴充四端之義也，惟辭誼頗傷急迫耳。朱子嘗云：「此心常存在這裏，只是因感時識得此體。平時敬以存之，久久會熟，善端發處，益見得分曉，則存養之功益有所施矣。」所言明白切實，意象從容，學者所當深繹也。

欽敏案：朱子言「因諸公以求程氏，因程氏以求聖人，是隔幾重公案」，此切指當時學者支離之弊，極爲扼要。程子以博聞强識爲玩物喪志，正慮是也。守書册、泥言語不可以聞道，乃學者所宜深省，豈可指爲早年未定之説而忽之哉？其曰「日用之間，觀此流行之體初無間斷處，有下工夫處」，尤爲篤實明近。日務多聞博識而不知此，則本原廢絶，生意窒塞，乃身乃心茫無所警覺。吾恐其益爲陸氏所竊笑，而朱子之學粹然不雜於異端者乃晦没而失其傳矣，可哀也哉。

朱子困學詩云：「舊喜安心苦覓心，捐書絶學費追尋。困横此日安無地，始覺從前枉寸陰。」

欽敏案：學問所以精義者也，而其道則在於求其放心。求其放心，仁也。故孟子曰：「學問之道無他，求其放心而已矣。」今欲安心覓心，而乃捐書絶學，此朱子早年之誤，所以同於佛氏而異於孟子者也。子思子曰：「君子尊德性而道問學。」程子曰：「涵養須用敬，進學則在致知。」前賢後賢，同條共貫，聖人復起，又何疑焉。

朱子答薛士龍書曰：「熹自少愚鈍，事事不能及人。顧嘗側聞先生長者之教，粗知有志於學，而求之不得其術，蓋舍近求遠，處下窺高，馳心空妙之域者二十餘年。比乃困而自悔，始復退而求之於句讀文義之間，謹之於視聽言動之際，庶幾銖積絲累，分寸躋攀，以幸其粗知義理之實，而不爲小人之歸，而歲月侵尋，齒髮遽如許矣。」

欽敏案：「退而求之句讀文義之間，謹之於視聽言動之際」，此朱子生平學問所以日就平實者也，讀者宜常佩之。

右陳氏原書前編上

朱子答呂子約書曰：「陸子静之賢，聞之蓋久，然似聞有脱略文字、直趨本根之意，不知其與中庸學問思辨然後篤行之旨，又何如耳？」

又答一書曰：「近聞陸子静言論風旨之一二，全是禪學，但變其名號耳。競相祖習，恐誤後生。恨不識之，不得深扣其説，而因獻所疑也。然恐其説方行，亦未必肯聽此老生常談，徒竊憂歎而已。」

欽敏案：陳建云「朱子方識象山，其説多去短集長，疑信相半，至晚年始覺其弊而攻之力」，可謂誣闇虚謬之談矣。朱子未見象山，已有「全是禪學」之譏，又引中庸以正之。「競相祖習，恐誤後生」，憂歎如斯，又何疑信相半之有？

淳熙二年五月，吕伯恭約陸子壽、陸子静會于鵝湖，論學不合，各賦一詩見志。

欽敏案：朱陸論學不合，自初見時已然，無所謂「疑信相半」，如陳建之説也。

朱子答張敬夫書曰：「子壽兄弟氣象甚好，其病却是盡廢講學而專務踐履，却於踐履之中要人提撕省察，悟得本心，此爲病之大者。要其操持謹質，表裏不二，實有以過人者。惜其自信太過，規模窄狹，不復取人之善，將流於異學而不自知耳。」

誤誤人也。

欽敏案：「操持謹質，表裏不二」，此是陸子長處。「規模窄狹，自信太過，不復取人之善」，此是陸子短處。棄短集長，自是朱子大公無我之懷，非惑於陸子禪學之非，以自誤誤人也。

朱子答呂子約書曰：「孟子言學問之道惟在『求其放心』，而程子亦言『心要在腔子裏』。今一向耽著文字，令此心全體都奔在册子上，更不知有己，便是箇無知覺、不識痛癢之人，雖讀得書，亦何益於吾事邪？」

欽敏案：朱子此書深中今日學者之病，凡讀書人皆宜三復也。

淳熙八年二月，陸子静訪朱子於南康，朱子率僚友諸生與俱至白鹿洞書堂，請升講席。陸子爲講論語「君子喻於義」章，深明義利之辨。朱子請書於簡，自爲之跋，稱其「發明懇到，切中學者隱微深痼之病」云。

呂伯恭與朱子帖云：「子静留得幾日，鵝湖氣象已全轉否？」朱子答書云：「子静舊日規模終在，其論爲學之病，多説如此即只是意見，如此即只是議論，如此即只是定本。熹因與説既是思索，即不容無意見；既是講學，即不容無議論；統論爲學規模，亦豈容無定本？但隨人材質病痛而救藥之，即不可有定本耳。渠却云正惟多是邪意見、閑議論，故爲學者之病。熹云如是即是自家呵斥，亦過分了，須是著『邪』字、『閑』字，方始分明，不教人作禪會耳。又教人恐須先立定本，却就上面整頓，方始説得無定本底道理。今如此一槩揮斥，其不爲禪學者幾希矣。」

陳建案：南康之會，朱子於象山取其講義，而終譏其禪會，疑信相半如此。

欽敏案：講義當信則信之，禪學當正則正之，此朱子大公至正之心也。陳氏據此詆爲疑信相半，直與兒童之見無異也。

朱子答項平父書曰：「所喻曲折及陸國正語，三復爽然，所警於昏惰者爲厚矣。大抵子思以來教人之法，惟以尊德性、道問學兩事爲用力之要。今子静所説專是尊德性事，而熹平日所論却是道問學上多了。所以爲彼學者多持守可觀，而看得義理全不子細，又别説一種杜撰道理遮蓋，不肯放下。而熹自覺於義理上不敢亂説，却於緊要爲己爲人上多不得力。今當反身用力，去短集長，庶幾不墮一邊耳。」

陳建案：此書在辨「無極」前五年，正是中年疑信相半未定之際。

欽敏案：陸子静本豪傑之士，雖所學者不正，要其言行可取者多矣。「反身用力，去短集長」，此古聖相傳之要，非疑信相半之謂也。信其持守，斥其杜撰，何害於吾心大中至正之權哉？

欽敏案：兩家長短略見於此書，然陸氏以禪爲宗，其過多；朱子以禪爲戒，其過少。

以禪爲宗者，舍問學而專德性，其所謂德性，禪焉而已；以禪爲戒者，重問學以求德性，其所謂問學，末焉而已，而本原未能深厚也。論語云：「志於道，據於德，依於仁，游於藝。」學者知此而允蹈焉，安有兩家之失哉。

朱子表曹立之墓曰：「立之幼穎悟，長知自刻厲。聞張敬夫講道湖湘，欲往見之，不能致。有告以沙隨程氏學古行高者，即往從之，得其指歸。既又聞陸氏兄弟獨以其心之所得者爲學，其説有非文字語言之所及者，則又往受其業，久而若有得焉。子壽蓋深許之，而立之未敢以自足也，則又寓書以講於張氏。然敬夫尋没，立之竟不及見，後得其遺文，考其爲學始終之致，於是始有定論不疑。其告友朋書，有曰：『學必貴於知道，而道非一聞可悟、一超可入也。循下學之則，加窮理之功，由淺而深，由近而遠，則庶乎其可矣。今必先期於一悟，而遂至於棄百事以趨之，則吾恐其未悟之間狼狽已甚，又況忽下趨高，未有幸而得之者邪？』此其晚歲用力之標的程度也。」

欽敏案：此表深闢陸氏最爲精確，學者所當詳考也。

朱子答諸葛誠之書曰：「示喻競辨之端，三復惘然。愚意比來深欲勸同志者兼取兩家之長，不可輕相詆訾，就有未合，亦且置勿論，而姑勉力於吾之所急。不謂以曹表之故，反有所激，如來喻之云也。不敏之故，深以自咎。子静平日所以自任，正欲身率學者一於天理，而不以一毫人欲雜於其間，恐決不至如賢者之所疑也。義理天下之公，而人之所見有未能盡同者，正當虛心平氣，相與熟講而徐究之，以歸於是，乃是吾黨之責。而向來講論之際，見諸賢往往皆有立我自是之意，厲色忿詞，如對仇敵，無復少長之序、禮遜之容。蓋嘗竊笑，以爲正使眞是仇敵，亦何至此？但觀諸賢之氣方盛，未可遽以片辭取信，因默不言，至今懷不滿也。」

陳建案：朱子因門人競辨之過，故作此書以解之。「平日自任」之云，蓋如象山之意而言，猶是中年疑信相半之説也。或乃指此爲朱子晚年尊陸之證，誤矣。

欽敏案：陳建以朱子曹表爲疑，極可哂也，故不録其語。今又以此書「平日自任」之云爲疑信相半之證，其所見益以謬戾如此。

欽敏案：朱子此書温柔敦厚如此，其養深矣。

朱子答劉子澄書曰：「子静寄得對語來，語意圓轉渾浩，無凝滯處，亦是渠所得效驗，但不免些禪底意思。昨答書戲之云『這些子恐是葱嶺帶來』，渠定不伏，然實是如此，諱不得也。近日建昌説得動地，撑眉努眼，百怪俱出，甚可憂懼。渠亦本是好意，但不合只以私意爲主，更不講學涵養，直做得如此狂妄。世俗滔滔，無話可説，有志於學者，又爲此説引去，眞吾道之不幸也。」

炭，自此始矣。

陳建案：建昌，指象山門人傅子淵。蓋象山所亟稱者，而亦朱子所深闢者。二家冰炭，自此始矣。

欽敏案：朱子與陸氏論學，於義理未嘗少假借也。是非不兩立，蓋自始至終無一合者，而陳建曰「冰炭自此始」，何其誣哉？讀古人書，不曉其意，曰疑曰信，曰疑信相半，皆妄誕也。其與癡人説夢何異乎？

朱子答陸子静書曰：「昨聞嘗有匄外之請，而復未遂，今定如何？子淵去冬相見，氣質剛毅，極不易得，但其偏處亦甚害事，雖嘗苦口，恐未必以爲然。今想到部，必已相見，亦嘗痛與砭劑否？道理雖極精微，然初不在耳目見聞之外，是非黑白只在面前。此而不察，乃欲别求玄妙於意慮之表，亦已誤矣。熹衰病日侵，所幸邇來日用功夫頗覺有力，無復向來支離之病。甚恨未得從容面論，未知異時相見，尚復有異同否耳？」

陳建案：道一編採此書爲朱陸晚同，又自注云：「或疑書尾尚持異同之説，然觀朱子於此既自以支離爲病，而陸子與傅子淵書亦復以過高爲憂，則二先生胥會，必無異同可知。惜其未及胥會，而陸已下世矣。」竊案：此書乃朱陸異同之始，後此方冰炭日深，二家譜集班班可考，篁墩何得爲此捕風捉影，空虚億度，牽合欺人也？趙東山論朱陸，亦云：「使其合併於晚歲，則其微言精義必有契焉，而子静則既往矣。抑朱子後來德盛仁熟，使子静見之，又當以爲何如也？」即同此一種見識。蓋求朱陸生前無可同之實，而没後乃臆料其後會之必同。本欲安排早異晚同，乃説成生異死同，可笑可笑。豈不適足以彰朱陸平生之未嘗同，而自發其牽合欺人之弊，奈何近世咸加據信而莫之察也？惜哉！昔裴延齡掩有爲無，指無爲有，以欺人主。陸宣公謂其愚弄朝廷，其罪甚於趙高指鹿爲馬。今篁墩輩分明掩有爲無，指無爲有，以欺弄後學，使遇君子，當如何議罪？

欽敏案：朱子之闢陸子，嚴而不迫，謹而有禮，蓋忠告善道，友朋之誼也。以集長自勉，以支離自咎，所以懲其門人學習之偏，而亦所以自進其德，教學之正也。陳氏不達，指爲疑信相半，謬矣。陸氏學業牢固，決不可回。其门人誕妄猖狂，百怪俱出，忿詞厲色，講論仇讐。朱子且緘默不言，冀其自悟，而陸氏師弟卒不少變其禪學，然後痛切攻之，以正人心，以待後學。責人之恕，衛道之嚴，兩得之矣。

朱子答程正思曰：「所論皆正當確實，而衛道之意又甚嚴，深慰深慰。祝汀州見責之意，敢不敬承。蓋緣舊日曾學禪宗，故於彼説雖知其非，而未免有私嗜之意。亦是被渠説得遮前掩後，未盡見其底藴。譬如楊、墨，但能知其爲我、兼愛，而不知其至於無父無君，雖知其無父無君，亦不知其便是禽獸也。去冬因其徒來此，狂妄兇狠，手足盡露，自此乃始顯然鳴鼓攻之，不復爲前日之唯阿矣。」

欽敏案：「私嗜」「唯阿」，亦程子「見獵心喜」之意，即此可見克己之難。

欽敏案：朱子與陸氏辯論，斥其禪學，斥其禪會，斥其頓悟，斥其廢講，實無「私嗜」「唯阿」之説。惟平日語其門人，或與朋友書牘，時有「去短集長」之言，「蓄厚養深」之贊。進退抑揚，別有曲折，而朱子一以「私嗜」「唯阿」自咎，所以距邪説而衛聖道，用意微矣。

朱子答趙幾道書曰：「所論時學之弊甚善，但所謂冷淡生活者，亦恐反遲而禍大耳。孟子所以舍申商而距楊墨者，爲此也。向來正以吾道孤弱，不欲于中自爲矛盾，亦厭繳紛競辨若可羞者，故一切容忍，不能極論。近乃深覺其弊，全然不曾略見天理，髣髴一味只將私意東作西捺，做出許多詖淫邪遁之説。又且空腹高心，妄自尊大，俯視聖賢，蔑棄禮法。只此一節，尤爲學者心術之害，故不免直截與之説破。渠輩家計已成，決不肯舍。然此説既明，庶幾後來者免墮邪見坑中，亦是一事耳。」

欽敏案：「一切容忍，不能極論」，蓋不欲彰其友朋學術之謬，俟其轉而進於聖人也。迫其「家計已成，決不肯舍」，然後昌言攻之。朱子之心，其迫於不得已者，正人心、闢聖道而已矣。

右陳氏原書前編中

朱子答陸子静書曰：「税駕已久，諸況益佳，學徒四來，所以及人者在此而不在彼矣。來書所謂利欲深痼者，已無可言。區區所憂，却在一種輕爲高論，妄生内外精粗之別，以良心日用分爲兩截，謂聖賢之言不必盡信，而容貌詞氣之間不必深察者。此其爲説，乖戾狠悖，將有大爲吾道之害者，不待他時末流之弊矣。不審明者亦嘗以是爲憂乎？此事不比尋常小小文義異同，無由面論，徒增耿耿耳。」

陳建案：此朱子晚年攻陸切要之言，道一編指爲早年冰炭，差矣。

欽敏案：此書沉痛，讀之令人惕然省、愴然憂也。有人心世教之責者，不慮吾道之害，而惟年歲早晚之是争，其亦不仁甚矣。

朱子答邵叔誼書曰：「子静書來，殊無義理，每爲閉匿，不敢廣以示人。不謂渠乃自暴揚如此，所與左右書，渠亦録來，想甚得意。大率渠有文字，多即傳播四出，惟恐人不知。此其常態，亦不足深怪。吾人所學，却且要自家識見分明，持守正當，深以此等氣象舉止爲戒耳。」

朱子答程正思書曰：「答子静書無人寫得，聞渠已謄本四出久矣。此正不欲暴其短，渠乃自如此，可歎可歎。」

欽敏案：「不敢廣以示人」，「不欲暴其短」，忠厚之志溢於言表。古君子愛友之周，任道之誠，其竝行不悖如此。

象山死，先生率門人往寺中哭之。既罷，良久曰：「可惜死了告子。」

欽敏案：朱子猶有此等氣象，若聖人處之當如何？

朱子答詹元善書曰：「子靜旅櫬經由，聞甚周旋之，此殊可傷。見其平日大拍頭胡叫喚，豈謂遽至此哉？然其説頗行於江湖間，損賢者之志，而益愚者之過，不知此禍又何時而已耳。」

朱子答趙然道書曰：「荆門之訃，聞之慘怛。故舊凋落，自爲可傷，不計平日議論之同異也。又謂恨不及見其與熹論辨，有所底止，此尤可笑。蓋老拙之學雖極淺近，然求之甚艱，而察之甚審，視世之道聽塗説於佛老之餘而遽自謂有得者，蓋嘗笑其陋而譏其僭。豈今垂老，而肯以其千金易人之弊帚者哉？」

欽敏案：陸氏之徒造言以惑天下，則曰朱陸早異晚同。陳建作學蔀通辯，一切反之，乃曰朱陸早同晚異。考之兩家年譜、文集、語録，皆非其實。蓋朱陸之不合直終身不合也，其合者一時意見議論偶合耳。若其生平學術宗旨大義乖矣，烏有片言符節者乎？

前曲規之，後直距之，前婉諷之，後顯攻之，至於老死而未已也。朱子之放絶陸氏，亦云篤矣。

右陳氏原書前編下

王守仁答羅整庵書曰：「其爲朱子晚年定論，蓋亦不得已而然。中間年歲早晚，誠有所未考，雖不必盡出於晚年，固多出於晚年者矣。然大意在於委曲調停，以求明此學爲重。平生於朱子之説，如神明蓍龜，一旦與之背馳，心誠有所未忍，故不得已而爲此。『知我者謂我心憂，不知我者謂我何求』。蓋不忍牴牾朱子者，其本心也；不得已而與之牴牾者，道固如是，不直則道不見也。執事所謂決與朱子異者，僕敢自欺其心哉？」

欽敏案：王守仁既以「決與朱子異者」自承矣，而又造爲朱子晚年定論，非自欺其心而何？

欽敏案：王守仁自言「年歲早晚，誠有所未考」，是朱子晚年定論，皆守仁誣誕之説，後之人無所用其彌縫矣。既曰「委曲調停」，又曰「不直則道不見」，自相矛盾，支離之甚，乃遁詞也。「與之背馳」，「與之牴牾」，而又假託晚年，妄自附於朱子，以惑亂天下耳目，而曰「僕敢自欺其心」，其何以徵信於後世哉？

無錫顧憲成學蔀通辯序曰：「朱陸之辯，凡幾變矣，而莫之定也，由其各有所諱也。左朱右陸既以禪爲諱，右朱左陸復以支離爲諱，宜乎競相持而不下也。」

欽敏案：朱子之學，謹守孔孟家法，而猶或失之支離，學未純而誤也。彼陸氏一於禪學，猖狂放恣，無所不至，後儒從而師之，又從而諱之。如王守仁之晚年定論，詭誣朱子，此神姦巨猾之所爲，而大亂由是成矣。夫君子之過，如日月之食。若朱子而有支離之病，固嘗自道之，自憂之，又何諱焉？吾所慮者，顧氏之所謂支離，非朱子之所謂支離耳。世固有以不禪爲支離者，雖孔孟當亦受此譏矣，而況朱子哉，噫！

又曰：「學者不患其禪，不患其支離，患其有我而已矣。」

欽敏案：審若是，則顧氏所謂無我者，禪可也，支離亦可也。舜之「舍己」，孔之「無我」，豈可同哉？

又曰：「辯朱陸者，不須辯其孰爲支離，不須辯其孰爲禪，辯其孰爲有我而已矣。」

欽敏案：支離不辯，是誤天下而爲支離也；禪亦不辯，是誤天下而爲禪也。中庸所謂「明辨之」者，豈若是其冥冥也乎？

光緒三十有一年秋月，左欽敏記。

陸氏之學，得王守仁爲之恢張，充塞中土，旁流海外，無父無君之説日新月盛，而中國之禍漸亟。人道喪，夷狄横，亂臣賊子昌，而禽獸食人之變鉅，然後歎孟子所謂「世衰道微，邪説暴行又作」者，至今日而始信其不我欺也。吾於陸氏、王氏何誅焉？朱子深憂陸氏，見於文集、語類者甚夥，今抄存數則，附於學蔀通辯正誤之後，庶幾讀者察之而心惻也云爾。

朱子與劉子澄書曰：「子静一味是禪，却無許多功利術數。目下收歛得學者身心不爲無力，然其下稍無所据依，恐亦未免害事也。」

朱子答趙子欽書曰：「子静後來得書，愈甚於前，大抵其學於心地工夫不爲無所見，但便欲恃此陵跨古今，更不下窮理細密工夫，卒并與其所得者而失之。人欲横流，不自知覺，而高談大論，以爲天理盡在是也。則其所謂心地工夫者，又安在哉？」

朱子曰：「陸子静之學，只管説一箇心本來是好底物事，上面著不得一箇字，只是人被私欲遮了。若識得一箇心了，萬法流出，更都無許多事。他却是實見得道理恁地，所以不怕天，不怕地，一向胡叫胡喊。」

朱子曰：「陸子静不著言語，其學正似告子，故常諱這些子。」

朱子曰：「陸子静説告子論性强孟子，又説荀子性惡之論甚好，使人警發，有縝密之功。」

朱子曰：「陸子静之學，看他千般萬般病，只在不知有氣稟之雜，把許多粗惡底氣都把做心之妙理，合當恁地自然做將去。向在鉛山得他書云：『看見佛之所以與儒異者，止是他底全是利，吾儒止是全在義。』某答他云：『公亦只見得第二著。』看他意，只説儒者絶斷得許多利欲，便是千了百當，一向任意做出都不妨。不知初自受得這氣稟不好，今才任意發出，許多不好底，他只都做好商量了，只道這是胸中流出自然天理。不知氣有不好底夾雜在裏，一齊衮將去，道害事不害事。看子静書，只見他許多粗暴底意思，可畏。其徒都是這様，才説得幾句，便無大無小，無父無兄，只我胸中流出底是天理，全不著得些工夫。看來這錯處，只在不知有氣稟之性。」

朱子曰：「從陸子静者，不問如何，箇箇學得不遜。只纔從他門前過，便學得悖慢無禮，無長少之節，可畏可畏！」

吴仁父説及陸氏之學，朱子曰：「只是禪。初間猶自以吾儒之説蓋覆，如今一向説得熾，不復遮護了。渠自説有見於理，到得做處，一向任私意做去，全不睹是。人同之則喜，異之則怒，至任喜怒，胡亂便打人駡人。後生纔登其門，便學得不遜無禮，出來極可畏。世道衰微，千變百怪如此，可畏可畏！」

朱子曰：「近來諸處學者談空浩瀚，可畏可畏，引得一輩江西士人都顛了。」

江西士人問爲學，朱子曰：「公門都被陸子靜誤，教莫要讀書，誤公一生。使公到今已老，此心倀倀然，如村愚柏盲無知之人，撞牆撞壁，無所知識。使得這心飛揚跳躑，渺渺茫茫，都無所主，若涉大水，浩無津涯，少間便會失心去。何故？下此一等，只會失心，別無合殺也，傅子淵便是如此。子淵後以喪心死。豈有學聖人之道，臨了却反有失心者，是甚道理？吁！誤人誤人，可悲可痛！」

或說：象山說「克己復禮」，不但只是欲克去那利欲忿懥之私，只是有一念要做聖賢，便不可。朱子曰：「此等議論恰如小兒則劇一般，只管要高去，聖門何嘗有這般說話？人要去學聖賢，此是好底念慮，有何不可？若以爲不得，則堯舜之『兢兢業業』，周公之『思兼三王』，孔子之『好古敏求』，顔子之『有爲若是』，孟子之『願學孔子』之念，皆當克去矣。看他意思只是禪。誌公云：『不起纖毫修學心，無相光中常自在。』他只是欲如此，然豈有此理？」

朱子曰：「陸子靜說『克己復禮』，不是克去己私利欲之類，別自有箇克處，又却不肯說破。某嘗代之下語云，不過是要言語道斷，心行路絕耳。因言此是陷溺人之深坑，學者切不可不戒。」

朱子曰：「陸氏會説，其精神亦能感發人，一時被他聳動底亦便清明。只是虛，更無底簟。『思而不學則殆』，正謂無底簟，便危殆也。『山上有木，漸，君子以居賢德善俗』。有階梯而進，不患不到。今其徒往往進時甚鋭，然其退亦速，纔到退時，便如墜千仞之淵。」

朱子曰：「如東萊便是如何云云，不似陸子靜見得恁地直拔俊偉。下梢東萊學者，一人自執一説，更無一人守其師説，亦不知其師緊要處是在那裏，都只恁地衰塌不起了。其害小。子靜學者是見得箇物事，便都恁底胡叫胡説，實是卒動他不得，一齊恁地無大無小，便是天上天下，惟我獨尊。若我見得，我父不見得，便是父不似我，兄不見得，便是兄不似我，更無大小。其害甚大，不待至後世，即今便是。」

朱子曰：「伯恭門徒氣宇厭厭，四分五裂，各自爲説，久之必自銷歇。子靜則不然，精神緊峭，其説分明能變化人，使人旦異而晡不同，其流害未艾也。」

欽敏案：陸氏之學崢嶸高遠，卓然成家，非世儒所能見及。設不遇朱子辭而闢之，則仁義充塞，生民塗炭，而君國沉淪之禍，或終古莫知其所由始也。烏虖哀哉！

朱子曰：「只看聖人所説，無不是這箇大本。」

朱子曰：「子思説箇『天命之謂性，率性之謂道，修道之謂教』，此三句乃天地萬物之大本大根，萬化皆從此出。人若能體察得，方見得聖賢所説道理，皆從自己胸襟流出，不假他求。」

先生極論「戒謹恐懼」，以爲學者切要工夫。

朱子曰：「早間所説用功事，細思之只是昨日説『戒謹不睹，恐懼不聞』，是要切工夫。佛氏説得甚相似，然而不同。佛氏要空此心，道家要守此氣，皆是安排。子思之時，異端竝起，所以作中庸發出此事。只是戒謹恐懼，便自然常存，不用安排。『戒謹恐懼』雖是四箇字，到用著時，只是緊鞭約令歸此窠臼來。」

問：佛氏似亦能謹獨？朱子曰：「他只在静處做得，與此不同。」

朱子曰：「須培擁根本令豐壯，以此去理會學。三代以下書，古今世變治亂興亡，皆當理會。」

朱子曰：「子直一生工夫，只是編奏議。今則諸人之學，又只是做奏議以下工夫。一種稍勝者，又只做得西漢以下工夫，無人就堯、舜、三代源頭處理會來。」

欽敏案：朱子之學所以異於陸氏者，大略如此。學者遜志求之，決無支離之弊也。

嗚呼，誰能勉之？

朱子答劉子澄書曰：「温公論東漢名節〔一〕，但知黨錮諸賢趨死不避，爲光武、明、章之烈，而不知建安以後中州士大夫，只知有曹氏，不知有漢室，却是黨錮殺戮之禍有以敺之也。且以荀氏一門論之，則荀淑正言於梁氏用事之日，而其子爽已濡迹於董卓專命之朝，及其孫彧則遂爲唐衡之壻、曹操之臣，而不知以爲非矣。蓋剛大直方之氣，折於凶虐之餘，而漸圖所以全身就事之計，故不覺其淪胥而至此耳。想其當時父兄師友之間，亦自有一種議論文飾蓋覆，使驟而聽之者，不覺其爲非，而真以爲是，必有深謀奇計，可以活國救民於萬分有一之中也。邪説横流，所以甚於洪水猛獸之害，孟子豈欺予哉？年來讀書，只覺得此意思分明，參前倚衡，自不能舍。雖知以是爲人所惡，而終窮以死，此心誠安樂之，不自以爲悔也。」

欽敏案：每讀此書，未嘗不流涕。因論陸氏，而歎世之學者挾佛老之似，竊名利之權，張皇鄰敵之威，簧鼓楊墨之説，卒以傾覆中國，毁滅禮儀，皆作佣於説禪者之筆舌，而流毒無窮。乃特録附以終此篇，蓋悲天憫人，此中殊痛切也。

朱子答方賓王書曰：「心固不可不識，然静而有以存之，動而有以察之，則其體用亦昭然矣。近世之言識心者則異於是，蓋其静也初無持養之功，其動也又無體驗之實，但於流行發見之處認得頃刻間正當底意思，便以爲本心之妙不過如是，擎夯作弄，做天來大事看。不知此只是心之用耳，此事一過，此用便息，豈有只據此頃刻間意思，便能使天下事事物物無不各得其當之理邪？所以爲其學者，於其功夫到處亦或小有效驗，然亦不離此處，而其輕肆狂妄、不顧義理之弊，已有不可勝言者。此真不可以不戒。」

欽敏案：後之宗陸氏者，以一念之靈明爲大本。今讀朱子此書，已先辨其誤矣。因復補録於終篇之後，以曉學者云。

【校勘記】

〔一〕温公論東漢名節　「東」原作「史」，據晦庵集卷三五答劉子澄改。

附録二：傳記資料

明詞林人物考卷九陳建

［明］王兆雲

陳公名建，廣東東莞人。以鄉舉爲縣尹，罷歸。建狀貌寒素，人望而輕之，然性縝密，積學習于當世，鄉人故翰林黄佐復資其載籍，以是究繹益邃。乃自洪武至正德末，編著行事，曰皇明資治通紀若干卷。又著世務宜興革者，曰治安要議。時講學者皆尊陽明，排斥朱傳，建遂推本朱陸，條分縷析，爲學蔀通辯自序。先是，羅整庵作困知記，致書與陽明辯，其旨頗同於建。建後至南京，欲上所著書，會病卒。（録自明萬曆刻本明詞林人物考）

雒閩源流録卷九陳建

[清]張　夏

陳建號清瀾，廣東東莞人。嘉靖壬寅，朝議進宋儒陸九淵於孔廟，時清瀾以進士令南閩，聞之，憂道統將移，學脉日紊，乃發憤著學蔀通辨，以破王氏所編朱子晚年定論。其書批禍根于横浦，證變派于江門，而中間則詳著朱陸始終不同之迹，閱七年戊申書成。自序曰：「朱陸之辨，近世造爲早晚之説，謂朱子初年所見未定，誤疑象山，晚年始悔悟而與之合。其説蓋萌於趙東山之對江右六君子策，而成於程篁墩之道一編。至近日王陽明因之，又集爲晚年定論。後人不暇復考，一切遽信，而不知其顛倒早晚，矯誣朱子，以彌縫陸學也。道一編謂朱子晚年『深悔其支離之失，而有味於陸子之言』。陽明定論序謂晚年『大悟舊説之非，痛悔極艾，以爲自誑誑人之罪不可勝贖』。皆矯託推援，陰謀取勝，借朱子之言以攻朱子，借朱子以譽象山，挾朱子以令後學。正朱子所謂『離合出入之際，務在愚一世之耳目，而使之恬不覺悟，以入于禪也』。如答何叔京書『熹奉親遺日』云云，道一編指爲晚合象山，陽明採爲晚年定論。按：朱子四十歲，方丁祝孺人憂。此書有『奉親遺日』之云，則祝無恙時所答，朱子方三十餘歲，與象山猶未識面，何得指爲晚合定論耶？又答何叔京書

『今年不謂饑歉至此，縣中委以賑糴之役』，後言『守書册、泥言語』、『自誑誑人之罪不可勝贖』云云，考年譜正在是年，皆四十前事。至淳熙己未方會象山，而何叔京亦卒矣。答張敬夫書在論孟集註未成之前，何以爲晚合？删去『學庸修過』以下二處，此權詐陰謀，不合用之於講學。答黄直卿有『向來定本之誤』，非爲著書發也，蓋論教人之事有定本云爾。『舊本之誤』，朱子初無是語，陽明矯托，以爲悔集註諸書之證，大乖。祭陸子壽文有『道合志同』之語，道一編序首，以證朱陸晚同，假子壽以遮蓋象山，誣甚。按：朱子於象山，自甲辰以前時稱其善，自丁未以後日斥其非，此早同晚異之實也。朱子初年參究禪學，自謂馳心空妙二十餘年，中年私嗜象山，疑信相半，晚年大悟禪學近理亂真之非，於是排陸而一意正學云。紹熙三年，陸子五十四歲，卒於荆門軍。訃至，朱子率門人往寺中爲位哭之，既罷，曰：『可惜死了告子。』按：陸子壽之卒，朱子痛惜之，爲文以祭，象山則無。按：象山櫬至，朱子答詹元善書云：『子静旅櫬經繇，聞甚可傷。見其大拍頭胡叫唤，豈謂遽至此耶？然其説頗行於江湖間，損賢者之志，而益愚者之過，不知此禍何時已耳？』又曰：『江西頓悟，永康事功，若不極力争辨，此道無繇得明。』建按：傳習録答門人問格物之説，謂朱子不知先切己自修，平日許多錯處皆不及改正，是詆誣朱子一生無一是處。自朱子没後，無人敢如此詆誣。自古講學著書，無人敢如此顛倒欺誑。昔尹和靖有言，『其爲人明辨有才，而復染禪學，何所不至』。建爲此懼，迺竊不自揆，然發憤究心十年，作學蔀通辨十二卷，垂十萬言。」云云。厥後萬曆中，羣惑猶不解，慕崗馮氏乃以是書重鋟諸木，屬涇陽顧先生序而傳之。（録自清康熙二十一年黄昌衢彝敘堂刻雒閩源流録）

（道光）廣東通志卷二七九陳建傳

［清］阮　元

陳建字廷肇，號清瀾。太守恩季子，越、超、赴之弟也。嘉靖戊子領鄉薦。究心國家因革治亂之迹及道術邪正之分。兩上春官，皆乙榜，以母老，授侯官教諭，日勤陶鑄。粤大記。博學强記，諳於典故。福建通志。論文謂文有九善九弊，因作濫竽録以爲式。東莞鄉賢録。與巡按潼川白公賁論李西涯樂府，因著擬古樂府通考。與督學潘公潢論朱陸同異，作朱陸編年考。督學江公以達命校十三經註疏成，代作十三經註疏奏稿。又代海道汪公作海防長策奏疏。七載，遷臨江府學教授，編周子全書、程子遺書，大有造於來學。聘典試凡四，江右、廣右、雲南、湖南，所得多名士。粤大記。尋陞山東陽信令，註小學古訓。未幾，以母老力告歸養。時年方四十八歲，益鋭志於著述，乃裒輯洪武以來，迄於正德，爲皇明通紀三十四卷。又著治安要議六卷，其言切於變通救弊。粤大記。時朝議進宋儒陸九淵於孔廟，憂學脉日紊，乃發憤著學蔀通辨，以破王氏所編朱子晚年定論。其書批禍根於横浦，證變派於江門，而中間則詳著朱陸始終不同之迹，閲七年書成。洛閩源流録。復著古今至鑒六卷，以嚴勸戒。刻陳氏文獻録，以示子姪。莆田林潤爲都御史，修葺宗藩條例，内翰李廷機編百子粹言，多採建之説也。建學識温醇，議論純正，至於崇正黜邪，則毅然賁育莫奪。年七十有一卒。粤大記。又有經世宏詞、明朝捷録諸書，前後當道名公，咸採其策而收其用。巡撫陳聯芳、侍郎萬士和、恭順侯吴繼爵、都御史李義壯，均稱建學問博洽，明體達用，如司馬子長凌雲之才，如椽之筆，著述可以立百王不易之法，可以開古今未決之疑。程績洛稱通紀、要議言經綸事業，通辨言學術是非，皆如布帛菽粟，民生日用之不可缺也。湖南内翰瞿九思不遠數千里造廬拜墓，有謁墓詩文，稱建著述多君國大訏謨，趨向端，取舍正，可以號名筆云。萬曆丁巳，督學楊瞿崍、徐如珂採輿論，舉祀鄉賢。東莞鄉賢録。（録自清道光二年刻廣東通志）

陳建傳

［民國］陳伯陶

陳建字廷肇，號清瀾，阮元通志。亦號清瀾釣叟。明瞿九思墓誌銘。東莞亭頭鄉人。明張二果東莞志。父恩，字宏濟，弘治己酉舉人，官南安訓導，秩滿銓選天下教職第一，歷陞廣南府知府，卒於官。明黄佐通志。生四子，建其季也。弘治十年丁巳八月二十日誕於南安之學署。墓誌。自幼純心篤學。年十九，丁父憂，服未闋，有勸隨俗權娶者，弗聽。年二十三，補邑弟子員，試輒居首，巡按督學余涂歐蕭四公咸器異之。嘉靖戊子，領鄉薦。兩上春官，皆中乙榜。年三十六，選授侯官教諭。家傳。勤於訓迪，士之貧者，贍之堂齋，中無虚席。與諸生論文，謂文有九善九弊，因作濫竽録。與巡撫白賁論李西涯樂府，因作西涯樂府通考。督學江以達命校十三經注疏，因代作進呈疏上於朝，遂頒行天下。廣州鄉賢傳。又代海道汪某作海防長策奏疏。明郭棐粤大記。七載，遷臨江府教授。部使者皆重其才，稱先生而不名。廣州鄉賢傳。兩任聘考江西、廣西、湖廣、雲南鄉試，所取皆名士。鄧淳粤東名儒言行録。如都御史王士翹、大參易寛、太守錢邦偁、蔣時行、冢宰嚴清，其卓著者也。家傳。然不汲汲仕進，聞有引薦則力辭。循資陞陽信令，至則以教養爲急，勸課農桑，申明條約，不事蒲鞭而邑大治。廣州鄉賢傳。又以其暇頒小學古訓，令家誦而人習之。家傳。以母老乞養，邑民攀留，三詳力請，乃得歸，時年四十八。廣州鄉賢傳。按：粤東名儒言行録載建第三次詳文云：「看得通縣里民留職之情固切，而卑職歸養之念更殷。懷邑先年罹亂，卑職奉令提兵，躬擐甲胄，登山涉水，或撫或擒，今緑林寂無嘯聚矣，各崗猺蠻不復反矣。喪亂既平，嗷嗷之哀鴻，雖百堵未集，然安宅有期矣。四民漸皆復業，即殘野荒郊，職亦多方勸諭，源源開闢矣。後來任斯土者，自有良牧，職魯鈍迂儒，教養之術，奚當衆民攀留。況職哀求終養，實爲老母年逼桑榆，倚閭西望，度日如年，非圖後日補用。乞亟據題，俾得早歸一日，永戴二天。」詳文出，即繳印棄官歸。據此，則建似由陽信調廣西之懷遠或懷集，平崗蠻後乃乞終養，而家傳、墓誌及他書皆祇稱其爲陽信令，不半載告歸，無官懷邑事。姑記之以備考。建貌寒素，人望而輕之，然性縝密，寶翰堂藏書考。博聞彊記，福建通志。究心學術邪正之分，及國家因革治亂之故。粵大記。歸後構草堂於郭北，廣州鄉賢傳。益鋭志著述。阮通志。丙午母終，謝邦信墓誌。按誌，母顧氏，恩繼室，年八十九。遂隱不出。先是建官南安，與督學潘潢論朱陸異同，作朱陸編年。廣州鄉賢傳。及官臨江，復輯周子全書、程氏遺書類編，因朱子所表章者而益表章之，學蔀通辯終編。以裨來學。廣州鄉賢傳。時王守仁所輯朱子晚年定論，羅欽順雖嘗貽書與辯，然學者多信之。顧炎武日知録。會揭陽薛侃學於王守仁，請祀陸九淵廟廷，明史薛侃傳。建憂學脉日紊，洛閩源流録。以前所著朱陸之辯非所以拔本塞源也，明顧憲成通辯序。乃取朱子年譜、行狀、文集、語類及與陸氏兄弟往來書札，逐年編輯，日知録。因編年二編討論修改，探究根極，列爲前後續終四編，通辯末自識。凡閱十年，至戊申夏乃成，名曰學蔀通辯，共十二卷。通辯自序。自序稱：「佛學近似惑人，爲蔀已非一日。象山陸氏假其似以亂吾儒之真，又援儒言以掩佛學之實，於是改頭換面、陽儒陰釋之蔀熾矣。幸而朱子深察其弊，而終身力排之，其言昭如也。不意近世一種造爲早晚之説，乃謂朱子初年所見未定，晚始悔悟，而與象山合。其説蓋萌於趙東山之對江右六君子策，而成於程篁墩之道一編，王陽明因之，又集爲朱子晚年定論。後人不暇復考，一切據信，而不知其顛倒早晚，矯誣朱子，以彌縫陸學也，其爲蔀益甚矣。建爲此懼，慨然發憤，究心通辯，專明一實，以抉三蔀。前編明朱陸早同晚異之實，後編明象山陽儒陰釋之實，續編明佛學近似惑人之實，而以聖賢正學不可妄議之實終焉。」通辯總序。其書破陽明之説，而批禍根於橫浦，證變派於江門。洛閩源流録。終編載心圖心説，明人心道心之辯，吾儒所以異於禪佛。又著朱子教人之法，在於敬義交修、知行兼盡，及著書明道、闢邪反正之有大功於世。通辯終編自序。當時壓於王氏，不得傳。〈周天成東莞志。〉至萬曆間，無錫顧憲成悟心體無善無惡之非，作證性篇以詆守仁，明高攀龍涇陽先生行狀。盱眙吴令因梓是編，憲成序之，謂「其憂深慮遠，肫懇迫切，如拯溺救焚，聲色俱變」。顧憲成通辯序。自是始行於世。粤大記。建成是書，時王氏之學流弊未極，張志。故建祇論象山師弟顛倒錯亂、顛狂失心之弊，以爲禪病昭然。通辯後編自序。其後王門高弟爲王艮、王畿，艮之學一傳而爲顔均，再傳而爲羅汝芳、趙貞吉。畿之學一傳而爲何心隱，再傳而爲李贄、陶望齡。論者謂「李斯亂天下，至於焚書坑儒，皆出於其師荀卿高談異論而不顧者也。」羅欽順困知記及建是書，並今日中流砥柱」云。日知録。建又以本朝之法積久弊滋，著治安要議六卷，言宗藩、賞功、取士、任官、制兵、備邊，要議自序及目録。務於變通以救其弊。粤大記。自序稱嘉靖戊申，與通辯皆是年成書，時年五十二。莆田林潤爲都御史，修葺宗藩條例，即採其説。粤大記。初著皇明啓運録，香山黄佐見之，謂漢中葉有荀悦漢紀，宋中葉有李燾長編，我朝自太祖開基，垂二百禩，而未有紀者，宜纂述以成昭代不刊之典。通紀自序。乃裒輯洪武以來，迄於正德，爲皇明通紀三十四卷。阮通志。其書載録信，是非公，文義簡暢，明岳元聲通紀序。號稱直筆。瞿九思謁墓文。乙卯書成，通紀自序。按：建時年五十九。遂爲海内宗寶。岳元聲序。庚申，湖南瞿九思得是書，自譬爲國家聾瞽，至是始有目有耳。後入粤拜建墓，徒跣行數十步，爲謁墓文，並焚所著書以獻。謁墓文。他著有古今至鑒、經世宏詞、明朝捷録、陳氏文獻録等書。粤大記。隆慶元年丁卯，以上書終於南都之留城，年七十一。墓誌。建學識温醇，議論純正，至於崇正黜邪，則毅然賁育，莫之奪。粤大記。嘗曰：「士君子得其時，行其道，則無所爲書，身後虚名，亦何益耶？」家傳。其所著述，蓋爲天下萬世慮也。墓誌。巡撫陳聯芳、侍郎萬士和、恭順侯吴繼爵、都御史李義壯，均稱建明體達用，可以開古今未决之疑，立百王不易之法。粤大記。吾粤有新會之學，有增城之學，至建書出，世稱之爲東莞之學，學者稱清瀾先生。周志。

論曰：余讀顧亭林日知録，其論陽明之學之流弊，而謂清瀾通辯比羅文莊困知記尤精詳，足稱中流砥柱。其推許至矣。及讀張楊園、陸清獻書，乃知楊園初講蕺山慎獨之學，後得通辯，深歎夫功夫枉用，老而無成，而清獻與友人論學書，必舉通辯令閲。晚欲爲四書困勉録，乃謂陸王禪學，通辯已詳，不必多辯。其服膺如是。然則楊園、清獻之學，清瀾導之也。清獻答徐健庵論明史書，謂：「清瀾立傳，最足爲考亭干城。」而明史稿無清瀾傳，豈萬季野删之耶？文莊、亭林、楊園、清獻今皆從祀廟廷，史既無清瀾傳，而二百餘年來，亦無以其學術奏聞於朝者，則通紀一書累之也。通紀列禁書目之首，當時功令森嚴，故嘉慶初修邑志時，不敢道清瀾一字。然明通紀二十七卷，續十卷，陳建撰，明史藝文志載之矣。原書迄於正德，時我朝固未興也，特海内風行，續之者衆，禁書目所列，如高汝栻、陳龍可輩，皆續至隆萬間，而余所見岳元聲、袁黄、董其昌本有續至天啓七年者，其語多觸悖，續者有之，清瀾無是也。清瀾自序謂是書之作考據群籍，直書垂鑒，不敢虚美隱惡。故世推直筆，以荀悦、李燾書例之，自當與正史並行。乃因禁燬之故，並其學術之正而亦不敢以聞，倘太史公所謂「巖穴之士，趨舍有時」耶？或疑清瀾之詆象山未免過激。不知清瀾爲程朱學時，象山尚未從祀，至嘉靖九年陽明門人揭陽薛中離奏請報可，時清瀾年三十三矣。清瀾究象山禪學流弊，而預知陽明流弊之所必至，語雖過激，此乃其衛道之苦心，未可議也。孟子言誦詩讀書必論其世，余故表而出之，以俟夫後之議先儒祀典者。此余重修東莞志稿，兹録附通辯之末。伯陶記。（録自民國十年東莞陳氏刊聚德堂叢書本學蔀通辨）

附録三：序跋資料

刻學蔀通辯序

［明］顧憲成

東粤清瀾陳先生，嘗爲書著朱陸之辨，而曰此非所以拔本塞源也，於是乎搜及佛學，而又曰此非所以端本澄源也，於是乎特揭吾儒之正學終焉，總而名之曰學蔀通辨。大指取裁於程子本天本心之説，而多所獨見，後先千萬餘言，其憂深，其慮遠，肫懇迫切，如拯溺救焚，聲色俱變，至爲之狂奔疾呼，有不自知其然者。內黄蛟嶺黄公流受之先生，奉爲世寶，十襲而授厥嗣直指雲蛟公吉士，雲蛟公顧諟庭訓，憮惋時趨，謂盱眙令禮庭吴侯嘗讀書白鹿洞，出示之，侯慨然請任剞劂之役，而其邑人慕岡馮子爲問序於不佞。先是，高安密所朱公從吾邑高存之得朱子語類，屬其裔孫諸生崇沐校梓，且次第行其全集與小學、近思録諸編。及聞是役也，崇沐復欣然樂佐厥成。相望數百里間，一時聲氣應合，俯仰山川，陡覺神旺。不佞憲作而嘆曰：美哉！諸君子之注意於正學也，有如是哉！其不謀而契也，吾道其將興乎？何幸身親見之也。已伏而思曰：朱陸之辯，凡幾變矣，而莫之定也，由其各有所諱也。左朱右陸既以禪爲諱，右朱左陸又以支離爲諱，宜乎競相持而不下也。竊謂此正不必諱耳，就兩先生言，尤不當諱。何也？兩先生並學爲聖賢者也，學爲聖賢必自無我入，無我而後能虚，虚而後能知過，知過而後能日新，日新而後能大。有我反是，夫諱我心也，其發脉最微，而其中於人也，最粘膩而莫解，是無形之蔀也，其爲病病在裏。若意見之有異同，議論之有出入，或近於禪，或近於支離，是有形之蔀也，其爲病病在表。病在表易治也，病在裏難治也，是故君子以去我心爲首務。予於兩先生非敢漫有左右也，然而嘗讀朱子之書矣，其於所謂支離，輒認爲己過，悔艾刻責，時見乎辭，曾不一少恕焉。嘗讀陸子之書矣，其於所謂禪，藐然如不聞也，夷然而安之，終其身曾不一置疑焉。在朱子豈必盡非，而常自見其非？在陸子豈必盡是，而常自見其是？此無我有我之證也。朱子又曰：「子静所説專是尊德性事，而某平日所論，却是道問學上多。今當反身用力，去短集長，庶幾不墮一邊耳。」蓋情語也，亦遜語也。其接引之機微矣，而象山遽折之曰：「既不知尊德性，焉有所謂道問學。」何歟？將朱子於此果有所不知歟？抑亦陸子之長處短處朱子悉知之，而朱子之喫緊處陸子未之知歟？昔子路使子羔爲費宰，孔子賊之，乃曰：「有民人焉，有社稷焉，何必讀書，然後爲學？」彼其意寧不謂是向上第一義，而竟以佞見訶也，其故可知已。是故如以其言而已矣，朱子岐德性、問學爲二，象山合德性、問學爲一，得失判然。如徐而求其所以言，則失者未始不爲得，而得者未始不爲失。此無我有我之别也。然則學者不患其支離，不患其禪，患其有我而已矣。辯朱陸者，不須辯其孰爲支離，不須辯其孰爲禪，辯其孰爲有我而已矣。此實道術中一大蔀，非他小小牴牾而已也者，而通辯偶未之及。敢爲吴侯誦之，惟慕岡子進而裁焉，且以就正於雲蛟公。不審與蛟嶺公授受之指，有當萬分一否也？時萬曆乙巳十二月之朔，無錫顧憲成謹序。（録自清康熙十七年啓後堂重刊學蔀通辨）

學蔀通辨啓

［明］馮應京

伏惟獻歲芳辰，福履日茂，拜新書之貺，末由稱賀且謝。學蔀通辨，盱令任費，涇陽任序，朱秀才任校讎，粗畢矣。如有訛誤，乞示下更之。不煩憲府金錢，第藉重喬梓大名，爲後學風厲。斯文將興乎，朝廷種種快覩，以此書觀之，猶末也。蓋政成於人，人成於學。學宗朱子，則端嚴足以振紀，精密足以總務。太老公祖詒謀，固今日救時之要，而萬世擎天之經也。京樂覩德化之成，不啻奉詔令、罷礦使之爲快已。方輿彙編，容嗣報不盡。治生馮應京頓首。（録自清康熙四十五年潘宗洛重刊學蔀通辨）

學蔀通辨跋

[明]吴中立

自尼山誕聖，道集大成，閲千餘載，而有紫陽闡繹紹明，聖學赫然中興焉。譬之承家者然，吾夫子固百世不遷，而紫陽其嫡派也。學者惟不謬於紫陽，而後不謬於夫子，吾道之祖禰可知已。獨惜鵝湖辨熾，左袒子静者，遂爲正學蔀。又譬則支裔漫衍，令箕裘真脉，晦塞而不傳。此清瀾陳先生學辨所由作也。辨成未遍宇内，而内黄直指黄公實世守焉。公即靡盬不遑，隨所至必携篋中，蓋佩服庭訓，亦冀以啓誘當時，特有待而發耳。兹公按淮南，直己秉道，風厲諸司，自公之暇，每進所屬闡發名理。馮觀察其最相善者，一日詢觀察尊人慕岡子，知其學本清瀾，公爲之作而言曰：「有是哉！陳氏之學，其不孤乎！」即出所受於庭者，謀壽諸梓。儀部汪斗崙聞之，喜曰：「此先君子素志，不肖日覯焉而未得也。」夫南北異産，先後異時，顯晦異位，胡一陳氏書，而是三族者皆傳之先君，纘之厥嗣如此也。無迺天開吾道，令學者遡嫡派而禰紫陽，故以喬梓授受之奇默寓其意乎？不肖中立，屬直指公宇下，公不鄙，命董雕蟲之役。嗟乎！風塵下吏，茅塞何堪，惟昔聞鹿洞之遺，於兹有戚戚焉，懼負委命，殫心校梓，不越月而帙成，敬綴言簡末，紀此編之所由傳，亦以告天下士人，毋負公惓惓至意也。屬吏白鹿洞後學吴中立頓首謹識。（録自清康熙四十五年潘宗洛重刊學蔀通辨）

讀學蔀通辨法

［明］蔡元偉

象山之學，愚初因朱子「子静專尊德性，而熹所論道問學爲多」數語，遂信二公之學各有所偏，朱之詆陸爲分明是禪者，其論爲過。及見趙東山之贊與對江右六君子策，及程篁墩道一編、王陽明先生晚年定論，又信二子始異而終同，皆不害其爲大賢。後觀羅整庵深詆陸學之非，與陽明書謂晚年定論考之欠詳，而立論之太果，質之與何叔京書四通而可證。予心竊疑之。繼觀象山全集，其言論氣象皆與孔孟宗旨不類。如下樓之見、鏡象之覺，謂顔子精神高、有子支離、伊川傷我、六經皆爲註腳，如此之類，心每不喜其説，自以爲淺見薄識，不足以窺大儒之用心，輒以自責。及讀晦庵文集，始焉與象山疑信參半，晚年攻擊甚嚴。聞訃爲位而哭，既罷，良久曰：「可惜死了告子。」其答詹元善書云：「子静旅櫬經由，聞殊周旋之，此殊可傷。見其平日大拍頭胡叫喚，豈謂遽至此哉？然其説頗行於江湖間，損賢者之志而益愚者之過，不知此禍又何時而已耳。」其答趙然道書云：「荆門之訃，聞之慘怛。故舊凋落，自爲可傷，不計平日議論之同異也。來諭謂恨未及見其與熹論辨，有所底止，此尤可笑。蓋老拙之學雖極淺近，然求之甚艱而察之甚審，視世之道聽塗説於佛老之餘，而遽自謂有得者，蓋嘗笑其陋而譏其僭。豈今垂老，而肯以其千金易人之搏黍乎哉？」及考陸子壽之没，朱子有祭文，其中稱之有「志同道合」、「降心相從」之語，而子静並祭文亦無之。乃知朱子後來識見更益精明，深灼破其學禪之機，其道若冰炭之不相入，而所謂始異終同者乃不之信。然猶以先入之見，往來於中，不能頓釋。既而得陳東莞所著學蔀通辨一書，述朱陸平生履歷議論之詳，乃知象山真箇假佛釋之似以亂孔孟之真，竊孔孟之言以文佛釋之説，其術巧，其機深，雖高明之士皆爲所惑，而其徒傅子淵、楊敬仲之徒大露手脚，不能隱諱其禪學之實矣。其書考據精詳，鑿鑿有證，前編明朱陸早晚同異之實，後編明象山陽儒陰釋之實。而所謂「專管歸完養精神」一語爲勘破禪陸之根本，此又發朱子之所未及也。又按：陸學來歷本假佛釋，然必先識佛學，而後陸學可辨。朱子早年於佛書皆已通曉，故能灼破陸學之僞。雖以南軒、東萊之智，亦識他不破。而近世學者惑於東山、陽明、篁墩之言，益信象山之學爲尊德性，爲先立其大，真「百世俟聖人而不惑」，而朱子之學術支離，足以殺天下後世，不減於楊墨之禍矣。孰知篁墩諸人早晚顛倒，矯誣朱子，以彌縫陸學，其忍心害理如此之甚哉？今學蔀通辨一書出，而朱陸異同之實自昭昭而不容掩。然非陳君杜撰阿私所好者，不過據二家文集、語録參互考訂，而趨向純正，識見精明，斷制亦精當無疵，不爲似是而非之説所亂，有以決千載之疑，爲有功於世爾。吾固不知陳君爲何如人，即其言可以觀其心之所好，豈東山、篁墩、陽明所可同年而語哉？

此蔡子從豁然之後，遡未豁之先，歷敘其本末，凡五轉手勢，而後得所歸依。蓋疑所當疑，而後能信所必信也，誠蔡子吃緊爲人處。余未讀通辨時，疑信頗亦類此，蔡子其先得我心哉。原以朱陸論名篇，特僭改今名，録於編後，爲疑信者立箇標準。且以見通辨之不可不讀，而又不可以易而讀也。庚申冬月汪璲識。（録自清康熙四十五年潘宗洛重刊學蔀通辨）

學蔀通辨跋

［日］安東守正

學術之蔀，釋氏爲最甚矣。以談寂滅，則却者好之；以談禍福，則愚者惑也。此所以其徒愈衆，而吾道愈孤也。古者楊墨塞路，孟子辭而闢之廓如也，故曰孟子之功不在禹下。

其後千有餘載，異端雜學群然蜂起，朱子盡力闢之，故曰朱子之功不在孟子下。如陸氏頓悟，王氏簡易直截，乃釋氏不立文字機軸，似以六經爲附贅懸疣。且其言曰「六經著我」、「六經亦史」，是作後世廢學俑也。彼乃陰剿佛説，陽附吾儒，人不覺其自入禪爾。及朱陸早異晚同之説與朱氏晚年定論出，辭説愈巧，遮掩愈深。此皆根據釋氏，所以其蔀爲最甚也。清瀾先生作爲此書，究辨真似是非，明白痛快，不遺餘力，重重蔀障瓦解冰消，其功豈在朱子下乎？己亥冬入雒，剞劂氏就求國字旁訓。守正欲廣諸同志，於是僭爲詮次，且以就正於博雅君子也。柳川後學安東守正省庵謹跋。（録自日本寬文三年重刊學蔀通辨）

重刻學蔀通辯敘

［清］顧天挺

朱陸異同之辯，祖分左右者，數百年於兹矣。左朱右陸，左陸右朱，二者若不相下。至近來言理諸家，同聲附和，竟謂朱不異陸，陸不異朱，調停回護，幾莫窮其首尾，從未有以禪學斥陸氏者。嗚呼！援儒入墨，推墨入儒，似是而非，賢者不免。若不究極根底，考辯始終，將使得伊洛之真傳者，與頓悟良知之説並傳，留於天壤而莫知適從，不幾異端充斥，而爲孔孟罪人耶？此清瀾陳子學蔀通辯之所由作也。採輯群書，編次年月，俾學者曉然知陸之爲禪，朱之爲正學，而紛紛聚訟者始定，其有功于世道人心不淺矣。余生也晚，不獲從先生遊，讀其書，想見其爲人，心竊嚮往之。緣其板籍灰燼，好學深思者未能家尸而户祝也，敬復授梓，以自附於内黄黄子之後。至其學問源流，聖賢底藴，則涇陽公有我無我之論，固直探其本，小子何多贅焉。時康熙十七年歲在戊午皋月吉旦，當湖後學顧天挺蒼巖甫敬題于滎陽公署。（録自清康熙十七年啓後堂重刊學蔀通辨）

重刻學蔀通辨序

［清］潘宗洛

朱陸之異判然若白黑，故宗朱者不得不攻陸，宗陸者不得不攻朱。有明之程篁墩、王陽明，其實皆宗陸以攻朱者也，而其所著若道一編，若晚年定論，又援朱入陸，創爲「將毋同」之説，以文其遁詞，以惑天下學者之耳目。嗚呼！其爲禍也烈矣。嘉靖朝，東莞陳清瀾先生奮起而闢之，著書十二卷，分爲四編，命之曰學蔀通辨。考據精確，窮探隱微，其於朱陸之源流毫釐疑似，無不昭然白黑之不可掩，信乎子朱子之功臣也。吾鄉紫陽汪文儀，蓋與聞顧、高兩先生之學者，其生平得力則在此書。余甫至楚，文儀袖之來謁，曰：「子爲學者師，何可不表章此書，以正其趨向耶？」居無何，文儀老病且死，而其書尚在余案頭。余感故人之意，且以其書之實有益於來學也，遂捐俸金重梓而廣之。或沮之曰：子之表章此書，豈非欲率天下學者攻陽明之祖尚象山乎？夫象山、陽明猶吾儒也，聃瞿之徒黄其冠、緇其衣，彌滿宇内，不彼之熄而惟此之辨，是封殖其黨以益己之敵也，惡乎可？曰：非也。昔者子朱子亦嘗慮吾黨孤弱，不欲自爲矛盾，久乃覺其弊，不得不反復極論。且子亦知異端邪説之作，其始於老氏者乎？司馬遷雖好黄老，然不敢背畔六經，與其父談有異，故其稱孔子曰「至聖」，稱老子曰「隱君子」，位置頗亦不謬。其傳老子，可疑者半，可信者半。如孔子適周，至老子猶龍之説，不見經傳，剿襲附會，其可疑者也。若其仕周爲守藏室之史，去而關尹强爲著書，其子宗、其孫注，屢傳至解，世次歷歷，其可信者也。由此觀之，老子當日其仕宦出處進退之節、夫婦父子居室之倫，固儼然一儒也，非若後之黄其冠、緇其衣者也。不幸而遇關尹，即當謝曰：「身將隱矣，焉用文之？」乃計不出此，而忽放言高論，倡爲虚無清静之説，亹亹五千言，而後去。其後莊子、列子推廣其意，益復汪洋自恣，無所忌憚，而其説駸駸盛矣。惜乎孔孟既没，無有闢而正之者。漢初君臣反師其意，以爲治理之具，非無小功效，然而其流弊爲申商之刑名，其龐雜爲方士之迂怪，識者早已知之。久之而變爲清言，爲佛法，爲禪宗，皆老子五千言之作俑也。是故五千言，詖辭也；莊列，淫辭也；清言、佛法，邪辭也；禪宗，遁辭也。禪之爲説，愈遁而愈精。譬如宋齊丘爲徐知誥謀議，書於灰盤，隨即滅去。禪也者，不惟滅其老莊之迹而已，并佛法之迹而滅去；不惟滅其佛法之迹而已，并達磨之迹而亦滅之。面壁九年，明明坐禪也，而其徒又曰「坐禪安能做佛」，曰「饑時喫飯倦時眠」，其説之閃閃爍爍，若隱若見，大抵如此。不過滅其迹，使人不可窮詰而已。由君子觀之，有以知其遁辭之窮也。北宋之世禪宗最盛，其徒之桀黠者誘吾縉紳士大夫，以爲儒禪一理，教以儒書解禪。此即清言之世牽合周易與老子合講之故智耳，而士大夫不察，漸漸墮其術中。至於象山，始以禪旨解書矣。夫以儒書解禪，其禍不可言也，以禪旨解書，其禍更不可言也。子朱子不得已而反覆極論，其説幾乎熄矣。朱子既没，爲陸學者又復揚其波，燃其灰，至於陽明而大盛。夫陽明之才智名位事功，赫赫在人耳目，豈特守藏之史乎哉？守藏史以周室老儒，其生平未嘗有意聚徒講學，而其將隱之五千言，猶流毒千古而不可解，況乎陽明挾其才智名位事功聲勢烜赫之資，而又加以有意聚徒講學，其生平著書立言，豈不足以流毒千古？故曰宗朱者不得不攻陸也。今聖天子專崇朱學，以風厲多士，欽惟御製訓飭士子文「躬行實踐」一語，固已揭朱子「吾儒萬理皆實，釋氏萬理皆空」之意明白指示矣。然則承宣德教者，亟亟焉表章通辨，以破調停之説，以正人心，以一學術，是誠學臣之責也夫。若夫爲王氏之學者知讀此書，而悔其宗陸之非，反而求諸宗朱之是，則吾有孔孟之家法在，彼黄其冠、緇其衣者，吾猶將歸斯受之，而況於爲王氏之學者乎？謂余不信，有如皎日。答既畢，因書之以爲序。時康熙丙戌仲春庚寅朔宜興後學潘宗洛謹序。

（録自清康熙四十五年潘宗洛重刊學蔀通辨）

手録學蔀通辯跋語

［清］汪　璲

戊午之春，吾宗碩彦泰茹先生，以清瀾陳先生學蔀通辯四編十二卷示余，且語余曰：「吾之懷此編也久矣，貧不克重梓以廣其傳。凡我同人能讀是編者，吾必囑其抄録，冀副本之多留人間也。吾子其有意乎？」余受而卒業，亟端紙濡墨，洗心而莊録之。録成，於是額手而言曰：有是哉！先生之爲是書也，其用心勤矣。使學者曉然知陽明爲陰謀秘計，心迹本末之皆邪，而異同之辨息者，其在斯乎，其在斯乎！雖然，象山之禪也，陽儒而陰釋也，空腹高心、妄自尊大也，俯視聖賢、蔑棄禮法也。固見斥於吾朱子，鳴鼓而攻之矣。若陽明之本於禪陸，改换詭譎，欺己誑人。先生推勘精切，奸無遁情，既明且孚，宜乎斷決隨之。然十二卷中所列，祇昭朱子之實，正王陸之謬而止爾，斷例未施，猶獄之讞而未成也，無乃猶有所諱耶？按經曰：「非聖者無法。」陽明不云乎：「堯舜猶萬鎰，孔子九千鎰。」夫孔子之聖，數千百年，孰敢顯然背叛，斥爲未至？陽明之猖狂無忌憚，敢爲詆訾如此，是可敢也，孰不可敢也？其自絶於吾夫子之門一也。孟子曰：「距楊墨。」夫楊氏之爲我，墨氏之兼愛，猶未至遺物棄事，而孟子推之爲無父無君，極之以爲率獸食人。況禪之爲教，裂冠毀冕，滅倫釋累，其爲詖淫邪遁，人人得而闢之者也。陽明良知之説，淵源乎佛氏之本來面目，而合於仙家之元精元氣元神。據其所自言，亦甚明矣。以空門授受正法眼藏，託於儒以售其説，其自絶於吾夫子之門二也。「誠者物之終始，不誠無物」，故大學首戒自欺。陽明所輯朱子晚年定論，顛倒先後，欺自己之本心，以塗世人之耳目。夫小人欺君誤國，必顛倒是非，誣詆矯罔，以肆其奸，故在法欺詐者雖赦不原，爲其罪重也。況以權械工巧，用之於講學乎？上而千古聖學爲所汩亂，下而萬世人心爲所蠱惑，其自絶於吾夫子之門三也。夫以侮聖宗禪之異端，轉而爲欺詐傾邪之編輯，以惑世而誣民，猶且從躋之聖賢之列，從祀於吾夫子之廷。匪獨吾夫子於昭于天者，宜赫然而斯怒，陽明而頑然塊然無人心則已，苟猶有人心也，當此揭肺肝而示之日，尚肯淟涊蹙縮立於吾夫子之側而不顧乎，吾知其不能一朝居乎其位矣。且王制曰：「行僞而堅，言僞而辨，學非而博，順非而澤，以疑衆殺。」陽明之行，雖未至於堅僞，而不免有其三。疑衆之誅既幸逭於生前，而從祀之躋反邀榮於身後，將何以正人心而出治乎？故愚以爲陽明之主可黜也。陽明之主黜，而象山、白沙之主可例矣。或曰：誠若子言，其於陽明之勳業文章何？曰：固也。正惟陽明挾其震耀之勳業，而强辨浮詞又足以煽而鼓之，故天下之人怵然拱手，鞠躬屏氣，不敢輕議，所以誤人賊道尤甚。況勳業縱盛，只被乎一時，學術之害，禍及乎萬世。如以其勳也，援古者鄉先生之例，祀於其鄉或祭於社可也。若孔廟，乃聖學會極歸極之所在，非報功之私地，以一日征戰之武功，紊萬世聖學之統，奚可哉？抑人各有志，陽明所尊信者達磨、慧能耳，孔曾思孟皆其所未滿，何有於程朱？强齒於其列而下之，吾又有以知其有悻悻不服之色矣。黜主所以成陽明之志乎。蓋一日立乎其位，則本一日未拔，而源一日未塞。縱閑距不乏，亦將隨撲隨噓，旋抑旋張，何時而已耶？黜主者，端本澄源之道也。主黜而邪説熄矣，主黜而聖教一矣。邪説熄而吾道明，聖教一而吾道行。尊孔孟而宗程朱，廻狂瀾而奏廓清，先生之功何如哉！孔廟一席，安得不虚左以待先生乎？一予一奪，或亦有志斯事者之所不容默也。愚故著陽明之自絶於聖門者，爲異日黜主定案，完斯編未結之局，且爲先生從祀左券，綴於卷末，以俟禮官之採定，藉以答泰茹宗彦相授之意。若謂以窮巷蓬茨之子，管窺蠡測之知，上干廟謨之大典而妄議之，則罪無容逭矣。戊午三月紫陽後學汪璲謹識於學易山房。（録自上海圖書館藏清淇園鈔本）

學蔀通辨序

［清］張伯行

學者不知性善之旨，夢夢終身，殆如長夜。然此特庸衆之人，行不著而習不察耳。獨怪王新建以絶人之資，自幼讀孔孟之書，乃不加察識，敢爲異説而不顧也。新建與錢德洪、王畿證道於天泉橋上，其宗旨曰：「無善無惡心之體，有善有惡意之動。知善知惡是良知，爲善去惡是格物。」夫無善無惡，伊何人之説哉？告子之説也。以告子爲宗，是異於孟子性善之説矣。不寧惟是，孔子繫易曰：「一陰一陽之謂道，繼之者善，成之者性。」孟子以孔子爲宗者也，守仁之説亦異於我夫子矣。異孔孟而同告子，群天下之學者趨之若鶩，吾誠不知其何故也。間有起而辨之者，如羅文莊諸公，未嘗無正論，然猶略而未詳。獨陳清瀾著學蔀通辨，分爲四編，首辨朱子晚年定論之謬，次明陸象山之爲禪學，次明學者陷於佛老其來已遠，終以朱子正學立標準焉。其攻新建也，摧陷廓清，不啻入虎穴而得虎子矣。昔朱子以象山爲告子，明高忠憲之答門人曰：「告子非禪也，在禪家謂之自然外道。」夫禪家猶謂之外道，而新建乃以之樹赤幟，其可悲憫孰甚焉。自漢以後，學者趨於佛老，然亦明以爲佛老。至象山以及新建，遂儼然自負爲儒者之絶學，反以朱子爲支離。嗚呼！本天本心之異，其孰從而究之？存心致知之藴，其孰從而體之？始援儒以入墨，繼且主墨以攻儒，縱横捭闔之變，其孰從而正之？此學蔀通辨爲異端之爰書，爲學者之指南，而不可一日無者也。新建之答羅文莊書曰：「孟子之時，天下之尊信楊墨，當不下於今日之崇尚朱説。」嗚呼！守仁之無忌憚至於如此，又何足與辨哉？（録自清乾隆刊本正誼堂文集卷八）

重輯學蔀通辨序

［清］陳似源

通辨一書，奚爲而作也？蓋慮乎學術之蔀障，而撤其蔽焉。夫大道之明，如日麗中天，本無可蔽。其蔽之者，則浮雲薄霧、厲氣妖氛，縱無損於光輝之體，而照臨之下，人之仰之者亦共有壅閼障隔之患。此大易所以懼其掩蔽，而曰「豐其蔀，日中見斗」也。自古昔時，有堯舜禹湯文武爲之君、爲之師，而下之人率其教、從其令，於是是非明，邪正辨，真僞晰，雖有異端左道，吾未見其惑也。周道衰，孔子没，火於秦，黄老於漢，佛於晉，其爲蔀已非一日。有宋象山陸氏者出，陽儒陰釋，挾其似是之非、擬正之邪、似真之僞，以簧鼓天下。幸而朱子力而排之，使一時名卿大夫、賢士君子，下及草野細人，猶知其爲非爲邪爲僞，厥功偉哉。奈東山趙氏、篁墩程氏之徒，創爲朱子早晚所見不同，甚至集爲朱子晚年定論，以彌縫陸學。是陸爲釋氏樹幟於前，諸人又爲陸氏揚波於後，摭拾剽竊，訛以傳訛，相引爲曹，星羅雲萃。於斯時也，邪説盛行，士無定見，非辭而闢之，則陷溺日深，罔所底止。高伯祖清瀾公用是蒿目盱衡，痛心疾首，不恤人言，力閑正學，旁搜遺文，採朱子始終拒陸語録，短疏片詞，悉經鉛摘，使其確有所稽，而彼之誕妄不攻自破，顔之曰學蔀通辨。書成，海内之士儼若祥麟威鳳、景星卿雲，争先睹之爲快。在紫陽爲尼山之功臣，吾高伯祖又爲紫陽之功臣也。憶先伯祖著述甚富，如皇明通紀、學蔀通辨、濫竽録、樂府通考、十三經註疏、海防長策、周子全書、程氏遺書、小學古訓、治安要議、古今至鑒、文獻録、太息録等書，當時俱膾炙人口，但日久殘缺，迄今海内流傳，惟通紀一書。戊戌歲，吾弟璋不忘先業，既取樂府通考、治安要議付之剞劂，今復輯學蔀通辨而新之，俾後之學者因文以考其實，據實以得其真，庶乎三蔀之學蔽昭然如揭，而於吾道與有幸焉。雍正六年戊申季春，元姪孫似源拜書。

（録自清雍正六年城西留芳堂重刊學蔀通辨）

書學蔀通辨後

［清］盧文弨

此書別朱陸之學之異，較然明白，學者熟觀之，庶不爲曲説所誤。夫人而欲爲陸氏之學，亦第守陸氏之説可耳，而必曰朱子亦若是，何居？蓋篁墩、陽明諸人雖陸氏是宗，然亦知朱子之不可攻也。不可攻，則莫若借以自助，於以摇蕩天下之學朱子者，使亦類首以就吾之範圍而莫吾抗，若曰「子之師且不吾異，子獨焉異之」。陸氏之學之所以盛，實由於此，而朱子之學幾絶。自此書出，知二家之學必不可强同。陸氏之學實出於禪，蓋終其身弗變也。而朱子則屢變而始定，故有始同終異，絶無始異終同。觀其援據詳確，爬抉底藴，而陸氏之爲禪也信然。吾怪夫人之惑，固有不可解者。近時人又有爲陸子學譜及朱子晚年全論、朱子不惑録等書，不過復襲程王之唾餘而少變其説，以爲朱子晚年其學與陸氏合，其論與陸氏異。此語更齷齪不足辨，顧反痛詆此書。無知之人道聽塗説，是誠何心哉。（録自中華書局一九九〇年版抱經堂文集卷十）

書東莞陳氏學蔀通辨後

［清］阮　元

朱子中年講理，固已精實，晚年講禮，尤耐繁難，誠有見乎理必出于禮也。古今所以治天下者禮也，五倫皆禮，故宜忠宜孝即理也。然三代文質損益甚多，且如殷尚白，周尚赤，禮也，使居周而有尚白者，若以非禮折之，則人不能争，以非理折之，則不能無争矣。故理必附乎禮以行，空言理，則可彼可此之邪說起矣。如朱子議與趙紘等不合。朱子晚年與李季章書曰：「累年欲修儀禮一書，釐析章句而附以傳記，近方了得十許篇，似頗可觀。其餘，度亦歲前可了。自此之後，便可塊然兀坐，以畢餘生，不復有世間念矣。」又曰：「熹今歲益衰，足弱不能自隨，兩脅氣痛攻注下體，結聚成塊，皆前所未有，精神筋力大非前日之比。加以親舊凋零，如蔡季通、呂子約皆死貶所，令人痛心，益無生意，決不能復支久矣。所以未免惜此餘日，正爲所編禮傳已略見端緒，而未能卒就，若更得年餘間未死，且與了却，亦可以瞑目矣。」答應仁仲書云：「所喻編禮如此固佳，然却太移動本文，恐亦未便耳。老病益侵，而友朋相望皆在千百里外，恐比日不能成，爲終身之恨矣。」答葉味道書云：「禮書未能得了，而衰病日侵，恐未必能究竟此事也。」又答李季章書云：「國君承祖父之重，康成注、賈疏其義重備，若已預知後世當有此事者。按：朱子所據者，乃禮記喪服小記「不繼祖與禰」句下孔疏引鄭志答趙商之文，故朱子有「向無鄭康成，則此事終未有斷決」之語。建炎以來朝野雜記所載不誤，而此書以爲鄭注、賈疏，則又涉及儀禮喪服傳「父爲長子三年」句下疏文也。憸人舞文弄法，迷國誤朝，飾邪說以蔽害之，甚可歎也。」又庚申易簀前一日，與黃直卿書云：「喪禮詳略皆已得中矣，臣禮一篇兼舊本，今先附案一面整理，病昏且倦，作字不成，所懷千萬，徒切悽黯。」此朱子一生拳拳于君國大事、聖賢禮經，晚年益精勤之明證確據。若如王陽明誣朱子以晚年定論之説，直似朱子晚年厭棄經疏，忘情禮教，但如禪家之簡静，不必煩勞，不必悽黯矣，適相反矣。然則三禮注疏，學者何可不讀？蓋未有象山、篁墩、陽明而肯讀儀禮注疏者也。其視諸經注疏，直以爲支離喪志者也。豈有朱子守孔顔博文約禮之訓，而晚悔支離者哉？此清瀾陳氏所未及，亦學海堂諸人所未言者，故特著之。（録自中華書局一九九三年版揅經室集續三集卷三）

學蔀通辨序

［清］阮　元

道光八年春，粵中學人寄學蔀通辨來滇請序。元謂此書四庫全書目録載在子部儒家，注云「内府藏本」，是此書曾爲内府所藏，而非外省所進也。此書專辨朱陸異同，推尊朱子。四庫書提要曰：「朱陸之書具在，其異同本不待辨。王守仁輯朱子晚年定論，顛倒歲月之先後，以牽就其説，固不免矯誣。然建此書痛詆陸氏，至以病狂失心目之，亦未能平允。」元於東園清暇，重加披閲，遵提要之言，手將病狂失心等語加以删削而還之。蓋除此所删，則皆表章正學之要言。即有過激之論，無非欲辨朱子之誣。粵中學人，固當知此鄉先生學博識高，爲三百年來之崇議也。（録自中華書局一九九三年版揅經室集續三集卷三）

書東莞陳氏學蔀通辨後

［清］林伯桐

學問之道，至廣至大，其要歸於篤實而已。「莊敬日强」，「暉光日新」，皆非可課虚而求也。朱子之學，實學也。凡所爲讀書窮理，居敬持志，循循然莫不有規矩。大約根柢六經而參稽百氏，必欲得義理之至是而行之。其於孔子所謂「好古敏求」，孟子所謂「博學詳説」者，實相表裏。是以昭代大儒陸清獻公有言：「孔孟之道，至朱子而大光。學者但患其不行，不患其不明。但當求入其堂奥，不當又自闢門戶。」見集内上湯潛庵先生書。斯定論也。自金谿陸子静以虚静爲易簡，以學問爲支離，避實課虚，遂「豐其蔀」，朱子亦既詳辨之矣。然其爲説不待層累漸進，而惟冀一旦之獲，則欲速者便之；不必讀書稽古，而侈談静悟之妙，則空疎者便之；不事履規蹈矩，而高語心性之功，則跅馳者便之。加以聰明才辨之士厭常喜新，更端求勝。朱子言居敬，而彼則曰主静；朱子言窮理，而彼則曰求心；朱子言格物，而彼則曰致知。近理亂真，斷斷如也。沿及前明，實學頗疎，空談相尚。大抵弘治以前，尊紫陽者尚多，正德以後，則爲朱陸之學者互相詬病。隆慶以後，則金谿一派靡然成風矣。蓋自趙東山對江右之策，善爲調停，程篁墩著道一之編，巧於顛倒，迨王陽明作朱子晚年定論，其顛倒益工，其彌縫無迹。明史儒林傳序云：「姚江之學，別立宗旨，顯與朱子背馳，門徒徧天下，流傳逾百年，其教大行，其弊滋甚。」亦可知朱陸異同未易以猝辨矣。

東莞陳氏究心十年，著學蔀通辨十二卷，申朱子之學，證陸王之禪，意在實事求是，信而有徵，其用心亦勤矣，其用力亦勞矣。全書分爲四編。前編辨朱陸早同晚異之實，取朱子年譜、行狀、文集、語類及與陸氏兄弟往來書札，逐年編輯，兼取證陸氏諸書，而爲之辨。上卷具載朱子早年嘗出入禪學，與象山未會而同。中卷則載朱子中年方識象山，其說多去短集長，日知録曰：「朱子答項平父書，有『去短集長』之言。此特朱子謙己誨人之辭，未嘗教人爲陸氏之學也。」疑信相半。下卷則具載朱陸晚年冰炭之甚，而象山既歿之後，朱子所以辨之者尤明。此其大略也。其辨答何叔京二書，謂學專説心，「與書册、言語無交涉」者，此朱子早年未定之言，答何叔京書凡四，此所引二書，其一有「奉親遣日」句，其一有「賑糴之役」句，證以年譜，實朱子三十九歲之作。此外尚有二書，亦爲王陽明所引者，又皆在此二書之前。尚未識象山之時。淳熙乙亥，朱子方識象山，而何叔京亦卒矣。而篁墩、陽明概指爲晚年定論，實屬顛倒。陸清獻答秦定叟書曰：「朱子四十以後，答薛士龍書所謂『困而自悔，始復退而求之於句讀文義之間』，則是以答何叔京諸書爲悔，此朱子之轉關也。若夫答何叔京諸書，則正其四十以前出入佛老之言。」又辨論孟集注雖成於四十八歲，其後刪改日益精密，至學庸章句則成於六十歲。行狀所云：「先生著述，於語、孟、大學、中庸尤所加意。若大學、論語，則更定數四，以至垂没。」按，年譜、行狀及蔡仲默所撰夢奠記，皆謂大學「誠意」章爲朱子絶筆。其言明白可按。而王陽明詆爲早歲所著之書，傳習録，爲中年未定之説，定論序，皆捕風捉影也。此其辨之深切著明者。按，日知録云「王文成輯朱子晚年定論，當時羅文莊已嘗與之書而辨之，曰偶考得何叔京卒於淳熙乙未，朱子年方四十有六，後二年丁酉，而論孟集注、或問始成，今有取於答何書者四通，以爲晚年定論，至於集注、或問，則以爲中年未定之説，竊恐考之欠詳」云云，與此編互相證明。又按，孫退谷所著考正晚年定論，其大旨亦不外此云。雖然，朱子之學，孔孟家法也。爲陸王者亦曰：「吾所學者，乃孔孟家法也。」此亦一是非，彼亦一是非，以未嘗發其覆耳。故後編取朱子所論陸氏者，兼採象山語録、年譜及慈湖遺書，以明象山陽儒陰釋之實。其言曰：「何謂辨陸之要？養神一路是已。」又云「苟徒曰陰佛，曰遮掩，而不説破養神一路，未免無徵不信」云云，真能得其要領。上卷載養神所得之體段，中卷載養神下手之工夫，下卷載養神之患害。戴東原緒言下卷第二條所論老、莊、釋氏及陸子靜、王陽明云云，皆不外此編之意。又引象山語録，而辨其「不管言行功過，不分善惡，而專説心，爲悖道入禪之甚」。又曰：「孔門論學罕言心，專説實事。至孟子説心，皆是以良心對利欲。若象山之言心，乃對事而言。一主於寡欲存心，一主於棄事澄心，正儒釋毫釐千里之判。」又其所謂「不識一箇字，亦堂堂做人」者，「孔孟曾有不識字之教耶？惟禪佛乃不假言語文字矣」，皆不易之論。且夫人之嗜禪學者，樂其誕而自小耳。故續編取朱子語類、文集與程氏遺書，又引王陽明之言，以明佛學近似惑人之實。其謂「達磨以前中國文士皆假莊列以文飾佛學，慧能而後中國文士則假儒書以文飾佛學」。又引何叔京曰：「非浮屠之能惑人也，導之者之罪也。」引葉水心曰「佛學至慧能自爲宗，此非佛之學然也，中國之學爲佛者然也」云云，皆深探其本旨。蓋自宗杲以改頭換面之説誘張子韶，詳見朱子雜學辨。至金谿而愈精，至姚江而盡顯。學者既未深究釋氏之書，而溺於所聞，未有能求其端訊其末，如此編者也。蔀障既空，指歸始著，所謂「專明一實以抉三蔀」者，洵不誣矣。故於終編仍取朱子之言，以明聖賢正學不可妄議之實。其引朱子答吴晦叔書，謂「雖以格致爲用力之始，然非謂初不涵養踐履而直從事於此也」，而辨陽明以「世儒不當分先知後行，必待豁然貫通地位然後誠意，則有白首不及爲之患，今考朱子意正不然」云云，尤爲切要。陸清獻答秦定叟書曰「朱子平日雖説敬不離口，而於大學補傳則又諄諄教人窮理，又於或問中反覆推明，真無絲毫病痛，所以異於姚江者在此」云云，足與此辨互證。蓋晚年定論之作，變亂是非，欲借朱子之説以攻朱子。是書則條理異同，即據朱子之學以申朱子，以徵實爲明辨，雖有好異者，無所容其喙，固非以口舌爭一日之長也。是以陸清獻屢稱此書，謂「所以辨學術之得失」，跋讀書分年日程後，「爲朱子洗剔其眉目」。朱子語類後序。崑山顧氏謂「此書於朱陸二家同異考之極爲精詳」，又謂「學蔀之編固中流之砥柱」，亦可謂公論在人矣。按，邱文莊有朱子學的，霍文敏有象山學辨，輔車相依，俱資考證。而是書兼綜始終，若網之在綱，射之有鵠，有志昭晰者，無疑能爲其難也。

或曰：是書之辨誠有功矣。雖然，朱子生平旁搜遠紹，本無暖暖姝姝之見存，今之所辨，得無沾沾然奉一先生之説乎？曰：此是非之公，非門户之見也。陸清獻有言，「學術之害，其端甚微，故自古聖賢未嘗不謙退忠厚，而於學之同異必兢兢辨之，其所慮遠矣」，是也。且是書終編引羅整庵困知記曰「大儒言語，只是大本大原見得端的，所以不免小出入者，蓋義理真是無窮，後儒果有所見，不妨爲之申明」云云，謂「此論使朱子復生，亦當弗咈」，則知其所辨者，非徒謂入者主之矣。或曰：不言而行，以成其信也。如徒以辨而已，世固有好爲議論者，又有隨聲附和者，其可以一辨盡學問之功乎？曰：不言而行者，謂非苟知之，亦允蹈之，修於身，施於事，雖不見於言可矣。若夫學者中未有主，而曰一切可以不辨，則歧路之中又有歧，必將以不狂爲狂。是書續編引姚江之言，「影響尚疑朱仲晦，支離羞作鄭康成」。夫使人人疑朱而且羞鄭，則是不學無害，可以游談無根，任意所便，偭規矩而改錯矣，其烏能無辨乎？亭林文集有云：「躁競之徒，語以五經，則不願學，語以陽明之語録，則欣然矣。」亦此意也。或曰：人如金谿，功如姚江，何必引繩而批根乎？曰：取其人者，以其一身言之。取其功者，以其一時言之。至學問之事，則天下古今之通義，非區區一身與一時之事也。陸清獻嘗云：「有天資僻而學術正者，有學術僻而天資美者，不得因其學而棄其人，亦豈可因其人而遂不敢議其學哉？」學術辨下。又曰：「即欲取其所長，亦非盡發其病痛不可。」答范彪西第二書。其言甚明矣。明史於姚江傳贊有云：「矜其刱獲，標異儒先，卒爲學者譏。抑流弊實然，固不能以功多爲諱矣。」足知是編非苛論也。或又曰：紫陽、金谿、姚江皆不能使學者無末流之弊，又可勝辨耶？曰：陸清獻有云：「學術之弊，有自末流生者，有從立教之初起者。學考亭不得則流於腐，此自末流生者也。若姚江則立教之初已誕矣，何待學之不得而後流於誕？學蔀通辨一書，細考其條理，可不辨而明矣。」答臧介子書。正謂此也。或又曰：君子之立言，約而達，微而臧，有餘而不敢盡也。是書於贈僧應酬之作，則以爲顛倒錯亂之甚，於辨釋氏與吾儒不同，又以爲「訶佛罵祖之機」。俱後編下卷。至若「傳法沙門」、「護法善神」等語，續編下卷。毋乃束縛馳驟不留餘地也乎？曰：此則作者已自言之矣。前編之末有曰：「得無傷於訐直耶，傷於好辨好勝耶？」若逆知當世必以此相責。然變本者既加厲，矯枉者必過正，有不得已而後言，惟欲去其非以歸於是，固非盡言以招人過也。或又曰：是書既出，朱子之實學人人共見矣，然近時王需人復禮有三子定論，吴尊彝鼎又有東莞學案，意是書亦有未滿於人心者與？曰：以所聞王氏之書，欲申陸王而不能顯詆朱子，但爲調停之説，則是公論昭然。彼爲書者已自知之，固不必辨。吴氏學於毛初晴，毛之議論常與紫陽相難，而往往助姚江張目。考其學所由來，則亦不必辨也。抑聞之學記之言「辨志」也，先之以「離經」，即繼之以「敬業」。中庸之言「明辨」也，先之以「學」「問」「思」，即繼之以「行」。蓋必好學深思，行著習察，而後所辨爲不虛也。是書之辨已明，讀是書者固宜心知其意，當不徒以辨勝也乎。（録自清道光二十四年刻修本堂稿卷三）

重刻學蔀通辨跋

[清]鄭　幹

吾儒之學，主敬涵養以立其本，讀書窮理以致其知，身體力行以踐其實。異學争鳴，往往獵其近似而相紊。無異學而理學之功用不彰，無理學而異學之矯誣滋甚。夫學術者，治術之所從出也，學術混而治術亦淆，是不容以不辨。學蔀通辨一書，其爲學術慮至深遠也。三代之隆，王道明而邪説自熄。及周衰，至於戰國，楊墨塞路，其爲蔀有自來。孟子闢之而廓如，功不在禹抑洪水之下。漢唐以來，佛入中國，毗盧四萬八千卷，求福避禍之説足以惑庸衆，明心見性之説足以惑高明。至高明亦受其惑，其爲蔀已深，而不知彼性其所性，非吾儒之所謂性；心其所心，非吾儒之所謂心。猶道德經數千言，道其所道，非吾儒之所謂道；德其所德，非吾儒之所謂德也。唐昌黎韓氏詆排擯斥，迴既倒之狂瀾，其功又不在孟子之下矣。有宋象山陸氏出，陽儒陰釋，改頭换面，其爲蔀更深。朱子早年嘗出入禪學，與象山猶同，至晚年始覺其非，方之以告子，而攻之甚力，往來千萬言。説者謂：「春秋無仲尼，萬世如長夜。南宋無朱子，道學亦蓁蕪。」是則戰國有孟子，唐有韓子，宋有朱子，此聖學顯晦所由繫，世道升降之大機也。至於前明，有謂朱子初年疑象山，而晚年始悔悟而與之合。其説起於趙東山之對江右六君子策，而成於程篁墩、王陽明道一、定論二編。夫象山假儒書以彌縫佛學，爲術工矣，而篁墩等假朱子以彌縫象山，爲術尤工。正、嘉之際，致良知之説盈滿天下，其爲蔀益熾。東莞陳清瀾不勝慨憤，起而辨之。彼謂朱陸始異終同，此則謂朱陸始同終異，考証年譜，確鑿可據。故胡敬齋之辨詳於辨禪而略於辨陸，羅整庵、霍渭厓辨陸詳矣，而於程、王顛倒早晚之弊尚未暇究。通辨一書補其所未備，揭異學之失，如照魑魅於水底；表正學之得，如懸日月於中天。其生平著作甚富，若皇明通紀、治安要議等編，皆足以垂永久，而一生學問實聚於此書。豈不與丘瓊山朱子學的，同爲有功於吾儒之學哉？夫所謂吾儒之學者何也？主敬涵養以立其本，讀書窮理以致其知，身體力行以踐其實。此朱子之所以爲教也,此陳清瀾之所以爲學也。慎斯術也以往,蔀障撤矣,而學術可以不混矣,而治術亦因之而不淆矣。是書藏板日久剥蝕,今重付剞劂,用綴數言於簡端。道光丁亥閏端午後一日,寶安後學鄭幹謹跋。(録自清道光七年敦睦堂重刊學蔀通辨)

跋學蔀通辨

[清]鄭 珍

讀學蔀通辨四編終,作而歎曰:嗟乎!吾見今所謂燕窩海參等矣,嘗之不成味,食之不可飽,三代聖人不知其名,而世忽群焉貴之。誠朴之家,蓋終其身未嘗一入口,惟知食飯而已。心侈力富者,乃以食飯爲不足尊也,賓享燕會,惟此等之是尚,夥頤錯列,東歠西梜,使人與己皆恍恍惚惚於腥羶醜惡之中,一贊群和,以自快意。然而號於人曰食飯食飯,固未嘗曰食燕窩海參等也,及至食飯,而已爲腥羶醜惡者塞其臟腑,苟且告飽,亦終不知飯爲何物也。佛實而儒名者,何以異是?嗟乎!亦其心侈力富使之然也。若象山、陽明諸子,其可惜乎?既慕佛老之術爲甚深妙,不仙佛則恐虚此一世也,而又慮不孔孟則得罪於世教,竭大過人之才力,使佛老昏塞其臟腑,而號於人乃曰吾孔孟之道。實亦不知道爲何物也,不大可惜哉?程子曰:「參也竟以魯得之。」吾觀朱子自道其資質要不過中人,視象山四歲時即思及天地窮際者,固遠不及矣,乃卒得聖人之純正,非以其魯歟?大抵質鈍者,爲其易不敢爲其難,守其一不敢望其二,心細而用力苦,故其究卒底於道,而於異端也亦無不洞悉毫末。高明者,天下事不足難其心,則嬾生焉,嬾而又欲以一己兼天下之數,粗粗之心,昏昏之行,宜其佛實儒名終不知道,而亦未嘗即佛。朱子之主敬,其勤矣乎。象山之養神,嬾焉而已。故學者寧魯鈍而勤,毋高明而嬾。(録自民國三年花近樓刻遵義鄭徵君遺著本巢經巢詩文集文集卷五)

學蔀通辯跋

［民國］陳伯陶

右學蔀通辯十二卷,陳清瀾著。清瀾與陽明並世而生稍後,其爲學恪守程朱。是編雖攻象山,實爲陽明發也。嘉隆而後,陽明之學盛行,故書不傳於世。至東林顧涇陽始悟心體無善無惡之非,作證性編以駁陽明,會黄雲蛟出是編付梓,因爲作序,然當時傳習尚鮮。逮國朝顧亭林、張楊園、陸清獻諸大儒,皆服膺是編,其書始行。亭林日知録謂:「王文成所輯朱子晚年定論,當時羅文莊已嘗與書辨之矣,而此編於朱陸二家同異攷之尤極精詳。

自弘治、正德之際，天下之士厭常喜新，文成以絶世之資倡其新説，鼓動海内。嘉靖而後，從王氏而詆朱子者，始接踵於人間。王尚書世貞發策，謂今之學者偶有所窺，則欲盡廢先儒之説而出其上，不學則借一貫之言以文其陋，無行則逃之性命之鄉，以使人不可詰。此三言者，盡當日之情事矣。故王門高弟爲泰州王艮、龍溪王畿二人。泰州之學一傳而爲顔山農均，再傳而爲羅近溪汝芳、趙大洲貞吉。龍溪之學一傳而爲何心隱本名梁汝元，再傳而爲李卓吾贄、陶石簣望齡。昔范武子論王弼、何晏二人之罪深於桀紂，以爲一世之患輕，歷代之害重，自喪之惡小，迷衆之罪大，而蘇子瞻謂李斯亂天下，至於焚書坑儒，皆出於其師荀卿高談異論而不顧者也。困知之記、學蔀之編，固今日中流砥柱矣。」其推挹甚至。楊園初講蕺山慎獨之學，晚乃專意程朱，集中答吴汝典書云：「承假學蔀通辯，伏讀一過，知先生放龍蛇驅虎豹之心切矣。自歎窮鄉末學，弗獲早見是書，以致工夫枉用，老而無成也。」其後著備忘録，謂：「朱子精微，象山簡率，薛胡謹嚴，陳王放曠。今人多好象山，不樂朱子，於近代人物尊陳王而詘薛胡，固因人情便簡率而苦精詳，樂放曠而畏謹嚴，亦緣百餘年來承陽明氣習，程朱之書不行於世，而王陸則家有其書，士人挾册便已淪浹其耳目，師友之論復錮其心思，遂以先入之言爲主，雖使間讀程朱，亦只本王陸之意，指摘其短長而已，誰復能虚心篤志，求所爲窮理以致其知，踐履以敏其行者？此種習尚不能丕變，竊憂生心害事之禍未有艾也。」又謂：「勢之所重，整庵、涇野不能回狂瀾於既倒，區區清瀾，欲障百川而東之，宜其難矣。」又張佩葱問：「顧涇陽作學蔀通辯序，有曰：『學者不患其支離，不患其禪，患其有我而已矣。』推此語，則是學者學禪亦無害，使學禪而無我，則禪亦可以入道。又曰：『辯朱陸者，不須辯其孰爲支離，不須辯其孰爲禪，辯其孰爲有我而已矣。』此語雖若尊朱子，貶象山，然斥象山爲禪，而號朱子爲支離，是朱子與象山皆非正學。特以朱子無我，象山有我，故朱子爲稍愈於象山，而支離之過，若朱子猶不能自解免也，得毋依違兩間，陽尊朱子而陰爲象山地乎？其與清瀾先生衛正闢邪之意，不幾大相戾乎？」楊園答曰：「東林學術所以雜而無足取。」備忘録云：「東林諸公表章程朱之學，然與程朱畢竟不同。蓋其入門便從『靜悟』二字用功，於聖門博文約禮、文行忠信、入孝出弟、守先待後之意，往往不合。有及此者，不以爲粗淺，則以爲支離。『誰生厲階，至今爲梗』，不能不罪姚江矣。」其所謂雜者以此。其服膺是編，於涇陽序亦謂其未合清瀾本旨也。清獻生楊園之後，而誦法程朱則同，所著學術辯三篇，詆陽明尤力。至其與友人論學書，每舉此編令閱。集中與范彪西、臧介子、秦定叟、魏荔彤書，并云：「學蔀通辯曾閲之否。」又答范彪西書云：「閲理學備考中嘗採學蔀通辯之言，此書辯陽明病痛至明至悉。先生既有取焉，則此中是非固自分明矣。」又答秦定叟書云：「世之溺於陽明而不能自振拔者多矣，先生始而入之，繼而覺其非，然猶未能盡脱其範圍，所以於兩家分途處猶未劃然。學蔀通辯一書，辯析最精，聞先生以爲過峻，願高明奮其衛道之力，必使考亭、姚江如黑白之不同，勿有所調停於其間，則大旨得而世道其庶幾矣。」當時顧蒼巖即爲重梓是書。集中答同年顧蒼巖書云：「舊冬都門獲接尊札，并領學蔀通辯。」又祭表叔顧蒼巖文云：「嘗取學蔀通辯刊刻流傳，謂學者入門必先辯别異同，方免於認賊作子。」其上湯潛庵先生書，謂：「孔孟之道，至朱子而大明。自陽明王氏目爲影響支離，倡立新説，盡變其成法，知其不可，則又爲晚年定論之書，援儒入墨，以僞亂真，天下靡然響應，皆放棄規矩而師心自用，學術壞而風俗氣運隨之，比之清談禍晉，非刻論也。陽明之學不熄，則朱子之學不尊。若以詆毁先儒爲嫌，則陽明固嘗比朱子於楊墨洪水猛獸矣。是則古之詆毁先儒者，莫陽明若也。黜陽明，正黜夫詆毁先儒者也，何嫌何疑乎？羅整庵之困知記，陳清瀾之學蔀通辯，其言陽明之失至詳且悉，豈皆好詆毁人，而爲是嘵嘵耶？其亦有不得已者耶。學術之害，其端甚微，而禍最烈。故自古聖賢未嘗不謙退忠厚，而於學問之同異必兢兢辨之，其所慮遠矣。」又答徐健庵先生書云：「蒙下詢明史道學傳，以諸儒之學言之，薛胡固無間然矣。整庵之學雖不無小疵，然不能掩其大醇。其論理氣處可議，其闢陽明處不可議。薛胡而下首推整庵，無可疑者。仲木、少墟、涇陽、景逸，其精純恐皆未及薛胡。景逸、涇陽病痛尤多，其於陽明雖毅然闢之，不少假借，然究其實，未能盡脱藩籬。其所深惡於陽明者，『無善無惡』一語，而究其所謂善，仍不出虚寂一途，言有言無，名異實同。故其大節彪炳，誠可廉頑立懦，而謂其直接程朱，則恐未也。陳清瀾立傳，最足爲考亭干城。」觀清獻此論，其推重是編，謂出仲木、少墟、涇陽、景逸之上，而明史稿儒林無清瀾傳，豈未得其事實耶？抑列傳成於萬季野之手，季野之學源出蕺山、陽明，故删之耶？亭林、楊園、清獻今並從祀孔子廟廷，清瀾是編既爲亭林所重，而又爲楊園、清獻之先河，其終編所述正學又若合符節，觀楊園、清獻書自見。史既無傳，而二百餘年來，亦無舉其學術奏聞於朝者，何也？自清獻而後，言程朱之學者，如張清恪伯行、藍鹿洲鼎元，皆折衷是編無異辭。道光初，阮文達元督粤，開學海堂，嘗以書是編後命題。文達所作與番禺林月亭伯桐諸人作，並刻入學海堂集中。後粤中學人以是編寄滇，請文達爲之序，文達序謂：「四庫提要稱朱子晚年定論顛倒先後，固不免矯誣，此書痛詆陸氏，至以病狂失心目之，亦未能平允。東園清暇，重加披閱，遵提要之言，删削還之。蓋除此所删，則皆表章正學之要言，即有過激之論，無非欲辯朱子之誣。粤中學人，固當知此鄉先生學博識高，爲三百年來之崇議也。」文達删本今未得見，考象山從祀在嘉靖九年，其時奏請者爲陽明門人揭陽薛中離侃，清瀾與中離同鄉並世，因究象山流弊，而預知陽明流弊之所必至，不得已而大聲疾呼，欲圖挽救。此正足見其衛道之勇，嫉惡之嚴。若亭林、楊園、清獻時，象山從祀已久，陽明之學世亦漸覺其非，乃猶痛詆之，比於清談禍晉。清瀾之激，又安可議耶？金匱吴尊彝鼎嘗著東莞學案，攻是編以申陸王。月亭謂尊彝學於毛初晴奇齡，毛與紫陽相難，往往助姚江張目，考其學所由來，固不必辯。況書經亭林、楊園、清獻論定，而尊彝乃欲攻之，此亦所謂「蚍蜉撼大樹，可笑不自量」者。莞中舊有刻本，余得顧蒼巖校本，前有涇陽、蒼巖兩序，莞本無之。莞本後編卷中末有補遺一條，蓋清瀾續增者，顧本無之，兹刻補入。涇陽序似與清瀾本旨相戾，然表章於廢墜之餘，厥功甚偉，學者分別觀之可也。辛酉六月晦日陳伯陶謹跋。（録自民國十年東莞陳氏聚德堂叢書本學蔀通辨）

四庫全書總目卷九六子部儒家類存目

〔清〕永　瑢

學蔀通辨十二卷　内府藏本

明陳建撰。大旨以佛與陸、王爲學之三蔀，分前編、後編、續編、終編，每編又自分上中下，而採取朱子文集、語類、年譜諸書以辨之。前有嘉靖戊申自序云：「專明一實，以抉三蔀。前編明朱陸早同晚異之實，後編明象山陽儒陰釋之實，續編明佛學近似惑人之實，而以聖賢正學不可妄議之實終焉。」按：朱陸之書具在，其異同本不待辨。王守仁輯朱子晚年定論，顛倒歲月之先後，以牽就其説，固不免矯誣。然建此書痛詆陸氏，至以病狂失心目之，亦未能平允。觀朱子集中與象山諸書，雖負氣相争，在所不免，不如是之毒詈也。蓋詞氣之間，足以觀人之所養矣。（録自中華書局一九六五年版四庫全書總目）

鄭堂讀書記卷三七子部儒家類

［清］周中孚

學蔀通辨十二卷，重刊本，明陳建撰。建號清瀾，東莞人。四庫全書存目。明史藝文志亦載之。是書專闢程篁墩道一編、王陽明朱子晚年定論而作，凡分四編，各三卷。前編明朱陸早同晚異之實，後編明象山陽儒陰釋之實，續編明佛學近似惑人之實，終編明聖賢正學不可妄議之實。皆采摭朱陸兩家文集、語録、年譜，併及程氏遺書、伊洛淵源録以下二十餘種，編次年月，分條辨明。大指取裁於程子本天本心之説，而多所獨見。其憂深，其慮遠，肫懇迫切，如拯溺救焚，聲色俱變，至爲之狂奔疾呼，有不自知其然者。其所以發其聾而啓其瞶者，至深切矣。其謂之學蔀通辨者，以天下莫大於學術，學術之患莫大於蔀障，惟佛與陸、王爲學之三蔀，故爲通辨以抉其蔀云。近世陸清獻嘗取其書以教後學。惟李穆堂紱不以爲然，因而作朱子晚年全論、朱子不惑録及陸子學譜三書。不過復拾程、王之唾餘，而少變其説。至謂朱子晚年，其學與陸氏合，其論與陸氏異。此語更齷齪不足辨，顧反痛詆此書，是誠何心哉。是書成於嘉靖戊申，自爲之序，并爲提綱。越二十二年，萬曆乙巳始有刊本，無錫顧端文憲成爲之序。至國朝康熙戊午，當湖顧蒼巖天挺重刻并序。（録自上海書店二〇〇九年版鄭堂讀書記）